Verbandsschiedsgerichtsbarkeit zwischen Schattenjustiz und Parteiautonomie

Saarbrücker Studien
zum Privat- und Wirtschaftsrecht

Herausgegeben von Hannes Ludyga,
Michael Martinek (geschäftsführender Herausgeber),
Helmut Rüßmann und Markus Würdinger

Band 101

PETER LANG

Lisa Becker

Verbandsschiedsgerichtsbarkeit zwischen Schattenjustiz und Parteiautonomie

Eine Untersuchung von Argumenten
für und gegen die Verbandsschiedsgerichtsbarkeit
am historischen Beispiel der Kartellschiedsverfahren
des Rheinisch-Westfälischen Kohlensyndikats

PETER LANG

Bibliografische Information der Deutschen Nationalbibliothek
Die Deutsche Nationalbibliothek verzeichnet diese Publikation in der Deutschen Nationalbibliografie; detaillierte bibliografische Daten sind im Internet über http://dnb.d-nb.de abrufbar.

Zugl.: Saarbrücken, Univ., Diss., 2020

D291
ISSN 1433-8866
ISBN 978-3-631-83651-4 (Print)
E-ISBN 978-3-631-84633-9 (E-PDF)
E-ISBN 978-3-631-84634-6 (EPUB)
E-ISBN 978-3-631-84635-3 (MOBI)
DOI 10.3726/b17994

Peter Lang – Berlin · Bern · Bruxelles · New York · Oxford · Warszawa · Wien

Diese Publikation wurde begutachtet.

www.peterlang.com

Vorwort

Die vorliegende Arbeit wurde im Sommersemester 2020 von der Rechtswissenschaftlichen Fakultät der Universität des Saarlandes als Dissertation angenommen. Die dargestellten Ergebnisse beruhen maßgeblich auf der Einsicht in Bestände des Montanhistorischen Dokumentationszentrums, welches die wissenschaftlichen Sammlungen des Deutschen Bergbau-Museums Bochum verwaltet. Für die Unterstützung bei der Archivarbeit danke ich den Mitarbeiterinnen sehr herzlich.

Mein herzlicher Dank gilt meinem Doktorvater Herrn Prof. Dr. iur. Dr. rer. publ. Dr. h.c. mult. Michael Martinek für seine vielfältige Unterstützung und sein großes persönliches Engagement im Rahmen der Fertigstellung der Arbeit. Herrn Prof. Dr. Hannes Ludyga danke ich herzlich für die freundliche Übernahme und zügige Erstellung des Zweitgutachtens.

Weiter danke ich herzlich Herrn Prof. Dr. Louis Pahlow für die Anregung des Themas sowie wertvolle Anmerkungen und Hinweise.

Größter Dank gilt zudem meinen Eltern Ruth und Klaus-Ulrich Schmidtke. Ihre vorbehaltlose Unterstützung und liebevolle Förderung haben diese Arbeit erst möglich gemacht. Ebenso danke ich meinem Ehemann David Becker für seine konstruktive Kritik, motivierenden Worte und technische Hilfe. Durch ihren steten Rückhalt haben sie alle in wesentlichem Maße zum Gelingen dieser Arbeit beigetragen.

Lisa Becker
Frankfurt, August 2020

Inhaltsverzeichnis

Abkürzungsverzeichnis

a.a.O.	am angegebenen Ort
Abs.	Absatz
Abt.	Abteilung
AG, A.G.	Aktiengesellschaft
allg.	allgemein
Anm.	Anmerkung
Art.	Artikel
Aufl.	Auflage
ausführl.	ausführlich
Az.	Aktenzeichen
BauR	Zeitschrift für das Baurecht
BayOLG	Bayerisches Oberstes Landesgericht
BB	Betriebsberater
BBA	Bergbauarchiv
Bd.	Band
Begr.	Begründung
betr.	betreffend
BGB	Bürgerliches Gesetzbuch
BGBl.	Bundesgesetzblatt
BGH	Bundesgerichtshof
Bl.	Blatt
bspw.	beispielsweise
BT-Drs.	Bundestagsdrucksache
Bzw.	beziehungsweise
CPO	Civilprozessordnung
CPO E	Civilprozessordnung Entwurf
d. Verf.	die Verfasserin, der Verfasserin
d.h.	das heißt
DJT	Deutscher Juristentag
DJZ	Deutsche Juristenzeitung
ebd.	ebenda
f.	folgende
ff.	folgende
GewO	Gewerbeordnung
GVG	Gerichtsverfassungsgesetz
insb.	insbesondere
insg.	insgesamt
JW	Juristische Wochenschrift
JZ	JuristenZeitung

KartG	Kartellgericht
KartR	Kartell-Rundschau
KartVO	Verordnung gegen Mißbrauch wirtschaftlicher Machtstellungen
KG	Kammergericht
LZ	Leipziger Zeitschrift für Deutsches Recht
montan.dok	Montanhistorisches Dokumentationszentrum (montank. dok) beim Deutschen Bergbau-Museum Bochum
NJW	Neue Juristische Wochenschrift
Nr.	Nummer
OLG	Oberlandesgericht
Reg.-Nr.	Register-Nummer
RG	Reichsgericht
RGBl.	Reichsgesetzblatt
RGZ	Entscheidungen des Reichsgerichts in Zivilsachen
Rn.	Randnummer
RT-Drs.	Reichstag Drucksache
RWKS	Rheinisch-Westfälisches Kohlensyndikat
S.	Seite
s.a.	siehe auch
s.o.	siehe oben
SchiedsVZ	Zeitschrift für Schiedsverfahren
sog.	sogenannter, sogenannte, sogenanntes sogenannten
Urt.	Urteil
v.	vom
vgl.	vergleiche
Vorbem.	Vorbemerkung
WuW	Wirtschaft und Wettbewerb
z.B.	zum Beispiel
ZPO	Zivilprozessordnung
ZZP	Zeitschrift für deutschen Zivilprozess

Einleitung

A. Ausgangsüberlegungen und Untersuchungsgegenstand

Das Schiedsrecht hat in Deutschland eine jahrhundertelange Tradition. Es ist also nicht etwa eine Folge grenzüberschreitender Geschäftsbeziehungen in einer globalisierten Welt, auch wenn die Inanspruchnahme nationaler und internationaler privater Schiedsgerichtsbarkeit in den letzten Jahren sprunghaft angestiegen ist.[1] Die außergerichtliche Streitbeilegung im Wege schiedsgerichtlicher Verfahren als vergleichsweise altes Phänomen ist daher wiederholt Gegenstand gesetzgeberischer Tätigkeit, zahlreicher Entscheidungen und umfassender Aufarbeitung in der Rechtswissenschaft geworden.[2] Dennoch scheint sich insbesondere in den letzten Jahren die Wahrnehmung und Beurteilung der Institution des Schiedsverfahrens in der juristischen und in der allgemeinen öffentlichen Debatte immer weiter auseinander zu entwickeln. Dies betrifft auch die hier gegenständliche spezielle Ausprägung der Verbandsschiedsgerichtsbarkeit.[3] Zwar überschneiden sich die diesbezüglichen Argumentationsmuster teilweise mit der allgemeinen Handelsschiedsgerichtsbarkeit bzw. erfolgt keine Differenzierung, die folgenden

1 Allerdings gibt es weder im nationalen noch internationalen Bereich genaue Zahlen über die Häufigkeit von Schiedsverfahren, da vor allem Gelegenheitsschiedsgerichte nicht registriert oder statistisch erfasst werden; Es wird gemutmaßt, dass national weniger als 1% der Zahl der Verfahren unter Ausschluss staatlicher Gerichte vor Schiedsgerichten verhandelt werden, wobei dieser geringe Wert wohl nicht für die entschiedenen Streitwerte gilt; im internationalen Bereich sollen die Schiedsgerichte hingegen zunehmend, mittlerweile fast ausschließlich, an die Stelle staatlicher Gerichte getreten sein, ein Prozess, der nunmehr auch in nationalen Handelsgeschäften begonnen worden sein soll, *Münch*, in: Münchener Kommentar zur ZPO, Vorbemerkung zu § 1025, Rn. 16 ff; *Risse*, SchiedsVZ 2014, 265, 273, spricht für das Jahr 2013 in Deutschland von 0,1 Promille der Streitfälle für die Schiedsgerichtsbarkeit im Verhältnis zur staatlichen Gerichtsbarkeit.

2 Siehe nur die Übersicht zum Schrifttum von *Münch*, in: Münchener Kommentar zur ZPO, sowie allg. die Zeitschrift für Schiedsverfahren (SchiedsVZ), zu gesetzgeberischen Aktivitäten s.a. 2. Kapitel A.I.

3 Prominentes Beispiel war die Kritik der Eisschnellläuferin Claudia Pechstein an einer durch das Schiedsgericht des Sports (CAS) in Lausanne bestätigten zweijährigen Doping-Sperre. Laut Pechstein unterschrieben fast fünfzig deutsche Spitzenathleten aus zehn verschiedenen Sportverbänden einen Aufruf, in dem sie bekunden, dass erst der Fall Pechstein ihnen vor Augen geführt habe, dass sie auf Grundrechte verzichteten und sich einem „absurden Verfahren" aussetzten, Pechstein findet Verbündete -Scharfe Kritik am Sportrecht, Frankfurter Allgemeine Zeitung v. 21.10.2013, https://www.faz.net/aktuell/sport/sportpolitik/pechstein-findet-verbuendete-scharfe-kritik-an-sportrecht-12627538.html [23.3.2019].

Erörterungen betreffen jedoch in erster Linie (nur) die Verbandsschiedsgerichtsbarkeit.

Der Gesetzgeber hat anlässlich der Reform der Bestimmungen der Zivilprozessordnung bereits im Jahr 1996 klargestellt, dass Schiedsverfahren – und damit auch Verfahren vor Verbandsschiedsgerichten – den beteiligten Parteien grundsätzlich einen dem Verfahren vor den staatlichen Gerichten gleichwertigen und effizienten Rechtsschutz bieten.[4] Es ist also vor allem eine Frage individueller Abwägung, ob dem schiedsgerichtlichen Verfahren gegenüber dem Rechtsschutz vor den staatlichen Gerichten der Vorrang eingeräumt werden sollte.[5]

Einige Argumente für die Schiedsgerichtsbarkeit im Allgemeinen werden im Rahmen der juristischen Diskussion immer wieder angeführt. Es sind dies namentlich die vermeintlich kürzere Verfahrensdauer und die geringeren Verfahrenskosten schiedsgerichtlicher im Vergleich zu staatsgerichtlichen Verfahren. Weiterhin wird die (potentiell) freie Wahl des Schiedsrichters durch die Parteien, insbesondere hinsichtlich besonderer Kenntnisse tatsächlicher oder rechtlicher Art, sowie allgemein die größere Flexibilität mit Blick auf der Parteivereinbarung zugängliche Verfahrensregelungen angeführt. Schließlich wird das parteiliche Interesse an einer nicht öffentlichen Verhandlung, sei es zur Wahrung von Geschäftsgeheimnissen, die in Verhandlungen vor den staatlichen Gerichten offenkundig würden, oder sogar um bereits die Existenz eines streitigen Verfahrens gegenüber Vertragspartner und Konkurrenten nicht offenlegen zu müssen, genannt.[6]

Im scharfen Gegensatz zur Darstellung in der Fachpresse wurde in Tageszeitungen und Magazinen zuletzt vor allem im Zusammenhang mit der Berichterstattung über die Verhandlungen für das Transatlantic Trade and Investment Partnership Abkommen (TTIP) Kritik am Institut des Schiedsverfahrens als solchem, insbesondere an der sogenannten Investor-State-Arbitration zwischen Investoren und Gaststaaten, immer lauter. Hierbei handle es sich um „Schattenjustiz im Nobelhotel".[7] Weitgehend unbeachtet von der Öffentlichkeit sei in den vergangenen Jahren eine „Paralleljustiz" aufgebaut worden, die nun mittels „unanfechtbarer Urteile" gegen Staaten hart erkämpfte Umweltstandards und soziale Errungenschaften zu unerwünschten Handelshemmnissen umdefiniere und die Privatisierung von öffentlichem Eigentum unumkehrbar mache.[8]

Die Kritik beschränkte sich aber nicht auf den Anwendungsbereich der Investor-State-Arbitration. Auch Schiedsverfahren ausschließlich zwischen Privatrechts-

---

4 BT-Drs. 13/5274, S. 34.

5 So auch *Risse*, SchiedsVZ 2014, 265, 274; *Münch*, in: Münchener Kommentar zur ZPO, Vorbemerkung zu § 1025, Rn. 88.

6 Zu den Gründen im Einzelnen: *Münch*, in: Münchener Kommentar zur ZPO, Vorbemerkung zu § 1025, Rn. 88–102, *Schwab/Walter/Baumbach*, Schiedsgerichtsbarkeit, Kap. 1 Rn. 8 jeweils mit weiteren Nachweisen aus Rechtsprechung und Literatur.

7 *Henrich/Kroker/Härder/Hielscher*, WirtschaftsWoche 2013 (18 vom 29. 4. 2013), 46, 46.

8 *Pinzler*, Der Unfreihandel.

subjekten wurden im Verlauf der öffentlichen Debatte, in die sich mit einer Verzögerung auch die Politik eingeschaltet hatte[9], zum Ziel wachsenden Unmuts. So äußerten sich anlässlich der Amtseinführung der Präsidentin des Bundesgerichtshofs der Bundesjustizminister dahingehend, dass die Abwanderung von Verfahren mit hohen Streitwerten in die Schiedsgerichtsbarkeit wegen der damit der Staatskasse entgehenden Gerichtsgebühren die Finanzierungsgrundlage der Justiz gefährde, und die Präsidentin selbst kritisierte, dic „private Paralleljustiz“ führe dazu, dass den Kernaufgaben der Herstellung staatlicher Ordnung zugehörige Bereiche der staatlichen Rechtspflege abhandenkämen.[10]

Der Bereich der Verbandsschiedsgerichtsbarkeit, also einer allgemeinen Verpflichtung der Angehörigen wirtschaftlicher Verbände oder Einrichtungen, bei Streitigkeiten untereinander ein Verbandsschiedsgericht in Anspruch zu nehmen, wird in der gegenwärtigen Kommentarliteratur immerhin als „sehr häufig“ beschrieben.[11] Hier scheint der Fokus der Kritik angesichts zunehmender Ausbreitung der Verbandsschiedsgerichtsbarkeit der Sportverbände aktuell eher den fehlenden Schutz dessen, der auf den staatlichen Richter verzichten soll, zu betreffen.[12]

Im Wesentlichen lässt sich die grundlegende Kritik an der Schiedsgerichtsbarkeit in vier Themenkreise zusammenfassen:[13]

Den ersten dieser vier Themenkreise bilden Befürchtungen, dass insbesondere eine geschäftlich unerfahrene, oder auch im Vertragsgefüge beziehungsweise den Vertragsverhandlungen wirtschaftlich unterlegene Partei sich durch die Vereinbarung einer Schiedsklausel des neutralen, sie im Verhältnis zur Gegenseite daher besser schützenden staatlichen Rechtsschutzes begibt. Aufgrund wirtschaftlicher Zwangslagen könne die schwächere von der ihr ökonomisch gesehen überlegenen Partei in eine nachteilige Schiedsklausel gedrängt werden, die ein Übergewicht in

---

9 Der EU-Kommissionschef äußerte, er werde nicht akzeptieren, „dass die Rechtsprechung der Gerichte in den EU-Mitgliedstaaten durch Sonderregelungen für Investorenklagen eingeschränkt wird.“; Bundesjustizminister Heiko Maas wird mit der Aussage zitiert dass „Streitigkeiten zwischen Investoren und Staaten durch staatliche Gerichte und nicht durch internationale Schiedsgerichte entschieden werden sollten.“, *Risse*, SchiedsVZ 2014, 265, 266.

10 Zitiert nach *Risse*, SchiedsVZ 2014, 265, 266.

11 *Schwab/Walter/Baumbach*, Schiedsgerichtsbarkeit, Kap. 3 Rn. 17.

12 Bspw. *Schwab/Walter/Baumbach*, Schiedsgerichtsbarkeit, Kap. 32 Rn. 6 sowie bereits Fußnote 3.

13 Weitere Nachteile – namentlich Streit um die Wirksamkeit von Schiedsvereinbarungen und Verzögerungen bei der Durchführung von Verfahren, sowie Beschränkungen im Verfahren, die daraus resultieren, dass dem Schiedsgericht keine staatliche Gewalt zukommt, erläutert *Garbe-Emden*, BauR 2012, 1035, 1035; auch er kommt allerdings in seiner Zusammenfassung aufgrund dessen nicht etwa zur grundsätzlichen Unterlegenheit des schiedsgerichtlichen Verfahrens gegenüber dem Zivilprozess sondern schließt differenzierend, dass Schiedsvereinbarungen (nur) dort vorteilhaft sind, wo zwei Parteien ihren Streit zügig beilegen wollen, ebd., 1039.

den Vertragsverhandlungen auch für den Fall zukünftiger Konflikte festschreibe.[14] In engem Zusammenhang hiermit steht der zweite Komplex der (mangelnden) schiedsrichterlicher Unabhängigkeit im Vergleich zu Staatsrichtern. Insbesondere, dass die Parteien die Honorare der Schiedsrichter mit diesen vereinbaren und selbst tragen führt zu Befürchtungen, dass die Schiedsrichter sich als Interessenvertreter und Sachwalter der sie benennenden Partei begreifen könnten.[15] Drittens wird aus dem Fakt der in der Regel vereinbarten Vertraulichkeit des schiedsgerichtlichen Verfahrens geschlossen, dass die Parteien die Öffentlichkeit nur deshalb scheuten, weil sie etwas zu verbergen hätten und sich staatlicher Kontrolle und den allgemeinen Gesetzen zugunsten eines „Wirtschaftssonderrechts" auf unklarer Grundlage entziehen wollten. Viertens werden die gesamtstaatlichen Folgen einer derartigen Entziehung insbesondere einer größeren Anzahl von Fällen eines bestimmten Rechtsgebietes in den Blick genommen. Insgesamt würden durch die Schiedsgerichtsbarkeit dem Staat zentrale Bereiche der Rechtspflege entzogen und letztlich eine Paralleljustiz zu Lasten der Fortentwicklung der Rechtsprechung staatlicher Gerichte begründet.[16] Wie die Argumente für die Schiedsgerichtsbarkeit ist auch die Diskussion dieser Befürchtungen keine Entwicklung der letzten Jahre. Vielmehr wurden ähnliche Argumente bereits vor rund 100 Jahren vorgetragen.[17]

Schattenjustiz oder Parteiautonomie? Die vorliegende Arbeit beleuchtet Aspekte, die sowohl Grundlage der so schlagwortartig zusammengefassten Befürchtungen der Gegner der (Verbands-)Schiedsgerichtsbarkeit als auch der genannten Argumente der Befürworter sind: Verfahrensregeln, Steuerungstendenzen durch Bezahlung der Schiedsrichter und Hintergründe der Implementierung eines Schiedsgerichts sowie deren Ablauf. Die Untersuchung erfolgt dabei exemplarisch anhand von Schiedsverfahren des Rheinisch-Westfälischen Kohlensyndikats (RWKS).

---

14 Beispielsweise BGH, Urt. v. 10.10.1991, Az. III ZR 141/90, NJW 1992, 575, 575: Allerdings hat der BGH hier auch festgestellt, dass eine Schiedsklausel als solche keine unangemessene Benachteiligung darstellt; vgl. *Risse*, SchiedsVZ 2014, 265, 267.

15 So heißt es beispielsweise wörtlich in BGH, Urt. v. 28. 2. 1972, Az. II ZR 151/69, NJW 1972, 827: „Es ist eine allgemeine Erfahrung, worauf auch im einschlägigen Schrifttum ständig hingewiesen wird, daß sich die von den Parteien ernannten Schiedsrichter vielfach als deren Interessenvertreter betrachten und demgemäß ihr Amt mehr oder weniger einseitig ausüben (vgl. die Nachweise bei Heimann-Trosien, Ehrengabe für Heusinger, S. 271; Baumbach-Lauterbach, 30. Aufl., 2 A zu § 1032 ZPO). Die Parteien ihrerseits sehen die von ihnen benannten Persönlichkeiten leicht als Anwälte ihres Interesses im Schiedsgericht an und machen deshalb hierzu Schiedsrichter namhaft, von denen sie erwarten, sie würden den Rechtsstreit zu ihren Gunsten entscheiden (vgl. BGHZ 54, 392, 396 = NJW 71, 139). Deshalb liegt es auch nahe, daß derjenige, der sich in ein Schiedsgericht entsenden läßt, Dritten gegenüber den Eindruck erweckt, er nehme Interessen seines Auftraggebers wahr."

16 *Risse*, SchiedsVZ 2014, 265, 270 ff.; dazu bereits Fußnote 9.

17 Siehe dazu insb. auch 3. Kapitel C.

Der Betrachtung der Verfahren des RWKS kommt trotz dessen rechtlicher Struktur und Einbettung als wirtschaftspolitischer Körper seiner Zeit eine hierüber hinausgehende Bedeutung zu. Im Ausgangspunkt kann das RWKS als das bedeutendste legale Kartell der deutschen Wirtschaftsgeschichte eingeordnet werden. Es ist aufgrund verschiedener Faktoren, namentlich seines Bestehens für rund 52 Jahre und seiner umfassenden Konzentrationswirkung im Bereich der Produktion – sämtliche Steinkohlen-, Koks- und Brikettproduktion des Ruhrgebietes – bezüglich dieses Bereichs der Produktion als einflussreichstes legales Kartell zu charakterisieren.[18]

Die Regelungssysteme, an denen Kartelle gemessen werden, und die ihr Bild in der Öffentlichkeit prägen, haben sich seit Bestehen des RWKS stark verändert. Dies hat der Bedeutung und dem wissenschaftlichen Interesse an dem RWKS jedoch keinen Abbruch getan. Während der Begriff des Kartells in der heutigen Zeit ausgesprochen negativ belegt ist und in der Allgemeinpresse häufig nur in Verbindung mit illegalen Absprachen, Fahndungserfolgen und Geldbußen auftaucht[19] handelte es sich bei der nahezu vollständigen Kartellierung bestimmter Wirtschaftszweige zu Beginn des letzten Jahrhunderts um eine nicht nur legale, sondern gewollte Entwicklung. Auch nach der ersten gesetzlichen Regelung, der Kartellverordnung von 1923, waren Kartelle zwischen Wettbewerbern grundsätzlich erlaubt und nur im Falle des Marktmissbrauchs Einschränkungen unterworfen. Erst die alliierten Dekartellierungsgesetze brachten eine grundlegende Wende zum vollständigen Verbot wettbewerbsbeschränkender Abreden zwischen Wettbewerbern. Eine Teilumkehr brachte sodann das Gesetz gegen Wettbewerbsbeschränkungen (GWB) von 1958, wonach horizontale Beschränkungen grundsätzlich verboten wurden, während vertikal veranlasste Wettbewerbsbeschränkungen zunächst nur der Missbrauchsaufsicht unterlagen.[20] Erst mit Inkrafttreten der 7. GWB-Novelle 2005[21] wurde das Kartellverbot in § 1 GWB weitgehend an das Normregime des Art. 81 Abs. 1 EGV (nunmehr Art. 101 Abs. 1 AEUV) angeglichen und umfasst nun wieder auch vertikale Verhaltenskoordination.[22]

---

18 *Roelevink*, Organisierte Intransparenz, S. 10.

19 Zuletzt das „LKW-Kartell", zum Beispiel https://www.faz.net/aktuell/wirtschaft/rekordstrafe-wegen-lastwagen-kartell-fuer-daimler-daf-iveco-14347623.html [23.3.2019]; https://www.handelsblatt.com/unternehmen/industrie/eu-bestraft-daimler-und-co-milliardenstrafe-fuer-lkw-kartell/13896088.html?ticket=ST-1788523-UqsBcLLnaR20kh0n5gZF-ap2 [23.3.2019] s. dazu 2. Kapitel A.I. und *Roelevink*, Organisierte Intransparenz, S. 41, dort insbesondere die weiteren Nachweise in Fußnote 3.

20 *Nordemann*, in: Loewenheim, Meessen et al. (Hg.) 2016 – Kartellrecht, § 1, Rn 1–5.

21 Siebtes Gesetz zur Änderung des Gesetzes gegen Wettbewerbsbeschränkungen, BGBl. Teil I, 2005, S. 1954 ff.

22 *Immenga/Mestmäcker/Körber/Schweitzer/Zimmer*, Wettbewerbsrecht Gesamtwerk, ^{6}2019, GWB § 1 Rn. 1.

Trotz der grundlegenden systematischen Unterschiede lehnte sich das Kartellverbot in § 1 GWB in seiner Tatbestandsformulierung zunächst an die Kartellverordnung von 1923, die erste gesetzliche Definition des Kartells in Deutschland als „Verträge und Beschlüsse, welche Verpflichtungen über die Handhabung der Erzeugung oder des Absatzes, die Anwendung von Geschäftsbedingungen, die Art der Preisfestsetzung oder die Forderung von Preisen enthalten (Syndikate, Kartelle, Konventionen und ähnliche Abmachungen) [...]" an und wurde bei der Auslegung dieses Begriffes der bisherigen Rechtsprechung des Kartellgerichts und des Reichsgerichts zur Kartellverordnung Rechnung getragen.[23]

Vor diesem Hintergrund erstaunt es nicht, dass auch das Kohlensyndikat als einer der prominentesten Vertreter seiner Art noch nach Erlass des GWB Gegenstand großen kartelltheoretischen wissenschaftlichen Interesses wurde. Sowohl in der zeitgenössischen Wissenschaft als auch der aktuellen Forschung beschränkte sich die Forschung diesbezüglich jedoch weitgehend auf die kartellrechtlichen Grundlagen und ihre Entwicklung sowie bezüglich der ökonomischen Forschung auf die Preis- und Produktionsfunktion des Kohlensyndikats in theoretischer Hinsicht.[24] Mit der Analyse der Frage, ob dem Kohlensyndikat neben der umfassenden Konzentration der Produktion auch Marktmacht im Sinne des zeitgenössischen Kartellbegriffs zuzuschreiben ist, hat sich Eva-Maria Roelevink erstmals auseinandergesetzt.[25] Sie konstatiert für das Objekt RWKS ein Paradox bezüglich der Forschungslage: Einem großen Umfang an kartelltheoretischer Literatur bezüglich Preis- und Produktionsfunktion steht der weitgehend unerforschte Bereich der internen Organisation und Funktionslogik des Kohlensyndikats vor allem im Zusammenhang mit den beteiligten Syndikatsmitgliedern gegenüber.[26] Hierzu gehören auch die internen Konfliktlösungsmechanismen des Kohlensyndikats, deren vertragliche Regelung und praktische Anwendung, wie sie in den Verfahrensakten des RWKS dokumentiert ist, bisher keine Beachtung gefunden hat.[27]

Insofern soll die vorliegende Arbeit einen Beitrag zur Forschung über die interne Ordnung des Syndikats leisten. Angesichts der über den Bereich der Kohlenwirtschaft hinausgehenden „wirkmächtigen Eigenlogik"[28] des RWKS kommt der Betrachtung der Schiedsverfahren innerhalb des Kohlensyndikats aber auch

---

23 *Immenga/Mestmäcker/Körber/Schweitzer/Zimmer*, Wettbewerbsrecht Gesamtwerk, [6]2019, GWB § 1 Rn. 1.

24 Literaturüberblick bei *Roelevink*, Organisierte Intransparenz, S. 42 ff.

25 *Roelevink*, Organisierte Intransparenz.

26 *Roelevink*, Organisierte Intransparenz, S. 44 f.

27 Die vertragliche Grundlage des Kohlensyndikats zwischen 1893 und 1909 wurde aus der Perspektive der Transaktionskostenökonomik und Neuen Institutionenökonomik untersucht von *Richter*, Die Wirkungsgeschichte des deutschen Kartellrechts vor 1914, allerdings nicht mit Fokus auf den Konfliktlösungsmechanismen und lediglich anhand der Vertragstexte.

28 *Roelevink*, Organisierte Intransparenz, S. 44; vgl. dazu auch *Kroker*, Der Anschnitt 1980 (2), 165, VII: „Seine [des Rheinisch-Westfälischen Kohlensyndikats, d. Verf.]

wissenschaftliche Bedeutung über den Einzelfall hinaus für die Debatte über Schiedsverfahren innerhalb laufender Vertragsbeziehungen im Allgemeinen zu. Obwohl die Argumente, die für und gegen die Durchführung schiedsgerichtlicher Verfahren angeführt werden, sich seit rund 100 Jahren verblüffend gleichen, wird ihren Grundlagen – nicht nur für den Bereich des Kohlensyndikats sondern für das Schiedsverfahrensrecht ganz allgemein – wenig Aufmerksamkeit geschenkt. Dies liegt sicher auch in der schwierigen Datenlage aufgrund der Vertraulichkeit der meisten Verfahren begründet.[29]

B. Fragestellung

Die Thematik soll über die Beantwortung der folgenden Forschungsfragen erschlossen werden:

Wie war das System der Konfliktlösung im Syndikatsvertrag ausgestaltet, wie veränderte es sich und in welcher Beziehung stand es zu den zeitgenössischen rechtspolitischen Erwägungen und rechtstatsächlichen Entwicklungen? Lässt sich eine institutionelle Bevorzugung einer Partei der Schiedsabrede nachweisen und waren hierfür Faktoren wie Nichtöffentlichkeit und die Freiheit von staatlicher Kontrolle relevant? Gibt es Anhaltspunkte für Verstöße gegen das Prinzip der schiedsrichterlichen Unabhängigkeit, etwa Steuerungstendenzen über das Schiedsrichterhonorar? Welche Verfahrensregeln galten, was waren die Rechtsgrundlagen der Entscheidungen und lassen sich wiederkehrende Begründungsmuster feststellen? Hatten die schiedsgerichtlichen Entscheidungen eine Funktion über die Entscheidung des streitigen Einzelfalls im fortgesetzten Vertragsverhältnis der Parteien zueinander?

C. Methode und Gang der Darstellung

Das überlieferte Aktenmaterial des Kohlensyndikats kann im Montanhistorischen Dokumentationszentrum beim Deutschen Bergbau-Museum Bochum eingesehen werden.[30] Der dortige Gesamtbestand, der bis Anfang der 1970er Jahre als verschollen galt, umfasst auch den gesamten Zeitraum des Bestehens des RWKS als Produktions-, Preis- und Absatzkartell von 1893 bis 1945. Allerdings bestehen gravierende Überlieferungslücken, die wohl auf den Transport von Akten während der Verlegung des Verwaltungssitzes des Kohlensyndikats sowie Kriegseinwirkungen zurückzuführen sind.[31] Hier lagern sowohl vollständige Verfahrensakten als

Aussagefähigkeit reicht über den Rahmen der regionalen Wirtschaftsgeschichte des Ruhrgebietes weit hinaus.".

29 Für Investor-State-Arbitration bezüglich der Frage der Benachteiligung von Staaten siehe http://www.faz.net/aktuell/wirtschaft/ttip-und-freihandel/ceta-ttip-schiedsgerichte-benachteiligen-staaten-nicht-14505945.html; [23.3.2019]

30 montan.dok BBA 33 (Rheinisch-Westfälisches Kohlensyndikat).

31 *Kroker*, Der Anschnitt 1980 (2), 165, XIII f.

auch aufgrund vertraglicher Vereinbarung mit Rundbriefen des Syndikatsvorstandes versandte schiedsgerichtliche Entscheidungen.

Sowohl die vollständigen Verfahrensakten des Kohlensyndikats, die ein umfassendes Bild des gesamten Verlaufs der Schiedsverfahren von der ersten protokollierten Meinungsverschiedenheit über interne Kommunikation und Schriftsatzentwürfe sowie Schriftsätze, Korrespondenz und abschließende Entscheidung enthalten, als auch die verfügbaren isolierten Entscheidungstexte der Schiedsgerichte und Schiedskammern wurden in die Analyse einbezogen. Dabei blieben Konflikte mit den Syndikatshandelsgesellschaften außen vor. Untersucht wurden ausschließlich die Schiedsverfahren der Parteien des Syndikatsvertrages, die einen Einblick in die Strukturen dieser vertraglichen Beziehung und gegebenenfalls ihrer Entwicklung erlauben.

Den Untersuchungszeitraum bilden die Jahre 1928 bis 1945. Hierbei handelt es sich nicht um eine an den üblichen Zäsuren orientierte Eingrenzung. Vorgegeben wird dieser Zeitraum durch die Existenz relevanten Quellenmaterials. Er erlaubt zudem eine Betrachtung dahingehend, ob sich der Übergang von der Weimarer Republik zum Nationalsozialismus in dem Ablauf der schiedsgerichtlichen Verfahren widerspiegelt oder ob sich insofern – wie heute in der öffentlichen Debatte teilweise angedeutet – ein von äußeren Gegebenheiten und staatlichem Einfluss unabhängiges Sonderrecht der Wirtschaft in den syndikatlichen Schiedsverfahren offenbart.[32]

In einem ersten Schritt soll die Entwicklung und die Rechtsgrundlagen des Rheinisch-Westfälischen Kohlensyndikats dargestellt werden. Sodann wird der Blick auf die speziellen Regelungen des Syndikats für Konfliktlösung gelenkt und das diesbezügliche Syndikatsrecht im Zusammenhang der allgemeinen Gesetze dargestellt. Im Folgenden werden die aufgeworfenen Fragen anhand der zur Verfügung stehenden Quellentexte beantwortet: Es wird zunächst der Frage nachgegangen, ob die Schiedsklausel auf Druck einer Partei eingeführt wurde und ob sie eine Partei auf Kosten der anderen bevorteilt sowie ob die üblichen Argumente der schnellen, kostengünstigen Entscheidung durch Sachkundige eine Stütze in dem vorhandenen Quellenmaterial finden. Dann wird die Frage der Unabhängigkeit der Schiedsrichter untersucht werden und eventuelle weitere Funktionen schiedsgerichtlicher Entscheidung im Kontext fortbestehender Vertragsbeziehungen betrachtet. Abschließend erfolgt eine zusammenfassende Bewertung der Zwischenergebnisse.

32 Zum „interpretatorischen Mainstream“ hinsichtlich des Verhältnisses von Ruhrkohlenbergbau und Nationalsozialismus und dessen empirischer Überprüfung *Ziegler,* in: Berghoff, Kocka et al. (Hg.) 2010 – Wirtschaft im Zeitalter der Extreme, S. 253 ff., 274, der zum Ergebnis kommt, dass weder eine „Unterordnung des Bergbaus“ noch „Ausschaltung des Marktmechanismus“ festgestellt werden kann.

1. Kapitel Das Rheinisch-Westfälische Kohlensyndikat

Im Folgenden soll zunächst die Entstehung und tatsächliche Entwicklung des Rheinisch-Westfälischen Kohlensyndikats dargestellt werden. Diese Darstellung dient als Grundlage der späteren Betrachtung der Schiedsverfahren dahingehend, ob sich Linien der tatsächlichen Entwicklung und der rechtlichen Gegebenheiten, beispielsweise eine eventuelle Intensivierung staatlicher Einflussnahme, sowie hier vorliegenden Zäsuren, auch in den Schiedsverfahren erkennen lassen, oder ob diese eine von äußeren Gegebenheiten losgelöste Entwicklung zeigen.

Bereits in der zeitgenössischen Literatur war die Entwicklung des RWKS Gegenstand des wissenschaftlichen Interesses, insbesondere erfolgte schon zu diesem Zeitpunkt eine Unterteilung der Syndikatsgeschichte in verschiedene, prägende Abschnitte und Organisationsformen[33], dies allerdings anhand der öffentlich verfügbaren Materialien, und nicht hinsichtlich syndikatsinternen Aktenmaterials.[34] Ein (auch nur teilweiser) Abgleich mit internen Quellen konnte Zeit des Bestehens des Syndikats nicht erfolgen.

A. Vorgeschichte und Gründung des Rheinisch-Westfälischen Kohlensyndikats

Die Gründung des RWKS stellte sich im Wesentlichen als Antwort auf die Wettbewerbslage des Kohlenmarktes in den Jahren 1850 bis 1890 dar. Zu dieser Zeit wurde die Marktsituation maßgeblich von drei Faktoren bestimmt: Liberalisierung relevanter Gesetzgebung, Produktionssteigerung und ihr Verhältnis zur Nachfrage nach Kohle.[35]

In einer Neugestaltung des Bergrechts wurde 1865 die Gewerbefreiheit auf den Bergbau übertragen und war Grundlage einer beispiellosen Ausdehnung der Bergwirtschaft durch private Bergbauunternehmer.[36] Rund 200 Unternehmen standen

---

33 Bspw. durch *Lüttig,* Kohlenwirtschaftsorganisationen.

34 Allg. zum Bestreben der Geheimhaltung *Roelevink,* Organisierte Intransparenz.

35 *Wilhelm,* Das Rheinisch-Westfälische Kohlensyndikat und die Oberschlesische Kohlenkonvention bis zum Jahre 1933, S. 1.

36 *Büsch/Neugebauer,* Moderne preußische Geschichte: 1649–1947, S. 1104; *Liefering,* Das Rheinisch-Westfälische Kohlensyndikat und sein Einfluß auf die Kohlenpreise und die Lage der Bergarbeiter, S. 9; *Lüthgen,* Das Rheinisch-Westfälische Kohlensyndikat in der Vorkriegs-, Kriegs- und Nachkriegszeit und seine Hauptprobleme, S. 1; *Frank,* Wandlungen in der syndikatlichen Organisation des Ruhrkohlenbergbaus in der Zeit von 1919–1925, S. 4; *Goetzke,* Das Rheinisch-Westfälische Kohlen-Syndikat und seine wirtschaftliche Bedeutung, S. 2.

auf einer Fläche von 100 Quadratkilometern in Konkurrenz, während gleichzeitig technische Neuerungen, etwa die Fortentwicklung des Tiefbaus, einen steilen Anstieg der Produktion erlaubten.[37] Obwohl der Kohlenbedarf durch Industrialisierung und Bevölkerungswachstum stieg, blieb die Nachfrage häufig hinter der Produktion zurück.[38] Die resultierenden Absatzkrisen veranlassten die Unternehmer, durch Steigerung ihrer Produktion die Selbstkosten zu verringern.[39] Überproduktion und Preisunterbietungen führten zu Preisen, die teilweise unter die Selbstkosten fielen,[40] schließlich aber auch zur Verringerung der Zahl der fördernden Zechen durch Zusammenschlüsse und Stilllegungen, welche den Weg für das Syndikat und die Anpassung der Produktion an die Nachfrage bereiteten.[41] Gegen Ende des Jahrhunderts setzte sich die Erkenntnis durch, dass der rücksichtslose Konkurrenzkampf Ursache der schlechten wirtschaftlichen Lage sei, sodass verschiedentlich Versuche unternommen wurden, den Wettbewerb zunächst über die Regelung der Produktion, sodann über Regelung der Kohlepreise zu beschränken.[42] Die Wirksamkeit dieser Vereinbarungen allerdings blieb äußerst begrenzt, da sie alle sich als räumlich, sachlich, personell oder finanziell ungenügend erwiesen.[43]

---

37 *Spethmann,* Bausteine zur Geschichte des Rheinisch-Westfälischen Kohlen-Syndikats, S. 6.

38 *Erdtmann,* Der Deutsche Kohlen-Verkauf in Vergangenheit, Gegenwart und Zukunft, S. 18; *Muthesius,* Ruhrkohle 1893–1943, S. 23; *Lüthgen,* Das Rheinisch-Westfälische Kohlensyndikat in der Vorkriegs-, Kriegs- und Nachkriegszeit und seine Hauptprobleme, S. 2; *Lüters,* Die Konjunkturpolitik des Rheinisch-Westfälischen Kohlensyndikats vor dem Kriege, S. 1.

39 *Liefering,* Das Rheinisch-Westfälische Kohlensyndikat und sein Einfluß auf die Kohlenpreise und die Lage der Bergarbeiter, S. 10; *Goetzke,* Das Rheinisch-Westfälische Kohlen-Syndikat und seine wirtschaftliche Bedeutung, S. 7; *Wilhelm,* Das Rheinisch-Westfälische Kohlensyndikat und die Oberschlesische Kohlenkonvention bis zum Jahre 1933, S. 3.

40 *Spethmann,* Bausteine zur Geschichte des Rheinisch-Westfälischen Kohlen-Syndikats, S. 6; *Lüthgen,* Das Rheinisch-Westfälische Kohlensyndikat in der Vorkriegs-, Kriegs- und Nachkriegszeit und seine Hauptprobleme, S. 2.

41 *Spethmann,* Bausteine zur Geschichte des Rheinisch-Westfälischen Kohlen-Syndikats, S. 6; *Erdtmann,* Der Deutsche Kohlen-Verkauf in Vergangenheit, Gegenwart und Zukunft, S. 18; *Muthesius,* Ruhrkohle 1893–1943, S. 23, 31.

42 *Meckenstock,* Die Geschichte der Planung im Steinkohlenbergbau des Ruhrgebietes, S. 41; *Erdtmann,* Der Deutsche Kohlen-Verkauf in Vergangenheit, Gegenwart und Zukunft, S. 19; *Lüters,* Die Konjunkturpolitik des Rheinisch-Westfälischen Kohlensyndikats vor dem Kriege, S. 8 Ausführlich zu den einzelnen Vereinbarungen *Wilhelm,* Das Rheinisch-Westfälische Kohlensyndikat und die Oberschlesische Kohlenkonvention bis zum Jahre 1933, S. 10.

43 *Frank,* Wandlungen in der syndikatlichen Organisation des Ruhrkohlenbergbaus in der Zeit von 1919–1925, S. 6 Vgl. im Einzelnen *Liefering,* Das Rheinisch-Westfälische Kohlensyndikat und sein Einfluß auf die Kohlenpreise und die Lage der Bergarbeiter, S. 10; *Kerscht,* Das Rheinisch-Westfälische Kohlen-Syndikat in seiner geschichtlichen Entwicklung von 1910 bis 1920, S. 27.

Allerdings setzte sich der begonnene Konzentrationsprozess mit der nun folgenden Kombination von Produktions- und Preisbeschränkungsvereinbarungen mit einheitlicher Verkaufsorganisation, den Verkaufsvereinen, fort.[44] Diese Verkaufsvereine, die zunächst lokal begrenzt waren, in ihrer Struktur aber bereits als Vorläufer des Rheinisch-Westfälischen Kohlensyndikats eingeordnet werden können, schlossen sich nach kurzer Zeit zu der sogenannten „Zechengemeinschaft" zusammen.[45] Auch die Zechengemeinschaft konnte aufgrund organisatorischer Schwächen den anhaltenden Konkurrenzkampf nicht verhindern, allerdings wurde in diesem Rahmen ein Ausschuss zur Vorbereitung des späteren Syndikatsvertrages ins Leben gerufen.[46] Der zügellose Wettbewerb, der dem Scheitern dieses Vorhabens eines allgemeinen Kohlensyndikates folgte, führte schließlich, nach erneuter Ausschussarbeit, am 9. Februar 1893 zur Gründung der Aktiengesellschaft Rheinisch-Westfälisches Kohlensyndikat und am 16. und 19. Februar 1893 zur Unterzeichnung des Kartellvertrages zwischen Zechenbesitzern und der Aktiengesellschaft Rheinisch-Westfälisches Kohlensyndikat.[47] Beide Dokumente gestalten im Zusammenspiel das Gesamtkonstrukt, das allgemein als Rheinisch-Westfälisches Kohlensyndikat bezeichnet wird.

B. Aufbau und Struktur des Rheinisch-Westfälischen Kohlensyndikats ab 1893

Das Rheinisch-Westfälische Kohlensyndikat war in der Form der Doppelgesellschaft organisiert. Diese Rechtsform[48], die speziell für die die Absatztätigkeit zentralisierenden Kartelle entwickelte wurde, zeichnet sich dadurch aus, dass für ein wirtschaftlich einheitliches Gebilde zwei Gesellschaften bestehen: Eine Gesellschaft bürgerlichen Rechts und eine juristische Person, insbesondere Aktiengesellschaft,

---

44 *Wilhelm,* Das Rheinisch-Westfälische Kohlensyndikat und die Oberschlesische Kohlenkonvention bis zum Jahre 1933, S. 24; *Erdtmann,* Der Deutsche Kohlen-Verkauf in Vergangenheit, Gegenwart und Zukunft, S. 19.

45 *Moser,* Das Rheinisch-Westfälische Kohlen-Syndikat und das Kohlenwirtschaftsgesetz, S. 2; *Kerscht,* Das Rheinisch-Westfälische Kohlen-Syndikat in seiner geschichtlichen Entwicklung von 1910 bis 1920, S. 26; *Liefering,* Das Rheinisch-Westfälische Kohlensyndikat und sein Einfluß auf die Kohlenpreise und die Lage der Bergarbeiter, S. 11; *Erdtmann,* Der Deutsche Kohlen-Verkauf in Vergangenheit, Gegenwart und Zukunft, S. 23.

46 *Erdtmann,* Der Deutsche Kohlen-Verkauf in Vergangenheit, Gegenwart und Zukunft, S. 23; *Muthesius,* Ruhrkohle 1893–1943, S. 52.

47 *Goetzke,* Das Rheinisch-Westfälische Kohlen-Syndikat und seine wirtschaftliche Bedeutung, S. 28; *Muthesius,* Ruhrkohle 1893–1943, S. 61; *Wilhelm,* Das Rheinisch-Westfälische Kohlensyndikat und die Oberschlesische Kohlenkonvention bis zum Jahre 1933, S. 36.

48 Vgl. für die Doppelgesellschaft betreffende rechtliche Fragen *Moser,* Das Rheinisch-Westfälische Kohlen-Syndikat und das Kohlenwirtschaftsgesetz, S. 4.

als Hilfsorgan zur Durchführung des Kartellzwecks.[49] Die Form der Aktiengesellschaft dient dem Erwerb der Rechtspersönlichkeit, sodass sie in eigenem Namen, aber im Interesse und nach Weisung der Gesellschaft bürgerlichen Rechts, deren Produktion im Verhältnis zu Dritten absetzen kann.[50] Praktischer Hintergrund dieser Konstruktion war, dass ohne die Zwischenschaltung der Aktiengesellschaft auch ohne Eintragung ins Handelsregister der wirtschaftliche Umfang der Geschäfte nach § 123 Abs. 2 HGB in einer unbegrenzten persönlichen Haftung der Mitglieder der Gesellschaft bürgerlichen Rechts resultiert hätte.[51]

Die Satzung der Aktiengesellschaft Rheinisch-Westfälisches Kohlensyndikat enthält keinerlei kartellrechtliche Bestimmungen[52] und definiert in § 2 als ihren Gegenstand „An- und Verkauf von Kohlen, Koks und Briketts". Es handelte sich bei der Aktiengesellschaft Rheinisch-Westfälisches Kohlensyndikat also um eine reine Verkaufsorganisation. Die Satzung enthält im Übrigen nur die vom Handelsgesetzbuch vorgeschriebenen Regelungen, im Wesentlichen zu Grundkapital, Aktien, Organen der Gesellschaft, Bilanzen, Gewinnverteilung und Reservefonds, sowie Formvorschriften.[53] Als typisch für die Form der Doppelgesellschaft fällt das geringe Aktienkapital von 900.000 Mark in vinkulierten Namensaktien[54] auf.[55] Dieses mit Blick auf die Gesamtproduktionsmenge des Kohlensyndikats geringe Kapital, mit dem keinesfalls der Kauf- und Wiederverkauf der Gesamtproduktion zu bewirken gewesen wäre, war auf die uneigennützige Tätigkeit der Aktiengesellschaft ohne eigenen Gewinn für die Gesellschaft bürgerlichen Rechts zurückzuführen.[56]

---

49 Callmann–KartR, 123; Müllensiefen/Dörinkel–KartR, V, 3.

50 *Moser,* Das Rheinisch-Westfälische Kohlen-Syndikat und das Kohlenwirtschaftsgesetz, S. 3; *Goetzke,* Das Rheinisch-Westfälische Kohlen-Syndikat und seine wirtschaftliche Bedeutung, S. 30 Vgl. Callmann–KartR, 123.

51 *Moser,* Das Rheinisch-Westfälische Kohlen-Syndikat und das Kohlenwirtschaftsgesetz, S. 3.

52 *Moser,* Das Rheinisch-Westfälische Kohlen-Syndikat und das Kohlenwirtschaftsgesetz, S. 3.

53 *Goetzke,* Das Rheinisch-Westfälische Kohlen-Syndikat und seine wirtschaftliche Bedeutung, S. 29.

54 Diese bedürfen zu Ihrer Übertragung der Zustimmung eines Organs der ausgebenden Aktiengesellschaft. Die Konstruktion sichert insofern, dass nicht einzelne Aktionäre Außenstehenden Zugang gewähren können.

55 *Goetzke,* Das Rheinisch-Westfälische Kohlen-Syndikat und seine wirtschaftliche Bedeutung, S. 30; *Wilhelm,* Das Rheinisch-Westfälische Kohlensyndikat und die Oberschlesische Kohlenkonvention bis zum Jahre 1933, S. 41; vgl. Callmann–KartR, 123.

56 *Goetzke,* Das Rheinisch-Westfälische Kohlen-Syndikat und seine wirtschaftliche Bedeutung, S. 30; *Wilhelm,* Das Rheinisch-Westfälische Kohlensyndikat und die Oberschlesische Kohlenkonvention bis zum Jahre 1933, S. 41; vgl. Callmann–KartR, 123.

Mit dieser Aktiengesellschaft Rheinisch-Westfälisches Kohlensyndikat und untereinander schlossen die Zechenbesitzer den eigentlichen Kartellvertrag, bildeten also eine Gesellschaft bürgerlichen Rechts mit dem gemeinsamen Zweck, „für die Zukunft eine ungesunde Konkurrenz auf dem Kohlenmarkte auszuschließen“[57] und „soweit als thunlich feste Vereinbarungen über die Beteiligung am Gesamtabsatz, sowie über Preise und Lieferungsbedingungen zu erreichen“[58]. Die vertragsschließenden Zechenbesitzer verpflichteten sich darin, zu Versammlungen zusammenzutreten und sich den Mehrheitsbeschlüssen dieser Versammlung sowie der übrigen Organe der Gesellschaft zu unterwerfen.[59] Dieser eigentliche Kartellvertrag regelte über diese Organe hinaus die Grundlagen des gemeinsamen Verkaufs der Produktion, die Beteiligung der einzelnen Zechen am Gesamtabsatz, Mechanismen zur Festsetzung von Preisen und Lieferbedingungen sowie Vertragsstrafen, Geschäftskosten und Dauer des Vertrages.

Die Verbindung, die es rechtfertigt, von dem Rheinisch-Westfälischen Kohlensyndikat trotz dieser juristischen Konstruktion untechnisch als einer Gesellschaft, die dem Grunde nach auf „einem einzigen Vertragswerk“[60] beruhte, zu sprechen, ist eine im Kartellvertrag enthaltende Verknüpfung. Nach dem Kartellvertrag waren die Mitglieder der Gesellschaft bürgerlichen Rechts verpflichtet, eine ihrer Förderung entsprechende Anzahl von Aktien der Rheinisch-Westfälischen Kohlensyndikat AG zu erwerben, die auch nicht ohne die Zustimmung der übrigen Inhaber an Dritte weitererkauft werden konnte.[61]

I. Organe

Hinsichtlich der Organe des Rheinisch-Westfälischen Kohlensyndikats ist zwischen den Organen der Aktiengesellschaft Rheinisch-Westfälisches Kohlensyndikat und den Organen der Gesellschaft bürgerlichen Rechts zu unterscheiden.[62] Die Organe der Aktiengesellschaft waren Vorstand, Aufsichtsrat und Generalversammlung.

---

57 Präambel Vertrag zwischen der Aktiengesellschaft Rheinisch-Westfälisches Kohlensyndikat und den zum Syndikat gehörenden Zechen sowie zwischen Letzteren untereinander vom 16 und 19. Februar 1893.

58 Präambel Vertrag zwischen der Aktiengesellschaft Rheinisch-Westfälisches Kohlensyndikat und den zum Syndikat gehörenden Zechen sowie zwischen Letzteren untereinander vom 16 und 19. Februar 1893.

59 Präambel Vertrag zwischen der Aktiengesellschaft Rheinisch-Westfälisches Kohlensyndikat und den zum Syndikat gehörenden Zechen sowie zwischen Letzteren untereinander vom 16 und 19. Februar 1893.

60 So etwa *Muthesius*, Ruhrkohle 1893–1943, S. 70.

61 Präambel Vertrag zwischen der Aktiengesellschaft Rheinisch-Westfälisches Kohlensyndikat und den zum Syndikat gehörenden Zechen sowie zwischen Letzteren untereinander vom 16 und 19. Februar 1893; s.o. Fußnote 49.

62 Aufbau nach *Wilhelm*, Das Rheinisch-Westfälische Kohlensyndikat und die Oberschlesische Kohlenkonvention bis zum Jahre 1933, S. 41, dieser wohl nach *Lüthgen*, Das Rheinisch-Westfälische Kohlensyndikat in der Vorkriegs-, Kriegs- und

Der Vorstand der Aktiengesellschaft Rheinisch-Westfälisches Kohlensyndikat setzte sich gemäß § 6 der Satzung der Aktiengesellschaft aus zwei Mitgliedern zusammen, die vom Aufsichtsrat bestellt werden, und gemeinsam oder jeweils gemeinsam mit einem Prokuristen für die Aktiengesellschaft Rheinisch-Westfälisches Kohlensyndikat zeichnungsberechtigt waren. Abgesehen von seinen gesetzlichen Rechten waren die Befugnisse des Vorstands im Kartellvertrag geregelt und betrafen vor allem die Bestimmung der Preise, Überwachung der Mitglieder, Festlegung der Umlage zur Finanzierung der e, Beilegung von Streitigkeiten und Vertragsstrafen.[63]

Der Aufsichtsrat bestand gemäß § 7 der Satzung aus neun Mitgliedern, die jeweils für die Dauer von 4 Jahren gewählt wurden, und von denen alljährlich im Rahmen der ordentlichen Generalversammlung drei Mitglieder ausschieden. Diese wurden zunächst durch das Los, später anhand der Reihenfolge ihres Eintritts ermittelt, waren allerdings wieder wählbar. Freie Stellen aufgrund Erledigung blieben unbesetzt bis zur nächsten ordentlichen Generalversammlung, eine Ergänzungswahl in einer eigens einzuberufenden Generalversammlung fand nur statt, wenn die Aufsichtsratsmitgliederzahl unter die für die Beschlussfähigkeit erforderlich Zahl von fünf Mitgliedern sank. Nach den gesetzlichen Bestimmungen oblag dem Aufsichtsrat die Aufgabe der Überwachung der Geschäftsführung, insbesondere die Überprüfung von Jahresrechnungen und Bilanzen.[64]

In der Generalversammlung, §§ 10 – 16 der Satzung, waren sämtliche Aktionäre – also alle Zechenbesitzer – mit jeweils einer Stimme pro Aktie vertreten. Die ordentliche Generalversammlung fand jährlich in der ersten Hälfte des neuen Geschäftsjahres statt, außerordentliche Generalversammlungen konnten sowohl von Aufsichtsrat oder Vorstand nach ihrem Ermessen als auch auf Antrag eines Zwanzigstel des Aktienkapitals einberufen werden. Gegenstände der Beschlussfassung waren der Jahresbericht, die Jahresbilanz nebst Gewinn- und Verlustrechnung, Erteilung der Decharge an Vorstand und Aufsichtsrat, Verwendung der Gewinne sowie die Wahl der Mitglieder des Aufsichtsrats und der Rechnungsrevision. Während die Generalversammlung grundsätzlich mit absoluter Mehrheit entschied, war zur Änderung des Unternehmensgegenstandes, Herabsetzung des

---

Nachkriegszeit und seine Hauptprobleme, S. 9; Vgl. allgemein zur Organisation des Rheinisch-Westfälischen Kohlensyndikats z. B. *Kroker*, Der Anschnitt 1980 (2), 165, 170; *Erdtmann*, Der Deutsche Kohlen-Verkauf in Vergangenheit, Gegenwart und Zukunft, S. 23; *Meckenstock*, Die Geschichte der Planung im Steinkohlenbergbau des Ruhrgebietes, S. 44; *Frank*, Wandlungen in der syndikatlichen Organisation des Ruhrkohlenbergbaus in der Zeit von 1919–1925, S. 11.

63 *Wilhelm*, Das Rheinisch-Westfälische Kohlensyndikat und die Oberschlesische Kohlenkonvention bis zum Jahre 1933, S. 41.

64 *Wilhelm*, Das Rheinisch-Westfälische Kohlensyndikat und die Oberschlesische Kohlenkonvention bis zum Jahre 1933, S. 42.

Grundkapitals, Auflösung, Fusion oder Liquidation der Gesellschaft eine qualifizierte Mehrheit von drei Vierteln des Aktienkapitals erforderlich.[65]

Die Organe der Gesellschaft bürgerlichen Rechts, die im Kartellvertrag geregelt waren, waren die Versammlung der Zechenbesitzer, der Beirat und die Kommission zur Feststellung der Beteiligungsziffern.

In der Versammlung der Zechenbesitzer waren sämtliche Zechenbesitzer mit jeweils einer Stimme für je 10.000 Tonnen ihrer festgesetzten Beteiligungsziffer vertreten. Für die Beschlussfähigkeit war die Anwesenheit von ¾ aller Stimmen erforderlich, wurde dieses Quorum nicht erreicht, war nach erneuter Einladung unter Hinweis auf diese Situation auch jede geringere Zahl ausreichend. Die Versammlungen fanden grundsätzlich nach Bedürfnis, über dessen Vorliegen der Beirat entschied, oder auf Antrag von mindestens einem Fünftel der Gesamtstimmen statt. Die Versammlung der Zechenbesitzer entschied insbesondere über die Ernennung des Beirats, die Wahl der Mitglieder der Kommission zur Feststellung der grundlegenden Beteiligungsziffern, über Vorschläge des Vorstandes auf kürzere oder längere Zeit einzuführende Fördereinschränkungen, Feststellung der Abgabe und Entschädigung für Mehr- und Minderabsatz, über die Aufnahme neuer Mitglieder und die Feststellung des Aktienbesitzes der beteiligten Zechenbesitzer.[66]

In den Beirat entsandte jede Zeche beziehungsweise Zechengruppen ein Mitglied und einen Stellvertreter für je eine Million Tonnen ihrer Produktionsbeteiligung. Diese jährlich in der ersten Versammlung der Zechenbesitzer zu benennenden Personen mussten aus dem Kreis der Mitglieder der Zechenverwaltung und der Beteiligten stammen. Der Beirat war weitgehend unabhängig in Erfüllung seiner Aufgaben und konnte neben der selbständigen Regelung seiner Geschäftsführung insbesondere die Erledigung einzelner Aufgaben an Ausschüsse übertragen. Er stellte die allgemeinen Grundsätze für Qualitäts- und Sortenbestimmungen auf, anhand derer der Vorstand die Verkaufspreise festsetzte, und kontrollierte diesbezüglich den Vorstand. Zudem entschied er über Fragen der Beteiligung am Gesamtabsatz, Nichteinhaltung von Lieferverpflichtungen, schuldhafter nicht vorschriftsmäßiger Lieferung, Gewährung von Entschädigungen im Falle der Verfügung von Ausnahmepreisen und gegebenenfalls die Höhe der zur Deckung der Geschäftskosten erforderlichen Abzüge.[67]

Die Kommission zur Feststellung der Beteiligungsziffern traf ihre Entscheidungen mit vier Mitgliedern, nämlich zwei Technikern, einem Kaufmann und einem Mitglied des Vorstandes, die in doppelter Zahl zu Beginn jeden Jahres von der Versammlung der Zechenbesitzer gewählt wurden. Der Beirat wählte gesondert

---

65 *Wilhelm,* Das Rheinisch-Westfälische Kohlensyndikat und die Oberschlesische Kohlenkonvention bis zum Jahre 1933, S. 42.

66 *Wilhelm,* Das Rheinisch-Westfälische Kohlensyndikat und die Oberschlesische Kohlenkonvention bis zum Jahre 1933, S. 46.

67 *Wilhelm,* Das Rheinisch-Westfälische Kohlensyndikat und die Oberschlesische Kohlenkonvention bis zum Jahre 1933, S. 47.

für jeden Fall die entscheidenden Mitglieder aus, um die Beteiligung Betroffener zu vermeiden. Die Kommission entschied mit einfacher Stimmenmehrheit, im Falle eines Patts hatte der Vorsitzende des Beirats die Letztentscheidungskompetenz.[68]

II. Marktregelnde Tätigkeit

Als Ansatzpunkte für eine marktregelnde Tätigkeit in einem Syndikatsvertrag kommen grundsätzlich Vorschriften zur Fördermenge, zur Preisgestaltung und zum Vertrieb in Betracht.

Der Kartellvertrag enthielt keine Rechtsgrundlage für die direkte Regelung der Fördermenge, erreichte diesen Effekt praktisch aber über die Reglementierung der Absatzmöglichkeit.[69] In § 1 des Kartellvertrages wurde unter der Überschrift „Gemeinsamer Verkauf und Ausnahmen davon" festgelegt, dass die unterzeichnenden Zechenbesitzer ihre gesamte Produktion (mit Ausnahme der Kohlen die zum Betrieb eigener Werke genutzt werden, des im Umfang stark begrenzten Landabsatzes oder der sogenannten Deputatkohlen[70]) an das Rheinisch-Westfälische Kohlensyndikat verkaufen, welches seinerseits eine korrespondierende Abnahmeverpflichtung übernahm. Folglich passten die Zechen ihre Produktion an diese, ihre sogenannte Beteiligungsziffer am Gesamtumsatz des Rheinisch-Westfälischen Kohlensyndikats an, die auf Grundlage der Förderung entweder des Jahres 1891 oder 1892 vom Syndikat festgelegt wurde.

Regelungen bezüglich der Preise traf das Rheinisch-Westfälische Kohlensyndikat sowohl bezüglich der An- als auch der Verkaufspreise der Kohle seiner Mitgliedszechen, wobei die Preisfestsetzung und Bestimmung der Lieferungsbedingungen durch die Organe des Syndikats erfolgte, und nur die Modalitäten der Zahlung in der Satzung der Aktiengesellschaft festgelegt werden. Gemäß § 3 der Satzung entrichtet die Aktiengesellschaft den nach §§ 4 und 5 fällig werdenden Kaufpreis für die von den Zechen gelieferte Kohlen. Die Satzung unterschied zwischen Abschlüssen, die unabhängig und solchen, die im Wettbewerb gegen außerhalb des Rheinisch-Westfälischen Kohlensyndikats stehende Zechen getätigt wurden, da hier eventuell Ausnahmepreise eingeräumt werden mussten. Für erstere wurde der Erlös den Zechen grundsätzlich ungekürzt überwiesen, für letztere zusätzlich eine Entschädigung. Allerdings erfolgte in beiden Fällen nach § 6 der Satzung ein gleichmäßiger prozentualer Abzug zur Aufbringung der Geschäftskosten und Verhinderung einer Unterbilanz der Aktiengesellschaft, die sogenannte Geschäftsumlage. Von den Zechenbesitzern waren monatlich Rechnungen über die

68 *Wilhelm,* Das Rheinisch-Westfälische Kohlensyndikat und die Oberschlesische Kohlenkonvention bis zum Jahre 1933, S. 48.

69 *Wilhelm,* Das Rheinisch-Westfälische Kohlensyndikat und die Oberschlesische Kohlenkonvention bis zum Jahre 1933, S. 85.

70 Deputatlohn, aus Naturalleistung bestehender Anteil des Lohns; auch bezeichnet als „Hausbrand" sollte er den Bergleuten zum eigenen, privaten Verbrauch dienen.

gelieferten Güter an das Rheinisch-Westfälische Kohlensyndikat zu stellen, welche bis zum 20. des Folgemonats von diesem zu begleichen waren.

Mit der Neuregelung des Vertriebes schließlich gelang dem Rheinisch-Westfälischen Kohlensyndikat eine grundlegende, für seine Mitgliedszechen vorteilhafte Umgestaltung des Verhältnisses zum außerhalb des Syndikats stehenden Kohlenhandel. Zwar bediente sich das Syndikat, das lediglich an Großverbraucher wie die Eisenbahn und Eisen- und Stahlwerke direkt verkauft, auch weiterhin der Kohlengroßhändler zum Ausgleich von Schwankungen auf der Konsumentenseite und damit zur Gewährleistung einer gleichmäßigen Auslastung der Zechen.[71] Allerdings brachte ihre Vereinigung den Zechenbesitzern einen Verhandlungsvorteil dahingehend, dass sie nicht mehr vom Handel gegeneinander ausgespielt werden konnten und nun ihrerseits die Lieferbedingungen stellten.

Mit den Direktabnehmern schloss das Syndikat in der Regel Jahresverträge, die den Kunden zur gleichmäßigen monatlichen Abnahme einer bestimmten Menge und zu monatlicher Zahlung verpflichteten. Zur Sicherung seiner Marktposition verlangte das Rheinisch-Westfälische Kohlensyndikat unter anderem, dass die gelieferten Produkte nur im eigenen Betrieb des Bestellers eingesetzt wurden, und im Falle des Erwerbs zusätzlicher Produkte von anderen Händlern eine Erhöhung der verabredeten Preise für die gesamte Vertragslaufzeit um 0,5 Mark pro Tonne. Die Lieferung an die Syndikatshändler erfolgte im Grunde unter den gleichen Bedingungen, insbesondere aber war das Rheinisch-Westfälische Kohlensyndikat (im Interesse gleichmäßiger Beschäftigung seiner Mitgliedszechen) berechtigt, eine mengenmäßig über die Bestellungen der Monate April bis August hinausgehende Lieferung in den Wintermonaten zu verweigern, oder auch entsprechend die Zusammensetzung der gelieferten Produkte variieren.

III. Vertragsstrafe und Geltungsdauer des Syndikatsvertrages

Hervorzuheben im Rahmen einer Betrachtung der Schiedsverhandlungen sind zudem die Strafvorschriften im Falle des Verstoßes gegen vertragliche Pflichten, sowie die Dauer der vertraglichen Bindung der Parteien.

Nach § 7 des Kartellvertrages hatten die kontrahierenden Zechenbesitzer im Falle eines Verkaufs ihrer Produkte unter Umgehung des Rheinisch-Westfälischen Kohlensyndikats an dieses eine Konventionalstrafe von fünfzig Mark für jede Tonne zu entrichten. Angesichts des Börsenpreises für Kohle im Jahr des Vertragsschlusses, zum Beispiel 7,29 Mark pro Tonne Fettförderkohle[72], handelt es sich um eine vergleichsweise sehr hohe Strafe.

71 *Wilhelm,* Das Rheinisch-Westfälische Kohlensyndikat und die Oberschlesische Kohlenkonvention bis zum Jahre 1933, S. 97.

72 Vgl. die Übersicht für die Jahre 1860 – 1893 bei *Lüters,* Die Konjunkturpolitik des Rheinisch-Westfälischen Kohlensyndikats vor dem Kriege, S. 6, nach Jubiläumswerk der Bergwerksgesellschaft Dahlbusch zu Rotthausen Essen 1901.

Jegliche sonstige Vertragsübertretung konnte nach § 9 des Kartellvertrages durch den Beirat mit einer Strafe von 1000 Mark sanktioniert werden, die allerdings unter besonderen Umständen von der Zechenbesitzerversammlung bis auf 100 Mark herabgesetzt werden konnte. Zusätzlich zu diesen Vertragsstrafen, die sofort nach Aufforderung fällig wurden und im Falle der Nichtzahlung von den Rechnungsbeträgen der Zechenbesitzer gekürzt werden durften, konnte das Rheinisch-Westfälische Kohlensyndikat Schadensersatz beanspruchen.

Nach § 9 des Kartellvertrages wurde der Vertrag auf 5 aufeinanderfolgende Jahre, beginnend mit dem 1. März 1893, abgeschlossen.

C. Entwicklung des Rheinisch-Westfälischen Kohlensyndikats bis 1914

Die folgende Entwicklung des Rheinisch-Westfälischen Kohlensyndikats bis zum Jahr 1914 wurde inhaltlich durch drei Problemkreise bestimmt: Konflikte um die Produktionsbeteiligung der Mitglieder am Gesamtabsatz, Aktivität und Einbindung außerhalb des Syndikats stehender Zechen, sowie das Verhältnis des Syndikats zum Kohlenhandel. Während die Konflikte um die Beteiligung und die Außenseiterfrage zu Reformen der vertraglichen Grundlagen des Syndikats, also syndikatsinterner Entwicklung führten, stand die sogenannte „Handelsfrage" und die mit ihr verknüpfte Aktivität des Rheinisch-Westfälischen Kohlensyndikats außerhalb dieser Bestimmungen.

I. Vertragsänderungen

Bereits nach zwei Jahren musste der ursprünglich für fünf Jahre abgeschlossene Gründungsvertrag des Syndikats einer Revision unterzogen werden, und zum 1. Januar 1896 trat ein neuer Syndikatsvertrag, abgeschlossen für die Dauer von 10 Jahren, in Kraft.[73] Hintergrund der Neugestaltung waren Konflikte über die Beteiligungsziffer, die aus der nahezu unbegrenzten Möglichkeit der Produktionssteigerung einzelner Mitgliedszechen resultierten.[74] Der Gründungsvertrag sah vor, dass das Syndikat Mehrbeteiligungen von 400 Tonnen täglich für jeden neuen Schacht abnehmen musste, den die Mitgliedszechen anmeldeten. Mit jeder derartigen Steigerung der Produktion des Einzelnen ging also die gleichmäßige Herabsetzung der Beteiligungsziffer aller Mitglieder, sowie aufgrund der Produktionssteigerung ein größerer Einfluss des mehr fördernden

---

73 *Buschmann,* Bergbau-Syndikate oder freie Wirtschaft?, S. 30; *Wilhelm,* Das Rheinisch-Westfälische Kohlensyndikat und die Oberschlesische Kohlenkonvention bis zum Jahre 1933, S. 56.

74 *Buschmann,* Bergbau-Syndikate oder freie Wirtschaft?, S. 30.

Mitglieds in der Versammlung der Zechenbesitzer einher.[75] Die systematische Ausnutzung und Anwendung der Bestimmung auch auf praktisch zur Förderung nicht geeignete Anlagen wie Wetterschächte[76] führte zunächst zum Begriff des „Syndikatsschachts" zur Beschreibung des Phänomens,[77] und schlussendlich zur Neuregelung zum 1. Januar 1896 dahingehend, dass die Beteiligungserhöhung erst nach Prüfung ihrer technischen Machbarkeit genehmigt wurde; Eine Wirtschaftlichkeitsprüfung, also die Verkraftbarkeit der Produktionserhöhung für die Gemeinschaft, konnte allerdings nicht durchgesetzt werden.[78]

Eine erneute Revision aufgrund verschiedener Lücken und Missstände führte zum Vertrag vom 30. September 1903, der in seiner Ausführlichkeit, aber vor allem weil neben einer Reihe weiterer Außenseiter auch erstmals die sogenannten „Hüttenzechen" dem Syndikat beitraten, einen Meilenstein der Syndikatsgeschichte darstellte.[79]

Bis zu diesem Zeitpunkt war das Rheinisch-Westfälische Kohlensyndikat grundsätzlich ein Zusammenschluss sogenannter reiner Zechen gewesen. Im Gegensatz dazu waren die Hüttenzechen den Eisenhütten angegliedert und lieferten an diese zunächst auch den Hauptteil ihrer Förderung, sodass die Gründer des Syndikats 1893 davon ausgegangen waren, sie ohne Gefahr für die Wirksamkeit des Syndikats außen vor lassen zu können.[80] Die insgesamt 14 Hüttenzechen waren zu diesem Zeitpunkt produktionsmäßig allerding die größte Gruppe unter

---

75 *Liefering,* Das Rheinisch-Westfälische Kohlensyndikat und sein Einfluß auf die Kohlenpreise und die Lage der Bergarbeiter, S. 19; *Wilhelm,* Das Rheinisch-Westfälische Kohlensyndikat und die Oberschlesische Kohlenkonvention bis zum Jahre 1933, S. 55.

76 Wetterschächten obliegt hauptsächlich die „Bewetterung", d.h. sie stellen eine technische Maßnahme zur Versorgung von Bergwerken mit Frischluft dar, *Wehrle,* Die Grubenwetter, S. 43 ff.

77 *Liefering,* Das Rheinisch-Westfälische Kohlensyndikat und sein Einfluß auf die Kohlenpreise und die Lage der Bergarbeiter, S. 19; *Buschmann,* Bergbau-Syndikate oder freie Wirtschaft?, S. 30.

78 *Liefering,* Das Rheinisch-Westfälische Kohlensyndikat und sein Einfluß auf die Kohlenpreise und die Lage der Bergarbeiter, S. 20; *Buschmann,* Bergbau-Syndikate oder freie Wirtschaft?, S. 32; *Wilhelm,* Das Rheinisch-Westfälische Kohlensyndikat und die Oberschlesische Kohlenkonvention bis zum Jahre 1933, S. 56.

79 *Buschmann,* Bergbau-Syndikate oder freie Wirtschaft?, S. 48; Zudem sei auf eine Erweiterung des Unternehmensgegenstandes hingewiesen, den Erwerb von Grubenfeldern und Bergwerksanteilen sowie Betrieb und Beteiligung an Unternehmungen, die auf Aufbereitung Lagerung, Beförderung und Absatz von Bergwerksprodukten gerichtet sind, § 2 Statut der AG, siehe dazu z.B. *Kroker,* Der Anschnitt, 1980 (2), 165, 171; *Meckenstock,* Die Geschichte der Planung im Steinkohlenbergbau des Ruhrgebietes, S. 21; *Wilhelm,* Das Rheinisch-Westfälische Kohlensyndikat und die Oberschlesische Kohlenkonvention bis zum Jahre 1933, S. 57.

80 *Lüthgen,* Das Rheinisch-Westfälische Kohlensyndikat in der Vorkriegs-, Kriegs- und Nachkriegszeit und seine Hauptprobleme, S. 22; *Erdtmann,* Der Deutsche Kohlen-Verkauf in Vergangenheit, Gegenwart und Zukunft, S. 28; *Spethmann,* Bausteine zur Geschichte des Rheinisch-Westfälischen Kohlen-Syndikats, S. 8; *Kroker,* Der

den Außenseitern geworden. Eine weitere Gruppe von 12 Zechen hatte seinerzeit den Beitritt abgelehnt.[81] Mit der Zeit war der Druck auf das Syndikat durch diese Außenseiter, die sich in seinem Schatten entwickelten, immer größer geworden, und ihre Förderung schließlich auf über 17% der Gesamtfördermenge des Gebiets angewachsen.[82] Diese für das Syndikat ungünstige Entwicklung gab im Februar 1902 den Anstoß für die Aufnahme von Erneuerungsverhandlungen und die Einsetzung eines Ausschusses, dem es gelang, sämtliche mehr als 120.000 Tonnen jährlich fördernde Zechen für einen Beitritt zum Syndikat zu gewinnen, das nun einen Förderungsanteil von 98,7% der Gesamtproduktion in sich vereinigte.[83]

Der Beitritt der Hüttenzechen, vorläufiger Schlusspunkt einer fortschreitenden Annäherung[84], wurde allerdings mit beträchtlichen Zugeständnissen, insbesondere Verschiebungen in den Beteiligungsverhältnissen, erkauft.[85] Nicht nur hatten die Hüttenzechen hohe Beteiligungsziffern aushandeln können, sondern die für die Belieferung ihrer Hütten benötigten Kohlen wurde als umlagebefreiter Selbstverbrauch ohne jegliche Kontingentierung eingeordnet, sodass sie diesen Bedarf zusätzlich zu ihrer Beteiligungsziffer fördern konnten.[86] Diese Besserstellung der Hüttenzechen war es, die nach zwei Jahren die reinen Zechen eine Revision anstreben ließ.[87]

Die von den reinen Zechen geforderte Kontingentierung des Selbstverbrauchs der Hüttenzechen wurde nach mehrjähriger Verhandlungsperiode am 5. August 1909 in einem Nachtrag zum Syndikatsvertrag festgehalten. Demnach wurde der Selbstverbrauch der Hüttenzechen auf die Verbrauchsziffer, das heißt

---

Anschnitt 1980 (2), 165, 172 Ausführlich zur Geschichte der Hüttenzechen im Syndikat *Muthesius,* Ruhrkohle 1893–1943, S. 177.

81 *Kroker,* Der Anschnitt 1980 (2), 165, 172; *Lüthgen,* Das Rheinisch-Westfälische Kohlensyndikat in der Vorkriegs-, Kriegs- und Nachkriegszeit und seine Hauptprobleme, S. 23.

82 *Lüthgen,* Das Rheinisch-Westfälische Kohlensyndikat in der Vorkriegs-, Kriegs- und Nachkriegszeit und seine Hauptprobleme, S. 23; *Wilhelm,* Das Rheinisch-Westfälische Kohlensyndikat und die Oberschlesische Kohlenkonvention bis zum Jahre 1933, S. 56.

83 Mit Ausnahme der Zeche Freie Vogel und des Preußischen Bergfiskus; *Wilhelm,* Das Rheinisch-Westfälische Kohlensyndikat und die Oberschlesische Kohlenkonvention bis zum Jahre 1933, S. 57; *Lüthgen,* Das Rheinisch-Westfälische Kohlensyndikat in der Vorkriegs-, Kriegs- und Nachkriegszeit und seine Hauptprobleme, S. 23.

84 Siehe dazu z.B. *Kroker,* Der Anschnitt 1980 (2), 165, 172; *Muthesius,* Ruhrkohle 1893–1943, S. 181.

85 *Meckenstock,* Die Geschichte der Planung im Steinkohlenbergbau des Ruhrgebietes, S. 61; *Erdtmann,* Der Deutsche Kohlen-Verkauf in Vergangenheit, Gegenwart und Zukunft, S. 26; *Buschmann,* Bergbau-Syndikate oder freie Wirtschaft?, S. 50.

86 *Meckenstock,* Die Geschichte der Planung im Steinkohlenbergbau des Ruhrgebietes, S. 61; *Buschmann,* Bergbau-Syndikate oder freie Wirtschaft?, S. 50.

87 *Erdtmann,* Der Deutsche Kohlen-Verkauf in Vergangenheit, Gegenwart und Zukunft, S. 26; *Buschmann,* Bergbau-Syndikate oder freie Wirtschaft?, S. 50.

wahlweise den Selbstverbrauch des Jahres 1907 oder viermal eines Quartals aus 1907 beschränkt, wobei es sich hierbei um absolute Höchstwerte handelte, die in ruhiger Konjunktur bei weitem nicht auszuschöpfen waren.[88]

II. Die „Handelsfrage"

Zwar war das Syndikat selbst zur Belieferung von Großabnehmern übergegangen, zur Organisation des übrigen Absatzes blieb es aber weiterhin auf den Handel angewiesen.[89] Obwohl es die Produktion kontrollierte, führte der anhaltende Wettbewerb der Händler untereinander zu Preisschwankungen und verhinderte eine gleichmäßige Beschäftigung der Zechen, sodass dem Syndikat im Interesse der Marktordnung eine straffere Ordnung des Vertriebes geboten scheinen musste.[90] Das Rheinisch-Westfälische Kohlensyndikat ging daher dazu über, sein Absatzgebiet in sogenannte Reviere einzuteilen. In diesen Revieren wies es Händlern in diesen den Alleinverkauf bestimmter Marken und Sorten zu, worauf andererseits die Händler in mehreren dieser Reviere auf die aus ihrer Sicht unbefriedigenden Absatz- und Preisverhältnisse mit dem Zusammenschluss zu sogenannten Syndikathandelsgesellschaften reagierten.[91] Diese Syndikathandelsgesellschaften waren sämtlich in der Form der GmbH organisiert, und auch wenn das Syndikat ihre Entstehung unterstütze, per se keine Unternehmungen des Syndikats, sondern Unternehmungen des Handels, die zum Syndikat in einem Vertragsverhältnis standen.[92] Dennoch hatte das Rheinisch-Westfälische Kohlensyndikat gewichtigen Einfluss auf die Syndikatshandelsgesellschaften in Form weitgehender Überwachungsrechte und Mitwirkungsbefugnisse in der Geschäftsführung, sowie indirekt über die zeitliche Begrenzung der Lieferverträge auf ein Jahr.[93] Weiteres Zeichen der Einflussnahme des Syndikats auf den Handel war die Aufnahme des sogenannten Handelskammerparagraphen in die Lieferbedingungen in den Jahren

88 *Buschmann,* Bergbau-Syndikate oder freie Wirtschaft?, S. 56.

89 *Lohmann,* Die Handelsfrage im Rheinisch-Westfälischen Kohlensyndikat von der Gründung bis zur Gegenwart, S. 13.

90 *Heinrichsbauer,* Kohlenkontor Weyhenmeyer & Co. und Süddeutsche Kohlenwirtschaft, S. 105; *Erdtmann,* Der Deutsche Kohlen-Verkauf in Vergangenheit, Gegenwart und Zukunft, S. 41.

91 *Hardt,* Betrachtungen über das rheinisch-westfälische Kohlensyndikat als Absatzorgan der Ruhrzechen, S. 6; *Lohmann,* Die Handelsfrage im Rheinisch-Westfälischen Kohlensyndikat von der Gründung bis zur Gegenwart, S. 2, 53; *Buschmann,* Bergbau-Syndikate oder freie Wirtschaft?, S. 45; *Kroker,* Der Anschnitt 1980 (2), 165, 174.

92 *Heinrichsbauer,* Kohlenkontor Weyhenmeyer & Co. und Süddeutsche Kohlenwirtschaft, S. 106; *Lohmann,* Die Handelsfrage im Rheinisch-Westfälischen Kohlensyndikat von der Gründung bis zur Gegenwart, S. 59.

93 *Lohmann,* Die Handelsfrage im Rheinisch-Westfälischen Kohlensyndikat von der Gründung bis zur Gegenwart, S. 59; *Heinrichsbauer,* Kohlenkontor Weyhenmeyer & Co. und Süddeutsche Kohlenwirtschaft, S. 107.

der Hochkonjunktur um die Jahrhundertwende. Im Interesse der Stabilisierung der Kohlenpreise sah die Bestimmung eine Vertragsstrafe von 10 Mark pro Tonne vor, wenn ein direkter Syndikatsabnehmer im Weiterverkauf Preisaufschläge verlangte, die nach der Wertung der Handelskammer Essen in einem Missverhältnis zu seiner Tätigkeit und seinem Risiko standen.[94]

Eine Sonderstellung unter den Syndikathandelsgesellschaften nahm die Rheinische Kohlenhandels- und Reedereigesellschaft ein, die 1903 von dem Rheinisch-Westfälischen Kohlensyndikat und 3 Reeder- und Zechenfirmen gegründet wurde.[95] Dies beruhte auf besonderen geographischen Gegebenheiten für den süddeutschen Kohlenhandel. Während die übrigen Handelsgesellschaften feststehende Eisenbahntarife zur Kosten- und Preiskalkulation heranziehen konnten, erfolgte der Transport der Kohlen nach Süddeutschland über die Rheinstraße. Die Verfügbarkeit von Schiffsmaterial und wechselnde Wasserstände brachten bezüglich der Transportkosten ein stark spekulatives Element in die Kohlenpreise, was wiederum zu heftigem Wettbewerb der Händler untereinander führte.[96] Mit Gründung der Rheinisch-Westfälischen Kohlenhandels- und Reedereigesellschaft beendete das Syndikat diesen Missstand und verfügte nun über eine Gesellschaft, die Verkauf und Transport aus einer Hand und zu kalkulierbaren Kosten vornahm.[97]

In dieser Form blieben die Handelsgesellschaften bis zum Krieg bestehen, und auch wenn die Handelsfrage damit nicht abschließend gelöst war – wie sich in der weiteren Entwicklung zeigen sollte – hatte das Syndikat das Verhältnis zum Handel doch grundsätzlich organisiert.[98]

III. Rechtliche Rahmenbedingungen in der Zeit von 1893 bis 1914

Diese das Kohlensyndikat innerlich bestimmenden rechtlichen Fragen spiegelten sich in der äußeren Entwicklung nicht wider. Zwar prägte der Ökonom Kleinwächter den Begriff Kartell bereits Jahre vor der Gründung des RWKS, die seit den 1870er Jahren immer mehr um sich greifende Debatte der Kartelle blieb allerdings zunächst wirtschaftswissenschaftlichen geprägt. Die Rechtswissenschaft nahm sich des Themas erst wesentlich später an.[99]

---

94 *Buschmann,* Bergbau-Syndikate oder freie Wirtschaft?, S. 44; *Heinrichsbauer,* Kohlenkontor Weyhenmeyer & Co. und Süddeutsche Kohlenwirtschaft, S. 106.

95 *Lohmann,* Die Handelsfrage im Rheinisch-Westfälischen Kohlensyndikat von der Gründung bis zur Gegenwart, S. 57.

96 *Lohmann,* Die Handelsfrage im Rheinisch-Westfälischen Kohlensyndikat von der Gründung bis zur Gegenwart, S. 56.

97 *Lohmann,* Die Handelsfrage im Rheinisch-Westfälischen Kohlensyndikat von der Gründung bis zur Gegenwart, S. 57.

98 *Heinrichsbauer,* Kohlenkontor Weyhenmeyer & Co. und Süddeutsche Kohlenwirtschaft, S. 108; *Buschmann,* Bergbau-Syndikate oder freie Wirtschaft?, S. 44.

99 *Nörr,* Die Leiden des Privatrechts, S. 7; *Fezer,* in: Pohl (Hg.) 1985 – Kartelle und Kartellgesetzgebung in Praxis, S. 51; zur wissenschaftlichen Diskussion vgl. *Fezer,*

Hierbei war es zunächst die Rechtsprechung, die sich mit Kartellen unter dem Gesichtspunkt eines Verstoßes gegen die Gewerbefreiheit auseinandersetzte, die die Weichen für ihre grundsätzliche Zulässigkeit stellte. Hiervon ging schließlich auch der Gesetzgeber im Rahmen der ersten Regelungen im Jahr 1910 aus.

1. Rechtsprechung

Möglicherweise mangels spezifischer wissenschaftlicher Grundlagen zogen die Gerichte als Fundament erster Entscheidungen zum Kartellrecht die zeitlich vorgelagerte Rechtsprechung zu vertraglich vereinbarten Konkurrenzklauseln heran.[100] Im Zentrum dieser Entscheidungen stand die Frage, ob die nach der Abschaffung des Zunftwesens[101] neu gewonnene Gewerbefreiheit[102] sich gegen die Vertragsfreiheit des Einzelnen, sie privatrechtlich zu beschränken, durchsetzen würde. Zur vorherrschenden Meinung entwickelte sich rasch die Auffassung, die Gewerbeordnung regle die öffentlich-rechtlichen Bedingungen für den Gewerbebetrieb und schützte demnach nur vor Beschränkungen durch den Staat, privatrechtlich vereinbarte Beschränkungen der Gewerbefreiheit seien dagegen unbegrenzt zulässig.[103]

Als die Gerichte sich im Folgenden mit dem Verhältnis der Gewerbefreiheit zur Kartellfreiheit als einer speziellen Form der allgemeinen Vertragsfreiheit auseinandersetzten, wurde diese Rechtsprechung zu privatrechtlichen Konkurrenzklauseln auf die Konstellation der Kartelle übertragen.[104] Nachdem bereits das Bayerische Oberste Landesgericht in einer Entscheidung zum bayerischen Ziegelkartell in der „gemeinsame[n] Regelung ihrer Production und Verkaufspreise" um dem „Rückgang ihres Gewerbes Schranken zu setzen", sprich einem Preis- und

---

in: Pohl (Hg.) 1985 – Kartelle und Kartellgesetzgebung in Praxis, S. 53, der die Diskussion des Vereins für Socialpolitik anlässlich dessen Kartelltagung als Meilenstein bezeichnet; Zu nennen sind für die rechtswissenschaftliche Diskussion insbesondere der 26. und 27. Juristentag 1902 bzw. 1904, dazu *Nörr,* Die Leiden des Privatrechts.

100 Ähnlich *Fezer,* in: Pohl (Hg.) 1985 – Kartelle und Kartellgesetzgebung in Praxis, S. 57, wonach die Weichen für die rechtliche Behandlung der Kartelle durch die Nationalökonomie gestellt wurden, also keine nennenswerte Vorarbeit speziell im Kartellrecht durch die Rechtswissenschaft stattfand.

101 Ausführlich zur Durchsetzung der Gewerbefreiheit in der preußischen Reformära inklusive Rechtsprechung *Strauß,* in: Sauermann (Hg.) 1975 – Wirtschaftsordnung und Staatsverfassung.

102 § 1 GewO: Der Betrieb eines Gewerbes ist jedermann gestattet, soweit nicht durch dieses Gesetz Ausnahmen oder Beschränkungen vorgeschrieben oder zugelassen sind.

103 *Rotthege,* Die Beurteilung von Kartellen und Genossenschaften durch die Rechtswissenschaft, S. 26 f.; *Strauß,* in: Sauermann (Hg.) 1975 – Wirtschaftsordnung und Staatsverfassung, S. 607.

104 *Nörr,* Die Leiden des Privatrechts, S. 8 f.; *Rotthege,* Die Beurteilung von Kartellen und Genossenschaften durch die Rechtswissenschaft, S. 47.

Konditionskartellabsprachen nichts „unsittliches oder ordnungswidriges"[105] finden konnte, zog das Reichsgericht nach.

In seiner Entscheidung zum deutschen Buchhändlerkartell[106] entschied das Reichsgericht, dass Rabattkartelle[107] entgegen des Vorbringens der Klägerin nicht per se eine Beeinflussung der freien Preisbildung oder Beeinträchtigung der Gewerbefreiheit und damit einen Verstoß gegen die öffentliche Ordnung oder die guten Sitten darstellen.[108] Ein Verstoß gegen die Gewerbefreiheit käme nur in Betracht, wenn Einzelne, spekulative Zwecke verfolgend, Abkommen träfen, um andere Marktteilnehmer von der Vereitelung dieser Zwecke abzuhalten.[109] Mit der sehr ausführlichen Holzstoffkartell-Entscheidung[110] bestätigte das Reichsgericht zugleich die bisherige Rechtsprechung und steckte den Rahmen für kommende Entscheidungen ab.[111] Im Ergebnis war die Wirksamkeit der Kartelle ausschließlich nach dem allgemeinen bürgerlichen Recht zu beurteilen.[112] Dies änderte sich auch nicht mit der Einführung des Bürgerlichen Gesetzbuchs zum 1. Januar 1900.[113] Weiterhin wurden sowohl der Kartellvertrag als auch das Kartellverhalten allein an den allgemeinen Vorschriften, nun § 134 BGB und § 138 BGB, gemessen. Hingegen spielte § 1 GWO keine Rolle, was dazu führte, dass sowohl Kartelle als auch Monopole grundsätzlich zulässig waren, sofern kein Verstoß gegen die guten Sitten vorlag.[114] Somit kam den Entscheidungen des Reichsgerichts eine legalisierende Wirkung zu, die allerdings nicht im Sinne einer Neubegründung, sondern vielmehr

105 BayOLG, Urt. v. 7.4.1888, Reg.-Nr. I 138/1877, Seuffert's Archiv 44 (1889), Nr. 13, S. 16, 16, 19.

106 RG, Urt. v. 25.6.1890, Az. I 96/90, RGZ 28, 238.

107 „Der Verein erachtete es [...]als innerhalb seiner Zwecke liegend, auf Einhaltung bestimmter Grenzen für das Maß des Rabatts hinzuwirken, welcher dem kaufenden Publikum zu gewähren sei.", RG, Urt. v. 25.6.1890, Az. I 96/90, RGZ 28, 238, 238.

108 RG, Urt. v. 25.6.1890, Az. I 96/90, RGZ 28, 238, 243.

109 RG, Urt. v. 25.6.1890, Az. I 96/90, RGZ 28, 238, 243 f.

110 RG, Urt. v. 4.2.1897, Az. VI 307/96, RGZ 38, 155.

111 *Nörr,* Die Leiden des Privatrechts, S. 8; *Rotthege,* Die Beurteilung von Kartellen und Genossenschaften durch die Rechtswissenschaft, S. 30.

112 RG, Urt. v. 4.2.1897, Az. VI 307/96, RGZ 38, 155, 161.

113 RGBl. 1896 I, S. 195; allerdings war zuvor in einem ersten Entwurf des BGB eine Regelung in Erwägung gezogen worden, die auch auf die Kartelle abzielte. Im ersten Entwurf hieß es in § 106: „Ein Rechtsgeschäft, dessen Inhalt gegen die guten Sitten oder die öffentliche Ordnung verstößt, ist nichtig." Unter den Begriff der öffentlichen Ordnung sollten insbesondere Verträge fallen, die im Widerspruch zur Gewerbefreiheit stehen, Motive I, 211, allerdings setzte sich diese Regelung nicht durch. Schon in Entwurf Nr. 2 war der Begriff der öffentlichen Ordnung nicht mehr vorhanden.

114 *Nörr,* Die Leiden des Privatrechts, S. 9 Vgl. auch *Rotthege,* Die Beurteilung von Kartellen und Genossenschaften durch die Rechtswissenschaft, S. 22; *Friedländer,* Die Rechtspraxis der Kartelle und Konzerne in Europa, S. 59.

einer juristischen Bestärkung der in Jahren ausgebildeten wirtschaftswissenschaftlichen Theorie wirkte.[115]

2. Gesetzgeberische Tätigkeit

Kartelle und auch das Rheinisch-Westfälische Kohlensyndikat wurden von der Legislative bereits Ende des 19. Jahrhunderts zwar diskutiert, blieben aber bis zur Legitimation im Jahr 1910 weitgehend unreglementiert der Beurteilung durch die Rechtswissenschaft überlassen.

Bei den Beratungen des Bürgerlichen Gesetzbuches im Reichstag wurde die Frage der Kartelle gestreift, und insbesondere im Rahmen der Bestimmungen zur Nichtigkeit von Verträgen aufgegriffen. Unter Hinweis auf die zur Behandlung der Kartelle ausreichenden Bestimmungen zur Sittenwidrigkeit wurde eine speziellere Regelung aber nicht getroffen.[116] Im Jahr 1901 war das Rheinisch-Westfälische Kohlensyndikat anlässlich der Preissteigerungen für Kohle Gegenstand einer kritischen Reichstagsinterpellation zur Lage des Kohlenmarktes, auf die eine dreitägige Debatte folgte.[117] Diese, teilweise offensichtlich von Unkenntnis geprägten Diskussionen blieben für das Syndikat jedoch weitgehend folgenlos[118], mit Ausnahme der Initiierung der Kartellenquete des Jahres 1903, über deren „kontradiktorische Verhandlungen“ das Reichsamt des Innern eine ausführliche Denkschrift auch zu den Kartellen der Kohlenindustrie und speziell dem Rheinisch-Westfälischen Kohlensyndikat publizierte.[119] Ein allgemeines Kartellgesetz lehnte die Regierung trotz diesbezüglicher Forderungen des Reichstages ab.[120]

Dennoch folgte 1910 die gesetzliche Legitimation der Wirtschaftsform des Kartells. Das Gesetz über den Absatz von Kalisalzen[121] traf verschiedene Regelungen

---

115 *Wegenroth*, in: Pohl (Hg.) 1985 – Kartelle und Kartellgesetzgebung in Praxis, S. 22 In seinen Urteilen bezieht sich das Reichsgericht auf wirtschaftswissenschaftliche Theorien und Schriften. 1894 beschäftigte sich erstmals umfassend der Wiener Professor Menzel mit dem Kartell aus juristischer Sicht, und erst 1902 bzw. 1904 erfolgte anlässlich des 26. und 27. Juristentages eine detaillierte rechtswissenschaftliche Debatte der Kartelle, vgl. hierzu ausführlich *Rotthege*, Die Beurteilung von Kartellen und Genossenschaften durch die Rechtswissenschaft, S. 50 ff.; *Nörr*, Die Leiden des Privatrechts, S. 20 ff.

116 Ausführlich *Nörr*, Die Leiden des Privatrechts.

117 *Muthesius*, Ruhrkohle 1893–1943, S. 104.

118 *Muthesius*, Ruhrkohle 1893–1943, S. 118.

119 Deutsches Reich, Denkschrift über das Kartellwesen Dritter Teil: Die Kartelle in der Kohlen-Industrie.

120 *Bremer*, in: Pohl (Hg.) 1985 – Kartelle und Kartellgesetzgebung in Praxis, S. 112 mit weiteren Nachweisen.

121 RGBl. 1910, 775; dazu *Friedländer*, Die Rechtspraxis der Kartelle und Konzerne in Europa, S. 59; *Nörr*, Die Leiden des Privatrechts, S. 17; *Isay*, Die Geschichte der Kartellgesetzgebungen.

hinsichtlich des bestehenden Kontingentierungs- und Preiskartells der Kali-Industrie. Obwohl sich das Kali-Gesetz ausschließlich auf diesen Wirtschaftsbereich beschränkte, ging von ihm erhebliche Signalwirkung aus. Da nun ein Syndikat der Aufsicht der höchsten deutschen Bundesorgane – Bundesrat, Reichskanzler und Reichsrat – unterstand, war die Rechtsform des Kartells politisch akzeptiertes Mittel der Wirtschaft.[122]

D. Das Rheinisch-Westfälische Kohlensyndikat im Ersten Weltkrieg

Noch während der Geltung des Syndikatsvertrages von 1903 brach der Erste Weltkrieg aus und beendete mit der resultierenden Eingliederung des Rheinisch-Westfälischen Kohlensyndikats in die sich entwickelnde staatliche Kriegswirtschaft den ersten Abschnitt seiner Geschichte im Zeichen unternehmerorientierter Syndikatswirtschaft.[123] Private Interessen sollten den allgemeinen Anforderungen untergeordnet werden. In der Folge wurde dem Syndikat ein wesentliches Merkmal, die Regelung des Absatzes, zugunsten der Verteilung auf staatliche Anweisung entzogen.[124] Die Zeit des ersten Weltkrieges markiert einen Wendepunkt in der Geschichte des Syndikats dahingehend, dass der Staat aufgrund der sich drastisch verändernden wirtschaftlichen Situation Teile des seit der Liberalisierung der Kohlenwirtschaft verlorenen Einflusses zurückeroberte.[125]

Zu Beginn des Ersten Weltkrieges hatte das Syndikat, betrachtet man allein die Produktion, einen neuen Höhepunkt seiner Entwicklung erreicht: Im Jahr 1913 überstieg die Förderung in einer Verdreifachung des Ausgangswerts erstmals 100 Millionen Tonnen.[126] Trotz des großen Produktionsanstiegs zeichnete sich in der Kriegswirtschaft sehr bald ein Kohlenmangel ab, der auf verschiedene Ursachen

---

122 *Nörr,* Die Leiden des Privatrechts, S. 15, 18.

123 Ähnlich *Spethmann,* Bausteine zur Geschichte des Rheinisch-Westfälischen Kohlen-Syndikats, S. 9.

124 *Kerscht,* Das Rheinisch-Westfälische Kohlen-Syndikat in seiner geschichtlichen Entwicklung von 1910 bis 1920, S. 122; *Lüthgen,* Das Rheinisch-Westfälische Kohlensyndikat in der Vorkriegs-, Kriegs- und Nachkriegszeit und seine Hauptprobleme, S. 50; *Wilhelm,* Das Rheinisch-Westfälische Kohlensyndikat und die Oberschlesische Kohlenkonvention bis zum Jahre 1933, S. 139; *Erdtmann,* Der Deutsche Kohlen-Verkauf in Vergangenheit, Gegenwart und Zukunft, S. 31; *Meckenstock,* Die Geschichte der Planung im Steinkohlenbergbau des Ruhrgebietes, S. 92; *Lüthgen,* Das Rheinisch-Westfälische Kohlensyndikat in der Vorkriegs-, Kriegs- und Nachkriegszeit und seine Hauptprobleme, S. 37.

125 Ähnlich *Meckenstock,* Die Geschichte der Planung im Steinkohlenbergbau des Ruhrgebietes, S. 79; ausführlich zum Kohlensyndikat im Ersten Weltkrieg *Kerscht,* Das Rheinisch-Westfälische Kohlen-Syndikat in seiner geschichtlichen Entwicklung von 1910 bis 1920, S. 117.

126 *Muthesius,* Ruhrkohle 1893–1943, S. 141.

zurückzuführen war. Unmittelbare Folge des Krieges war ein im Vergleich zu Friedenszeiten steigender Bedarf an Kohle, sowohl für Kriegs- und Rüstungsindustrie, für Eisenbahn und Marine, als auch als Tauschware im Verhältnis zum neutralen Ausland.[127] Andererseits konnte die Steigerung der Produktion nicht aufrechterhalten werden, da fast ein Drittel der Bergleute eingezogen worden waren und zusätzlich der Truppentransport einen Wagenmangel zur Folge hatte.[128] Verstärkt wurde dieser negative Effekt durch die neue Form der Kriegsführung, in der in nicht gekanntem Ausmaß wirtschaftliches Potential gegeneinander eingesetzt wurde, und die eine Isolierung von den Weltmärkten und damit den Ausfall sämtlichen Imports insbesondere englischer Kohle.[129]

I. Bundesratsverordnung Juli 1915, Übergangssyndikat und Dauersyndikat

Der Kohlenmangel, der sich bereits in einer frühen Phase des Ersten Weltkrieges abzeichnete, war letztlich Auslöser für den Erlass einer Bestimmung, die im Ergebnis wohl den Fortbestand des Rheinisch-Westfälischen Kohlensyndikats sicherte.

Trotz der bereits beschriebenen Produktionssteigerung schwelten innerhalb des Syndikats Konflikte, die auch durch die Ergänzung des Vertrages von 1909 nicht beseitigt werden konnten. Nach jahrelangen Kämpfen konnte auch der Ausbruch des ersten Weltkrieges die Kündigung des Syndikatsvertrages 1914 nicht verhindern.[130] Die Verhandlungen über einen Neuabschluss des Syndikats wurden durch die Einschätzung verschiedener Mitgliedszechen, der Krieg werde nur von kurzer Dauer sein, verkompliziert, da diese einen dann erwarteten Konjunkturaufschwung

---

127 *Lüthgen,* Das Rheinisch-Westfälische Kohlensyndikat in der Vorkriegs-, Kriegs- und Nachkriegszeit und seine Hauptprobleme, S. 33; *Erdtmann,* Der Deutsche Kohlen-Verkauf in Vergangenheit, Gegenwart und Zukunft, S. 30; *Wilhelm,* Das Rheinisch-Westfälische Kohlensyndikat und die Oberschlesische Kohlenkonvention bis zum Jahre 1933, S. 123.

128 *Muthesius,* Ruhrkohle 1893–1943, S. 143; *Erdtmann,* Der Deutsche Kohlen-Verkauf in Vergangenheit, Gegenwart und Zukunft, S. 30; *Wilhelm,* Das Rheinisch-Westfälische Kohlensyndikat und die Oberschlesische Kohlenkonvention bis zum Jahre 1933, S. 123; *Meifert,* Die organisatorische Entwicklung der rheinisch-westfälischen Kohlenwirtschaft, S. 135; Es gelang später, die Produktion wieder zu steigern, insbesondere brachte das Herausziehen von Bergleuten Entlastung, vgl. *Muthesius,* Ruhrkohle 1893–1943, S. 146; *Meckenstock,* Die Geschichte der Planung im Steinkohlenbergbau des Ruhrgebietes, S. 76.

129 *Lüthgen,* Das Rheinisch-Westfälische Kohlensyndikat in der Vorkriegs-, Kriegs- und Nachkriegszeit und seine Hauptprobleme, S. 33; *Meckenstock,* Die Geschichte der Planung im Steinkohlenbergbau des Ruhrgebietes, S. 75; *Meifert,* Die organisatorische Entwicklung der rheinisch-westfälischen Kohlenwirtschaft, S. 135; *Muthesius,* Ruhrkohle 1893–1943, S. 142.

130 *Buschmann,* Bergbau-Syndikate oder freie Wirtschaft?, S. 59,75.

ohne Bindung durch das Syndikat ausnutzen wollten.[131] Obwohl insbesondere auch aus der Durchführung der Kartellenquete auf eine tendenziell kritische Haltung gegenüber dem Kohlensyndikat geschlossen werden kann, griff die Regierung angesichts des drohenden Auseinanderbrechens des Syndikats ein. Dies könnte darauf zurückzuführen sein, dass das Syndikat als einzige verfügbare Organisation zur verlässlichen Lieferung bestimmter Mengen von Kohlen zu vorgegebenen Terminen und damit als zentral für die Kriegswirtschaft eingeordnet wurde.[132]

Gestützt auf das Ermächtigungsgesetz vom 4. August 1914[133] wurden per Bundesratsverordnung vom 12. Juli 1915[134] die Landeszentralbehörden ermächtigt, Stein- und Braunkohlebergwerke zwangsweise zu Vertriebsgesellschaften zusammenzuschließen, sollten sich nicht mindestens eine Anzahl von Zechen, die 97% der Förderung auf sich vereinten, binnen einer bestimmten Frist freiwillig einigen. Obwohl allgemein gehalten, ist die Verordnung als gezielte Maßnahme zur Erhaltung des Rheinisch-Westfälischen Kohlensyndikats einzuordnen, was sich insbesondere im Zeitmoment ihres Erlasses – als die Neuverhandlungen zu scheitern drohten- zeigt.[135] Bemerkenswert hinsichtlich des wachsenden Einflusses des Staates auf das Syndikat ist die ebenfalls in der Bundesratsverordnung begründete Kompetenz des Handelsministers, regelnd in die Preisgestaltung einzugreifen, sobald sich eine Minderheit von 30% aller Stimmen für eine Herab- beziehungsweise gegen Heraufsetzung der Richtpreise ausspricht. Dem Staat ging es allerdings bei dem Erlass der Verordnung nicht so sehr um die Schaffung von Zwangssyndikaten an sich, als vielmehr um die Sicherstellung des – auch privatrechtlichen – Zusammenschlusses. Diese privatrechtliche Einigung kam wohl aufgrund des Misstrauens aller Beteiligten gegenüber einer öffentlich-rechtlichen Regelung und Einflussnahme des Staates am 14. September 1915 zustande. Zu

---

131 *Lüthgen,* Das Rheinisch-Westfälische Kohlensyndikat in der Vorkriegs-, Kriegs- und Nachkriegszeit und seine Hauptprobleme, S. 31; *Wilhelm,* Das Rheinisch-Westfälische Kohlensyndikat und die Oberschlesische Kohlenkonvention bis zum Jahre 1933, S. 122.

132 *Meckenstock,* Die Geschichte der Planung im Steinkohlenbergbau des Ruhrgebietes, S. 90; *Lüthgen,* Das Rheinisch-Westfälische Kohlensyndikat in der Vorkriegs-, Kriegs- und Nachkriegszeit und seine Hauptprobleme, S. 33; *Wilhelm,* Das Rheinisch-Westfälische Kohlensyndikat und die Oberschlesische Kohlenkonvention bis zum Jahre 1933, S. 124.

133 RGBl. 1914, S. 327.

134 Bekanntmachung über die Errichtung von Vertriebsgesellschaften für den Steinkohlen- und Braunkohlenbergbau, RGBl. 1915, 247.

135 *Meifert,* Die organisatorische Entwicklung der rheinisch-westfälischen Kohlenwirtschaft, S. 139; *Lüthgen,* Das Rheinisch-Westfälische Kohlensyndikat in der Vorkriegs-, Kriegs- und Nachkriegszeit und seine Hauptprobleme, S. 34; *Wilhelm,* Das Rheinisch-Westfälische Kohlensyndikat und die Oberschlesische Kohlenkonvention bis zum Jahre 1933, S. 123; *Erdtmann,* Der Deutsche Kohlen-Verkauf in Vergangenheit, Gegenwart und Zukunft, S. 30.

diesem Datum wurde zur das sogenannte Übergangssyndikat gegründet, das bis zum 31. März 1917 gelten sollte.[136]

Das Übergangssyndikat brachte im Vergleich zum Vertrag von 1903 grundlegende Änderungen sowohl in der Struktur des Syndikats als auch in seinem Verhältnis zum Staat. Dennoch wurden zentrale Konflikte der Mitglieder nach wie vor keiner endgültigen Lösung zugeführt, vielmehr handelte es sich bei dem Übergangssyndikat um ein Provisorium, mit dessen kurzer Dauer ein vorübergehender Verzicht auf bestimmte Forderungen und Verhandlungszeit für eine längerfristige vertragliche Regelung erkauft wurde.[137]

Der organisatorische Aufbau des Syndikats erfuhr hinsichtlich der im Kartellvertrag geregelten Organe eine Umgestaltung. Die Zechenbesitzerversammlung war das einzige Organ, das im Vergleich zum Vertrag von 1903 erhalten blieb. Sowohl der Beirat als auch die Kommission zur Feststellung der Beteiligungsziffer wurden aufgelöst, wobei der größte Teil der Kompetenzen des Beirats auf die Zechenbesitzerversammlung übertragen wurde. Zusätzlich wurden sechs neue, ständige Ausschüsse zur Regelung bestimmter Fragen gebildet, nämlich pro Produktgruppe ein Ausschuss zur Feststellung der Verkaufsbeteiligung, der Qualitätsausschuss, der Absatzausschuss und der Geschäftsausschuss, der den Verkauf überwachte.[138]

Inhaltliche Neuregelungen betrafen die Stellung der Hüttenzechen, den Beitritt noch außerhalb des Syndikats stehender Zechen sowie den erstmaligen Beitritt des Fiskus zum Syndikat.

Der bisherige Konflikt zwischen den reinen Zechen und den Hüttenzechen wurde dahingehend beigelegt, dass der umlagefreie Selbstverbrauch der Hüttenzechen in Zukunft nicht mehr die den Hüttenzechen angegliederten Werke, sondern nur noch den tatsächlichen Zechenselbstverbrauch umfasste. Dies resultierte aufgrund der Verschiebung zu Gunsten umlagepflichtiger Förderung in einer stärkeren Beteiligung der Hüttenzechen an den Kosten des Syndikats.[139] Mit der Forderung

136 *Lüthgen,* Das Rheinisch-Westfälische Kohlensyndikat in der Vorkriegs-, Kriegs- und Nachkriegszeit und seine Hauptprobleme, S. 37; *Meifert,* Die organisatorische Entwicklung der rheinisch-westfälischen Kohlenwirtschaft, S. 139; *Wilhelm,* Das Rheinisch-Westfälische Kohlensyndikat und die Oberschlesische Kohlenkonvention bis zum Jahre 1933, S. 127.

137 *Wilhelm,* Das Rheinisch-Westfälische Kohlensyndikat und die Oberschlesische Kohlenkonvention bis zum Jahre 1933, S. 127; *Buschmann,* Bergbau-Syndikate oder freie Wirtschaft?, S. 61; *Lüthgen,* Das Rheinisch-Westfälische Kohlensyndikat in der Vorkriegs-, Kriegs- und Nachkriegszeit und seine Hauptprobleme, S. 45; *Meifert,* Die organisatorische Entwicklung der rheinisch-westfälischen Kohlenwirtschaft, S. 141.

138 § 3 Ziffer 1 Vertrag vom 14.9.1915, *Wilhelm,* Das Rheinisch-Westfälische Kohlensyndikat und die Oberschlesische Kohlenkonvention bis zum Jahre 1933; Vgl. allg. *Lüthgen,* Das Rheinisch-Westfälische Kohlensyndikat in der Vorkriegs-, Kriegs- und Nachkriegszeit und seine Hauptprobleme, S. 38.

139 *Wilhelm,* Das Rheinisch-Westfälische Kohlensyndikat und die Oberschlesische Kohlenkonvention bis zum Jahre 1933, S. 130.

einer Einschränkung der Verbrauchsbeteiligung der Hüttenzechen konnten sich die reinen Zechen erneut nicht durchsetzen, allerdings verpflichteten sich die Hüttenzechen, über ihren Verbrauch hinausgehende Brennstoffe von dem Syndikat zu erwerben.[140] Dem Übergangssyndikat traten zudem 22 bisherige Außenseiter bei, denen das Syndikat Anfangsbeteiligungen zwischen 600.000 und 750.000 Tonnen zusagte, sowie die Abwicklung ihrer mit Verbrauchern abgeschlossenen Vorverträge.[141] Im Kartellvertrag und in Sondervereinbarungen sicherte sich zudem der Staat Preußen über die Preußischen Staatsbergwerke weitgehende Rechte.

Unter den Außenseitern im Bereich des Rheinisch-Westfälischen Kohlensyndikats nahmen die preußischen Staatsbergwerke, erst 1902 verstaatlicht, schnell eine Sonderstellung ein.[142] Dies ist insbesondere auf ihre große Fördermenge zurückzuführen. Bis zum Ausbruch des ersten Weltkrieges hatten die preußischen Staatsbergwerke ihre Förderung auf über 4,5% der Gesamtproduktion steigern können. Damit war ohne ihre Beteiligung ein freiwilliges Syndikat nicht möglich, was zu einer Reihe von Zugeständnissen und letztendlich großen staatlichen Einflussmöglichkeiten auf das Syndikat führte.[143] Insbesondere ließen sich die preußischen Staatsbergwerke ein zu jedem Quartalsbeginn ausübbares Rücktrittsrecht einräumen, welches auch weiterhin das politische Druckmittel des Scheiterns des freiwilligen Syndikats aufrechterhielt. Zudem legte Preußen den Grundstein für eine weitere Steigerung seines Einflusses über die Forderung des Verkaufs sämtlicher Anteile der Bergwerksgesellschaft Hibernia AG an Preußen. Bereits 1904 hatte der preußische Staat einen ersten Versuch unternommen, die Bergwerksgesellschaft Hibernia AG nach groß angelegten Aktienkäufen zu verstaatlichen, wobei das Kohlensyndikat eine aktive Rolle in der Verhinderung der Umsetzung dieses Vorhabens spielte.[144] Obwohl bis zum Vertragsschluss die Übertragung nicht in die Wege geleitet wurde traten die preußischen Staatsbergwerke dem Syndikat bei,

140 Vgl. im Einzelnen *Wilhelm,* Das Rheinisch-Westfälische Kohlensyndikat und die Oberschlesische Kohlenkonvention bis zum Jahre 1933; die Regelung zur Umlage kam zur Anwendung, wenn nach Abzug von 3% der Monatsrechnung Mehrbeträge zu leisten waren.

141 *Wilhelm,* Das Rheinisch-Westfälische Kohlensyndikat und die Oberschlesische Kohlenkonvention bis zum Jahre 1933, S. 131.

142 *Lüthgen,* Das Rheinisch-Westfälische Kohlensyndikat in der Vorkriegs-, Kriegs- und Nachkriegszeit und seine Hauptprobleme, S. 25; Vgl. allgemein zum Verhältnis des Rheinisch-Westfälischen Kohlensyndikats zum preußischen Staat *Lüthgen,* Das Rheinisch-Westfälische Kohlensyndikat in der Vorkriegs-, Kriegs- und Nachkriegszeit und seine Hauptprobleme, S. 25; *Muthesius,* Ruhrkohle 1893–1943, S. 133.

143 *Lüthgen,* Das Rheinisch-Westfälische Kohlensyndikat in der Vorkriegs-, Kriegs- und Nachkriegszeit und seine Hauptprobleme, S. 43; *Meifert,* Die organisatorische Entwicklung der rheinisch-westfälischen Kohlenwirtschaft, S. 45; *Wilhelm,* Das Rheinisch-Westfälische Kohlensyndikat und die Oberschlesische Kohlenkonvention bis zum Jahre 1933, S. 135.

144 *Muthesius,* Ruhrkohle 1893–1943, S. 133.

machten ihren fortdauernden Verbleib im Syndikat allerdings von der zeitnahen Lösung des Problems abhängig.[145]

Bei den Verhandlungen vor Ablauf des Übergangssyndikats wiederholte sich zunächst die Entwicklung, die zur Bundesratsverordnung vom 12. Juli 1915 geführt hatte. Die Verhandlungen drohten aufgrund der anhaltenden Konflikte erneut zu scheitern, sodass mit Verordnung vom 22. März eine Frist für einen freiwilligen Zusammenschluss bis zum 15. Oktober gesetzt wurde. Wieder drehten sich die Verhandlungen vor allem um die Stellung der Hüttenzechen und die Außenseiterkonkurrenz, und wieder führte die ablehnende Haltung der Zechenbesitzer gegenüber einem zwangsweisen Zusammenschluss zur Einigung.[146] Am 14. Oktober 1916 schlossen sich die Zechenbesitzer für die Zeit vom 1. April 1917 bis zum 31. März 1922 zum sogenannten Dauersyndikat zusammen. Im Zuge dieser Vertragsverlängerung wurde Preußen Eigentümer der Hibernia-Aktien, und damit größtes und einflussreichstes Mitglied im Kohlensyndikat; im Übrigen blieb der Vertrag weitgehend unverändert.[147]

Jedoch erreichte das Syndikat im Rahmen der Vertragsverhandlung eine Lösung der sogenannten Handelsfrage in seinem Sinne. Diese brachten ihm neben dem Produktions- auch das Handelsmonopol, und im Verlauf des ersten Weltkrieges die vollständige Syndizierung des Verkaufs in all seinen Absatzrevieren.[148] Thema der Vertragsverhandlungen zum Dauersyndikat war auch das Verhältnis der vom Syndikat unabhängigen Handelsorganisationen, denen sich die beitretenden Zechen, allen voran die preußischen Staatsbergwerke, bisher zum Absatz ihrer Produkte bedient hatten. Es gelang dem Syndikat, diese freien Händler nach langen Verhandlungen, zumindest für die Dauer der Syndikatsmitgliedschaft ihrer sie bisher beliefernden Zechen, den Syndikathandelsgesellschaften anzuschließen.[149]

---

145 *Wilhelm,* Das Rheinisch-Westfälische Kohlensyndikat und die Oberschlesische Kohlenkonvention bis zum Jahre 1933, S. 133.

146 *Buschmann,* Bergbau-Syndikate oder freie Wirtschaft?, S. 78; *Meckenstock,* Die Geschichte der Planung im Steinkohlenbergbau des Ruhrgebietes, S. 90; *Meifert,* Die organisatorische Entwicklung der rheinisch-westfälischen Kohlenwirtschaft, S. 148.

147 *Wilhelm,* Das Rheinisch-Westfälische Kohlensyndikat und die Oberschlesische Kohlenkonvention bis zum Jahre 1933, S. 1934.

148 *Meifert,* Die organisatorische Entwicklung der rheinisch-westfälischen Kohlenwirtschaft, S. 147; *Lohmann,* Die Handelsfrage im Rheinisch-Westfälischen Kohlensyndikat von der Gründung bis zur Gegenwart, S. 86; *Heinrichsbauer,* Kohlenkontor Weyhenmeyer & Co. und Süddeutsche Kohlenwirtschaft, S. 108.

149 *Lohmann,* Die Handelsfrage im Rheinisch-Westfälischen Kohlensyndikat von der Gründung bis zur Gegenwart, S. 85.

II. Bundesratsverordnung Februar 1917

Die staatlichen Eingriffe in die Kohlenwirtschaft intensivierten sich mit dem Fortschreiten des Krieges und insbesondere in Folge des sogenannten Hindenburg-Programms, mit dem Ende 1916 durch Ausnutzung aller verfügbaren Ressourcen die Produktion der Kriegsgüter drastisch erhöht werden sollte.[150] Am 24. Februar 1917 erließ der Bundesrat, erneut gestützt auf das Ermächtigungsgesetz von 1914, die „Verordnung über die Regelung des Verkehrs mit Kohle".[151] Nachdem die zuvor beim Kriegsamt eingesetzte Nebenabteilung „Kohlenausgleich" die Koordination der Lieferungen an Rüstungsindustrie und andere lebenswichtige Werke nicht hatte leisten können, war insbesondere von der Heeresleitung eine eigene Verteilungsstelle gefordert worden.[152] Mit der Verordnung wurde der Reichskanzler ermächtigt, über die der gesamte vorhandene Förderung nach bestimmten Gesichtspunkten zu verfügen, insbesondere die Empfänger festzulegen, sowie Auskünfte über Erzeugung, Vorräte und Eigenverbrauch einzuholen. Diese Befugnisse übertrug er mit Bekanntmachung vom 28.2.1917[153] auf den Reichskohlenkommissar.

Zwar bediente der Reichskohlenkommissar sich zur Erfüllung seiner Aufgaben auch des bestehenden Vertriebsapparats, allerdings wurde dieser in eine völlig neu geschaffene Verteilungsorganisation eingegliedert, von der die Brennstoffverteilung mittels Kundenlisten und Bezugsscheinen organisiert und überwacht wurde.[154] Das Rheinisch-Westfälische Kohlensyndikat war innerhalb dieses Gebildes als amtliche Verteilungsstelle für Ruhrkohle eingesetzt, welche auf der Grundlage des vom Reichskohlenkommissar aufgestellten Haushaltsplans Kohlen lediglich auf Anweisung versandte, und damit unter Ausschluss jeglicher privater Entscheidungsbefugnis vollständig in die Zwangswirtschaft eingegliedert.[155]

---

150 Ausführlich zu den Auswirkungen des Hindenburg-Programms auf das Rheinisch-Westfälische Kohlensyndikat *Meckenstock,* Die Geschichte der Planung im Steinkohlenbergbau des Ruhrgebietes.

151 RGBl. 1917, S. 167

152 *Lüthgen,* Das Rheinisch-Westfälische Kohlensyndikat in der Vorkriegs-, Kriegs- und Nachkriegszeit und seine Hauptprobleme, S. 49; *Wilhelm,* Das Rheinisch-Westfälische Kohlensyndikat und die Oberschlesische Kohlenkonvention bis zum Jahre 1933, S. 136.

153 RGBl. 1917, S. 193

154 *Wilhelm,* Das Rheinisch-Westfälische Kohlensyndikat und die Oberschlesische Kohlenkonvention bis zum Jahre 1933, S. 137; *Meckenstock,* Die Geschichte der Planung im Steinkohlenbergbau des Ruhrgebietes, S. 92, allg. *Muthesius,* Ruhrkohle 1893–1943, S. 147.

155 *Lüthgen,* Das Rheinisch-Westfälische Kohlensyndikat in der Vorkriegs-, Kriegs- und Nachkriegszeit und seine Hauptprobleme, S. 49; *Wilhelm,* Das Rheinisch-Westfälische Kohlensyndikat und die Oberschlesische Kohlenkonvention bis zum Jahre 1933, S. 139; vgl. *Erdtmann,* Der Deutsche Kohlen-Verkauf in Vergangenheit, Gegenwart und Zukunft, S. 31; *Spethmann,* Bausteine zur Geschichte des Rheinisch-Westfälischen Kohlen-Syndikats, S. 9.

Diese lang gewünschte vollständige Syndizierung des Absatzes der Syndikatsprodukte ging also ironischerweise mit der Eingliederung des Syndikats in die Zwangswirtschaft und damit der Umfunktionierung zur bloßen Verteilungsstelle, einher. Zwar erfolgte die Gründung von Syndikatshandelsgesellschaften in allen verbleibenden Revieren im Winter 1916/17 nach dem Vorbild der bereits bestehenden Organisation zunächst zur effektiven Verteilung der Produktion im Rahmen der Kriegswirtschaft, die sich über große Zentralstellen besser organisieren lies als durch kleine Einzelhändler. Allerdings überspannte damit das Syndikat die größten Teile Deutschlands mit einem dicht geknüpften Netz, das sich bis in die Nachkriegszeit hielt.[156] Auch in dieser Hinsicht stellen die Kriegswirtschaft und ihre Folgen für das Syndikat also einen Meilenstein seiner Geschichte dar.

E. Das Rheinisch-Westfälische Kohlensyndikat in der Weimarer Republik

Der Beginn der Weimarer Republik markierte auch in Geschichte des Rheinisch-Westfälischen Kohlensyndikats eine Zäsur. Lässt sich die Eingliederung in die Zwangswirtschaft zwischen 1914 und 1918 mit den besonderen Anforderungen der Kriegswirtschaft als Ausnahmezeitraum qualifizieren, war mit ihrem Ablauf keine Rückkehr zu den liberalen Wirtschaftsauffassungen des ersten Abschnitts der Syndikatsgeschichte festzustellen. Im Gegenteil war die Weimarer Zeit von einem neuen Verständnis des Verhältnisses von Recht und Wirtschaft geprägt, wonach der Staat aktiv regelnd in die Wirtschaft einzugreifen habe.[157] Die Aufrechterhaltung der kriegswirtschaftlichen Maßnahmen und schließlich die Sozialisierung der Kohlenwirtschaft änderten den Charakter des Rheinisch-Westfälischen Kohlensyndikats – auch für freiwillige Zusammenschlüsse – in der außersyndikatlichen Wahrnehmung hin zum Zwangssyndikat.[158]

156 *Lohmann,* Die Handelsfrage im Rheinisch-Westfälischen Kohlensyndikat von der Gründung bis zur Gegenwart, S. 89; *Heinrichsbauer,* Kohlenkontor Weyhenmeyer & Co. und Süddeutsche Kohlenwirtschaft, S. 108.

157 *Bähr,* in: Bähr, Banken (Hg.) 2006 – Wirtschaftssteuerung durch Recht im Nationalsozialismus, S. 445.

158 *Lüthgen,* Das Rheinisch-Westfälische Kohlensyndikat in der Vorkriegs-, Kriegs- und Nachkriegszeit und seine Hauptprobleme, S. 61; *Erdtmann,* Der Deutsche Kohlen-Verkauf in Vergangenheit, Gegenwart und Zukunft, S. 34; *Wilhelm,* Das Rheinisch-Westfälische Kohlensyndikat und die Oberschlesische Kohlenkonvention bis zum Jahre 1933, S. 155.

I. Sozialisierung der Kohlenwirtschaft und Änderung des Syndikatsvertrags 1919

Während in der unmittelbaren Nachkriegszeit der Staat aufgrund der Kohlennot, die die Lieferverpflichtungen des Versailler Vertrags, der Arbeitermangel und die Einführung des Acht-Stundentages brachten, seinen Einfluss mittels Weiterführung der Zwangsbewirtschaftung behielt, verstärkte sich zunehmend der Einfluss der Gewerkschaften.[159] Die Kohlenwirtschaft wurde im Zuge der Entwicklungen des November 1918 zum „Versuchsobjekt der Sozialisierung".[160] Während zwischenzeitlich der Essener Arbeiter- und Soldatenrat das Syndikatsgebäude in Essen besetzte, mündete diese Sozialisierungsbestrebung schlussendlich in die gesetzlichen Bemühungen der Regierung, die nach Vorarbeiten einer Sozialisierungskommission am 23.3.1919 zum Erlass des Sozialisierungsgesetzes[161] führte.[162] Demnach konnten geeignete Unternehmen – in § 4 des Sozialisierungsgesetzes ist diesbezüglich bereits ein besonderes Reichsgesetz zur Regelung der Ausnutzung von Kohle angekündigt – in das Gemeineigentum überführt werden, eine Regelung, die die Vorlage für § 156 der später erlassenen Weimarer Reichsverfassung lieferte.[163]

Die Sozialisierung der Kohlenwirtschaft erfolgte durch das „Gesetz über die Regelung der Kohlenwirtschaft"[164], welches in 6 Paragraphen lediglich die Zusammensetzung der Organe der zukünftigen Kohlenwirtschaft regelte, und im Übrigen die Regierung zum Erlass einer Durchführungsverordnung ermächtigte. Von dieser Ermächtigung machte die Regierung mit Erlass der Ausführungsbestimmungen am 21.8.1919 Gebrauch, die in 133 Paragraphen die allgemeinen Richtlinien

---

159 *Buschmann,* Bergbau-Syndikate oder freie Wirtschaft?, S. 89; *Meckenstock,* Die Geschichte der Planung im Steinkohlenbergbau des Ruhrgebietes, S. 93; *Spethmann,* Bausteine zur Geschichte des Rheinisch-Westfälischen Kohlen-Syndikats, S. 9.

160 *Lüthgen,* Das Rheinisch-Westfälische Kohlensyndikat in der Vorkriegs-, Kriegs- und Nachkriegszeit und seine Hauptprobleme; *Spethmann,* Bausteine zur Geschichte des Rheinisch-Westfälischen Kohlen-Syndikats, S. 9.

161 RGBl. 1919, 341.

162 *Kerscht,* Das Rheinisch-Westfälische Kohlen-Syndikat in seiner geschichtlichen Entwicklung von 1910 bis 1920, S. 150; *Frank,* Wandlungen in der syndikatlichen Organisation des Ruhrkohlenbergbaus in der Zeit von 1919–1925, S. 31; zur Arbeit der Sozialisierungskommission und ihren Vorschlägen, von denen der spätere Regierungsentwurf allerdings abwich insgesamt *Kerscht,* Das Rheinisch-Westfälische Kohlen-Syndikat in seiner geschichtlichen Entwicklung von 1910 bis 1920, S. 153; *Frank,* Wandlungen in der syndikatlichen Organisation des Ruhrkohlenbergbaus in der Zeit von 1919–1925, S. 33.

163 *Meckenstock,* Die Geschichte der Planung im Steinkohlenbergbau des Ruhrgebietes, S. 94.

164 RGBl I. 1919, S. 342.

des Kohlenwirtschaftsgesetzes weiter ausformen.[165] Eine vollständige Sozialisierung war mit diesem Gesetz entgegen verschiedener Vorschläge nicht erreicht, da die Zechen im Privateigentum bleiben, allerdings wurde die Leitung der Kohlenwirtschaft in einem Kompromiss zwischen den beiden Wirtschaftsformen an den Interessen der Allgemeinheit ausgerichtet.[166] Diese Überführung in die Gemeinwirtschaft führte zur vollständigen Neuorganisation der Kohlenwirtschaft und zur Einordnung des Rheinisch-Westfälischen Kohlensyndikats in diesen Selbstverwaltungskörper.

Nach Erlass des Kohlenwirtschaftsgesetzes gliederte sich der Verwaltungsaufbau der Kohlenwirtschaft in drei Stufen, die regionalen Syndikate auf unterster Ebene, den Reichskohlenverband und als oberste Stufe den Reichskohlenrat.[167] In den regionalen Syndikaten waren sämtliche Zechenbesitzer bezirksweise vereinigt. Außenseiter konnten nach §§ 5, 6 der Ausführungsbestimmungen zwangsweise beigeschlossen werden. Änderungen ergaben sich nicht nur in der Zusammensetzung der Mitglieder, sondern der Organe. Im Vorstand des Syndikats musste ein Sitz für einen Arbeitnehmervertreter, im Aufsichtsrat zwei Sitze für Vertreter der Arbeiter und ein Sitz für einen Vertreter der Angestellten geschaffen werden. Aufgabe der Syndikate war die Regelung der Förderung, des Selbstverbrauchs und Absatzes ihrer Mitglieder, wobei sie den Vorgaben der ihnen übergeordneten Organe Reichskohlenrat und Reichskohlenverband unterstanden. Der Reichskohlenverband war die Vereinigung der Kohlensyndikate. Er setzte nach Preisvorschlägen der Syndikate die Verkaufspreise für Kohle fest und genehmigte die syndikatlichen Lieferbedingungen, gleichzeitig hatte er dabei für die Durchführung der Richtlinien des ihm übergeordneten Reichskohlenrats durchzusetzen. Im Verhältnis zu den Syndikaten war ihr Dachverband zudem berechtigt, ihre Belange untereinander abzuwägen und gegebenenfalls Absatzbegrenzungen zulasten einzelner Syndikate auszusprechen. Der Reichskohlenrat stellte als „Parlament" der Kohlenwirtschaft eine Vereinigung

---

165 Zu diesen Bestimmungen *Meckenstock,* Die Geschichte der Planung im Steinkohlenbergbau des Ruhrgebietes, S. 95; *Lüthgen,* Das Rheinisch-Westfälische Kohlensyndikat in der Vorkriegs-, Kriegs- und Nachkriegszeit und seine Hauptprobleme, S. 52.

166 *Meckenstock,* Die Geschichte der Planung im Steinkohlenbergbau des Ruhrgebietes, S. 95; *Buschmann,* Bergbau-Syndikate oder freie Wirtschaft?, S. 89; *Meifert,* Die organisatorische Entwicklung der rheinisch-westfälischen Kohlenwirtschaft, S. 153.

167 So auch *Erdtmann,* Der Deutsche Kohlen-Verkauf in Vergangenheit, Gegenwart und Zukunft, Anlage 3; *Meckenstock,* Die Geschichte der Planung im Steinkohlenbergbau des Ruhrgebietes, S. 96; zum Aufbau allg. *Lüthgen,* Das Rheinisch-Westfälische Kohlensyndikat in der Vorkriegs-, Kriegs- und Nachkriegszeit und seine Hauptprobleme, S. 53; *Kerscht,* Das Rheinisch-Westfälische Kohlen-Syndikat in seiner geschichtlichen Entwicklung von 1910 bis 1920, S. 159; *Frank,* Wandlungen in der syndikatlichen Organisation des Ruhrkohlenbergbaus in der Zeit von 1919–1925, S. 35; *Wilhelm,* Das Rheinisch-Westfälische Kohlensyndikat und die Oberschlesische Kohlenkonvention bis zum Jahre 1933, S. 141.

aller Beteiligten, also von Unternehmern, Arbeitern, Vertretern der Länder mit Bergwerksbesitz, des Kohlenhandels und Sachverständiger sowie Forscher dar.[168] Er war verantwortlich für die Leitung der Kohlenwirtschaft nach übergeordneten Gesichtspunkten, und beschäftigte sich mit den Fragen technisch-wirtschaftlicher und sozialpolitischer Art. Die Gesellschaftsverträge sowohl des Reichskohlenverbandes als auch aller Syndikate bedurften seiner Genehmigung, und während er allgemeine Richtlinien herausgab und generelle Verordnungen erließ, durfte der Reichskohlenrat auch Auskunft in Einzelfällen verlangen und hierzu Anordnungen treffen. Die Oberaufsicht über den Gesamtaufbau führte der Reichswirtschaftsminister, der ein Vetorecht bezüglich aller Maßnahmen der genannten Organe hatte, sollten diese das öffentliche Wohl gefährden, und die Preise für Kohle festsetzen konnte, wovon er in der Folgezeit regelmäßig Gebrauch machte.[169]

Die gesetzlichen Neuregelungen machten eine Änderung des geltenden Syndikatsvertrags, dessen Laufzeit erst am 31.3.1922 enden sollte, im Sinne einer Anpassung erforderlich. Die Frist für eine freiwillige Regelung betrug rund einen Monat, und unter dem Eindruck drohender Sozialisierung und aufgrund der gesetzlich vorgeschriebenen Mitgliedschaft im Syndikat, vielleicht auch aufgrund der großzügigen Handhabung in der Genehmigung von Beteiligungserhöhungen und des Hüttenzechenstatus ging die Umformung ohne nennenswerte Auseinandersetzungen vonstatten.[170] Im Vergleich zum vorherigen Vertrag waren die Änderungen des Vertrages selbst überwiegend formeller Natur – so zum Beispiel die Umbenennung des Vorstandes in Geschäftsführung oder der Zechenbesitzerversammlung in Mitgliederversammlung – , erst im Zusammenspiel mit den im Kohlenwirtschaftsgesetz und vor allem den Ausführungsbestimmungen geregelten Befugnissen ergibt sich ein vollständiges Bild.[171] Die Syndikatsmitglieder hatten keinerlei Kündigungsmöglichkeit mehr sondern waren zur Mitgliedschaft zwangsverpflichtet, wobei die Stellung der Mitglieder im Wesentlichen keine Änderung erfuhr. Das Syndikat selbst war in der Preisfrage auf reine Vorschläge beschränkt, musste

168 *Meckenstock,* Die Geschichte der Planung im Steinkohlenbergbau des Ruhrgebietes, S. 96.

169 *Meckenstock,* Die Geschichte der Planung im Steinkohlenbergbau des Ruhrgebietes, S. 97; *Buschmann,* Bergbau-Syndikate oder freie Wirtschaft?, S. 93.

170 *Lüthgen,* Das Rheinisch-Westfälische Kohlensyndikat in der Vorkriegs-, Kriegs- und Nachkriegszeit und seine Hauptprobleme, S. 57; *Buschmann,* Bergbau-Syndikate oder freie Wirtschaft?, S. 94.

171 *Lüthgen,* Das Rheinisch-Westfälische Kohlensyndikat in der Vorkriegs-, Kriegs- und Nachkriegszeit und seine Hauptprobleme, S. 57; *Erdtmann,* Der Deutsche Kohlen-Verkauf in Vergangenheit, Gegenwart und Zukunft, S. 33; *Wilhelm,* Das Rheinisch-Westfälische Kohlensyndikat und die Oberschlesische Kohlenkonvention bis zum Jahre 1933, S. 151; Ausführl. zu allen Änderungen *Lüthgen,* Das Rheinisch-Westfälische Kohlensyndikat in der Vorkriegs-, Kriegs- und Nachkriegszeit und seine Hauptprobleme, S. 57.

seine Lieferbedingungen genehmigen lassen und unterstand auch mit allen sonstigen Entscheidungen umfassender behördlicher Kontrolle.

II. Erneuerung des Syndikatsvertrages 1922

Am 31. März 1922 lief der geltende Syndikatsvertrag aus, und während die letzte Vertragsänderung 1916 sehr schnell vonstattengegangen war, zeichnete sich bezüglich der Verlängerung im Jahr 1922 eine gegensätzliche Entwicklung ab. Durch das Gesetz zur Regelung der Kohlenwirtschaft und die darin verankerte Zwangsmitgliedschaft war aus dem Kreise der bereits benannten „Dauerkonflikte" die Außenseiterfrage gegenstandslos geworden. Das Verhältnis von Hüttenzechen zu reinen Zechen wurde jedoch indirekt zum Gegenstand der Verhandlungen.

Nach dem geltenden Syndikatsvertrag wurde der Status als Hüttenzeche erst dann eingeräumt, wenn die Zeche mindestens 81% Anteile der Gesellschaft, die aufgrund ihrer Produktionsanlagen Abnehmer der Kohle der jeweiligen Zeche war, hielt.[172] Das Vorbringen, das bereits wesentlich geringere Quoten die Kontrolle über ein Unternehmen sichern könnten, verknüpften die Hüttenzechen mit dem Verlangen, den notwendigen Anteil auf 51% zu senken. Im Gegenzug boten sie den reinen Zechen praktisch eine „Verallgemeinerung des Hüttenzechencharakters", indem jede Zeche (unter bestimmten Voraussetzungen) über 25% ihrer Förderung völlig frei verfügen können sollte.[173] Dieser Vorschlag fand die Zustimmung der Mehrheit der Mitglieder, die den Vertrag inklusive dieser Bestimmung am 25. März 1922 unterzeichneten; hingegen fand er nicht die notwendige Zustimmung des Reichskohlenrates, der die Genehmigung verweigerte.[174] Das Rheinisch-Westfälische Kohlensyndikat wurde durch Verordnung des Reichswirtschaftsministers auf Grundlage des auslaufenden Vertrages um einen Monat bis zum 30. April verlängert um den Parteien Gelegenheit zu geben, einen neuen Entwurf auszuarbeiten, der am 22. April in einer revidierten Fassung unterzeichnet und genehmigt wurde.[175] Dem Syndikat auf dieser Grundlage wurden mehrere Zechen, die sich geweigert hatten, den Vertrag zu unterzeichnen, durch Verordnung des Reichswirtschaftsministers zwangsweise beigeschlossen.[176]

172 *Buschmann,* Bergbau-Syndikate oder freie Wirtschaft?, S. 96.
173 *Buschmann,* Bergbau-Syndikate oder freie Wirtschaft?, S. 96.
174 *Buschmann,* Bergbau-Syndikate oder freie Wirtschaft?, S. 97; *Lüthgen,* Das Rheinisch-Westfälische Kohlensyndikat in der Vorkriegs-, Kriegs- und Nachkriegszeit und seine Hauptprobleme, S. 65.
175 *Buschmann,* Bergbau-Syndikate oder freie Wirtschaft?, S. 97; *Lüthgen,* Das Rheinisch-Westfälische Kohlensyndikat in der Vorkriegs-, Kriegs- und Nachkriegszeit und seine Hauptprobleme, S. 65.
176 *Lüthgen,* Das Rheinisch-Westfälische Kohlensyndikat in der Vorkriegs-, Kriegs- und Nachkriegszeit und seine Hauptprobleme, S. 65.

Der neue Syndikatsvertrag enthielt eine Reihe von Änderungen im Vergleich zu seinen Vorgängern der letzten Jahrzehnte, Struktur und Organisation des Syndikats waren davon allerdings nicht betroffen.[177]

III. Ruhrbesetzung, Verlängerung und Erneuerung 1924

Dieser Syndikatsvertrag galt noch, als am 11. Januar 1923 die französisch-belgische Armee ins Ruhrgebiet einmarschierte.[178] Der Versailler Vertrag verpflichtete Deutschland als Friedensbedingung für das Jahr 1922 auf die Lieferung von rund 15 Millionen Tonnen Kohle an Frankreich.[179] Unter Berufung auf eine Verletzung dieser Lieferpflicht entsandten Frankreich und Belgien eine Kontrollkommission, gleichzeitig besetzte eine französisch-belgische Armee zu deren Schutz das gesamte Ruhrgebiet.[180] Noch in der Nacht auf den 11. Januar beschloss das Syndikat, um seinen Geschäftsbetrieb nicht offenlegen zu müssen, sich dem Zugriff der Kontrollkommission zu entziehen und seinen Sitz vorübergehend nach Hamburg zu verlegen, was noch in derselben Nacht umgesetzt wurde.[181] Mit Beginn des „passiven Widerstandes" entband die Reichsregierung das Syndikat von der Verpflichtung, in Erfüllung der Reparationsverpflichtungen zu liefern.[182] Hierdurch änderten sich vorübergehend Rolle und Aufgabe des Syndikats. Durch den Umzug des Syndikats nach Hamburg sowie den Erlass der Regierung wurde die Vermittlerrolle des Syndikats zwischen Produktion und Handel zwischenzeitlich aufgehoben. Das Syndikat war stattdessen im Rahmen des passiven Widerstandes tätig, indem es die Verteilung der von der Regierung zur Aufrechterhaltung des passiven Widerstandes der Zechen bereitgestellten Geldmittel koordinierte.[183] Aufgrund

177 *Lüthgen,* Das Rheinisch-Westfälische Kohlensyndikat in der Vorkriegs-, Kriegs- und Nachkriegszeit und seine Hauptprobleme, S. 65; *Buschmann,* Bergbau-Syndikate oder freie Wirtschaft?, S. 100.

178 *Buschmann,* Bergbau-Syndikate oder freie Wirtschaft?, S. 107.

179 *Lüthgen,* Das Rheinisch-Westfälische Kohlensyndikat in der Vorkriegs-, Kriegs- und Nachkriegszeit und seine Hauptprobleme, S. 73 zitiert die Zeitschrift „Glückauf" Jahrgang 1925, 279 ff.

180 *Erdtmann,* Der Deutsche Kohlen-Verkauf in Vergangenheit, Gegenwart und Zukunft, S. 36; *Lüthgen,* Das Rheinisch-Westfälische Kohlensyndikat in der Vorkriegs-, Kriegs- und Nachkriegszeit und seine Hauptprobleme, S. 75; *Wilhelm,* Das Rheinisch-Westfälische Kohlensyndikat und die Oberschlesische Kohlenkonvention bis zum Jahre 1933, S. 161.

181 *Buschmann,* Bergbau-Syndikate oder freie Wirtschaft?, S. 107; *Lüthgen,* Das Rheinisch-Westfälische Kohlensyndikat in der Vorkriegs-, Kriegs- und Nachkriegszeit und seine Hauptprobleme, S. 75; *Wilhelm,* Das Rheinisch-Westfälische Kohlensyndikat und die Oberschlesische Kohlenkonvention bis zum Jahre 1933, S. 161.

182 *Wilhelm,* Das Rheinisch-Westfälische Kohlensyndikat und die Oberschlesische Kohlenkonvention bis zum Jahre 1933, S. 161.

183 *Wilhelm,* Das Rheinisch-Westfälische Kohlensyndikat und die Oberschlesische Kohlenkonvention bis zum Jahre 1933, S. 162; *Lüthgen,* Das Rheinisch-Westfälische

der wirtschaftlichen Belastungen konnte der passive Widerstand schließlich nicht mehr aufrechterhalten werden, und der Ruhrbergbau, vertreten durch eine Kommission, nahm Verhandlungen auf, um ein Wiederanlaufen der Kohlenwirtschaft zu ermöglichen.[184] Diese Verhandlungen führten zum Micum-Abkommen, wonach 21% der Nutzförderung kostenlos an die Grenze der Bestimmungsländer geliefert und sämtliche Besatzungstruppen und Dienststellen versorgt werden mussten.[185]

Währenddessen lief am 31. März 1923 der geltende Syndikatsvertrag aus, wurde aber ohne Änderung von der Mitgliederversammlung zunächst bis zum 30. September 1923, und dann erneute bis zum 31. Dezember 1923 verlängert, wobei jeweils widerstrebende Mitglieder durch Verordnungen des Reichswirtschaftsministers beigefügt wurden.[186] Eine zwangsweise Verlängerung durch den Reichswirtschaftsminister am 19. Dezember bis zum 15. Januar 1924 schloss sich an, als die Erneuerungsverhandlungen im Dezember 1923 die Interessengegensätze im Syndikat offenbarten.[187] Gerade zu diesem Zeitpunkt hätte ein Auseinanderbrechen des Syndikats allerdings verheerende Folgen gehabt. Erneute Verhandlungen mit der Micum bezüglich künftiger Reparationszahlungen standen unmittelbar bevor, und nur ihre Abwicklung durch das Syndikat als zentrale Steuerungsstelle für die Mengen- und Sortenverteilung auf die Mitglieder konnte innerhalb seines Gefüges eine Schonung der für die deutsche Eisenindustrie zentralen Hüttenzechen gewährleisten.[188]

In der Folge einigten sich die Zechenbesitzer am 30. April auf ihren Zusammenschluss zur „Vereinigung für die Verteilung und den Verkauf von Ruhrkohle AG". Die Umwandlung der Firma war politischen Gründen geschuldet, da Frankreich Verhandlungen mit dem Rheinisch-Westfälischen Kohlensyndikat, das mit seiner Flucht nach Hamburg eindeutig Position bezogen hatte, ablehnte; im Grunde handelte es sich bei der Ruhrkohle AG aber um die direkte Fortsetzung des Rheinisch-Westfälischen Kohlensyndikats.[189] Diese Kontinuität zeigt sich im Text des

---

Kohlensyndikat in der Vorkriegs-, Kriegs- und Nachkriegszeit und seine Hauptprobleme, S. 78.

184 *Meckenstock,* Die Geschichte der Planung im Steinkohlenbergbau des Ruhrgebietes, S. 101; *Lüthgen,* Das Rheinisch-Westfälische Kohlensyndikat in der Vorkriegs-, Kriegs- und Nachkriegszeit und seine Hauptprobleme, S. 81.

185 *Lüthgen,* Das Rheinisch-Westfälische Kohlensyndikat in der Vorkriegs-, Kriegs- und Nachkriegszeit und seine Hauptprobleme, S. 79.

186 *Buschmann,* Bergbau-Syndikate oder freie Wirtschaft?, S. 102; *Lüthgen,* Das Rheinisch-Westfälische Kohlensyndikat in der Vorkriegs-, Kriegs- und Nachkriegszeit und seine Hauptprobleme, S. 81.

187 *Buschmann,* Bergbau-Syndikate oder freie Wirtschaft?, S. 102.

188 *Buschmann,* Bergbau-Syndikate oder freie Wirtschaft?, S. 103.

189 *Wilhelm,* Das Rheinisch-Westfälische Kohlensyndikat und die Oberschlesische Kohlenkonvention bis zum Jahre 1933, S. 164; *Erdtmann,* Der Deutsche Kohlen-Verkauf in Vergangenheit, Gegenwart und Zukunft, S. 37; *Buschmann,* Bergbau-Syndikate oder freie Wirtschaft?, S. 105; *Lüthgen,* Das Rheinisch-Westfälische Kohlensyndikat in der Vorkriegs-, Kriegs- und Nachkriegszeit und seine Hauptprobleme, S. 82.

Vertrages, der kaum große Änderungen erkennen lässt. Bedeutungsvoll waren allerdings die weitere Erleichterung des Selbstverbrauchs, sowie die Erlaubnis, Tauschverträge über Brennstoffe gegen Erz, Roheisen oder Halbzeug abzuschließen, was das Syndikat um einen großen Teil seiner Verkaufstätigkeit brachte.[190]

Weitere grundlegende Änderungen, die praktisch das Handelsmonopol des Syndikats aufhoben, waren in Zusatzprotokollen festgelegt.[191] Der Beginn der Entwicklung, die schließlich zu den Zusatzprotokollen führte, ist eng mit der Ruhrbesetzung verknüpft. Während in den nicht besetzten Gebieten die Syndikatshandelsgesellschaften aufgrund der blockierten Verkehrswege Schwierigkeiten hatten, ihre Kunden zu bedienen, hatten sich Syndikat und Zechen bei dessen Umzug darauf geeinigt, dass die Zechen ihre Produktion über den Umweg einer von ihnen benannten Handelsgesellschaft an die Syndikatshandelsgesellschaften zum Verkauf weitergeben sollten.[192] Da die Zechen sich hierfür überwiegend eigener Handelsgesellschaften bedienten, löste die Ruhrbesetzung eine neue Phase der Beteiligung der Zechen am Handel und damit der Schwächung des Syndikats, aus; Zudem erlaubte es die Unübersichtlichkeit der Verhältnisse, die syndikatlichen Beschränkungen vollständig zu umgehen und die gesamte Eigenproduktion direkt abzusetzen.[193] In den Zusatzprotokollen wurde der veränderten Situation, der Stärkung der Zechenhandelsgesellschaften, Rechnung getragen. Während sich 85% der Förderung zum Verkauf der Produkte nach Holland und Übersee zur sogenannten Hollandgruppe zusammenschlossen und als Geschäftsführung das Syndikat wählte, verkauften die übrigen 15% ihre Förderung in diese Länder über ihre eigene Handelsorganisation.[194] Bezüglich des Verkaufs im Inland sahen die Zusatzprotokolle die Liquidierung der Syndikatshandelsgesellschaften vor, wobei diese circa 85% der Förderung, die sich zur Inlandgruppe zusammenschlossen, neu gegründeten Kommanditgesellschaften quasi in anderer Rechtsform fortgeführt wurden.[195] Die übrigen Zechen unterhielten ihre eigenen Handelsorganisationen, womit die Zechenhandelsgesellschaften gleichberechtigt neben

190 *Buschmann,* Bergbau-Syndikate oder freie Wirtschaft?, S. 109–110; *Lüthgen,* Das Rheinisch-Westfälische Kohlensyndikat in der Vorkriegs-, Kriegs- und Nachkriegszeit und seine Hauptprobleme, S. 83; *Erdtmann,* Der Deutsche Kohlen-Verkauf in Vergangenheit, Gegenwart und Zukunft, S. 38.

191 *Buschmann,* Bergbau-Syndikate oder freie Wirtschaft?, S. 110.

192 *Erdtmann,* Der Deutsche Kohlen-Verkauf in Vergangenheit, Gegenwart und Zukunft, S. 36; *Lohmann,* Die Handelsfrage im Rheinisch-Westfälischen Kohlensyndikat von der Gründung bis zur Gegenwart, S. 99.

193 *Lohmann,* Die Handelsfrage im Rheinisch-Westfälischen Kohlensyndikat von der Gründung bis zur Gegenwart, S. 99.

194 *Buschmann,* Bergbau-Syndikate oder freie Wirtschaft?, S. 110.

195 *Buschmann,* Bergbau-Syndikate oder freie Wirtschaft?, S. 110; *Lohmann,* Die Handelsfrage im Rheinisch-Westfälischen Kohlensyndikat von der Gründung bis zur Gegenwart, S. 104; *Heinrichsbauer,* Kohlenkontor Weyhenmeyer & Co. und Süddeutsche Kohlenwirtschaft, S. 109.

die Syndikatshandelsgesellschaften traten.[196] Obwohl alle Handelsgesellschaften an die Preise des Syndikats gebunden waren, kam es in Folge der wachsenden Absatznot zu heftigen Preiskämpfen zwischen den Syndikathandelsgesellschaften der Inlandsgruppe und den Zechenhandelsgesellschaften.[197] Die Ruhrkohle hatte den erbitterten Preiskämpfen von Inlandsblock und Zechenhandelsgesellschaften nichts entgegenzusetzen, sodass die Mitglieder der Inlandsgruppe im August den Syndikatsvertrag zum 30. September 1924 kündigten.[198]

IV. Neuordnung 1925

Bereits am Tage der Kündigung des Syndikatsvertrages wurde auf der Grundlage des noch bestehenden Vertrages ein neuer Syndikatsvertrag für die Dauer vom 30 April 1925 bis zum 31. März 1931 vorgeschlagen. Der neue Syndikatsvertrag entsprach in weiten Teilen dem vorherigen Vertrag, traf allerdings wesentliche Änderungen in der Handelsfrage.[199] Nach seinen Bestimmungen sollte der Handel im unbestrittenen Gebiet ausschließlich von den Kommanditgesellschaften der Inlandsgruppe, denen die übrigen Zechen beitreten sollten, übernommen werden; Der Verkauf im Ausland und bestrittenen Gebiet sollte sowohl von den Syndikathandelsgesellschaften als auch gleichberechtigt den Zechenhandelsgesellschaften zu Syndikatspreisen vorgenommen werden.[200] Um eine gleichmäßige Beschäftigung zu erreichen, sollte also im unbestrittenen Gebiet die Konkurrenz durch die Zechenhandelsgesellschaften eliminiert werden, ein Vorgehen, das für seine

196 *Buschmann,* Bergbau-Syndikate oder freie Wirtschaft?, S. 111; *Lohmann,* Die Handelsfrage im Rheinisch-Westfälischen Kohlensyndikat von der Gründung bis zur Gegenwart, S. 102; allgemeiner *Erdtmann,* Der Deutsche Kohlen-Verkauf in Vergangenheit, Gegenwart und Zukunft, S. 38.

197 *Lohmann,* Die Handelsfrage im Rheinisch-Westfälischen Kohlensyndikat von der Gründung bis zur Gegenwart, S. 102, 107; *Buschmann,* Bergbau-Syndikate oder freie Wirtschaft?, S. 111; *Erdtmann,* Der Deutsche Kohlen-Verkauf in Vergangenheit, Gegenwart und Zukunft, S. 38.

198 *Erdtmann,* Der Deutsche Kohlen-Verkauf in Vergangenheit, Gegenwart und Zukunft, S. 38; *Lüthgen,* Das Rheinisch-Westfälische Kohlensyndikat in der Vorkriegs-, Kriegs- und Nachkriegszeit und seine Hauptprobleme, S. 88; *Lohmann,* Die Handelsfrage im Rheinisch-Westfälischen Kohlensyndikat von der Gründung bis zur Gegenwart, S. 111; *Buschmann,* Bergbau-Syndikate oder freie Wirtschaft?, S. 111.

199 *Buschmann,* Bergbau-Syndikate oder freie Wirtschaft?, S. 114; *Lüthgen,* Das Rheinisch-Westfälische Kohlensyndikat in der Vorkriegs-, Kriegs- und Nachkriegszeit und seine Hauptprobleme, S. 90; *Lohmann,* Die Handelsfrage im Rheinisch-Westfälischen Kohlensyndikat von der Gründung bis zur Gegenwart, S. 111.

200 *Lüthgen,* Das Rheinisch-Westfälische Kohlensyndikat in der Vorkriegs-, Kriegs- und Nachkriegszeit und seine Hauptprobleme, S. 70; *Lohmann,* Die Handelsfrage im Rheinisch-Westfälischen Kohlensyndikat von der Gründung bis zur Gegenwart, S. 111.

Wirksamkeit umfassende Beteiligung voraussetzt.[201] Nachdem zwei Großkonzernen in Zusatzvereinbarungen Sonderregelungen bezüglich ihrer Handelsorganisationen und des Selbstverbrauchs zugestanden worden waren, unterzeichneten rund 90% der Gesamtbeteiligung den Vertrag, während die restlichen 10%, die sich mit ihren Forderungen nicht durchsetzen konnten, zwangsweise beigeschlossen wurden.[202] Diese Gruppe zweifelte die Rechtmäßigkeit des Syndikatsvertrages und ihres Anschlusses an, insbesondere auch, nachdem mehrere namhafte Juristen in Gutachten vernichtenden Urteile gefällt und den Syndikatsvertrag unter anderem als „Konglomerat von Gesetzesverletzungen" bezeichnet hatten.[203] Damit sah diese sogenannte Zehnergruppe es für sich als gerechtfertigt an, die Regeln des Syndikats zu übertreten; Das Syndikat seinerseits strebte eine einvernehmliche Lösung an, um einen Prozess mit ungewissem Ausgang und damit verbundene Rechtsunsicherheit möglichst zu vermeiden.[204]

Die Verhandlungen wurden mit aller Härte geführt, als aber der Reichswirtschaftsminister schließlich mit der Errichtung eines Zwangssyndikats drohte, kam es am 30. April 1925 doch noch zu einer freiwilligen Einigung.[205] Dieser Vertrag, der für die Dauer von rund fünf Jahren abgeschlossen wurde, beendete vorerst die Kämpfe zwischen reinen Zechen und Hüttenzechen sowie Syndikatshandelsgesellschaften und Zechenhandel.[206] Die bestehenden Organe des Syndikats blieben weitgehend unverändert, während erneut eine Neuregelung des Absatzes getroffen wurde. Es erfolgte eine organisatorische Trennung anhand der Teilung des Absatzgebietes in bestrittenes und unbestrittenes Gebiet, und jedes Mitglied konnte monatlich neu entscheiden, ob es seine Produkte nur im unbestrittenen Gebiet, für das eine Absatzverpflichtung bestand, oder zu den ihm mitgeteilten

---

201 *Buschmann,* Bergbau-Syndikate oder freie Wirtschaft?, S. 114.

202 *Buschmann,* Bergbau-Syndikate oder freie Wirtschaft?, S. 114–115, 118, 119–120; *Lüthgen,* Das Rheinisch-Westfälische Kohlensyndikat in der Vorkriegs-, Kriegs- und Nachkriegszeit und seine Hauptprobleme, S. 95.

203 *Buschmann,* Bergbau-Syndikate oder freie Wirtschaft?, S. 127; allgemein *Lüthgen,* Das Rheinisch-Westfälische Kohlensyndikat in der Vorkriegs-, Kriegs- und Nachkriegszeit und seine Hauptprobleme, S. 97.

204 *Lüthgen,* Das Rheinisch-Westfälische Kohlensyndikat in der Vorkriegs-, Kriegs- und Nachkriegszeit und seine Hauptprobleme, S. 100; *Wilhelm,* Das Rheinisch-Westfälische Kohlensyndikat und die Oberschlesische Kohlenkonvention bis zum Jahre 1933, S. 167.

205 *Buschmann,* Bergbau-Syndikate oder freie Wirtschaft?, S. 128; *Lüthgen,* Das Rheinisch-Westfälische Kohlensyndikat in der Vorkriegs-, Kriegs- und Nachkriegszeit und seine Hauptprobleme, S. 100; *Erdtmann,* Der Deutsche Kohlen-Verkauf in Vergangenheit, Gegenwart und Zukunft, S. 39; *Wilhelm,* Das Rheinisch-Westfälische Kohlensyndikat und die Oberschlesische Kohlenkonvention bis zum Jahre 1933, S. 167.

206 *Wilhelm,* Das Rheinisch-Westfälische Kohlensyndikat und die Oberschlesische Kohlenkonvention bis zum Jahre 1933, S. 171.

Preisen auch im bestrittenen Gebiet absetzen wollte.[207] Generell erfolgte der Vertrieb durch das Syndikat, während im unbestrittenen Gebiet allein die Syndikatshandelsgesellschaften tätig wurden, sollten im Ausland und bestrittenen Gebiet Zechen- und freier Handel gleichermaßen eingesetzt werden.[208] Weiterhin wurden die Beteiligungsziffern in Annäherung an die tatsächliche Leistungsfähigkeit der Zechen angehoben, und eine Möglichkeit für zukünftige Erhöhungen geschaffen.[209] Zudem wurde eine Neuregelung der Hüttenzechenfrage versucht, indem aufgrund der Marktlage gegebenenfalls erforderliche Produktionseinschränkung der Hüttenzechen im Vergleich zu den reinen Zechen höher eingeschränkt wurde.[210]

Dieser Vertrag blieb – trotz Kündigungsmöglichkeit – bis zum 31. März 1930 bestehen, wurde allerdings drei Mal in seiner Fassung geändert. Mit dem 10. September 1925 wurde der Begriff der „Ruhrkohle" im Vertrag durch „Kohlensyndikat" ersetzt; In der Fassung vom 29. Dezember 1926 wurde der Abrechnungsmodus korrigiert; In der Fassung vom 10. Mai 1927 wurde die Umlage neu geregelt sowie die Sondereinschränkung bei Mitgliedern mit Verbrauchsbeteiligung gestrichen.[211]

V. Das Rheinisch-Westfälische Kohlensyndikat in der Weltwirtschaftskrise

Zu Beginn der Weltwirtschaftskrise befand sich der Ruhrbergbau in einem Zustand, der sich als kritisch beschreiben lässt: einerseits hatten Krieg, Inflation und Reparationszahlungen die Unternehmen strukturell stark geschwächt.[212] Und obwohl andererseits der englische Bergarbeiterstreik die Konkurrenz durch englische

---

207 *Wilhelm,* Das Rheinisch-Westfälische Kohlensyndikat und die Oberschlesische Kohlenkonvention bis zum Jahre 1933, S. 169; Vgl. allg. *Lüthgen,* Das Rheinisch-Westfälische Kohlensyndikat in der Vorkriegs-, Kriegs- und Nachkriegszeit und seine Hauptprobleme, S. 101.

208 *Lüthgen,* Das Rheinisch-Westfälische Kohlensyndikat in der Vorkriegs-, Kriegs- und Nachkriegszeit und seine Hauptprobleme, S. 106; *Lohmann,* Die Handelsfrage im Rheinisch-Westfälischen Kohlensyndikat von der Gründung bis zur Gegenwart, S. 118; *Hardt,* Betrachtungen über das rheinisch-westfälische Kohlensyndikat als Absatzorgan der Ruhrzechen, S. 12.

209 *Erdtmann,* Der Deutsche Kohlen-Verkauf in Vergangenheit, Gegenwart und Zukunft, S. 40; *Lüthgen,* Das Rheinisch-Westfälische Kohlensyndikat in der Vorkriegs-, Kriegs- und Nachkriegszeit und seine Hauptprobleme, S. 110; *Buschmann,* Bergbau-Syndikate oder freie Wirtschaft?, S. 131.

210 *Buschmann,* Bergbau-Syndikate oder freie Wirtschaft?, S. 131; *Lüthgen,* Das Rheinisch-Westfälische Kohlensyndikat in der Vorkriegs-, Kriegs- und Nachkriegszeit und seine Hauptprobleme, S. 113.

211 *Wilhelm,* Das Rheinisch-Westfälische Kohlensyndikat und die Oberschlesische Kohlenkonvention bis zum Jahre 1933, S. 171.

212 *Meckenstock,* Die Geschichte der Planung im Steinkohlenbergbau des Ruhrgebietes, S. 101.

Kohle für Monate ausschaltete, und damit dem Ruhrkohlenbergbau langfristige Absatzverträge bescherte, blieb dessen Arbeit mangels Preiserhöhungen unrentabel.[213]

Die Weltwirtschaftskrise 1929/30, deren Beginn sich bereits im Winter 1928 ankündigte, traf auch das im Absatz seiner Produkte stark konjunkturabhängige Rheinisch-Westfälische Kohlensyndikat hart.[214] Neben der inländischen Nachfrage stockte aufgrund protektionistischer Maßnahmen auch der Auslandsabsatz, und die ausländischen Produzenten, die auf den deutschen Kohlenmarkt drängten, verursachten heftige Konkurrenzkämpfe.[215] Als in dieser angespannten Situation die im März 1930 anstehenden Vertragsverhandlungen zur Erneuerung des Syndikats zu scheitern drohten, schloss der Reichswirtschaftsminister die Mitgliedszechen drei Mal für jeweils einen Monat, vom 1. April bis zum 30. April, vom 1. Mai bis zum 31. Mai und vom 1. Juni bis zum 30. Juni zwangsweise zusammen.

Schließlich einigten sich die Parteien im Mai/Juni 1930 auf einen neuen, dauerhaften Syndikatsvertrag, der für die Zeit vom 1. Juli 1930 bis zum 31. März 1940 Geltung haben sollte, und dem lediglich vier Zechen zwangsweise beigefügt werden mussten.

Dieser Vertrag traf Neuregelungen bezüglich der Beteiligungsziffern, des Selbstverbrauchsrechts, Stimmrechten in der Mitgliederversammlung und der Umlage. Erstmals wurde Genehmigung einer Beteiligungserhöhung von der Marktlage abhängig gemacht, nur mittelbare Beteiligungen reichten nicht aus, um ein Selbstverbrauchsrecht zu erlangen, und im Gegenzug für die Regelung der Umlage, an der nun auch der Hüttenselbstverbrauch bis zu einer gewissen Höhe teilnehmen sollte, wurde die Tonnenvorgabe für den Hüttenselbstverbrauch, die zur Stimmabgabe in der Mitgliedsversammlung berechtigte, herabgesetzt.[216] Dieses Zugeständnis war vorübergehender Natur, denn falls eine Einigung aller Mitglieder in der Umlagefrage nicht bis zum 31. Dezember 1930 erzielt würde, sollte der Syndikatsvertrag zu, 31. März 1931 enden.[217]

Die Mitgliederversammlung verlängerte diesen Zeitraum, als sich eine Einigung nicht abzeichnete, zunächst bis zum 30. Juni 1931. Nachdem der Reichswirt-

---

213 *Meckenstock,* Die Geschichte der Planung im Steinkohlenbergbau des Ruhrgebietes, S. 103; *Erdtmann,* Der Deutsche Kohlen-Verkauf in Vergangenheit, Gegenwart und Zukunft, S. 40; *Wilhelm,* Das Rheinisch-Westfälische Kohlensyndikat und die Oberschlesische Kohlenkonvention bis zum Jahre 1933, S. 174.

214 *Wilhelm,* Das Rheinisch-Westfälische Kohlensyndikat und die Oberschlesische Kohlenkonvention bis zum Jahre 1933, S. 178.

215 *Wilhelm,* Das Rheinisch-Westfälische Kohlensyndikat und die Oberschlesische Kohlenkonvention bis zum Jahre 1933, S. 178.

216 *Wilhelm,* Das Rheinisch-Westfälische Kohlensyndikat und die Oberschlesische Kohlenkonvention bis zum Jahre 1933, S. 179.

217 *Bührmann,* Syndikatsrecht im Rheinisch-Westfälischen Kohlen-Syndikat, 1893–1943, S. 3; *Wilhelm,* Das Rheinisch-Westfälische Kohlensyndikat und die Oberschlesische Kohlenkonvention bis zum Jahre 1933.

schaftsminister mit Verordnung vom 28. Februar 1931 bereits zwei Zechen zwangsweise beigefügt hatte, hob er den zwischenzeitlich in der Beteiligungsfrage erreichten Kompromiss, die Umlage von einem Schiedsgericht bestimmen zu lassen, auf, und verlängerte das Syndikat auf Grundlage des alten Syndikatsvertrages zwangsweise vom 1. Juli bis zum 31. August 1931.[218] Eine endgültige Regelung der Umlagefrage wurde im Vertrag für die Zeit vom 1. September 1931 bis 31. März 1942 dahingehend erreicht, dass die Verbrauchbeteiligung in dem Maß umlagefrei blieb, in dem die Eisenausfuhr zur Eisenerzeugung stand, jedoch nicht über 55%.[219]

F. Das Rheinisch-Westfälische Kohlensyndikat ab 1933

Im Gegensatz zu den sozialistischen Ideen der Weimarer Republik war die nationalsozialistische Vorstellung von Wirtschaftsgestaltung dogmatisch wenig stringent. Nach der Wahl gab die nationalsozialistische Partei ihr praktisch undurchführbares Wirtschaftsprogramm auf, setzte allerdings die Ideen der Weimarer Republik dahingehend fort, dass nur eine staatlich gelenkte Wirtschaft in der Krise bestehen konnte.[220] Grundsätzlich lässt sich die nationalsozialistische Kartellpolitik ab 1933 in drei Phasen einteilen. Von 1933 bis 1936 wurden die Kartelle als notwendige Antwort auf die Krise akzeptiert; während der Aufrüstung der Jahre 1936 bis 1939 nutzte der Staat die Kartelle vermehrt als Träger öffentlicher Aufgaben für die Aufrüstung, eine Entwicklung, die sich in der dritten Phase der Kartellpolitik bis 1942 lediglich intensivierte, in der die Regierung die ursprünglich privaten Interessen dienende Kartelle lediglich als inhaltsleere Mäntel zur Erfüllung staatlicher Interessen beibehielt.[221] Die nationalsozialistische Regierung führte also keine Systemänderung herbei, sondern nutzte die bestehenden Organisationen in ihrem Sinne und unter formaler Aufrechterhaltung der sie regelnden Gesetze.[222]

So blieb das Kohlenwirtschaftsgesetz in Kraft und mit ihm die darauf basierende grundlegende Organisation der Kohlenwirtschaft bestehen, allerdings wurde das Kohlenwirtschaftsgesetz durch eine Novelle bereits am 21. April an

---

218 *Wilhelm*, Das Rheinisch-Westfälische Kohlensyndikat und die Oberschlesische Kohlenkonvention bis zum Jahre 1933, S. 181; *Bührmann*, Syndikatsrecht im Rheinisch-Westfälischen Kohlen-Syndikat, 1893–1943, S. 3.

219 *Wilhelm*, Das Rheinisch-Westfälische Kohlensyndikat und die Oberschlesische Kohlenkonvention bis zum Jahre 1933, S. 181.

220 *Meckenstock*, Die Geschichte der Planung im Steinkohlenbergbau des Ruhrgebietes, S. 114.

221 *Metzner*, WuW, 1954, 227, 228.

222 *Klug*, in: Kastel (Hg.) 1963 – Kartelle in der Wirklichkeit, S. 154; *Bähr*, in: Bähr, Banken (Hg.) 2006 – Wirtschaftssteuerung durch Recht im Nationalsozialismus, S. 458.

die Ideologie des Nationalsozialismus angepasst.[223] Insbesondere die Arbeiter und Angestelltenvertreter in Vorständen und Aufsichtsräten der Syndikate schieden als Gewerkschaftsmitglieder aus ihren Ämtern aus.[224] Der Reichskohlenrat blieb lediglich nominell erhalten: die Anzahl seiner Mitglieder wurde nahezu halbiert, dieses verkleinerte Gremium allerdings nicht einberufen, sondern seine Aufgaben zunächst auf den Reichswirtschaftsminister übertragen, der diese wiederum auf den Geschäftsführer des Reichskohlenrats und dessen Stellvertreter übertrug.[225]

Eine grundlegende Änderung im Bestand der Mitglieder brachten die Jahre 1934 und 1935 mit dem Beitritt der Aachener Zechen am 1. April 1934 und des Saarkohlenbergbaus am 1. März 1935 zum Rheinisch-Westfälischen Kohlensyndikat.[226] Mit den Aachener Zechen, seinem schärfsten Konkurrenten, stand das Kohlensyndikat seit 1925 in Verhandlungen, die allerdings 1932 abgebrochen wurden, da das Syndikat sich nicht in der Lage sah, den Forderungen zu entsprechen.[227] An diesem Punkt schaltete sich der Reichswirtschaftsminister zur „Marktbereinigung" ein, und setzte den Parteien Fristen für eine Einigung, zunächst bis zum 31. Oktober, dann bis zum 15., dann 30. November, die die Parteien schlussendlich nach Verhandlungen unter dem Vorsitz des Reichswirtschaftsministers am 28. Dezember 1933 erreichten. Demnach traten sämtliche Aachener Zechen zum 1 April 1934 in das Rheinisch-Westfälische Kohlensyndikat ein, wobei ihnen große Zugeständnisse gemacht wurden.[228] So konnten die Aachener Zechen gegenüber dem Syndikat eine jährlich steigende Absatzgarantie erreichen, zudem blieb ihre Handelsorganisation, obgleich sie organisatorisch in das Syndikat eingegliedert wurde, in ihrem Bestand und Umfang als selbständig erhalten.[229]

Etwa ein Jahr später wurden die Kohlenbergwerke des Saarlandes dem Kohlensyndikat angegliedert. Diese in einer Verwaltungsgesellschaft, der „Saargruben-AG", zusammengefassten Bergwerksunternehmen des Saar-Bergbaus sollten nach dem Willen des Reichswirtschaftsministers zunächst ihre Förderung selbst absetzen, allerdings wurden aufgrund von Bedenken bezüglich eines erneuten

---

223 *Bruch,* Die Neuordnung der Deutschen Kohlenwirtschaft seit 1933, S. 71; *Meckenstock,* Die Geschichte der Planung im Steinkohlenbergbau des Ruhrgebietes, S. 114.

224 *Bruch,* Die Neuordnung der Deutschen Kohlenwirtschaft seit 1933, S. 71; *Meckenstock,* Die Geschichte der Planung im Steinkohlenbergbau des Ruhrgebietes, S. 114.

225 *Bruch,* Die Neuordnung der Deutschen Kohlenwirtschaft seit 1933, S. 73; *Meckenstock,* Die Geschichte der Planung im Steinkohlenbergbau des Ruhrgebietes, S. 116; insg. zu den Änderungen *Bruch,* Die Neuordnung der Deutschen Kohlenwirtschaft seit 1933, S. 71.

226 *Spethmann,* Bausteine zur Geschichte des Rheinisch-Westfälischen Kohlen-Syndikats, S. 10.

227 *Bruch,* Die Neuordnung der Deutschen Kohlenwirtschaft seit 1933, S. 45.

228 *Bruch,* Die Neuordnung der Deutschen Kohlenwirtschaft seit 1933, S. 47.

229 *Bruch,* Die Neuordnung der Deutschen Kohlenwirtschaft seit 1933, S. 47, 56; allg. zum Aufbau des Aachener Handels *Bruch,* Die Neuordnung der Deutschen Kohlenwirtschaft seit 1933, S. 56; allg. *Muthesius,* Ruhrkohle 1893–1943, S. 232.

Konkurrenzkampfes schließlich auch die Saargruben dem Kohlensyndikat angegliedert.[230] Den Saargruben wurde mit ihrem Beitritt insbesondere ein fester Beschäftigungsanspruch zugestanden, hingegen ging ihre Verkaufsorganisation im Gegensatz zum Aachener Handel in der Verkaufsorganisation des Syndikats auf.[231] In Verhandlungen mit der Regierung wurde das sogenannte „Saaropfer" beschlossen, wonach die Syndikatsmitglieder nach einem bestimmten Schlüssel eigene Absatzpositionen für den Vertrieb der Saarkohle aufgaben.[232]

Die Entwicklung der für den Kohlenbergbau relevanten Gesetzgebung entspricht der des allgemeinen Kartellrechts und zeigt eine Wandlung von der Wirtschaftsüberwachung zur vollständigen staatlichen Kontrolle im Rahmen der Kriegswirtschaft. Mit dem „Gesetz zur Vorbereitung der organischen Aufbaus der deutschen Wirtschaft"[233] und seiner Durchführungsverordnung[234] wurde eine Wirtschaftsgruppe für den Bergbau geschaffen, die der Reichsgruppe Industrie unterstand, doch trotz dieser Einordnung in ein größeres Gesamtkonzept blieb es zunächst bei der Selbstverwaltung des Bergbaus unter der schon im Kohlenwirtschaftsgesetz angelegten staatlichen Aufsicht.[235]

Mit Erlass des sogenannten „Vierjahresplanes" der nationalsozialistischen Regierung vollzog sich in Deutschland der Wechsel zur Wirtschaftsform der Planwirtschaft, in deren Zuge die wirtschaftliche Selbstorganisation stetig zugunsten staatlicher Einwirkungsmöglichkeiten zurückgedrängt wurde.[236] Den Anfang einer Reihe von Änderungen markiert die „Reichsstelle Kohle", die 1939 durch Verordnung des Reichswirtschaftsministers[237] geschaffen wurde, und die als zentrales Organ die gesamte Kohlenverteilung lenken sollte, sowie eine Verordnung gleichen Jahres, wonach die Syndikate gemeinsam mit den Wirtschaftsämtern die gesamte Produktion, sowohl Selbstverbrauch als auch Verteilung, ihrer Bezirke zu überwachen hatten.[238] Weiterhin wurde ein Reichsbeauftragter für die Leistungssteigerung im Bergbau eingesetzt, der neben der Planung der Verteilung die

230 *Muthesius,* Ruhrkohle 1893–1943, S. 234; *Bruch,* Die Neuordnung der Deutschen Kohlenwirtschaft seit 1933, S. 61.

231 *Muthesius,* Ruhrkohle 1893–1943, S. 234; *Bruch,* Die Neuordnung der Deutschen Kohlenwirtschaft seit 1933, S. 62.

232 *Bruch,* Die Neuordnung der Deutschen Kohlenwirtschaft seit 1933, S. 60; Zum sog. „Saaropfer" *Muthesius,* Ruhrkohle 1893–1943, S. 236.

233 RGBl. I, S. 185.

234 RGBl. I, S. 1194.

235 *Meckenstock,* Die Geschichte der Planung im Steinkohlenbergbau des Ruhrgebietes, S. 115.

236 *Meckenstock,* Die Geschichte der Planung im Steinkohlenbergbau des Ruhrgebietes, S. 115.

237 RGBl. I, S. 1430

238 *Meckenstock,* Die Geschichte der Planung im Steinkohlenbergbau des Ruhrgebietes, S. 116.

Befugnisse des Reichskohlenrats übertragen bekam, als dieser 1939 abgeschafft wurde.[239] Bereits im folgenden Jahr wurden die Befugnisse der Position erneut erweitert. Unter der Bezeichnung Reichskohlenkommissar wurde die Ermittlung des Bedarfs, die Festlegung eines Erzeugungsplans, die Regelung der Verteilung und des Transports der Kohle in einem Amt zusammengefasst, allerdings wurde das Amt nur wenig später wieder abgeschafft.[240] Die Planung der Produktion und Verteilung übernahm nun die im April 1941 als Zusammenschluss von Bergbau und Handel gegründete Reichsvereinigung Kohle.[241] Deren Mitglieder trafen ihre Entscheidungen nach den Buchstaben der Verordnung „in eigener Verantwortung", dennoch ist praktisch gegenüber dem ernennenden Gremium eine gewisse Rechenschaftspflicht anzunehmen.[242] Dieser zunächst informelle Einfluss weitete sich im Verlauf des Krieges aus, als die Reichsvereinigung Kohle dem Rohstoffamt angegliedert wurde und schließlich nur noch Vorgaben der nationalsozialistischen Regierung umsetzte.[243]

In diese Zeit fiel auch die letzte Erneuerung des Syndikatsvertrages, der im Frühjahr 1942 für die Zeit vom 1. April 1942 bis zum 31. März 1952 abgeschlossen wurde.

Die Geschichte des Rheinisch-Westfälischen Kohlensyndikats endet mit einem Schreiben des Headquarter North German Coal Control vom 5. September 1945 und der darin enthaltenen Aufforderung, alle seine Aufgaben einzustellen.[244]

G. Zwischenfazit

Die Gründung des Rheinisch-Westfälischen Kohlensyndikats im Jahr 1893 war das Resultat eines Konzentrationsprozesses, der durch die Liberalisierung des Kohlenmarktes, hierauf folgende Überproduktion und Absatzkrisen in Gang gesetzt wurde. Nach verschiedentlichen Versuchen, die Beendigung des für die Kohlezechen ruinösen Wettbewerbs über die Regelung der Produktion, als auch über eine Beschränkung der Kohlepreise zu erreichen, die allerdings scheiterten, wurde am 9. Februar 1893 das Rheinisch-Westfälische Kohlensyndikat gegründet.

---

239 *Meckenstock,* Die Geschichte der Planung im Steinkohlenbergbau des Ruhrgebietes, S. 116.

240 *Meckenstock,* Die Geschichte der Planung im Steinkohlenbergbau des Ruhrgebietes, S. 116.

241 *Meckenstock,* Die Geschichte der Planung im Steinkohlenbergbau des Ruhrgebietes, S. 116; *Muthesius,* Ruhrkohle 1893–1943, S. 174; *Erdtmann,* Der Deutsche Kohlen-Verkauf in Vergangenheit, Gegenwart und Zukunft, S. 46.

242 *Meckenstock,* Die Geschichte der Planung im Steinkohlenbergbau des Ruhrgebietes, S. 118.

243 *Meckenstock,* Die Geschichte der Planung im Steinkohlenbergbau des Ruhrgebietes, S. 118.

244 *Bührmann,* Syndikatsrecht im Rheinisch-Westfälischen Kohlen-Syndikat, 1893–1943, S. 11.

Diese war in der Form der Doppelgesellschaft organsiert, die speziell für die die Absatzstätigkeit zentralisierenden Kartelle entwickelt wurde, und bestand aus einer Aktiengesellschaft Rheinisch-Westfälisches Kohlensyndikat und einer Gesellschaft bürgerlichen Rechts. In dem der Gesellschaft bürgerlichen Rechts zu Grunde liegenden Kartellvertrag verpflichteten sich die Parteien, eine dem Verhältnis ihrer Produktion entsprechende Anzahl von Aktien der Aktiengesellschaft Rheinisch-Westfälisches Kohlensyndikat zu erwerben.

Im Kartellvertrag verpflichteten sich die Zechenbesitzer insbesondere zum gemeinsamen Verkauf ihrer Gesamtproduktion und regelten Mechanismen zur Produktionsmenge und -beteiligung der Einzelnen an der Gesamtproduktion, Festsetzung von Preisen, Lieferbedingungen, Tragung der Geschäftskosten. Die Aktiengesellschaft diente insbesondere dem Gewinn einer Rechtspersönlichkeit und dem Verkauf der Produktion an Dritte.

Der erste Abschnitt der Syndikatsgeschichte von 1893 bis 1914 ist gekennzeichnet von internen Vertragsänderungen und Revisionen, die vor allem auf die das Syndikat zu dieser Zeit umtreibenden Konflikte um Produktionsbeteiligungsziffern, im Verhältnis zu Außenseitern und zum Kohlenhandel bestimmt sind. Dabei blieb das Rheinisch-Westfälische Kohlensyndikat weitgehend unreguliert. Die Themen der Rechtsprechung und der im Verlauf einsetzenden Auseinandersetzung des Gesetzgebers mit dem Kohlensyndikat im speziellen im Rahmen der Kartellenquete im Jahr 1903 und schließlich mit Kartellen im Allgemeinen dem Erlass des Gesetzes über den Absatz von Kalisalzen 1910 offenbaren Distanz.

In Folge des Ausbruchs des Ersten Weltkrieges wurde das Kohlensyndikat in die staatliche Kriegswirtschaft eingegliedert und dem Syndikat die Regelung seines Absatzes zu Gunsten der Verteilung auf staatliche Anweisung entzogen. Angesichts sich verschärfender innersyndikatlicher Konflikte, die bis zur Kündigung des Syndikatsvertrages 1914 führten, wurden per Bundesratsverordnung die Landeszentralbehörden ermächtigt, Kohlebergwerke zwangsweise zu Vertriebsgesellschaften zusammenzuschließen, sollten sich nicht Zechen, die 97% der Gesamtfördermenge auf sich vereinten, freiwillig zusammenschließen, was zunächst privatrechtlichen Zusammenschlüsse, wenn auch unter grundlegenden Strukturveränderungen, nach sich zog. Die staatlichen Eingriffe in die Kohlenwirtschaft intensivierten sich im weiteren Verlauf des Ersten Weltkrieges, und führten schließlich zur Verordnung über die Regelung des Verkehrs mit Kohle, die den Reichskanzler ermächtigte, über die gesamte vorhandene Förderung zu verfügen, aber jegliche private Entscheidungsbefugnis ausschloss.

Das Ende des Ersten Weltkrieges und der Beginn der Weimarer Republik brachten keine Rückkehr zu den liberalen Wirtschaftsauffassungen, die den ersten Abschnitt der Syndikatsgeschichte prägen, mit sich. Vielmehr kam es 1919 zur Sozialisierung der Kohlenwirtschaft, und das Kohlenwirtschaftsgesetz unterstellte das Kohlensyndikat formal umfassender behördlicher Kontrolle.

Nach der Machtübernahme 1933 führte die nationalsozialistische Partei keine Systemänderung herbei, sondern nutzte (unter Anpassung an die nationalsozialistische Ideologie) die bestehende Organisation der Kohlenwirtschaft und das Kohlenwirtschaftsgesetz in ihrem Sinn und mit dem Ziel, für den kriegsrelevanten Rohstoff Kohle das Syndikat zur Aufrüstung und Erfüllung der nationalsozialistischen Interessen heranzuziehen. Dieser letzte Abschnitt der 52-jährigen Geschichte des Syndikats endete im September 1945.

2. Kapitel Rechtliche Rahmenbedingungen der Schiedsverfahren

A. Schiedsverfahrensrecht der ZPO und Syndikatsverträge

Im Folgenden sollen die Entwicklung der Vorschriften der Zivilprozessordnung (unter ausführlicherer Darstellung der für die untersuchten Verfahren zeitlich relevanten Verfahrensvorschriften) und die syndikatsvertraglichen Regelungen der Konfliktlösung gegenüber gestellt werden. Dabei wird zunächst die allgemeine Entwicklung des Rechts der Schiedsgerichtsbarkeit beleuchtet, bevor auf die Besonderheiten der Kartellschiedsgerichtsbarkeit und schließlich auf das syndikatsvertragliche Schiedsrecht eingegangen wird. Diese Darstellung soll zum einen die abstrakte Bewertung der Schiedsklauseln des Rheinisch-Westfälischen Kohlensyndikats ermöglichen, deren Regelungen an den gesetzlichen Vorschriften gemessen werden sollen. Im weiteren Fortgang der Bearbeitung sollen dann auch die einzelnen Schiedsverfahren an diesen gesetzlichen Grundlagen gemessen werden. Gleiches gilt hinsichtlich der gesetzlichen Vorschriften bezüglich materiell-rechtlicher Grundlagen schiedsgerichtlicher Entscheidungen für den relevanten Zeitraum. Diese sollen hier dargestellt werden, um zunächst den Vergleich mit den syndikatsvertraglichen Regelungen, und im Folgenden den Abgleich mit den vorliegenden Schiedsverfahren zu ermöglichen.

I. Entwicklung der zivilprozessualen Vorschriften zur Schiedsgerichtsbarkeit

Schon der erste Entwurf der Zivilprozessordnung beinhaltete Regeln zum Schiedsverfahrensrecht. Diese sind das Ergebnis einer jahrhundertelangen Entwicklung unter dem Einfluss sowohl des römischen, als auch kanonischen und deutschen Rechts.[245]

Das Sühneverfahren der germanisch-fränkischen Zeit begründete bereits vor der Entstehung staatlicher Gerichtsbarkeit die Tradition, Streitigkeiten durch gewillkürte Richter entscheiden zu lassen.[246] Jedenfalls kann aber ab dem 13. Jahrhundert

245 Vgl. dazu allg. *Zehme,* Schiedsgerichte für Rechtsstreitigkeiten im Gebiet von Handel und Gewerbe, S. 11; *Bornhak,* ZZP 1902, 1; *Kollmann,* Die Schiedsgerichte in Industrie, Gewerbe und Handel, S. 15.

246 *Zieren,* Das Schiedsverfahrensrecht der ZPO (1877–1933) unter Berücksichtigung der Genfer Übereinkommen von 1923 und 1927 sowie der Rechtsprechung des Reichsgerichts, S. 37; *Krause,* Internationales Jahrbuch für Schiedsgerichtswesen in Zivil- und Handelssachen, 1931, 220, 220; *Lindheim,* Das Schiedsgericht im modernen Civilprocesse, S. 12.

vom Beginn der Schiedsgerichtsbarkeit im Sinne alternativer Streitbeilegung in Deutschland gesprochen werden.[247] Vor allem im 17. und 18. Jahrhundert führte jedoch der sich ausbreitende Territorialstaat zum Erstarken der ordentlichen Gerichtsbarkeit und versuchte, seinem Selbstverständnis als ausschließliche Quelle des Rechts entsprechend, die private Entscheidungsfindung aufzuhalten.[248] Zu Beginn des 19. Jahrhunderts war die private Schiedsgerichtsbarkeit in der Praxis stark eingeschränkt und die gemeinrechtliche Wissenschaft stand ihr kritisch gegenüber.[249]

Mitte des 19. Jahrhunderts erfuhr der Schiedsgerichtsgedanke eine Renaissance, die vor allem auf die Industrialisierung des Handels und Initiative der Kaufmannschaften, denen schiedsrichterliche Aufgaben übertragen wurden, zurückzuführen war.[250] Hinzu trat schließlich die Reformgesetzgebung des konstitutionellen Staates, der dem Schiedsverfahren als Ausprägung der Privatautonomie weniger ablehnend gegenüberstand, zunächst mit dem preußischen Entwurf eines Handelsgesetzbuches 1857, verschiedentlichen Entwürfe von Prozessordnungen und als Höhepunkt der Entwicklung die Reichsjustizgesetze des Deutschen Reichs, insbesondere die Civilprozeßordnung 1877.[251]

1. Das Schiedsverfahrensrecht der Civilprozeßordnung 1877

Die Civilprozeßordnung von 1877[252] vereinheitlichte die bis zu diesem Zeitpunkt geltenden partikularen Prozessrechte und ergänzte die bisher nur lückenhaften

247 *Zieren,* Das Schiedsverfahrensrecht der ZPO (1877–1933) unter Berücksichtigung der Genfer Übereinkommen von 1923 und 1927 sowie der Rechtssprechung des Reichsgerichts, S. 37HGR S. 1386 f.; die unterschiedlichen Einschätzung beruhen auf der Frage, ob das Schiedsgericht als solches zur Abgrenzung die Möglichkeit staatlicher Gerichtsverfahren voraussetzt, vgl. z.B. *Zehme,* Schiedsgerichte für Rechtsstreitigkeiten im Gebiet von Handel und Gewerbe, S. 10, der ohne weitere Ausführungen von der Unabhängigkeit der Schiedsgerichte ausgeht.

248 *Krause,* Internationales Jahrbuch für Schiedsgerichtswesen in Zivil- und Handelssachen, 1931, 220, 231; *Staff,* Das Schiedsgerichtsverfahren nach dem heutigen deutschen Recht, S. 2; *Zieren,* Das Schiedsverfahrensrecht der ZPO (1877–1933) unter Berücksichtigung der Genfer Übereinkommen von 1923 und 1927 sowie der Rechtssprechung des Reichsgerichts, S. 41.

249 *Nußbaum,* ZZP 1912, 254, 254.; *Littauer,* ZZP 1930, 1, 13; *Bornhak,* ZZP 1902, 1, 17.

250 *Krause,* Internationales Jahrbuch für Schiedsgerichtswesen in Zivil- und Handelssachen, 1931, 220, 225; *Kollmann,* Die Schiedsgerichte in Industrie, Gewerbe und Handel, S. 36.

251 *Krause,* Internationales Jahrbuch für Schiedsgerichtswesen in Zivil- und Handelssachen, 1931, 220, 235; *Zieren,* Das Schiedsverfahrensrecht der ZPO (1877–1933) unter Berücksichtigung der Genfer Übereinkommen von 1923 und 1927 sowie der Rechtssprechung des Reichsgerichts, S. 41.

252 RGBl. 1877, S. 83; Im Folgenden auch: CPO 1877.

Regelungen.[253] Das 10. Buch der CPO 1877 stellte aufgrund dessen inzwischen hoher praktischer Bedeutung Regelungen für das Schiedsverfahren auf.[254] Die Hauptgedanken, die der Kodifikation zugrunde lagen, waren die Schöpfung eines klaren und praktikablen Verfahrens, die deutschlandweit einheitliche Regelung von Anerkennung des Schiedsvertrages und der Entscheidung sowie deren Vollstreckung sowie die Regelung der Stellung der ordentlichen Gerichte, sowohl hinsichtlich der Rechtshilfe als auch der Überprüfung von Schiedsverfahren und Schiedsspruch und gegebenenfalls dessen Aufhebung.[255] Waren die Verfasser des Entwurfs noch von einer gelungenen Ausarbeitung der Verfahrensvorschriften ausgegangen,[256] wurde schnell Kritik an der Konstruktion des Verfahrens laut.[257]

2. *Die Novelle 1898*

Zu einer Novellierung der CPO 1877 kam es allerdings erst im Zuge der Entstehung des Bürgerlichen Gesetzbuches 1898 zum 1. Januar 1900.[258] Die Änderungen des Schiedsverfahrensrecht im 10. Buch der CPO 1877 bestanden im Wesentlichen aus durch den Erlass des Bürgerlichen Gesetzbuches notwendig gewordenen Anpassungen, namentlich bezüglich der Zuständigkeit der ordentlichen Gerichte und der Form ihrer Entscheidungen, sowie der neuen Nummerierung der Vorschriften.[259]

---

253 *Köster,* Die Beschleunigung der Zivilprozesse und die Entlastung der Zivilgerichte in der Gesetzgebung von 1879 bis 1993, S. 7; *Zieren,* Das Schiedsverfahrensrecht der ZPO (1877–1933) unter Berücksichtigung der Genfer Übereinkommen von 1923 und 1927 sowie der Rechtssprechung des Reichsgerichts, S. 48 zitiert Begr. CPO Entwurf S. 489 *Zehme,* Schiedsgerichte für Rechtsstreitigkeiten im Gebiet von Handel und Gewerbe, S. 36.

254 *Zieren,* Das Schiedsverfahrensrecht der ZPO (1877–1933) unter Berücksichtigung der Genfer Übereinkommen von 1923 und 1927 sowie der Rechtssprechung des Reichsgerichts, S. 50 unter Verweis auf Entwurfsbegründungen.

255 *Zieren,* Das Schiedsverfahrensrecht der ZPO (1877–1933) unter Berücksichtigung der Genfer Übereinkommen von 1923 und 1927 sowie der Rechtssprechung des Reichsgerichts, S. 50 unter Verweis auf Begr. CPO E 3, S. 489 f.

256 *Zieren,* Das Schiedsverfahrensrecht der ZPO (1877–1933) unter Berücksichtigung der Genfer Übereinkommen von 1923 und 1927 sowie der Rechtssprechung des Reichsgerichts, S. 50 unter Verweis auf Begr. CPO E 3, S. 489.

257 Vgl. insbesondere zum Problem der Verfahrensverzögerung *Neubauer,* ZZP 1893, 506; *Neubauer,* ZZP 1895, 322.

258 RGBl. 1898, S. 369 ff.; nicht berührt worden war das Schiedsgerichtsverfahren von zwei Änderungen der CPO 1886, RGBl S. 130, und 1887, RGBl. S. 159, *Zieren,* Das Schiedsverfahrensrecht der ZPO (1877–1933) unter Berücksichtigung der Genfer Übereinkommen von 1923 und 1927 sowie der Rechtssprechung des Reichsgerichts, S. 88.

259 *Zieren,* Das Schiedsverfahrensrecht der ZPO (1877–1933) unter Berücksichtigung der Genfer Übereinkommen von 1923 und 1927 sowie der Rechtssprechung des Reichsgerichts, S. 89

Im Einzelnen wurde – entsprechend der Rechtsprechung des Reichsgerichts – die Einrede des Schiedsvertrages in den Katalog der prozesshinderenden Einreden des § 274 Abs. 2 CPO aufgenommen. Eine bisher bestehende Lücke zur Zuständigkeitsregelung der Vornahme richterlicher Handlungen im schiedsgerichtlichen Verfahren wurde mit den §§ 1045–1047 CPO geschlossen. Nach § 1045 Abs. 2 CPO wurden Verfahren über Rechtshilfehandlungen zukünftig im schriftlichen Beschlussverfahren durchgeführt. Zudem war nach § 1045 Abs. 3 CPO nun gegen Rechtshilfehandlungen der Gerichte, die zuvor lediglich mit Berufung und Revision angegriffen werden konnten, die sofortige Beschwerde statthaft.[260]

Die Regelungen des Schiedsverfahrensrechts blieben also dem Grunde nach erhalten. Es war auch nicht der Fall, dass das Schiedsverfahrensrecht nur vordergründig unverändert blieb, während der Gesetzgeber versuchte, eine Änderung der tatsächlichen Verhältnisse mittelbar herbeizuführen. Zwar war der Hintergrund der Novelle der CPO die Steigerung der Effektivität und Senkung der Kosten des Zivilprozesses, um die Abwanderung in die private Schiedsgerichtsbarkeit einzudämmen; dies allerdings um des Zivilprozesses willen, also zur Sicherstellung eines effektiven Verfahrens als echte Alternative zur Schiedsgerichtsbarkeit, nicht zur Schädigung des Schiedswesens, sollten die Parteien sich hierfür entscheiden.[261]

3. *Die Novelle 1924*

Der weitere Verlauf der tatsächlichen Entwicklung demonstrierte die ungebrochene Attraktivität schiedsgerichtlicher Verfahren für die Industrie. Trotz der Novellierung der CPO 1877 entschieden sich – zumindest vordergründig vor allem aufgrund der langen Verfahrensdauer vor den ordentlichen Gerichten – weite Teile der Industrie, Kartelle nahezu vollständig[262], für das Schiedsgerichtsverfahren.[263] Diese Entwicklung verstärkte sich noch, als nach dem Ende des ersten Weltkriegs aufgrund der wirtschaftlichen Belastungen durch den Versailler Vertrag auch für die Rechtspflege weniger Mittel zur Verfügung standen, gleichzeitig aber die Inflation eine möglichst zeitnahe Entscheidung von Rechtsstreitigkeiten erforderlich machte.[264] Weitere Gründe für die Entscheidung für die Schiedsgerichtsbarkeit

---

260 Ausführl. zum Ganzen *Zieren,* Das Schiedsverfahrensrecht der ZPO (1877–1933) unter Berücksichtigung der Genfer Übereinkommen von 1923 und 1927 sowie der Rechtssprechung des Reichsgerichts, S. 94.

261 *Zieren,* Das Schiedsverfahrensrecht der ZPO (1877–1933) unter Berücksichtigung der Genfer Übereinkommen von 1923 und 1927 sowie der Rechtssprechung des Reichsgerichts, S. 95.

262 *Fuchs,* DJZ 1919, 423, 423.

263 *Reinhard,* Das Recht 1905, 406, 406; *Kollmann,* Die Schiedsgerichte in Industrie, Gewerbe und Handel, S. 1; *Stein,* JW 1914, 605, 605; *Fuchs,* DJZ 1919, 423, 424; *Neukirch,* JW 1923, 680, 680.

264 *Zieren,* Das Schiedsverfahrensrecht der ZPO (1877–1933) unter Berücksichtigung der Genfer Übereinkommen von 1923 und 1927 sowie der Rechtssprechung des Reichsgerichts, S. 98; *Dannreuther,* Der Zivilprozess als Gegenstand der Rechtspolitik im

waren die Entscheidung durch Personen mit spezieller Fachkenntnis, die Möglichkeit der Billigkeitsentscheidung oder zumindest der stärkeren Berücksichtigung von Treu und Glauben, sowie die Erwartung eines mangels Instanzenzuges billigeren Verfahrens.[265] Zudem wurde stellenweise auch die Möglichkeit der Weiterentwicklung eigener Vertragswerke durch Anpassung an Vorschläge der Schiedsrichter, also eine Verbesserung des Vertragsrechtes, als besondere Chance des Schiedsverfahrens herausgearbeitet.[266]

Allerdings gab es nicht nur positive Stimmen zur Schiedsgerichtsbarkeit. Sowohl am Institut der Schiedsgerichtsbarkeit an sich[267] als auch aufgrund technischer Mängel seiner Kodifikation in der CPO 1877 wurde bald Kritik geäußert. Insbesondere die Möglichkeit der Verfahrensverschleppung und dadurch lange Verfahrensdauer,[268] die fehlende staatliche Beaufsichtigung,[269] aber auch die mangelnde Praktikabilität des Verfahrens, dessen Form als „unhandlich und schwerfällig“ charakterisiert wurde, standen dabei im Fokus.[270]

Die Kritik aus der Praxis am gleichzeitig sehr weit verbreiteten Schiedsverfahren blieb nicht ohne Folge. Obwohl die Novelle 1924 sich nach dem Willen der Verfasser inhaltlich zunächst auf Änderungen des Verfahrens vor den ordentlichen Gerichten beschränken sollte, wurden entsprechend Vorschlägen aus der Wirtschaft schließlich doch Regelungen zum Schiedsverfahren aufgenommen, die das Aufhebungs- und Vollstreckungsverfahren und die Vollstreckbarkeit des schiedsrichterlichen Vergleichs betrafen.[271] Die bisher geltende Regelung, die sowohl für Vollstreckung als auch Aufhebung des Schiedsspruchs ein Klageverfahren voraussetzte, wurde dahingehend modifiziert, dass die Vollstreckbarerklärung nun im

Deutschen Reich 1871–1945, S. 278; *Neubauer,* Schiedsvertrag und Schiedsrichter nach der neuen Fassung der ZPO vom 8. Nov. 1933, S. 2; *Zieren,* Das Schiedsverfahrensrecht der ZPO (1877–1933) unter Berücksichtigung der Genfer Übereinkommen von 1923 und 1927 sowie der Rechtssprechung des Reichsgerichts, S. 100.

265 *Kollmann,* Die Schiedsgerichte in Industrie, Gewerbe und Handel, S. 3; *Fuchs,* DJZ 1919, 423, 424; *Neukirch,* JW 1923, 680, 680.

266 *Kollmann,* Die Schiedsgerichte in Industrie, Gewerbe und Handel, S. 4.

267 *Zieren,* Das Schiedsverfahrensrecht der ZPO (1877–1933) unter Berücksichtigung der Genfer Übereinkommen von 1923 und 1927 sowie der Rechtssprechung des Reichsgerichts, S. 101; *Reinhard,* Das Recht 1905, 406, 408, 411; *Staff,* DJZ 1927, 33, 35.

268 *Reinhard,* Das Recht 1905, 406, 406, 410.

269 *Neukirch,* JW 1923, 680, 681.

270 *Fuchs,* DJZ 1919, 423, 426; zum Ganzen: *Zieren,* Das Schiedsverfahrensrecht der ZPO (1877–1933) unter Berücksichtigung der Genfer Übereinkommen von 1923 und 1927 sowie der Rechtssprechung des Reichsgerichts, S. 101.

271 *Zieren,* Das Schiedsverfahrensrecht der ZPO (1877–1933) unter Berücksichtigung der Genfer Übereinkommen von 1923 und 1927 sowie der Rechtssprechung des Reichsgerichts, S. 105–106, 108–109.

Wege des Beschlussverfahrens erreicht werden konnte.[272] Während dieses Verfahrens wurde von Amts wegen geprüft, ob sich das Schiedsgericht über zwingendes Recht hinweggesetzt hatte. Neu eingeführt wurde zudem die Vollstreckbarkeit schiedsrichterlicher Vergleiche.[273]

Praktisch hatte die Novelle 1924 überwiegend negative Folgen. Sie führte zu erheblicher Rechtsunsicherheit hinsichtlich der Aussetzung des Beschlussverfahrens im Falle der Erhebung einer Aufhebungsklage, der Reichweite der Bindung des Schiedsgerichts an das materielle Recht und der Behandlung ausländischer Schiedssprüche und wurde auch in der Literatur überwiegend sehr kritisch beurteilt.[274]

4. *Die Novelle 1930 und Entwurf 1931*

Die Abstellung der technischen Mängel der ZPO 1924[275] einerseits, und der Abschluss verschiedener Staatsverträge zur gegenseitigen Anerkennung und Vollstreckung von Schiedsverträgen und Schiedssprüchen andererseits, namentlich das Genfer Protokoll[276] und das Genfer Abkommen[277] waren die Hauptgründe für die Novelle von 1930.[278]

Bezüglich des Vollstreckungs- und Aufhebungsverfahrens machte die Novelle 1930 die vorangegangenen Änderungen der Zivilprozessordnung im Grunde

272 *Zieren,* Das Schiedsverfahrensrecht der ZPO (1877–1933) unter Berücksichtigung der Genfer Übereinkommen von 1923 und 1927 sowie der Rechtssprechung des Reichsgerichts, S. 109.

273 *Zieren,* Das Schiedsverfahrensrecht der ZPO (1877–1933) unter Berücksichtigung der Genfer Übereinkommen von 1923 und 1927 sowie der Rechtssprechung des Reichsgerichts, S. 112.

274 *Zieren,* Das Schiedsverfahrensrecht der ZPO (1877–1933) unter Berücksichtigung der Genfer Übereinkommen von 1923 und 1927 sowie der Rechtssprechung des Reichsgerichts, S. 123; Vgl. ausführl. zur Aufnahme der Novelle durch die Wissenschaft *Zieren,* Das Schiedsverfahrensrecht der ZPO (1877–1933) unter Berücksichtigung der Genfer Übereinkommen von 1923 und 1927 sowie der Rechtssprechung des Reichsgerichts, S. 112.

275 *Zieren,* Das Schiedsverfahrensrecht der ZPO (1877–1933) unter Berücksichtigung der Genfer Übereinkommen von 1923 und 1927 sowie der Rechtssprechung des Reichsgerichts, S. 88.

276 Genfer Protokoll über die Schiedsklauseln im Handelsverkehr vom 24. September 1923, RGBl. 1925 II, S. 47.

277 Genfer Abkommen zur Vollstreckung ausländischer Schiedssprüche vom 26. September 1927, RGBl. 1930 II, S. 1067, 1269.

278 RGBl. 1930 I, S. 361; *Zieren,* Das Schiedsverfahrensrecht der ZPO (1877–1933) unter Berücksichtigung der Genfer Übereinkommen von 1923 und 1927 sowie der Rechtssprechung des Reichsgerichts, S. 152–153, 179 RT-Drs. 1928, Bd. 443 (1930) Anlage Nr. 2298, S. 3.

wieder rückgängig und stellte den Zustand vor der Novelle 1924 wieder her.[279] Die Regelung, dass das Schiedsgericht sich nicht über zwingendes Recht hinwegsetzen dürfe, entfiel zugunsten einer neuen Fassung, wonach die Vollstreckbarerklärung zu versagen war, wenn ein Aufhebungsgrund vorlag, sodass diese wieder im Vollstreckungsverfahren geltend gemacht werden konnten.[280]

Diese Aufhebungsgründe wurden teilweise entsprechend den Anforderungen des Genfer Abkommens geändert. Zudem modifizierte die Novelle die Vollstreckungsvorschriften des 10. Buchs der ZPO. Die Vollstreckbarerklärung von Schiedssprüchen erfolgte nach wie vor per Beschluss, allerdings wurde das Verfahren neu geregelt und um spezielle Vorschriften für die Vollstreckung ausländischer Schiedssprüche ergänzt und die Vorschrift zum Schiedsvergleich erweitert.[281]

Ihr Hauptanliegen, die Steigerung der Attraktivität des Verfahrens vor den ordentlichen Gerichten auch im Vergleich zum schiedsgerichtlichen Verfahren, hat die Novelle allerdings nicht erreicht. Die Probleme des Zivilverfahrensrechts, die zur großen Verbreitung der Schiedsgerichtsbarkeit beitrugen, blieben bestehen. Daher wurde im Jahr 1931 ein Entwurf einer vollständig überarbeiteten Zivilprozessordnung, die die drängenden Probleme der Schwerfälligkeit des Zivilverfahrens und Zwangsvollstreckungsrechts, sowie die Beseitigung von Widersprüchen und Zweifelsfragen adressierte, durch das Reichsjustizministerium veröffentlicht.[282] Dieser Entwurf enthielt neben der Verschiebung des Schiedsverfahrensrecht in das 8. Buch der ZPO auch einige materielle Neuregelungen.[283] Der Vorschlag wurde allerdings nicht mehr umgesetzt.

5. Die Novelle 1933 und weitere Entwicklung bis 1945

Obwohl der Entwurf der Neufassung der Zivilprozessordnung nicht weiter verfolgt wurde blieb auch nach der Machtübernahme durch die Nationalsozialisten die Reform des Zivilprozesses Thema. Am 8. November wurde die ZPO[284] neu

279 *Zieren,* Das Schiedsverfahrensrecht der ZPO (1877–1933) unter Berücksichtigung der Genfer Übereinkommen von 1923 und 1927 sowie der Rechtssprechung des Reichsgerichts, S. 155.

280 *Zieren,* Das Schiedsverfahrensrecht der ZPO (1877–1933) unter Berücksichtigung der Genfer Übereinkommen von 1923 und 1927 sowie der Rechtssprechung des Reichsgerichts, S. 158.

281 *Zieren,* Das Schiedsverfahrensrecht der ZPO (1877–1933) unter Berücksichtigung der Genfer Übereinkommen von 1923 und 1927 sowie der Rechtssprechung des Reichsgerichts, S. 168, 172, 176–177.

282 *Zieren,* Das Schiedsverfahrensrecht der ZPO (1877–1933) unter Berücksichtigung der Genfer Übereinkommen von 1923 und 1927 sowie der Rechtssprechung des Reichsgerichts, S. 181.

283 Siehe dazu ausführlich *Zieren,* Das Schiedsverfahrensrecht der ZPO (1877–1933) unter Berücksichtigung der Genfer Übereinkommen von 1923 und 1927 sowie der Rechtssprechung des Reichsgerichts, S. 183.

284 RGBl. 1933 I, S. 821.

bekanntgemacht, zeitgleich mit dem Gesetz zur Änderung des Verfahrens in bürgerlichen Rechtsstreitigkeiten[285]. Beide Gesetze ergingen auf Grundlage des sogenannten Ermächtigungsgesetzes[286] völlig ohne Mitwirkung des Parlaments.

Die einzige offen der nationalsozialistischen Ideologie entsprechende Änderung des Schiedsverfahrensrechts betraf die nun nach § 1032 ZPO mögliche Ablehnung von „Nichtariern" als Schiedsrichter.[287]

Neu geschaffen wurde die Vorschrift des § 1025 Abs. 2 ZPO, die die Unwirksamkeit des Schiedsvertrages anordnete, wenn eine Partei dessen Abschluss unter Ausnutzung ihrer wirtschaftlichen oder sozialen Überlegenheit erreicht hatte, oder ihr insbesondere in Bezug auf die Ernennung oder Ablehnung von Schiedsrichtern Sonderrechte eingeräumt wurden.[288] Hintergrund dieser Regelung war die Verhinderung einer „ungesunden Ausdehnung" der Schiedsgerichtsbarkeit.[289]

Die bisher bestehende Formfreiheit des Schiedsvertrages wurde aufgehoben, allerdings waren Handelsgeschäfte und Vollkaufleute von diesem Erfordernis befreit, und mit Gesetz vom 18. Dezember 1933[290] wurde schließlich auch eine entsprechende Sonderregelung für Kartellverträge geschaffen.[291] Schließlich schrieb die ZPO 1933, im Gegensatz zur früheren Ermessensentscheidung in dieser Frage, nun den Ausschluss von Prozessbevollmächtigten, die keine Rechtsanwälte waren, in der mündlichen Verhandlung vor.[292]

In dieser Form blieb das schiedsgerichtliche Verfahren der ZPO bis 1945 erhalten. Zwar wurde in einem späteren Entwurf einer neuen ZPO das Schiedsverfahrensrecht vollständig gestrichen und das Schiedsverfahren generell für unzulässig

285 RGBl. 1933 I, S. 522.
286 RGBl. 1933 I, S. 141.
287 *Zieren,* Das Schiedsverfahrensrecht der ZPO (1877–1933) unter Berücksichtigung der Genfer Übereinkommen von 1923 und 1927 sowie der Rechtssprechung des Reichsgerichts, S. 196.
288 *Zieren,* Das Schiedsverfahrensrecht der ZPO (1877–1933) unter Berücksichtigung der Genfer Übereinkommen von 1923 und 1927 sowie der Rechtssprechung des Reichsgerichts, S. 195.
289 *Zieren,* Das Schiedsverfahrensrecht der ZPO (1877–1933) unter Berücksichtigung der Genfer Übereinkommen von 1923 und 1927 sowie der Rechtssprechung des Reichsgerichts unter Verweis auf die Gesetzesbegründung.
290 RGBl. 1933 I, S. 1081.
291 *Zieren,* Das Schiedsverfahrensrecht der ZPO (1877–1933) unter Berücksichtigung der Genfer Übereinkommen von 1923 und 1927 sowie der Rechtssprechung des Reichsgerichts, S. 196.
292 *Zieren,* Das Schiedsverfahrensrecht der ZPO (1877–1933) unter Berücksichtigung der Genfer Übereinkommen von 1923 und 1927 sowie der Rechtssprechung des Reichsgerichts, S. 197.

erklärt, auch dieser Vorschlag gelangte aber wie der aus dem Jahr 1931 nicht über das Entwurfsstadium hinaus.[293]

II. Zulässigkeit und Grenzen der Kartellschiedsgerichtsbarkeit

Entsprechend der nach zeitgenössischer Einschätzung allgemeinen Praxis der Kartelle[294] Mitte der 1930er Jahre enthielt die Satzung des Rheinisch-Westfälischen Kohlensyndikats über weite Teile seines Bestehens eine Schiedsabrede. Neben den bereits genannten Vorzügen der Schnelligkeit und der Entscheidung durch Sachkundige war möglicherweise auch die Möglichkeit, auf diese Weise Kenntnis der Außenseiter und Öffentlichkeit von Streitigkeiten oder behaupteten Mängeln des Kartells zu verhindern, Hintergrund der Regelung.[295] Während die generelle Zulässigkeit von Schiedsverfahren aufgrund der Regelungen der Zivilprozessordnung außer Frage stand, ergaben sich speziell für den Bereich des Kartellrechts und die besondere Ausprägung, die die Schiedsgerichte dort angenommen hatten, immer wieder Zweifelsfragen.

1. Generelle Zulässigkeit

Die rechtliche Beurteilung der sog. Verbandsschiedsgerichte, also der Schiedsgerichte, zu deren ständiger Nutzung sich die Angehörigen wirtschaftlicher Verbände (insbesondere Kartelle) verpflichteten, wurde aufgrund ihrer Verbreitung als sehr bedeutsame Frage eingeordnet.[296] Anknüpfungspunkt der Überlegung der eventuellen Erforderlichkeit einer von den gesetzlichen Grundlagen abweichenden Behandlung der ständigen Schiedsgerichte war die Entstehungsgeschichte des 10. Buchs der ZPO. Bei Erlass der Regelungen des schiedsrichterlichen Verfahrens war der Gesetzgeber von „isolierten Schiedsgerichten", die von den Parteien für jeweils nur einzelne Verfahren gebildet wurden, ausgegangen.[297]

Mit dem ständig zunehmenden Einsatz der Schiedsgerichtsbarkeit im Rahmen der Kartellverträge stellte sich die Frage, ob die Vorschriften der ZPO zur Regelung der neuen Funktionen der Schiedsgerichte und daraus resultierenden Gefahren ausreichten. Kritisiert wurde sowohl die die Gefährdung der Rechte der einzelnen Kartellmitglieder und Außenseiter, insbesondere des Rechts des gesetzlichen Richters, als auch potentielle Beeinträchtigung der Interessen der Allgemeinheit.

---

293 *Zieren,* Das Schiedsverfahrensrecht der ZPO (1877–1933) unter Berücksichtigung der Genfer Übereinkommen von 1923 und 1927 sowie der Rechtssprechung des Reichsgerichts, S. 195.

294 Callmann-KartR, 237; Müllensiefen/Dörinkel-KartR, XVI, 1; *Körting*, KartR 1936, 377, 377.

295 Callmann-KartR, 238.

296 *Littauer*, ZZP 1930, 1, 1; *Baumbach,* Das privatrechtliche Schiedsgerichtsverfahren, S. 40.

297 *Krause*, Internationales Jahrbuch für Schiedsgerichtswesen in Zivil- und Handelssachen, 1931, 220, 239; *Littauer*, ZZP 1930, 1, 1.

Die wirtschaftliche Macht der Verbände könne dazu führen, dass der schwächere Marktteilnehmer, der aus Gründen der Selbsterhaltung zum Kartellbeitritt gezwungen wäre, damit einem Zwang zur Schiedsgerichtsbarkeit ausgesetzt sei; Zudem würde über dessen Zusammensetzung dann gegebenenfalls ohne Berücksichtigung seiner Wünsche die Vereinigung entscheiden.[298]

Bezüglich der potentiellen Beeinträchtigung der Allgemeininteressen wurde ausgeführt, dass mit der umfassenden Beauftragung von Schiedsgerichten zur Lösung kartellinterner Konflikte das Rechtsgebiet des Kartellrechts dem Staat fast gänzlich entzogen, und eine dauernde Rechtsprechung der Schiedsgerichte, also die Bildung und Fortentwicklung des Wirtschaftsrechts im Interesse der Verbände, eventuell auch gegen die Interessen der Allgemeinheit, ermöglicht worden war.[299]

Verortet wurde die Diskussion sowohl über den Einzelfallcharakter schiedsgerichtlicher Verfahren, von dem der Gesetzgeber bei Erlass der Bestimmung als Regelfall ausgegangen war, als auch über die Parteiautonomie als Grundlage von Schiedsverfahren insbesondere im Bereich der Schiedsrichterwahl. Den Verbandsschiedsgerichten wurde unterstellt, diese wesenstypischen Merkmale des Schiedsverfahrens, insbesondere die Freiheit der Richterwahl, einzuschränken und ökonomischen Druck zur Ausweitung des Einsatzbereiches ihrer Schiedsklausel zu nutzen.[300] Wurde dies als Verlust der Eigenschaften, die die Sonderregelungen für Schiedsverfahren der ZPO bedingten, eingeordnet, war die Konsequenz die Forderung der Beurteilung dieser Verfahren nach anderen Regeln als der des 10. Buchs der Zivilprozessordnung.[301] Hingegen ging die Rechtsprechung eher beiläufig von der Zulässigkeit der ständigen Schiedsgerichte aus,[302] womit im Ergebnis die allgemeinen Vorschriften der ZPO anwendbar waren, wenn auch zu einigen Fragen besondere Grundsätze aufgestellt wurden.[303]

298 *Katz*, DJZ 1926, 1133, 1135.

299 Callmann-KartR, 238; *Krause*, Die geschichtliche Entwicklung des Schiedsgerichtswesens in Deutschland, S. 121; *Littauer*, ZZP 1930, 1, 2.

300 *Krause*, Die geschichtliche Entwicklung des Schiedsgerichtswesens in Deutschland, S. 121; *Krause*, Internationales Jahrbuch für Schiedsgerichtswesen in Zivil- und Handelssachen, 1931, 220, 239; *Littauer*, ZZP 1930, 1, 2.

301 *Littauer*, ZZP 1930, 1, 2; *Krause*, Internationales Jahrbuch für Schiedsgerichtswesen in Zivil- und Handelssachen, 1931, 220, 239.

302 Für Schiedsgerichte in Vereinssatzungen *Heinemann*, Beiträge zur Erläuterung des deutschen Rechts 1933, 316, 319 mit Nachweisen zur Rechtsprechung, der diesbezüglich auch die „wenig tiefgreifende Erörterung" der Schiedsgerichtsbarkeit im Gesellschaftswesen rügt.

303 Callmann-KartR, 239; Müllensiefen/Dörinkel-KartR, XVI, 2.

2. Allgemeine Wirksamkeitsvoraussetzungen

Die Wirksamkeit der Schiedsklausel setzte abweichend von der heute vorherrschenden sogenannten doctrine of separability[304] die Wirksamkeit des Hauptvertrages grundsätzlich voraus.[305] Der mögliche Inhalt der Schiedsvereinbarung wurde von § 851 ZPO, bzw. ab 1898 von § 1025 ZPO bestimmt. Demnach konnte eine Schiedsvereinbarung geschlossen werden, soweit die Parteien berechtigt waren, über den Gegenstand des Streits einen Vergleich zu schließen. Zu diesem Kreis gehörten die sich aus Kartellverhältnissen ergebenden Streitigkeiten.[306] Zudem musste gemäß § 1026 die Schiedsabrede hinsichtlich künftiger Streitigkeiten auf ein bestimmtes Rechtsverhältnis und die aus ihm entspringenden Streitigkeiten begrenzt sein, wobei schon die Beschränkung auf alle Streitigkeiten, die sich aus dem Kartellverhältnis ergeben, ausreichend war.[307]

Waren Schiedsabreden zunächst generell formfrei wurde die Vorschrift des § 1027 ZPO mit dem Gesetz zur Änderung des Verfahrens in bürgerlichen Rechtsstreitigkeiten vom 27.10.1933[308] neu gefasst. Nach Absatz 1 mussten Schiedsverträge nun ausdrücklich geschlossen werden und bedurften der Schriftform, andere Vereinbarungen als solche, die sich auf das schiedsrechtliche Verfahren bezogen, durfte die Urkunde nicht enthalten. Allerdings sah § 1027 ZPO selbst Ausnahmen von diesem Grundsatz vor. Insbesondere schuf § 1027 Abs. 2 ZPO eine Ausnahme von dem Formerfordernis, wenn der Schiedsvertrag für die Parteien, die Sollkaufleute waren, ein Handelsgeschäft darstellte.

3. Zusammensetzung des Schiedsgerichts

Grundlegende Regeln für die Besetzung der Schiedsgerichte in Kartellverträgen finden sich sowohl in der Rechtsprechung des Reichsgerichts als auch des Kartellgerichts. Zudem beschäftigte sich der Vorsitzende des Kartellgerichts in einem Gutachten mit der Frage missbräuchlicher Schiedsklauseln in Kartellverträgen, das ebenfalls die personelle Zusammensetzung von Schiedsgerichten zum Gegenstand hatte.

Mangels speziellerer Regelungen war die rechtmäßige Besetzung des Schiedsgerichts zunächst ausschließlich an § 138 BGB zu messen, bis 1933 die Regelung des § 1025 Abs. 2 in die Zivilprozessordnung aufgenommen wurde. Demnach war die gesamte Schiedsabrede unwirksam, wenn eine Partei ihre wirtschaftliche oder soziale Überlegenheit ausgenutzt hatte um den anderen Teil zu Bestimmungen

---

304 *Born,* International commercial arbitration, S. 313; *Born,* International arbitration, S. 173.

305 Müllensiefen/Dörinkel-KartR, XVI, 2; *Baumbach,* Das privatrechtliche Schiedsgerichtsverfahren, S. 44; *Fuld,* KartR 1910, 945, 946.

306 *Fuld,* KartR 1910, 945, 947.

307 *Fuld,* KartR 1910, 945, 947.

308 RGBl I, 780 (788), IX betr. Schiedsgerichtliches Verfahren.

zu nötigen, die ihr insbesondere hinsichtlich der Ernennung oder Ablehnung der Schiedsrichter ein Übergewicht über den anderen Teil einräumten. Diese Ergänzung des § 1025 ZPO war allerdings deklaratorisch. Sie brachte keine Erweiterung des Schutzes der wirtschaftlich oder sozial unterlegenen Partei, da das Reichsgericht einen parallel gelagerten Fall bereits zuvor als Verstoß gegen die allgemeine Regel des § 138 BGB gewertet hatte.[309]

Für die Besetzung des Schiedsgerichts galt der Grundsatz, dass diese nicht die Besorgnis einer unsachgemäßen oder parteiischen Entscheidung begründen dürfe.[310] Im Gutachten des Vorsitzenden des Kartellgerichts heißt es hierzu, dass eine Besetzung des Schiedsgerichts gegen den Willen einer ihm unterworfenen Partei, die vermuten lassen könne, dass sie die Rücksicht auf die Erhaltung des Organisationszwanges höher als das Recht und die berechtigten Interessen des einzelnen Mitglieds gestellt würde, unzulässig sei.[311]

Überschritten war die Grenze der Besorgnis parteiischer Entscheidungen regelmäßig im Falle der „Richter in eigener Sache“, sodass Verbandsorgane[312] und Kartellmitglieder, da sie in ihrer Gesamtheit das Kartell ausmachten und somit ein Eigeninteresse an all seinen Verfahren hatten, als Schiedsrichter ausschieden.[313]

Nach ständiger Rechtsprechung des Reichsgerichts war die Besorgnis parteiischer Entscheidungen aber nicht schon allein deswegen gegeben, weil eine Partei überwiegenden oder ausschließlichen Einfluss auf die Zusammensetzung des Schiedsgerichts hatte.[314] Allerdings sollte diese Besorgnis, wenngleich eine derartige Regelung auch nicht per se unwirksam war, insbesondere dann bestehen, wenn ständige Schiedsrichter beziehungsweise Obmänner für einen bestimmten Zeitraum von einem Organ des Kartells bestellt wurden.[315] Zu nennen ist hier insbesondere eine Entscheidung des Kammergerichts, wonach die Ablehnung eines ständigen Obmannes, der vom Verband bestellt und von diesem eine laufende Vergütung erhielt, berechtigt war.[316] Das Landgericht Berlin entschied in einem

---

309 Müllensiefen/Dörinkel-KartR, XVI, 8, RG, Urt. v. 23.9.1932, Az. VII 101/32, RGZ 137, 251, 255 f.

310 Callmann-KartR, 551; Gutachten des Vorsitzenden des Kartellgerichts, abgedruckt bei Müllensiefen/Dörinkel-KartR, XVI, 27 f., XVI, 28.

311 Gutachten des Vorsitzenden des KartG, Müllensiefen/Dörinkel-KartR, XVI, 27, XVI, 28.

312 Müllensiefen/Dörinkel-KartR, XVI, 7; RG, Urt. v. 9.2.1937, Az. VII 250/36, JW 1937, 1701, 1701.

313 Müllensiefen/Dörinkel-KartR, XVI, 7; Callmann-KartR, 552.

314 Müllensiefen/Dörinkel-KartR, XVI, 7; *Körting*, KartR 1936, 377, 377 ff., 380 mit weiteren Nachweisen.

315 Callmann-KartR, 552; Gutachten des Vorsitzenden des Kartellgerichts, abgedruckt bei Müllensiefen/Dörinkel-KartR, XVI, 27, XVI, 28; Müllensiefen/Dörinkel-KartR, XVI, 7.

316 Müllensiefen/Dörinkel-KartR, XVI, 8 zitiert KG, Urt., Az. 22 W 800/36.

ansonsten parallel gelagerten Fall sogar auf die Rechtmäßigkeit der Ablehnung des Obmannes, der keine laufende Vergütung erhielt.[317]

4. Zuständigkeit für die Verhängung von „Verbandsstrafen"

Umstritten war auch die Frage, ob beziehungsweise inwieweit private Schiedsgerichte sogenannte Verbandsstrafen, das heißt Strafen für vertragsbrüchiges Verhalten der Mitglieder aussprechen konnten. Den Anknüpfungspunkt für die inhaltliche Auseinandersetzung mit dem Themenkomplex des Verbandsstrafrechts bot die Vorschrift des § 1025 Abs. 1 ZPO, die die inhaltliche Reichweite von Schiedsvereinbarungen regelte. Hiernach konnten die Parteien ein Schiedsgericht nur mit der Entscheidung derjenigen Fragen beauftragen, über die sie einen zivilrechtlichen Vergleich schließen könnten. Die Frage, ob durch Schiedsgerichte ausgesprochene Verbandsstrafen in diesen Bereich fielen, wurde in der Rechtsprechung teilweise angezweifelt.[318] Bei den Verbandsstrafen handle es sich um Geldbußen, mithin ein Instrument der dem Staat vorbehaltenen Strafgerichtsbarkeit, argumentierten das Kammergericht im Jahr 1926 und das Landgericht Frankfurt noch neun Jahre später 1935.

Das Kammergericht sprach in seiner Entscheidung[319] dem Schiedsgericht die Kompetenz ab, „Bußen" zu verhängen, da dies der staatlichen Strafgerichtsbarkeit vorbehalten sei. Dem Schiedsgericht verbleibe aber grundsätzlich die Kompetenz, sowohl dem Grunde als auch der Höhe nach über die Verpflichtung zum zivilrechtlichen Schadensersatz zu urteilen. Die notwendige Abgrenzung zwischen strafrechtlicher Buße und zivilrechtlichem Schadensersatz nahm das Gericht anhand der Frage vor, ob die Zahlung gegebenenfalls auch an einen unbeteiligten Dritten, an dessen Vermögen kein Schaden eingetreten war, zu leisten wäre.[320]

In einer späteren Entscheidung differenzierte das Landgericht Frankfurt[321] zwischen der Vereinbarung einer „eigentlichen Strafgerichtsbarkeit" und „Ordnungsstrafen". Die Vereinbarung einer eigentlichen Strafgerichtsbarkeit im Sinne der Sanktionierung der Übertretung von Regelungen, die weitergehenden wirtschaftlichen Ziele und kartellmäßigen Bindungen dienten, sei unzulässig und die Verhängung derartiger Strafen der Staatsgerichtsbarkeit vorbehalten. Vertragsstrafen im Sinne bloßer „Ordnungsstrafen", zum Beispiel Geldstrafen zur Wahrung

317 Müllensiefen/Dörinkel-KartR, XVI, 8 zitiert LG Berlin Urt., Az. 208 OH 70/36.
318 Müllensiefen/Dörinkel-KartR, XVI, 5.
319 Müllensiefen/Dörinkel-KartR, XVI, 5; RG, Urt. v. 07.11.1925, 10. ZS, ohne Az., JW 1926, 1600.
320 Müllensiefen/Dörinkel-KartR, XVI, 5; RG, Urt. v. 07.11.1925, 10 ZS, ohne Az., JW 1926, 1600; *Werneburg*, KartR, 254, 255.
321 Müllensiefen/Dörinkel-KartR, XVI, 5; LG Frankfurt am Main, Urt. v. 11.09.1935, Az. 2/5 S 199/35, JW 1935, 3495, 3495 f.

interner Interessen oder um das Mitglied zur Mitarbeit anzuhalten, könnten auch von Schiedsgerichten verhängt werden.[322]

Vielleicht auch vor dem Hintergrund der gesetzlichen Anerkennung der Ordnungsstrafe in § 9 KartVO[323], der die Verwertung von Sicherheiten von der Einwilligung des Vorsitzenden des Kartellgerichts abhängig machte, im Umkehrschluss aber von der Zulässigkeit der Verhängung einer Strafe, die aus dieser Sicherheit geleistet werden sollte ausging, änderte sich die Haltung der Rechtsprechung.[324] Die Verbandsstrafen wurden generell als Ordnungsstrafen, als echte Vertragsstrafen eingeordnet und waren damit grundsätzlich zulässig.[325]

III. Entwicklung des syndikatsvertraglichen Schiedsrechts

Ab der erstmaligen Aufnahme einer Schiedsgerichtsabrede in den Syndikatsvertrag 1903 lassen sich die Syndikatsverträge diesbezüglich in vier Zeitabschnitte zusammenfassen. Im ersten Abschnitt 1903 bis 1915 wurde der ordentliche Rechtsweg für alle Streitigkeiten über die Auslegung des Vertrages und die Grundlagen der Gewinnberechnung der Zechenbesitzer vollständig ausgeschlossen. Zwischen 1916 und 1919 erfolgte im zweiten Abschnitt der Entwicklung eine Limitierung des Anwendungsbereichs der Schiedsklausel. Diese fand nur noch Anwendung auf Streitigkeiten mit einem Zechenbesitzer über die Eintrittsbedingungen in den Syndikatsvertrag. Im Jahr 1920 wurde die Schiedsklausel vollständig gestrichen. Die Wiedereinführung der Schiedsklausel erfolgte im Jahr 1924. Der letzte Zeitabschnitt wird geprägt durch eine umfassende Schiedsklausel und die zusätzliche Einführung eines zusätzlichen Schiedskammersystems mit zwei Instanzen, welches nicht Einzelfälle, die den Schiedsgerichten vorbehalten waren, sondern „Zweifelsfragen des Syndikatsrechts“[326] einer abschließenden Entscheidung zuführen sollte. Ergänzt wurden die Schiedsklauseln durch die allgemeinen Vorschriften des Zehnten Buchs der Zivilprozessordnung.[327]

---

322 Müllensiefen/Dörinkel-KartR, XVI, 5; Kritisch *Kubisch*, der der Abgrenzung grundsätzlich zustimmt, allerdings nicht der Definition der Begriffe der Ordnungsstrafen und Buße, *Kubisch*, JW 1935, 3493, 3495.

323 Verordnung gegen Mißbrauch wirtschaftlicher Machtstellungen, RGBl. 1923, S. 1067; s. dazu unten B.I.

324 Müllensiefen/Dörinkel-KartR, XVI, 5 Ausführlich zur zwischenzeitlichen Diskussion über die Rechtswirksamkeit von Schiedsverträgen mit Geldbußenvereinbarungen *Werneburg*, KartR, 254, 254 ff. und *Körting*, KartR 1936, 377, 377 ff.

325 Müllensiefen/Dörinkel-KartR, XVI, 6 KG, Urt. v. 6.8.1936, Az. 212 O 187/36, JW 1937, 337, 337; KG, Urt. v. 20.11.1936, Az. 22 U 3183/36, JW 1937, 554, 554.

326 *Bührmann,* Syndikatsrecht im Rheinisch-Westfälischen Kohlen-Syndikat, 1893–1943, S. 311.

327 Dies war in den jeweiligen Schiedsklauseln ausdrücklich festgeschrieben: „Im übrigen gelten die gesetzlichen Vorschriften für das schiedsrichterliche Verfahren“, § 37 Abs. 4 in den Verträgen vom 30.9.1903 bis 31.12.1915,

1. 30. September 1903 – 31. Dezember 1915

(1) *Bei Streitigkeiten zwischen einem Zechenbesitzer und dem Rheinisch-Westfälischen Kohlensyndikat oder dessen Organen über die Auslegung dieses Vertrages sowie über die Höhe der Beteiligungsziffern und Verrechnungspreise entscheidet unter Ausschluss des Rechtsweges ein Schiedsgericht.*
(2) *In allen Fällen ist das Rheinisch-Westfälische Kohlensyndikat, vertreten durch den Vorstand, berechtigt, als Beklagte oder Klägerin den Rechtsstreit auszutragen.*
(3) *Jede Partei ernennt einen Schiedsrichter; die ernannten Schiedsrichter wählen einen dritten Schiedsrichter, welcher den Vorsitz führt.*
(4) *Einigen sich die beiden ersten Schiedsrichter über die Wahl des Dritten nicht, so wird dieser von dem Präsidenten des Landgerichts in Essen ernannt.*
(5) *Das Schiedsgericht entscheidet durch Mehrheitsbeschluss.*
(6) *Verzögert das Schiedsgericht die Entscheidung, so ist jede Partei berechtigt, nach fruchtloser an den Vorsitzenden zu richtenden Stellung einer Frist von einem Monat vom Schiedsverfahren Abstand zu nehmen und den Rechtsweg zu beschreiten.*

Erstmalig sah der Syndikatsvertrag 1903[328] in § 10 ein Schiedsgericht vor. Grund für die Einführung des Schiedsgerichts war die mangelnde Praktikabilität der bisherigen Streitentscheidung durch den Beirat. Dieser bestand zum einen aus einer Vielzahl von Mitgliedern, zum anderen wurden diese von den Mitgliedszechen entsandt, was die Unparteilichkeit ihrer Entscheidungen in Frage stellte.[329] Das Schiedsgericht sollte unter Ausschluss des Rechtsweges über „Streitigkeiten zwischen einem Zechenbesitzer und dem Rheinisch-Westfälischen Kohlensyndikat oder dessen Organen über die Auslegung dieses Vertrages, sowie über die Höhe der Beteiligungsziffern und Verrechnungspreise" unter Ausschluss des Rechtsweges entscheiden, § 10 Abs. 1 Syndikatsvertrag 1903. Absatz 2 der Vorschrift traf eine Regelung zu den Parteien des Verfahrens indem er dem Vorstand des Rheinisch-Westfälischen Kohlensyndikats erlaubte, sämtliche Verfahren als Beklagte oder Klägerin auszutragen. Die Absätze 3 und 4 regelten die Ernennung der Schiedsrichter. Demnach benannte jede Partei einen Schiedsrichter, diese wählten gemeinsam ihren Vorsitzenden. Sollten die Schiedsrichter sich nicht auf einen Vorsitzenden einigen können, wurde dieser ersatzweise vom Präsidenten des Landgerichts Essen bestimmt. Absatz 5 legte fest, dass die Schiedsrichter per Mehrheitsbeschluss entschieden. Schließlich traf Absatz 6 Vorsorge für den Fall, dass das Schiedsgericht die Entscheidung verzögerte. Verstrich eine dem Vorsitzenden des Schiedsgerichts zu stellende Frist von einem Monat fruchtlos, war jede

328 Syndikatsvertrag vom 15. September/1. Oktober/29. Dezember 1903 für die Zeit vom 30. September 1903 bis zum 31. Dezember 1915.
329 *Bührmann*, Syndikatsrecht im Rheinisch-Westfälischen Kohlen-Syndikat, 1893–1943, S. 307.

Partei berechtigt, vom Schiedsverfahren Abstand zu nehmen und ihre Ansprüche vor den ordentlichen Gerichten geltend zu machen.

Auffällig ist angesichts der großen Reichweite der Schiedsabrede – der ordentliche Rechtsweg ist für alle Streitigkeiten über die Auslegung des Vertrages und die Grundlagen der Gewinnberechnung der Zechenbesitzer ausgeschlossen – ihre relativ fragmentarische Regelung. Zwar werden Bestimmungen zur Ernennung der Schiedsrichter und deren finalem Entscheidungsmodus getroffen. Es finden sich aber weder Ausführungen zum Verfahrensrecht, noch auf welcher Grundlage das Schiedsgericht materiell-rechtlich entscheiden soll. Eine große Besorgnis der Parteien scheint hingegen die Verfahrensverzögerung durch das Schiedsgericht gewesen zu sein, deren Behandlung ein gesonderter Absatz gewidmet ist.

2. 1. Januar 1916 – 26. September 1919; Limitierung des Anwendungsbereichs

(1) Bei Streitigkeiten mit einem Zechenbesitzer über die Eintrittsbedingungen gemäß § 4 Ziffer 6 dieses Vertrages entscheidet unter Ausschluß des Rechtsweges ein Schiedsgericht, welches unverzüglich anzurufen ist.

(2) In den vor dem Schiedsgericht anhängig zu machenden Klagen ist der Vorstand der Aktiengesellschaft „Rheinisch-Westfälisches Kohlen-Syndikat", der in dieser Bezeichnung die Gesamtheit der beteiligten Zechen vertritt, Kläger oder Beklagter.

(3) Jede Partei ernennt einen Schiedsrichter; die ernannten Schiedsrichter wählen einen dritten Schiedsrichter, der den Vorsitz führt.

(4) Einigen sich die beiden ersten Schiedsrichter über die Wahl des dritten nicht, so wird dieser von dem Berghauptmann des Königlichen Oberbergamts zu Dortmund ernannt.

(5) Verzögert das Schiedsgericht die Entscheidung, so ist jede Partei berechtigt, nach fruchtloser, an den Vorsitzenden zu richtender Stellung einer Frist von einem Monat vom Schiedsverfahren Abstand zu nehmen und den Rechtsweg zu beschreiten.

(6) Im übrigen gelten für das schiedsrichterliche Verfahren die Vorschriften des zehnten Buches der Civil-Prozeß-Ordnung.

Den zweite Abschnitt der Regelungsgeschichte schiedsgerichtlicher Verfahren prägt mit § 5 Syndikatsvertrag 1915[330] und der identischen Vorschrift in § 5 Syndikatsvertrag 1916[331] eine Regelung, die sich äußerlich stark an ihre Vorgängerin anlehnt, allerdings hinsichtlich ihrer Reichweite deutlich limitiert ist.

In Abkehr von der großen Reichweite der Schiedsklausel im Syndikatsvertrag 1903 verkleinerte § 5 Abs. 1 Syndikatsvertrag 1915 bzw. 1916 den Anwendungs-

330 Syndikatsvertrag vom 14 September 1915 für die Zeit vom 1. Januar 1916 bis zum 31. März 1917.

331 Syndikatsvertrag vom 14. Oktober 1916 für die Zeit vom 1. April 1917 bis zum 31. März 1922.

bereich der Schiedsabrede auf „Streitigkeiten mit einem Zechenbesitzer über die Eintrittsbedingungen gemäß § 4 Ziffer 6 dieses Vertrages".

Ähnlich der entsprechenden Vorschrift des Syndikatsvertrags 1903 traf Absatz 2 die Regelung, dass Kläger oder Beklagter der beim Schiedsgericht anhängigen Verfahren der Vorstand des Rheinisch-Westfälische Kohlensyndikats war, der in dieser Beziehung die Gesamtheit der beteiligten Zechenbesitzer vertrat. Auch weiterhin fanden sich Regelungen zu den Schiedsrichtern in den Absätzen 3 und 4. Demnach ernannten beide Parteien je einen Schiedsrichter, die gemeinsam den vorsitzenden Schiedsrichter wählten. Konnten sich die beiden parteibenannten Schiedsrichter nicht auf einen Vorsitzenden einigen, wurde dieser durch eine neutrale Stelle, in Abweichung von der Vorgängerregelung durch den Berghauptmann des Königlichen Oberbergamts zu Dortmund, ernannt. Ersatzlos entfiel die Vorschrift des Absatz 5 Syndikatsvertrag 1903, wonach das Schiedsgericht durch Mehrheitsbeschluss entschied. Vollständig übernommen wurde hingegen die Erlaubnis, im Falle der Verzögerung des Verfahrens durch das Schiedsgericht nach fruchtlosem Ablauf der Monatsfrist den ordentlichen Rechtsweg zu beschreiten. Erstmalig fand sich auch eine Regelung des Verfahrens: In Absatz 6 wurden diesbezüglich die Vorschriften des Zehnten Buchs der Zivilprozessordnung für ergänzend anwendbar erklärt.

Diese bereits limitierte Schiedsklausel hielt sich nur bis 1920, als die Schiedsabrede aufgrund divergierender Entscheidungenvollständig aus dem Vertrag gestrichen und damit für alle Streitigkeiten der ordentliche Rechtsweg eröffnet wurde.[332]

3. 1. Oktober 1924 – 1. Juli 1930; Wiederaufnahme der Schiedsklausel

1. *Hat ein Mitglied die Mitgliederversammlung nach den Bestimmungen des Vertrages erfolglos angerufen, so steht es ihm frei, binnen vierzehn Tagen, nachdem ihm die Entscheidung zugegangen ist, ein Schiedsgericht zu beantragen, dessen Obmann der Geschäftsausschuß ernennt, während jede Partei einen Schiedsrichter zu ernennen hat.*
2. *Verzögert das Schiedsgericht die Entscheidung, so ist jede Partei berechtigt, nach fruchtloser, an den Vorsitzenden zu richtender Stellung einer Frist von einem Monat vom Schiedsverfahren Abstand zu nehmen und den Rechtsweg zu beschreiten.*
3. *Im übrigen gelten für das schiedsrichterliche Verfahren die Vorschriften des zehnten Buches der Zivilprozeßordnung.*

Die Wiedereinführung der Schiedsklausel erfolgte mit dem Vertrag der Vereinigung 1924[333]. Sie unterschied sich von der Vorgängerregelung sowohl hinsichtlich personeller Fragen als auch bezüglich ihres Anwendungsbereichs. Die Schiedsabrede in § 4 Vertrag der Vereinigung 1924 wurde zunächst unverändert

332 *Bührmann*, Syndikatsrecht im Rheinisch-Westfälischen Kohlen-Syndikat, 1893–1943, S. 307.

333 Vertrag der Vereinigung vom 5. Januar 19124, gültig ab 16. Januar 1924.

in den Folgevertrag 1924[334] übernommen, bevor ihre Fassung im Vertrag der Vereinigung von 1925[335] eine Änderung hinsichtlich der Zusammensetzung des Schiedsgerichts und im Syndikatsvertrag 1925[336] eine Erweiterung ihres Anwendungsbereichs erfuhr.

Hintergrund des Verzichts auf die Schiedsklausel 1920 waren divergierende Entscheidungen gleich gelagerter Fälle durch verschiedene Schiedsgerichte. Schließlich aber waren die Vorzüge der Schiedsgerichtsbarkeit Auslöser des Bemühens, dieses Manko zu beseitigen und eine größere Einheitlichkeit der schiedsrichterlichen Rechtsprechung innerhalb des Syndikats mittels vertraglicher Regelung zu erreichen.[337] Ausdruck dieses Bemühens war die neu in § 4 Abs. 1 Vertrag der Vereinigung 1924 aufgenommene Bestimmung, dass der Obmann des Schiedsgerichtes nicht mehr von den parteibenannten Schiedsrichtern gewählt, sondern von dem Geschäftsausschuss ernannt wurde. In der Zechenbesitzerversammlung wurde hierzu besprochen, dass der Geschäftsausschuss drei bis vier sachkundige, aber von den Zechen unabhängige Juristen bestimmen solle, aus deren Kreis der Obmann gewählt werden müsse.[338] Der Geschäftsausschuss wählte in zwei Sitzungen den Präsidenten des Landgerichts Dortmund Hahne, den Präsidenten des Landgerichts Hagen Koenig, den geheimen Justizrat Dr. Volmer, Oberjustizrat Dr. von Staff, und den Direktor des Amtsgerichts Essen Willers für diese Position aus. Aus ihrem Kreis sollte per Los der Obmann für den Einzelfall bestimmt werden.[339]

Abgesehen von der Änderung der Bestimmung zur Wahl des vorsitzenden Schiedsrichters unterschied sich die Schiedsabrede nur in ihrer Reichweite von den vorherigen Regelungen. Während diese in bisherigen Verträgen selbständig in Absatz 1 der Bestimmung geregelt worden war, musste sie nun im Zusammenspiel mit den übrigen Vertragsbestimmungen ermittelt werden. Nach Absatz 1 konnte ein Mitglied das Schiedsgericht als Revision gegen ablehnende Beschlüsse der Mitgliederversammlung „nach den Bestimmungen des Vertrages" anrufen. Unverändert gegenüber früheren Bestimmungen wurde in den Vertrag der Vereinigung 1924 die Vorschrift zur Verfahrensverzögerung durch das Schiedsgericht übernommen und in Absatz 3 für das schiedsrichterliche

334 Vertrag der Vereinigung vom 13. September 1924, gültig ab 1. Oktober 1924.

335 Vertrag der Vereinigung vom 30. April 1925, gültig ab 30. April 1925.

336 Syndikatsvertrag vom 30. April 1925 in der Fassung vom 10. September 1925, gültig ab 30. April 1925.

337 *Bührmann,* Syndikatsrecht im Rheinisch-Westfälischen Kohlen-Syndikat, 1893–1943, S. 307.

338 *Bührmann,* Syndikatsrecht im Rheinisch-Westfälischen Kohlen-Syndikat, 1893–1943, S. 307.

339 *Bührmann,* Syndikatsrecht im Rheinisch-Westfälischen Kohlen-Syndikat, 1893–1943, S. 308.

Verfahren ergänzend auf die Vorschriften des 10. Buchs der Zivilprozessordnung verwiesen.

Eine erneute inhaltliche Änderung erfuhr die Schiedsabrede, die gleichzeitig in § 14 verschoben wurde, hinsichtlich der Wahl des vorsitzenden Schiedsrichters erst im Folgevertrag 1925.[340] Die Ernennung des Obmanns wurde primär wieder den parteibenannten Schiedsrichtern übertragen. Nur wenn diese sich nicht einigen konnten, wurde der Vorsitzende durch das Los aus einer Liste von fünf namhaften Juristen bestimmt, die vom Geschäftsausschuss aufgestellt wurde. Zudem wurde in Absatz 2 erstmalig der Ausschluss des ordentlichen Rechtsweges ausdrücklich festgeschrieben. Im Übrigen blieb sie unverändert.

In der Folge wurde zudem der Anwendungsbereich des ansonsten identischen § 14 erweitert. Nun konnte das Schiedsgericht „gegen die Beschlüsse und Entscheidungen der Versammlung der Mitglieder" angerufen werden. Die Vorschrift erweiterte die Zuständigkeit des Schiedsgerichts damit von der Kontrolle der Entscheidungen, die die Mitgliedsversammlung als Berufungsinstanz gegen Ausschussentscheidungen getroffen hatte, zu einer allgemeinen Kontrollinstanz für die Entscheidungen der Mitgliederversammlung.[341] Diese Ausweitung ist insbesondere bemerkenswert, da im Rahmen der Vertragsverhandlungen hinsichtlich der Schiedsklausel völlig ergebnisoffen diskutiert, und auch ihre vollständige Streichung in Betracht gezogen wurde.[342] Aufgrund des nach Auffassung der Vertragsparteien rein wirtschaftlichen Charakters potentieller Streitigkeiten innerhalb des Syndikats, zu deren Entscheidung durch ein mit Sachverständigen besetztes Schiedsgericht im Vergleich zu den ordentlichen

340 „Hat ein Mitglied die Mitgliederversammlung nach den Bestimmungen des Vertrages erfolglos angerufen, so steht es ihm frei, binnen vierzehn Tagen, nachdem ihm die Entscheidung zugegangen ist, ein Schiedsgericht zu beantragen. Zu diesem Schiedsgericht ernennt jede Partei einen Schiedsrichter; beide Schiedsrichter haben einen Obmann zu ernennen, können sie sich über die Wahl des Obmanns nicht einigen, so wird er durch Los bestimmt, und zwar aus einer Liste von fünf namhaften Juristen, welche nicht durch besondere Interessen mit den Zechen verbunden sind. Die Liste dieser fünf Juristen ist vom Geschäftsausschuß aufzustellen.

Der ordentliche Rechtsweg ist ausgeschlossen. Verzögert das Schiedsgericht die Entscheidung, so ist jede Partei berechtigt, nach fruchtloser, an den Vorsitzenden zu richtender Stellung einer Frist von einem Monat vom Schiedsverfahren Abstand zu nehmen und den Rechtsweg zu beschreiten.

Im übrigen gelten für das schiedsrichterliche Verfahren die Vorschriften des zehnten Buches der Zivilprozeßordnung."

341 *Bührmann,* Syndikatsrecht im Rheinisch-Westfälischen Kohlen-Syndikat, 1893–1943, S. 308.

342 *Bührmann,* Syndikatsrecht im Rheinisch-Westfälischen Kohlen-Syndikat, 1893–1943, S. 308.

Gerichten besser geeignet sei, wurde die Schiedsabrede schließlich beibehalten,[343] und zunächst unverändert in die folgenden Verträge übernommen.[344]

a) Verweisung und Anwendungsbereich der Vorschriften der Zivilprozessordnung

Ziffer 3 der Schiedsklausel verweist ergänzend auf die Vorschriften des Zehnten Buchs der Zivilprozessordnung. Die Betrachtung der Schiedsklausel hat gezeigt, dass diese in Ziffer 1 und 2 einen sehr eingeschränkten Regelungsgehalt dahingehend aufweist, dass ihr sachlicher Anwendungsbereich, die 14-Tage Frist und eine Bestimmung zum Beschreiten des öffentlichen Rechtswegs bei Verfahrensverzögerung festgelegt werden, zum Ablauf des Verfahrens selbst aber keinerlei Regelungen getroffen werden. Auch Regelungen bezüglich der Formalia des Schiedsspruchs finden sich nicht. Diese und sämtliche weiteren Fragen werden in Ziffer 3 der Schiedsklausel durch den Verweis auf die ergänzende Geltung der gesetzlichen Vorschriften geregelt. In diesen Bereichen ist also von einer nicht modifizierten Übernahme der gesetzlichen Regelung auszugehen.

Die für diesen Zeitraum geltenden Vorschriften zum Schiedsverfahrensrecht im Zehnten Buch der ZPO lassen sich in Regelungen zum Schiedsvertrag, zu Schiedsrichtern, Verfahrensvorschriften, zum Schiedsspruch und allgemeine Bestimmungen, das heißt vor allem Zuständigkeitsregelungen, einteilen.[345]

Die Vorschriften zum Schiedsvertrag fanden sich in den §§ 1025–1027 ZPO. Dabei legten § 1025 und 1026 ZPO auch den Anwendungsbereich der Regelungen des Zehnten Buchs fest. Diesbezüglich interessant ist die Regelung des § 1025, der von der Wirksamkeit der Schiedsvereinbarung über eine Rechtsstreitigkeit spricht. Demnach fanden die Vorschriften zum Schiedsverfahrensrecht der ZPO, da sie eine Vereinbarung der Parteien voraussetzen, keine Anwendung auf gesetzlich angeordnete Verfahren, die nicht auf einer freien Willensentschließung der Parteien beruhen. Da es sich bei den Verfahren um „Rechtsstreitigkeiten" handeln musste, fanden sie ferner keine Anwendung auf Verfahren vor Schiedsgutachtern, die lediglich über einzelne, für das streitige Verhältnis bedeutsame Tatfragen entschieden.[346] Ebenfalls dem § 1025 ZPO war die persönliche und sachliche Schiedsfähigkeit zu entnehmen. Die Schiedsfähigkeit knüpfte in Abkehr der Methode

---

343 *Bührmann*, Syndikatsrecht im Rheinisch-Westfälischen Kohlen-Syndikat, 1893–1943, S. 308.

344 Syndikatsvertrag vom 30. April 1925 in der Fassung vom 29. Dezember 1926, gültig ab 1. April 1926; Im Syndikatsvertrag vom 30. April 1925 in der Fassung vom 10. Mai 1927, gültig ab 1. Juni 1927 wurde die Schiedsklausel in § 13 verschoben, blieb aber ansonsten unverändert.

345 So auch *Zieren*, Das Schiedsverfahrensrecht der ZPO (1877–1933) unter Berücksichtigung der Genfer Übereinkommen von 1923 und 1927 sowie der Rechtssprechung des Reichsgerichts, S. 50.

346 *Sydow/Busch*, Zivilprozeßordnung und Gerichtsverfassungsgesetz, 1925, S. 1054.

abschließender Aufzählung, die in der französischen, bayerischen und badischen Prozessordnung eingesetzt wurde, an die Befugnis an, über den Streitgegenstand einen zivilrechtlichen Vergleich zu schließen, wobei unklar ist, warum dieses Kriterium gewählt wurde.[347] Nach § 1026 ZPO konnte eine Schiedsvereinbarung auch für zukünftige Streitigkeiten abgeschlossen werden, wobei sie sich in diesem Fall auf ein bestimmtes Rechtsverhältnis und die aus ihm entstehenden Streitigkeiten beziehen musste. Ausreichend war in diesem Fall zum Beispiel der gemeinschaftliche Betrieb von Kommissionsgeschäften und die hieraus resultierenden Streitigkeiten, die Vorschrift verhinderte lediglich, dass ein bestimmter Personenkreis von vornherein alle seine Streitigkeiten einem Schiedsgericht unterstellen konnte.[348] Zudem war der Schiedsvertrag, der im Übrigen den allgemeinen Vorschriften bezüglich Abschluss, Auslegung, Anfechtung und Aufhebung unterlag, gemäß § 1027 grundsätzlich formfrei.[349] Ebenfalls nicht in den Anwendungsbereich der Regelungen der Zivilprozessordnung fiel damit der Vertrag zwischen den Parteien des Verfahrens und dem Schiedsrichter.[350]

b) *Schiedsrichter*

Bezüglich der Schiedsrichter enthielt die ZPO Vorschriften in den §§ 1028–1032 ZPO. Sie betrafen die Ernennung, die Ablehnung und den Wegfall bereits benannter Schiedsrichter.[351] Bezüglich der Ernennung von Schiedsrichtern traf § 1028 ZPO eine Regelung für den Fall, dass der Schiedsvertrag keinen Mechanismus zur Bestimmung der Schiedsrichter vorsah. Dann sollte jede Partei einen Schiedsrichter ernennen dürfen. Dies war allerdings bereits vertraglich so vorgesehen. Wenn beide Parteien Schiedsrichter benennen durften, so legte § 1029 ZPO fest, hatte die betreibende Partei dem Gegner den Schiedsrichter schriftlich und verbunden mit der Aufforderung zu bezeichnen, dieser möge seinerseits binnen einwöchiger Frist einen Schiedsrichter benennen. Sollte diese Frist fruchtlos verstreichen, wurde der Schiedsrichter ersatzweise durch das zuständige Gericht benannt. Schon aus der Formulierung dieser Vorschriften ergibt sich, dass sie lediglich Regelungen zur Ergänzung eines unvollständigen Vertrages bereithielten, um dem Parteiwillen entsprechend die Ausführbarkeit der Schiedsabrede bei fehlender

---

347 *Zieren,* Das Schiedsverfahrensrecht der ZPO (1877–1933) unter Berücksichtigung der Genfer Übereinkommen von 1923 und 1927 sowie der Rechtssprechung des Reichsgerichts, S. 53.

348 *Sydow/Busch,* Zivilprozeßordnung und Gerichtsverfassungsgesetz, 1925, S. 1060.

349 *Sydow/Busch,* Zivilprozeßordnung und Gerichtsverfassungsgesetz, 1925, S. 1056.

350 Dazu ausführl. *Kauffmann,* Der Schiedsrichtervertrag (receptum arbitri) nach geltendem Recht.

351 Darstellung nach *Zieren,* Das Schiedsverfahrensrecht der ZPO (1877–1933) unter Berücksichtigung der Genfer Übereinkommen von 1923 und 1927 sowie der Rechtssprechung des Reichsgerichts, S. 56.

Schiedsrichterbestimmung zu gewährleisten.[352] Maßgeblich für die Bestellung der Schiedsrichter war aber in erster Linie die Parteivereinbarungen im Schiedsvertrag.[353]

Sobald eine Partei der Gegenseite ihren Schiedsrichter benannt und dieser die Anzeige erhalten hatte, so stellte § 1030 ZPO klar, war sie an die Ernennung gebunden. Ein Widerruf war dem Gegner gegenüber nur vor Zugang der Ernennung möglich. Die Benennung eines anderen Schiedsrichters war dann nur noch möglich, wenn der Schiedsrichter starb, wegfiel, oder die Übernahme beziehungsweise Ausführung des Schiedsrichteramtes verweigerte. In diesem Fall hatte die ernennende Partei auf Aufforderung des Gegners binnen einer Woche einen neuen Schiedsrichter zu benennen, kam sie dieser Pflicht nicht rechtzeitig nach, wurde der Schiedsrichter vom zuständigen Gericht bestimmt. Ein bereits benannter Schiedsrichter konnte zudem von der Gegenpartei abgelehnt werden, und zwar aus denselben Gründen, die eine Partei auch zur Ablehnung des gesetzlichen Richters berechtigen würden, und insbesondere auch, wenn der Schiedsrichter die Erfüllung seiner Pflichten ungebührlich verzögerte, § 1032 ZPO. Hierbei war zu beachten, dass das Recht zur Ablehnung wegen Besorgnis der Befangenheit nicht mehr geltend gemacht werden konnte, wenn in Kenntnis der Umstände rügelos vor dem potentiell befangenen Schiedsrichter verhandelt wurde.[354]

c) Verfahrensvorschriften

Vorschriften zum Verfahren vor dem Schiedsgericht enthielten die §§ 1034–1037 ZPO. § 1034 ZPO beschrieb die Mindestanforderungen an das schiedsrichterliche Verfahren: Die Schiedsrichter mussten die Parteien hören und das dem Streit zugrunde liegende Sachverhältnis zu ermitteln, soweit sie dies für erforderlich hielten. Im Übrigen wurde das Verfahren, soweit nicht die Parteien eine Vereinbarung getroffen hatten, von den Schiedsrichtern nach freiem Ermessen bestimmt. Diese Vorschrift erlaubte es den Schiedsrichtern auch, von einmal getroffenen Regelungen auch ohne Einverständnis der Parteien abzuweichen, es sei denn die Erfüllung der Mindestanforderungen des Absatz 1, die Gewährung rechtlichen Gehörs, wäre nicht mehr gewährleistet gewesen.[355] Zu beachten war, dass die formalen Anforderungen an die Gewährung rechtlichen Gehörs im Vergleich zum Verfahren vor den ordentlichen Gerichten niedriger waren. Ausreichend war zum Beispiel bereits die Möglichkeit der Äußerung in schriftlicher Form, wenn die Parteien nur Gelegenheit hatten, dem Gericht ihre Auffassung zu unterbreiten.[356] Zur Ermittlung des dem Streit zugrundeliegenden Sachverhältnis konnten die Schiedsrichter gemäß

352 *Sydow/Busch*, Zivilprozeßordnung und Gerichtsverfassungsgesetz, 1925, S. 1060.
353 *Sydow/Busch*, Zivilprozeßordnung und Gerichtsverfassungsgesetz, 1925, S. 1060.
354 *Sydow/Busch*, Zivilprozeßordnung und Gerichtsverfassungsgesetz, 1925, S. 1065.
355 *Sydow/Busch*, Zivilprozeßordnung und Gerichtsverfassungsgesetz, 1925, S. 1068.
356 *Freudenthal*, 1926, § 1034 Rn. 2; 1067, 1076.

§ 1035 ZPO die Zeugen oder Sachverständigen vernehmen, die freiwillig vor ihnen erscheinen. Allerdings waren sie zur Abnahme von Parteieiden nicht befugt. Jene Handlungen, die die Schiedsrichter für erforderlich hielten, zu denen sie aber nicht befugt waren, wurden auf Antrag der Partei von dem zuständigen Gericht vorgenommen, § 1036 ZPO.

d) Schiedsspruch

Unter den Parteien hatte der Schiedsspruch gemäß § 1040 ZPO die Wirkung eines rechtskräftigen Urteils, das heißt er begründete die Einrede der rechtskräftig entschiedenen Sache ohne dass es weiterer Schritte bedurfte, und Rechtsmittel und Einspruch gegen den Schiedsspruch waren unstatthaft.[357] Er wurde, sofern nicht die Parteien in ihrer Vereinbarung ein anderes bestimmt hatten, per Mehrheitsentscheid beschlossen, § 1038 ZPO, und war unter Angabe des Datums von den Schiedsrichtern zu unterschreiben, den Parteien zuzustellen und unter Beifügung der Beurkundung der Zustellung auf der Gerichtsschreiberei des zuständigen Gerichts niederzulegen, § 1039 ZPO.

Die Aufhebung eines Schiedsspruchs war in § 1041 ZPO geregelt. Sie konnte nur aus einem der in der Vorschrift abschließend aufgezählten Gründe verlangt werden, nämlich wenn das Verfahren unzulässig war; wenn der Schiedsspruch eine Partei zu einer Handlung verurteilte, deren Vornahme verboten war; wenn die Partei in dem Verfahren nicht nach Vorschrift der Gesetze vertreten war, sofern sie nicht die Prozessführung ausdrücklich oder stillschweigend genehmigt hatte; wenn der Partei in dem Verfahren das rechtliche Gehör nicht gewährleistet war; wenn der Schiedsspruch nicht mit Gründen versehen war; und wenn die Voraussetzungen vorlagen, unter welchen in den Fällen der Nr. 1–6 des § 580 die Restitutionsklage stattfand. Zu beachten war weiterhin, dass die Parteien auf die Gewährung rechtlichen Gehörs sowie auf die Begründung des Schiedsspruchs wirksam verzichten konnten.

Die Zwangsvollstreckung aus dem Schiedsspruch setzte im Unterschied zu rechtskräftigen Entscheidungen der ordentlichen Gerichte eine Vollstreckbarerklärung nach § 1042 ZPO voraus. In diesem Verfahren war von Amts wegen zu prüfen, ob das Schiedsgericht sich mit seiner Entscheidung über zwingendes Recht hinweggesetzt hatte. Die Bedeutung sowohl des Begriffs des „Hinwegsetzens“ als auch die Frage, welche Normen zwingendes Recht waren, auf die auch die Zivilprozessordnung keine Antwort gab, wurden in der Literatur heftig diskutiert.[358]

Zusammenfassend zeigt sich, dass die Schiedsklausel speziell lediglich Regelungen zu ihrem sachlichen Anwendungsbereich (und die korrespondierende

357 *Sydow/Busch*, Zivilprozeßordnung und Gerichtsverfassungsgesetz, 1925, S. 1072; *Freudenthal*, 1926, § 1040 Rn. 4.

358 *Zieren*, Das Schiedsverfahrensrecht der ZPO (1877–1933) unter Berücksichtigung der Genfer Übereinkommen von 1923 und 1927 sowie der Rechtssprechung des Reichsgerichts, S. 116 mit weiteren Nachweisen; ausführl. sogleich.

14-Tage Frist), Benennung der Schiedsrichter sowie eine Regelung zur Rückkehr des ordentlichen Rechtsweges (nach Ablauf einer Monatsfrist) im Falle der Verfahrensverzögerung durch das Schiedsgericht vorsah. Von Gestaltungsmöglichkeiten wurde also nur sehr eingeschränkt Gebrauch gemacht, und insbesondere bezüglich der Regelungen zu Schiedsrichtern, Verfahrensregeln und Schiedsspruch ohne Einschränkung auf die gesetzlichen Bestimmungen verwiesen. Zumindest in der Ausgestaltung der Schiedsklausel offenbart sich damit also gerade keine Abkehr von gesetzlichen Regelungen zu Gunsten von staatlichen Restriktionen befreiter Konfliktlösung. Im Gegenteil schien die Verfahrensverzögerung durch das Schiedsgericht eine so zentrale Befürchtung zu sein, dass für diesen Fall in einer in ihrer Natur fragmentarischen Schiedsklausel eigens eine Bestimmung aufgenommen wurde, die die Abkehr vom Schiedsverfahren zu Gunsten der staatlichen Gerichte ermöglichte. Die fragmentarische Schiedsklausel wurde durch den Verweis auf die ergänzende Geltung der gesetzlichen Vorschriften um Regelungen bzgl. der Ernennung, Ablehnung und des Wegfalls bereits benannter Schiedsrichter, gesetzliche Mindestanforderungen an das schiedsrichterliche Verfahren, insbesondere bzgl. der Voraussetzung rechtlichen Gehörs und Sachverhaltsermittlung durch das Schiedsgericht, sowie Bestimmungen zum Schiedsspruch, namentlich zur Abstimmung der Schiedsrichter, rechtlicher Bindungswirkung und Aufhebung des Schiedsspruchs, sowie Formalia ergänzt.

4. 1. Juli 1930 – 5. September 1945

(1) Gegen die Beschlüsse und Entscheidungen der Versammlung der Mitglieder steht jedem Mitgliede frei, innerhalb von vierzehn Tagen nach Empfang der die Entscheidung enthaltenden Niederschrift oder besonderen schriftlichen Mitteilung ein Schiedsgericht zu beantrage.

(2) Verzögert das Schiedsgericht die Entscheidung, so ist jede Partei berechtigt, nach fruchtloser, an den Vorsitzenden zu richtender Stellung einer Frist von einem Monat vom Schiedsverfahren Abstand zu nehmen und den Rechtsweg zu beschreiten.

(3) Im übrigen gelten für das schiedsrichterliche Verfahren die Vorschriften des zehnten Buches der Zivilprozeßordnung.

--

(1) Wenn Zweifel unter den Mitgliedern über die Auslegung des Syndikatsvertrages entstehen, so kann die Versammlung der Mitglieder beschließen, daß eine verbindliche Auslegung durch die Entscheidung einer Schiedskammer erfolgt.

(2) Die Schiedskammer besteht aus zwei Beisitzern und einem Vorsitzer. Zur Wahl der Beisitzer hat das „Kohlensyndikat" eine Versammlung der Mitglieder einzuberufen. Erfolgt die Auswahl der zwei Beisitzer nicht einstimmig, so wird zunächst ein Beisitzer durch die Versammlung der Mitglieder gewählt. Erfolgt für diesen einstimmige Wahl, so wird der zweite durch das „Kohlensyndikat" bestimmt. Erfolgt die Wahl des ersten nicht mit Einstimmigkeit, so hat die Minderheit innerhalb vierzehn Tagen den zweiten Beisitzer zu

benennen, und zwar gilt, falls mehrere Mitglieder zu der Minderheit gehören, die Mehrheit der von ihnen abgegebenen Stimmen. Wenn die Benennung nicht innerhalb vierzehn Tagen gegenüber dem „Kohlensyndikat" erfolgt, so geht das Recht und die Pflicht, den zweiten Beisitzer zu benennen, auf das „Kohlensyndikat" über. Die Beisitzer wählen den Vorsitzer. Einigen sie sich nicht, so wird er durch den Präsidenten des Oberlandesgerichts in Hamm bestimmt. Der Vorsitzer muss die Befähigung zum Richteramt haben.

(3) Von der Entscheidung der Schiedskammer hat das „Kohlensyndikat" jedes Mitglied durch Übersendung einer Abschrift zu unterrichten. Die Übersendung erfolgt durch eingeschriebenen Brief.

(4) Gegen die Entscheidung der Schiedskammer kann jedes Mitglied innerhalb eines Monats nach Absendung der Abschrift Berufung an eine Oberschiedskammer einlegen, die aus einem Vorsitzer und vier Beisitzern besteht. Die Berufung ist an das „Kohlensyndikat" zu richten. Zur Wahl der Beisitzer hat das „Kohlensyndikat" eine Versammlung der Mitglieder einzuberufen. Erfolgt die Auswahl der vier Beisitzer nicht einstimmig, so wird das in Ziffer 2 für die Besetzung der Schiedskammer vorgeschriebene Verfahren zweimal angewandt. Kommt aus irgend welchen Gründen eine Wahl nicht zustande, so haben die Mitglieder, die Berufung eingelegt haben, das Recht, innerhalb einer Frist von 14 Tagen zwei Beisitzer zu benennen. Wird das Benennungsrecht nicht ausgeübt, so geht dieses Recht und die Pflicht, die beiden Beisitzer zu bestimmen, auf das „Kohlensyndikat" über. Die beiden anderen Beisitzer sind alsdann innerhalb weitere 14 Tage, von der Benennung der beiden ersten Beisitzer an gerechnet, von denjenigen Mitgliedern zu benennen, die keine Berufung gegen den Spruch der Schiedskammer eingelegt haben. Erfolgt die Benennung nicht fristgemäß, so geht auch in diesem Falle das Recht und die Pflicht, die beiden Beisitzer zu bestimmen, auf das „Kohlensyndikat" über. Die Beisitzer wählen den Vorsitzer. Einigen sie sich nicht, so wird er durch den Präsidenten des Reichsgerichts bestimmt. Der Vorsitzer muss die Befähigung zum Richteramt haben.

Der letzte Abschnitt der Entwicklung der Schiedsabrede in den Syndikatsverträgen wird durch eine Systematisierung der gesamten kartellinternen Konfliktlösung und die Implementierung einer zusätzlichen Verfahrensform gekennzeichnet. Unter der Überschrift „Schlichtung von Streitigkeiten" findet sich in § 40 eine Schiedsabrede. Mit der in § 42 geregelten Schiedskammer tritt ein weiteres schiedsrichterliches Verfahren zur Lösung kartellinterner Konflikte neben das Institut des Schiedsgerichts. Dieses System, das erstmals im Syndikatsvertrag 1930[359] enthalten ist, blieb bis zu Ende des Syndikats in seinem Wesen unverändert. Begründet wurde die Notwendigkeit der Schiedsgerichtskammer mit dem Charakter des Schiedsspruchs als Einzelfallentscheidung. So konnten die Entscheidungen des Schiedsgerichts nach § 40 Syndikatsvertrag 1930 Zweifelsfragen des Syndikatsrecht nie für alle Mitglieder verbindlich klären, gleichzeitig scheuten die Vertragsparteien vor der

359 Syndikatsvertrag vom 2. Mai/30. Mai/27. Juni 1930, gültig ab 1. Juli 1930.

Klärung dieser Fragen vor den ordentlichen Gerichten, allen voran dem Reichsgericht, die eine gewisse Rechtssicherheit herbeigeführt hätte, zurück.[360]

Der Anwendungsbereich der Schiedsabrede, § 40 Abs. 1 Syndikatsvertrag 1930, blieb auch im neuen Vertrag unverändert. Nach wie vor war das Schiedsgericht für die Kontrolle der Beschlüsse der Mitgliederversammlung – mit Ausnahme des § 28 Abs. 2 – zuständig. Einzige Änderung in diesem Zusammenhang war die Verlängerung der Frist zur Erhebung der Schiedsklage um zwei Wochen auf einen Monat nach Absendung der die Entscheidung enthaltenden Niederschrift, sowie die Auflage, dass bereits bei Anrufung des Schiedsgerichts die betreibende Partei ihren Schiedsrichter benennen musste. Nach Absatz 2 der Vorschrift war das Schiedsverfahren gegen die Aktiengesellschaft Rheinisch-Westfälisches Kohlensyndikat zu richten, wobei jedes Mitglied dem Syndikat als Nebenintervenient beitreten, und gegebenenfalls vom Kohlensyndikat die Verfahrensführung vollständig überlassen bekommen konnte. Das Syndikat musste seinerseits innerhalb von 14 Tagen einen Schiedsrichter benennen. Diese beiden Schiedsrichter wählten gemäß Absatz 3 der Vorschrift den Obmann, falls sie zu keiner gemeinsamen Entscheidung kämen, sollte dieser vom Präsidenten des Oberlandesgerichts Hamm bestimmt werden. Im Übrigen wurden gemäß Absatz 4 die gesetzlichen Vorschriften für das Schiedsverfahren für anwendbar erklärt.

Die Schiedskammer war ausweislich des § 42 Abs. 1 Syndikatsvertrag 1930 für die verbindliche Entscheidung bei Zweifeln unter den Mitgliedern über die Auslegung des Syndikatsvertrages zuständig. Zu ihrer Entscheidung musste sie durch einen entsprechenden Beschluss der Mitgliederversammlung im Einzelfall berufen werden. Die Zusammensetzung der Schiedskammer war in § 42 Abs. 2 Syndikatsvertrag 1930 geregelt. Sie setzte sich aus zwei Beisitzern, die von der Mitgliederversammlung gewählt wurden, und einem Vorsitzenden zusammen. Gelang es in der Mitgliederversammlung nicht, die Beisitzenden einstimmig zu wählen, wurde zunächst der erste Beisitzende von der Mitgliederversammlung gewählt. Erfolgte diese Wahl einstimmig, wurde der zweite Beisitzer vom Syndikat bestimmt, anderenfalls mit Stimmenmehrheit der im ersten Wahlvorgang unterlegenen Mitglieder. Nur, wenn die Minderheit nicht binnen vierzehn Tagen einen Beisitzer benannte, konnte und musste das Rheinisch-Westfälische Kohlensyndikat den zweiten Beisitzer benennen. Der Vorsitzende, der die Befähigung zum Richteramt besitzen musste, wurde von den Beisitzern gewählt, kam keine Einigung zustande durch den Präsidenten des Oberlandesgerichts Hamm bestimmt.

Die Komplexität dieses Auswahlprozesses ergibt sich aus der besonderen Eigenart des Schiedskammerverfahrens, das als Verfahren zur Beseitigung von Rechtsunsicherheiten nicht notwendig auf zwei Parteien beschränkt ist, von denen dann

360 *Bührmann,* Syndikatsrecht im Rheinisch-Westfälischen Kohlen-Syndikat, 1893–1943, S. 311.

jede einen Schiedsrichter benennen könnte.[361] Zudem wird durch die Regelung dem Gedanken des Minderheitenschutzes Rechnung getragen.[362]

Nach Absatz 3 Syndikatsvertrag 1930 hatte das Rheinisch-Westfälische Kohlensyndikat seine Mitglieder per Einschreiben von der Entscheidung der Schiedskammer zu unterrichten, gegen die nach Absatz 4 Syndikatsvertrag 1930 innerhalb eines Monat Berufung an eine Oberschiedskammer, bestehend aus 4 Beisitzern und einem Vorsitzenden, eingelegt werden konnte. Die vier Beisitzer wurden, sofern sie nicht in einer Mitgliederversammlung einstimmig gewählt wurden, entsprechend den Vorschriften für die Schiedskammer bestimmt und wählten ihrerseits einen Vorsitzenden mit Befähigung zum Richteramt, der im Falle ihrer Nichteinigung ersatzweise durch den Präsidenten des Reichsgerichts bestimmt wurde.

Diese Bestimmung wurde im Syndikatsvertrag 1931[363] unverändert übernommen, und im Syndikatsvertrag 1942[364] lediglich um eine Regelung zur Sicherung des Oberschiedskammerverfahrens gegen Verzögerungen oder Verhinderung durch Nichteinsetzung der Beisitzer in Absatz 4 ergänzt.[365] Demnach hatten die Mitglieder, welche die Berufung eingelegt hatten, ihrerseits das Recht, innerhalb einer Frist von 14 Tagen zwei Beisitzer zu ernennen, sollte eine Wahl nicht zustande kommen; Die dann verbleibenden zwei Beisitzer waren von den übrigen Mitgliedern innerhalb von weiteren 14 Tagen zu ernennen. In beiden Fällen ging nach fruchtlosem Ablauf der Zweiwochenfrist das Recht und die Pflicht der Benennung der Beisitzer auf das Rheinisch-Westfälische Kohlensyndikat über.

Auffällig ist die unterschiedliche Ausdifferenzierung beider Klauseln. Während die Schiedsklausel unverändert nur sehr eingeschränkt eigenständige Regelungen enthält und im Übrigen ergänzend auf die Vorschriften der Zivilprozessordnung verweist, ist das Schiedskammerverfahren vergleichsweise ausdifferenziert und abschließend geregelt. Eine Begründung für diese Abweichung in der Systematik findet sich in den vorliegenden Materialien nicht. Als Hintergründe lassen sich auch angesichts dessen, dass Änderungen der Schiedsklausel sich zuvor als Reaktion darstellten, die positiven Erfahrungen mit der bestehenden Schiedsklausel vermuten, die keine größere Anpassung verlangten. Hintergrund der detaillierteren Neuregelung des Schiedskammerverfahrens könnte zudem die Abweichung von der den gesetzlichen Regelungen zu Grunde liegenden Annahme der isolierten Einzelfallentscheidung sein. Die Entscheidungen der Schiedskammer sollten

361 *Bührmann,* Syndikatsrecht im Rheinisch-Westfälischen Kohlen-Syndikat, 1893–1943, S. 311.
362 *Bührmann,* Syndikatsrecht im Rheinisch-Westfälischen Kohlen-Syndikat, 1893–1943, S. 311.
363 Syndikatsvertrag vom 18./21. Mai/19./27./30. Juni/31. Juli 1931, gültig ab 1. September 1931.
364 Syndikatsvertrag vom 27. April 1942, gültig ab 1. April 1942.
365 *Bührmann,* Syndikatsrecht im Rheinisch-Westfälischen Kohlen-Syndikat, 1893–1943, S. 314.

gerade nicht einzelne Streitfälle zwischen den Mitgliedern entscheiden, sondern Auslegungsfragen des Syndikatsrechts abschließend entscheiden.

a) Verweisung und Anwendungsbereich der Vorschriften der Zivilprozessordnung

Wie schon zuvor verwies Ziffer 3 der Schiedsklausel bei weitestgehend unverändertem Regelungsgehalt ergänzend auf die Bestimmungen der Zivilprozessordnung. Insoweit kam es trotz des dynamischen Inhalts der Schiedsklausel im letzten Abschnitt der Verfahrensgeschichte nicht zu für das Kohlensyndikat nennenswerten Änderungen der gesetzlichen Grundlage. Denn das System des Schiedsverfahrensrechts in der ZPO blieb in seinem Aufbau auch nach den Änderungen von 1930 weitgehend bestehen. Bedeutende Änderung erfuhr mit der Neufassung des § 1042 Abs. 2 ZPO vor allem das Vollstreckungs- und Aufhebungsverfahren. Diese beiden Verfahren wurden miteinander verbunden, indem die Vollstreckbarerklärung immer dann zu versagen war, wenn ein Aufhebungsgrund nach § 1041 ZPO vorlag. Dieser Änderungen war scharfe Kritik an der Trennung des Vollstreckungs- und Aufhebungsverfahren vorausgegangen, in deren Zentrum unnötige Verschleppungsmöglichkeiten und die Prüfung der sachlichen Richtigkeit des Schiedsspruchs standen.[366] Die bis dahin geltende Regelung, dass Schiedssprüche sich nicht über zwingendes Recht hinwegsetzen durften, wurde zugunsten der Tatbestände des § 1041 Abs. 1 ZPO gestrichen.

Die Aufhebungsgründe in § 1041 ZPO wurden teilweise modifiziert, um sie mit dem Genfer Abkommen zu harmonisieren. So war der Schiedsspruch nach § 1041 Abs. 1 Nr. 1 ZPO nun aufzuheben, wenn ihm ein gültiger Schiedsvertrag nicht zugrunde lag oder er sonst auf einem unzulässigen Verfahren beruhte. Gleichzeitig wurde mit dieser Formulierung in Anlehnung an die Rechtsprechung klargestellt, dass die Unzulässigkeit sich nicht auf das Verfahren als Ganzes beziehen musste, sondern bereits einzelne unzulässige Maßnahmen einen Aufhebungsgrund darstellten.[367] Ergänzt wurden Aufhebungsgründe um eine Nr. 2, wonach nun ein Schiedsspruch, der gegen die guten Sitten oder die öffentliche Ordnung verstoß, nicht mehr für vollstreckbar erklärt werden konnte. Hintergrund auch dieser Regelung war die Anpassung der Vorschriften für inländische Schiedssprüche an die Regelung für ausländische Schiedssprüche des Genfer Abkommens, das auf den ordre-public Grundsatz abstellte.[368] Aus dem gleichen Grund, der Harmonisierung

---

366 *Zieren,* Das Schiedsverfahrensrecht der ZPO (1877–1933) unter Berücksichtigung der Genfer Übereinkommen von 1923 und 1927 sowie der Rechtssprechung des Reichsgerichts, S. 155, zitiert Schreiben der Niederrheinischen Handelskammer Duisburg-Wesel vom 4. Mai 1925, Bl. 36 f.

367 *Zieren,* Das Schiedsverfahrensrecht der ZPO (1877–1933) unter Berücksichtigung der Genfer Übereinkommen von 1923 und 1927 sowie der Rechtssprechung des Reichsgerichts, S. 159.

368 *Zieren,* Das Schiedsverfahrensrecht der ZPO (1877–1933) unter Berücksichtigung der Genfer Übereinkommen von 1923 und 1927 sowie der Rechtssprechung des

der Vorschriften für inländische und ausländische Schiedssprüche, entfiel in der Novelle auch die Möglichkeit des Verzichts auf rechtliches Gehör.[369]

Weiterhin brachte die Novelle von 1930 Änderungen im Verfahrensablauf der Vollstreckung, zu dessen Regelungen die §§ 1042a – 1042d ZPO neu eingefügt wurden. Sie gestalteten das Vollstreckungsverfahren und schrieben eine mündliche Verhandlung im Falle der Einwendung eines Aufhebungsgrundes nach § 1041 ZPO zwingend vor und begrenzten die Möglichkeit, einen bereits für vollstreckbar erklärten Spruch nachträglich aufheben zu lassen.[370]

Änderungen ergaben sich auch für den Bereich des Schiedsvergleichs, indem in § 1044 ZPO der Begriff des durch das Schiedsgericht „vermittelten" Vergleichs aufgrund von Auslegungsschwierigkeiten gestrichen wurde. Jeglicher Vergleich, der unter der Mitarbeit, sei es auch nur der Billigung des Schiedsrichters zustande gekommen war, fiel nun als Schiedsvergleich in den Anwendungsbereich der Vorschrift und konnte nach den Regelungen der ZPO vollstreckt werden.[371] Zudem wurden die Zuständigkeitsregelungen der §§ 1045 und 1046 ZPO an den durch ausländische Schiedssprüche und Schiedsvergleiche erweiterten Anwendungsbereich der ZPO angepasst.

b) Schiedsverfahrensrecht 1933

Auch die Novelle 1933 brachte nur geringfügige Änderungen des Schiedsverfahrensrechts. Allerdings wurde eine Bestimmung in den § 1025 Abs. 2 ZPO aufgenommen, wonach ein Schiedsvertrag unwirksam war, wenn eine Partei zu seinem Abschluss ihre wirtschaftliche oder soziale Überlegenheit genutzt hatte. Gleichbedeutend waren Regelungen, die dem Nötigenden ein Übergewicht einräumten, beispielhaft nennt die Vorschrift die Benennung oder Ablehnung von Schiedsrichtern. Damit stellte die Regelung des § 1025 Abs. 2 ZPO für Schiedsverträge Anforderungen auf, die über die an die Sittenwidrigkeit des § 138 BGB hinausgingen.[372] Die

---

Reichsgerichts, S. 162 unter Verweis auf die Gesetzesbegründung; zur Diskussion um den Begriff der öffentlichen Ordnung vgl. *Zieren,* Das Schiedsverfahrensrecht der ZPO (1877–1933) unter Berücksichtigung der Genfer Übereinkommen von 1923 und 1927 sowie der Rechtssprechung des Reichsgerichts, S. 164

369 *Zieren,* Das Schiedsverfahrensrecht der ZPO (1877–1933) unter Berücksichtigung der Genfer Übereinkommen von 1923 und 1927 sowie der Rechtssprechung des Reichsgerichts, S. 166.

370 Vgl., auch zur Vollstreckung ausländischer Schiedssprüche, im einzelnen *Zieren,* Das Schiedsverfahrensrecht der ZPO (1877–1933) unter Berücksichtigung der Genfer Übereinkommen von 1923 und 1927 sowie der Rechtssprechung des Reichsgerichts, S. 168; diese Vorschriften waren praktisch für Kartelle weniger relevant. So wurden Forderungen vom RWKS mit auszuzahlenden Beträgen verrechnet.

371 *Zieren,* Das Schiedsverfahrensrecht der ZPO (1877–1933) unter Berücksichtigung der Genfer Übereinkommen von 1923 und 1927 sowie der Rechtssprechung des Reichsgerichts, S. 176.

372 *Baumbach,* Zivilprozeßordnung, S. 1435.

wirtschaftliche Unterlegenheit im Sinne der Vorschrift war dabei nicht mit finanzieller Unterlegenheit gleichzusetzen, vielmehr war typischerweise der Einzelne dem Inhaber eines Alleinrechts, also eines Monopols, grundsätzlich unterlegen.[373] Darüber hinaus musste sich der Vertragspartner allerdings seiner Überlegenheit bewusst sein, und der Schiedsvertrag auf der Nötigung beruhen, das heißt, dass er nicht auch ohne die Nötigung abgeschlossen worden wäre.[374]

Die Einführung des Formzwanges für Schiedsverträge in § 1027 ZPO blieb für kartellrechtliche Schiedsvereinbarungen aufgrund einer allgemeinen und einer speziellen Ausnahmeregelung praktisch ohne Bedeutung. Zum einen galt der Formzwang schon nicht für allseitige Handelsgeschäfte. Speziell für Kartelle wurde dem § 1027 ZPO durch das Gesetz über Schiedsabreden in Kartellverträgen[375] ein zusätzlicher Absatz 3 angefügt, wonach das Formerfordernis für Schiedsabreden in Verträgen der in § 1 KartVO bezeichneten Art für unanwendbar erklärt wurde. Relevant war dies vor allem für Parteien, denen die relevante Kaufmannseigenschaft fehlte, namentlich der Kartelle, die als nicht rechtsfähige Vereine organisiert waren.[376]

Die beiden weiteren Änderungen der ZPO betrafen den am Schiedsverfahren beteiligten Personenkreis und waren ausdrücklich nationalsozialistisch motiviert. In § 1032 Abs. 3 ZPO wurde eine Regelung aufgenommen, wonach sogenannte „Nichtarier" als Schiedsrichter abgelehnt werden konnten, da es den Parteien nicht zuzumuten sei, dass ein „Nichtarier" ihre Rechtsstreitigkeit entscheide.[377] Die Definition des „Nichtariers" ergab sich aus dem Gesetz zur Wiederherstellung des Berufsbeamtentums vom 7. April 1933[378], mit der Besonderheit, dass das sogenannte Frontkämpferprivileg für „Nichtarier", die bereits vor dem 1. August 1914 Beamte waren, oder ihren Vater oder einen Sohn im Kampfeinsatz verloren hatten, für Schiedsrichter keine Anwendung fand.[379] Die zweite Änderung betraf Verfahrensbeteiligte, insbesondere Prozessbevollmächtigte, die nicht als Rechtsanwälte zugelassen waren, aber die gerichtliche Vertretung geschäftsmäßig betrieben.[380]

---

373 *Baumbach,* Zivilprozeßordnung, S. 1435.

374 *Baumbach,* Zivilprozeßordnung, S. 1435.

375 Vgl. Gesetz über Schiedsabreden in Kartellverträgen vom 18. 12. 1933, RGBl. 1933 I, S. 1081.

376 Müllensiefen/Dörinkel-KartR, XVI, 3; *Körting*, KartR, 1935, 441, 442.

377 *Zieren,* Das Schiedsverfahrensrecht der ZPO (1877–1933) unter Berücksichtigung der Genfer Übereinkommen von 1923 und 1927 sowie der Rechtssprechung des Reichsgerichts, S. 197 unter Verweis auf die Begründung des Gesetzentwurfs vom 7. Juli 1933.

378 RGBl. 1933 I, S: 175.

379 *Zieren,* Das Schiedsverfahrensrecht der ZPO (1877–1933) unter Berücksichtigung der Genfer Übereinkommen von 1923 und 1927 sowie der Rechtssprechung des Reichsgerichts, S. 197.

380 *Zieren,* Das Schiedsverfahrensrecht der ZPO (1877–1933) unter Berücksichtigung der Genfer Übereinkommen von 1923 und 1927 sowie der Rechtssprechung des Reichsgerichts, S. 197.

Diese mussten nach §§ 1034, 157 ZPO von der mündlichen Verhandlung ausgeschlossen werden. Der Hintergrund auch dieser Regelung war die Diskriminierung der „Nichtarier“, denen nachdem ihnen die Ausübung des anwaltlichen Berufs untersagt worden war als sogenannte Rechtskonsulenten, als nichtanwaltliche Prozessbevollmächtigte, ansonsten die Parteivertretung vor Schiedsgerichten als Betätigungsfeld offengestanden hätte.[381]

B. Materiell-rechtliche Grundlagen schiedsgerichtlicher Entscheidungen

Die Vorschriften der Zivilprozessordnung regelten das Verfahren vor den Schiedsgerichten vergleichsweise fragmentarisch und enthielten zunächst insbesondere keinerlei Regelung über die materiellen Grundlagen der Entscheidungen durch Schiedsgerichte. Für die Kartelle der Kohlenwirtschaft besonders relevant war die Frage der Anwendbarkeit allgemeiner kartellrechtlicher Bestimmungen, das heißt das Verhältnis des Kohlenwirtschaftsgesetz zur allgemeinen Kartellverordnung, sowie die Frage der Bindung des Schiedsgerichts an das übrige materielle Recht und die Regeln der Vertragsauslegung im allgemeinen. Diese sollen für die verfahrensgegenständlichen Zeiträume im Folgenden dargestellt werden.

I. Verhältnis des Kohlenwirtschaftsgesetzes zur Kartellverordnung

Lange Zeit war der Gesetzgeber im Bereich des Kartellrechts untätig geblieben. Neben die spezielle Regelung des Kohlenwirtschaftsgesetzes trat aber schließlich 1923 die Verordnung gegen Mißbrauch wirtschaftlicher Machtstellungen[382], die seit dieser Zeit das Herzstück des allgemeinen Kartellrechts bildete. Sie wurde auf der Grundlage des Ermächtigungsgesetzes vom 13. Oktober 1923[383] am 2. November 1923 erlassen.[384] Zwischen der Verabschiedung des Ermächtigungsgesetzes und dem Erlass der KartVO lagen also nur rund drei Wochen, in denen das zuständige Reichswirtschaftsministerium die Regelungen entwarf. Auch aufgrund der vorherigen, abwartenden und regelungskritischen Haltung des Reichswirtschaftsministeriums waren im Kartellreferat keine besonders umfassenden Vorarbeiten geleistet worden, und die fertige KartVO spiegelt diesen Informationsstand wider,

381 *Zieren,* Das Schiedsverfahrensrecht der ZPO (1877–1933) unter Berücksichtigung der Genfer Übereinkommen von 1923 und 1927 sowie der Rechtssprechung des Reichsgerichts, S. 198 unter Verweis auf die Begründung des Gesetzesentwurfs vom 7. Juli 1933.

382 S.o. 2. Kapitel A.I.

383 RGBl. Bd. I, S. 943.

384 *Bremer,* in: Pohl (Hg.) 1985 – Kartelle und Kartellgesetzgebung in Praxis, S. 118.

indem sie Kompromisse zwischen verschiedensten Lösungsstrategien in einer Regelung vereinte und klare Prinzipien vermissen ließ.[385]

Die Vorschriften der KartVO lassen sich überblicksartig wie folgt gruppieren: Materielle Regelungen finden sich in den §§ 1–10 und 19 KartVO, Verfahrensvorschriften in den §§ 11–16 und 20 KartVO. Die §§ 17 und 18 KartVO enthalten Strafvorschriften und ab §§ 21 ff. KartVO finden sich Übergangsregelungen.[386] Gleich zu Beginn wird in § 1 der KartVO der Anwendungsbereich der KartVO über den Kartellbegriff normiert sowie ein Schriftformerfordernis aufgestellt. In den §§ 2 und 3 KartVO sind Nichtigkeitsgründe der in § 1 KartVO bezeichneten Verträge aufgezählt. Die §§ 4 – 7 KartVO behandeln die Eingriffsrechte des Reichswirtschaftsministers. In § 8 KartVO ist ein Kündigungsrecht des einzelnen Mitgliedes normiert, und § 9 KartVO schützt mittels einer Präventivzensur vor der Verhängung nicht gerechtfertigter Sperren oder vor Nachteilen von ähnlicher Bedeutung. § 10 KartVO stellt die Möglichkeit eines Beanstandungsverfahrens von Geschäftsbedingungen und Arten der Preisfestsetzung sowohl gegenüber Kartellen als auch monopolistischen Einzelunternehmen und Konzernen zur Verfügung. Die §§ 11–13 KartVO regeln die Bildung und Zusammensetzung des Kartellgerichts.

Die Pressemitteilung, mit der die KartVO der Öffentlichkeit vorgestellt wurde, nannte als die Steigerung der Produktion und das allgemeine Interesse daran, die „wirkliche Marktherrschaft“ wiederherzustellen als Hintergründe der Regelung, gleichzeitig wurde aber auch der „volkswirtschaftlich bedeutsamen Funktion“ der Kartelle Rechnung getragen.[387] Sie illustriert die ambivalente Haltung des Staates auch gegenüber den Kartellen insgesamt.[388] Diese zeigt sich insbesondere mit dem Blick auf den Wirtschaftszweig der Kohlenindustrie. Einerseits wurde mit der KartVO eine generelle Stärkung der Rechte der Kartellmitglieder und Außenseiter zu Lasten von Kartellorganisationen angestrebt. Andererseits behielt sich der Staat die Schaffung von Zwangskartellen für den wichtigen Wirtschaftsbereich der Kohle vor.

Diesen Widerspruch löste die KartVO in § 19, wonach ihre Bestimmungen nicht für Verbände, deren Bildung in Gesetzen oder Verordnungen angeordnet ist, und nicht für Geschäftsbedingungen oder Arten der Preisfestsetzung, die von obersten Reichs- oder Landesbehörden im Rahmen ihrer Zuständigkeit angeordnet oder genehmigt sind beziehungsweise deren Beanstandung unterlagen. Damit war das Rheinisch-Westfälische Kohlensyndikat aus dem Anwendungsbereich der

385 *Nörr,* Die Leiden des Privatrechts.

386 *Bremer,* in: Pohl (Hg.) 1985 – Kartelle und Kartellgesetzgebung in Praxis, S. 117.

387 Pressemitteilung, abgedruckt in *Nörr,* Die Leiden des Privatrechts, S. 56.

388 *Nockemann,* Einige Streitfragen aus dem Kohlenwirtschafts-Gesetz und den dazu ergangene Ausführungsbestimmungen und ihre Beurteilung in der Praxis der ordentlichen Gerichte und der Organe der Kohlenwirtschaft, S. 35, zitiert *Piltz,* Deutsche Kohlenzeitung 1928, 629 ff.

KartVO vollständig ausgenommen. Dass auch die freiwilligen Syndikate der Kohlenwirtschaft unter § 19 KartVO fielen, wurde vom Kartellgericht für das Rheinische Braunkohlensyndikat ausdrücklich festgestellt.[389] Die freiwilligen Syndikate hatten durch das Kohlenwirtschaftsgesetz in ihrem rechtlichen Charakter insbesondere durch die Unterwerfung unter die Aufsicht des Reiches eine tiefgreifende Umgestaltung erfahren, insbesondere musste der Kreis der Mitglieder angepasst und das Vertragsrecht an die neuen Vorschriften angepasst werden, argumentierte das Reichsgericht. Folglich handelte es sich auch bei den freiwilligen Kohlensyndikaten um von den in der KartVO geregelten verschiedene Rechtsgebilde, und damit auch im Falle eines freiwilligen Zusammenschlusses um Kartelle auf Grund des Kohlenwirtschaftsgesetzes im Sinne des § 19 KartVO.[390]

II. Die Bindung des Schiedsgerichts an das materielle Recht

Auch die Frage, ob die Schiedsrichter ihre Entscheidung anhand des geltenden Rechts oder aufgrund von Billigkeitserwägungen zu treffen hatten, sowie ob materiell-rechtlich fehlerhafte Schiedssprüche aus diesem Grund aufgehoben werden konnten, ließ die Zivilprozessordnung offen.

Die zweite Frage der Aufhebbarkeit eines Schiedsspruches aufgrund von Verstößen gegen das materielle Recht wurde von dem Reichsgerichts bereits relativ früh nach Inkrafttreten der Zivilprozessordnung im Sinne der Entwurfskommission der CPO dahingehend entschieden, dass die Überprüfung von Schiedssprüchen durch die Gerichte dem Parteiwillen widerspräche und abzulehnen sei.[391] Das Reichsgericht stützte sich hierbei auf die in der Zivilprozessordnung normierte Wirkung des Schiedsspruchs, dem zwischen den Parteien die Funktion eines rechtskräftigen Urteils zukäme. Diese seien nicht anfechtbar, sodass die Aufhebung des Schiedsspruchs einzig unter den in § 867 ZPO – dem späteren § 1041 ZPO – normierten Voraussetzungen in Betracht käme, der wiederum eine Aufhebung aufgrund materiell-rechtlicher Fehler nicht vorsehe.[392] Diese Linie setzte das Reichsgericht in zwei weiteren Entscheidungen fort. Sieben Jahre später stellte das Reichsgericht

389 *Nockemann,* Einige Streitfragen aus dem Kohlenwirtschafts-Gesetz und den dazu ergangene Ausführungsbestimmungen und ihre Beurteilung in der Praxis der ordentlichen Gerichte und der Organe der Kohlenwirtschaft, S. 37.

390 *Nockemann,* Einige Streitfragen aus dem Kohlenwirtschafts-Gesetz und den dazu ergangene Ausführungsbestimmungen und ihre Beurteilung in der Praxis der ordentlichen Gerichte und der Organe der Kohlenwirtschaft, S. 37.

391 *Zieren,* Das Schiedsverfahrensrecht der ZPO (1877–1933) unter Berücksichtigung der Genfer Übereinkommen von 1923 und 1927 sowie der Rechtssprechung des Reichsgerichts, S. 205 mit weiteren Nachweisen aus den Motiven der einzelnen ZPO-Entwürfe.

392 *Zieren,* Das Schiedsverfahrensrecht der ZPO (1877–1933) unter Berücksichtigung der Genfer Übereinkommen von 1923 und 1927 sowie der Rechtssprechung des Reichsgerichts, S. 206; RGZ, Urt. v. 11.4.1890, Az. III 9/90, RGZ 26, 371, 376.

erneut fest, dass die Gültigkeit eines Schiedsspruchs von der Beachtung materieller gesetzlicher Bestimmungen durch das Tribunal unabhängig sei, die Staatsgerichte hätten demnach die materiell-rechtliche Berechtigung nach den Vorschriften des Bürgerlichen Gesetzbuches nicht zu überprüfen.[393] An dieser Regel hielt das Reichsgericht ausdrücklich fest, als es eine Ausnahme zugunsten der Überprüfung der Wirksamkeit des Schiedsvertrages bejahte. Diese sei den ordentlichen Gerichten gestattet, da im Rahmen des Aufhebungsgrundes des unzulässigen Verfahrens, § 1041 Abs. 1 Nr. 1 ZPO die ordentlichen Gerichte eine von der Entscheidung des Schiedsgerichts unabhängige Prüfung der Einigung auf das nicht-staatliche Verfahren durchführen müssten.[394]

Zur Frage der Bindung der Schiedsgerichte an das materielle Recht lässt sich hingegen weder dem Text der Zivilprozessordnung noch den Gesetzesmaterialien eine verbindliche Aussage entnehmen.[395] Zwar wurde die Frage bereits für die erste Fassung der Zivilprozessordnung diskutiert, allerdings auch durch die Novellierungen nicht zweifelsfrei beantwortet. Die Vorschrift des § 1042 Abs. 2 ZPO, die 1924 in die ZPO aufgenommen wurde, bestimmte zwar, dass die ordentlichen Gerichte im Vollstreckungsverfahren zu prüfen hatten, ob sich der Schiedsspruch über zwingendes Recht hinweggesetzt hatte, traf aber keine Aussage hinsichtlich der Bindung an dispositives Recht und wurde zudem 1930 wieder gestrichen.[396] So blieb die Frage in der Literatur umstritten.[397] Die Kontroverse endete auch nicht mit der Entscheidung der Frage durch das Reichsgericht 1929.[398]

---

393 *Zieren,* Das Schiedsverfahrensrecht der ZPO (1877–1933) unter Berücksichtigung der Genfer Übereinkommen von 1923 und 1927 sowie der Rechtssprechung des Reichsgerichts, S. 208; RG, Urt. v. 27.10.1897, Az. I 217/97, JW 1897, 632, 632.

394 *Zieren,* Das Schiedsverfahrensrecht der ZPO (1877–1933) unter Berücksichtigung der Genfer Übereinkommen von 1923 und 1927 sowie der Rechtssprechung des Reichsgerichts, S. 208; RG Urt. v. 28.3.1924, Az. VII 455/23, RGZ 108, 139, 140.

395 *Zieren,* Das Schiedsverfahrensrecht der ZPO (1877–1933) unter Berücksichtigung der Genfer Übereinkommen von 1923 und 1927 sowie der Rechtssprechung des Reichsgerichts, S. 205.

396 *Zieren,* Das Schiedsverfahrensrecht der ZPO (1877–1933) unter Berücksichtigung der Genfer Übereinkommen von 1923 und 1927 sowie der Rechtssprechung des Reichsgerichts, S. 204.

397 Ausführlich und unter Darstellung der Entwicklung in der Literatur *Neubauer,* Schiedsvertrag und Schiedsrichter nach der neuen Fassung der ZPO vom 8. Nov. 1933, S. 20; grundlegend für eine Bindung *Oertmann,* ZZP 1918, 105 mit ausführlicher Analyse von Materialien und Schrifttum, gegen eine Bindung der Schiedsrichter *Breit,* LZ 1918, 1176; *Stein,* LZ 1920, 265; vgl. auch *Littauer,* ZZP 1930, 1, zusammenfassend *Zieren,* Das Schiedsverfahrensrecht der ZPO (1877–1933) unter Berücksichtigung der Genfer Übereinkommen von 1923 und 1927 sowie der Rechtssprechung des Reichsgerichts, S. 116.

398 *Zieren,* Das Schiedsverfahrensrecht der ZPO (1877–1933) unter Berücksichtigung der Genfer Übereinkommen von 1923 und 1927 sowie der Rechtssprechung des Reichsgerichts, S. 212 mit weiteren Nachweisen.

In seiner Entscheidung der Frage der Bindung der Schiedsgerichte an materielles Recht erkannte das Reichsgericht die grundsätzliche Möglichkeit einer Entscheidung nach Billigkeit an. Die Parteien könnten die Schiedsrichter dazu ermächtigen, in gewissem Umfange das sachlich nach dem Gesetz bestehende Recht außer Acht und stattdessen der freien Rechtsfindung Raum zu lassen.[399] Dies setze aber eine entsprechende Einigung der Parteien voraus. Im Ergebnis ging das Reichsgericht also von der grundsätzlichen Geltung der gesetzlichen Vorschriften aus, es sei denn, die Parteien hatten sich explizit auf eine Entscheidung nach Billigkeit geeinigt.[400]

III. Insbesondere: Treu und Glauben als Prinzip des Bürgerlichen Gesetzbuches

Dem Prinzip von Treu und Glauben kam im Rahmen der schiedsrichterlichen Entscheidung potentiell großes Gewicht zu, zum einen als Grundlage einer Billigkeitsentscheidung, zum anderen aber auch als tragende Säule der Vertragsauslegung, die inhaltlich den größten Teil der Konflikte in Kartellen ausmachte. Hierbei lässt sich die Entwicklung in zwei Abschnitte aufteilen, mit einer Zäsur durch die Machtübernahme durch die Nationalsozialisten, die sowohl inhaltlich als auch strukturell zu Änderungen des Prinzips von Treu und Glauben führte. Die Verpflichtung zur Wahrung von Treu und Glauben kam im Bürgerlichen Gesetzbuch vor allem in den §§ 157 und 242 zum Ausdruck.[401] Damit wurden ethischen Begriffe zum Bestandteil der Rechtsordnung, der billig Denkende wurde zum Maßstab für die Ausübung von Rechten und Pflichten.[402] Die gesetzlichen Vorschriften wurden demnach als nur punktuelle Verwirklichung eines umfassenden Prinzips eingeordnet, das sich mit der jeweils geltenden Übung und Denkweise wandelt, und dessen Inhalt die Verpflichtung zu geschäftlichem Anstand war.[403] Das Prinzip von Treu und Glauben war demnach nicht nur in den §§ 157, 242 BGB enthalten, sondern bildete einen allen Vorschriften des Bürgerlichen Gesetzbuches immanenten Kern.[404] Daraus wiederum sollte sich ergeben, dass obwohl die Verwirklichung des Prinzips von Treu und Glauben richterlichen Spielraum voraussetze, es sich bei diesen Entscheidungen nicht um reine Billigkeitsentscheidungen außerhalb des gesetzten Rechts handelte.[405] Vielmehr sollte nur für den Fall, dass die Anwendung

---

399 RG Urt. v. 19.11.1929, Az. VII 38/29, JW 1930, 1863, 1863.

400 *Zieren*, Das Schiedsverfahrensrecht der ZPO (1877–1933) unter Berücksichtigung der Genfer Übereinkommen von 1923 und 1927 sowie der Rechtssprechung des Reichsgerichts, S. 211; *Leo*, Anm. JW 1930, S. 1863.

401 *Schneider*, DJZ 1903 (10), 232, 233; *Hamburger*, Treu und Glauben im Verkehr, S. 3.

402 *Loewenfeld*, in: Staudinger, Band 1, § 157, Rn. 2.

403 *Hamburger*, Treu und Glauben im Verkehr, S. 14.

404 *Hamburger*, Treu und Glauben im Verkehr, S. 10.

405 *Loewenfeld*, in: Staudinger, Band 1, § 157, Rn. 2; *Hamburger*, Treu und Glauben im Verkehr, S. 22.

des gesetzten Rechts im Einzelfall zu Treu und Glauben widersprechenden Ergebnissen führen beziehungsweise gar keine Lösung bereithalten solle, auf die in der Regelung enthaltene Maxime von Treu und Glauben zurückzugreifen sein.[406] Dennoch wurden gerichtliche Entscheidungen, die aufgrund des Prinzips von Treu und Glauben ergingen, zwar als Einzelfallentscheidung unter Abwägung beiderseitiger Interessen und Berücksichtigung aller situationsbedingten Faktoren, eingeordnet. Diese standen aber in der Wahrnehmung dennoch im Gegensatz zur freien Rechtsausübung nach Billigkeit, da sie über den Einzelfall hinaus wirkten, indem durch die Rechtsprechung insbesondere des Reichsgerichts Richtlinien für zukünftige Fälle entwickelt wurden.[407]

Nach § 157 BGB waren Verträge so auszulegen, wie Treu und Glauben mit Rücksicht auf die Verkehrssitte es erforderten. Die Vorschrift war im allgemeinen Teil des Bürgerlichen Gesetzbuches enthalten, galt also grundsätzlich für alle Arten von Verträgen.[408] § 157 BGB stand in engem Zusammenhang mit der Regelung des § 133 BGB. Demnach war bei der Auslegung einer Willenserklärung der wirkliche Wille zu erforschen. An die Stelle der „Buchstabeninterpretation“ sollte die Auslegung anhand des wirklichen, mit dem Sprachgebrauch verbundenen Willens gesetzt werden, auch wenn diese sich vom Wortlaut unterschied.[409] Allerdings ging die Regelung des § 157 BGB über die Interpretation der Willenserklärung hinaus, indem das mittels § 133 BGB gewonnene Ergebnis an Treu und Glauben unter Berücksichtigung der Verkehrssitte gemessen werden sollte.[410]

Die Verkehrssitte war dabei nicht mit Gewohnheitsrecht gleichzusetzen.[411] Allerdings setzte sie ähnlich der *longa consuetudo* eine den Verkehr beherrschende Übung voraus, die der Erfahrung zu entnehmen war.[412] Sie konnte sich mit der Zeit verändern, verlangte aber, wenn auch nur innerhalb eines bestimmten Orts-, Volks- oder Geschäftsgebiets, eine einheitliche, umfassende Anwendung.[413] Grundsätzlich sollte bei der Auslegung beachtet werden, dass entscheidend nicht auf den erklärten, sondern den inneren Willen abzustellen war. Dabei war sowohl der wirtschaftliche Zweck des Vertrages zu beachten, als auch in die Überlegungen

---

406 *Schneider*, DJZ 1903 (10), 232, 237; *Hamburger*, Treu und Glauben im Verkehr, S. 11 mit weiteren Nachweisen.

407 *Schneider*, DJZ 1903 (10), 232, 236; *Hamburger*, Treu und Glauben im Verkehr, S. 23.

408 *Loewenfeld*, in: Staudinger, Band 1, § 157, Rn. 5.

409 *Loewenfeld*, in: Staudinger, Band 1, § 133, Rn. 3.

410 *Hamburger*, Treu und Glauben im Verkehr, S. 7, 24; *Loewenfeld*, in: Staudinger, Band 1, § 133, Rn. 3.

411 *Loewenfeld*, in: Staudinger, Band 1, § 157, Rn. 3; *Hamburger*, Treu und Glauben im Verkehr, S. 15.

412 *Loewenfeld*, in: Staudinger, Band 1, § 157, Rn. 3; *Hamburger*, Treu und Glauben im Verkehr, S. 15.

413 *Loewenfeld*, in: Staudinger, Band 1, § 157, Rn. 3; *Hamburger*, Treu und Glauben im Verkehr, S. 15.

einzubeziehen, wie der Erklärungsempfänger als verständiger Geschäftsmann die Erklärung zu verstehen berechtigt war.[414]

Neben der Auslegung im technischen Sinne, das heißt der Auslegung des Vertragswortlauts, gilt die Regelung des § 157 BGB auch für die ergänzende Vertragsauslegung.[415] Allerdings war diese begrenzt auf diejenigen Fälle, in denen Vertragslücken die Durchführung des Vertrages und seinen Zweck gefährdeten. Es durfte nicht der Gegenstand des Vertrages erweitert werden, sondern lediglich Regelungen ergänzt werden, auf die sich die redlichen Parteien geeinigt hätten, wäre ihnen die Vertragslücke bewusst gewesen.[416]

Nach § 242 BGB war der Schuldner verpflichtet, die Leistung so zu bewirken, wie Treu und Glauben mit Rücksicht auf die Verkehrssitte es erforderten. Mit der Stellung des § 242 im zweiten Buch des Bürgerlichen Gesetzbuches wurde begründet, dass diese Regelung die die Leistungsbewirkung im Rahmen bestehender Schuldverhältnisse normierte.[417] Im Gegensatz zu § 157 BGB im allgemeinen Teil enthielt der § 242 BGB allerdings nicht nur eine Auslegungsregel, sondern traf eine grundlegende Bestimmung für den gesamten Inhalt sämtlicher Schuldverhältnisse.[418] Nicht nur bestimmte § 242 BGB die Art und Weise der Erfüllung sowie Art und Maß der zu erbringenden Leistung, vielmehr sollte der Grundsatz von Treu und Glauben das gesamte Schuldverhältnis durchdringen, sodass im Ergebnis alle sich potentiell ergebenden Fragen mit Rücksicht auf Treu und Glauben beantwortet werden mussten.[419] Jede Partei eines Vertrages konnte aufgrund der Vorschrift des § 242 von ihrem Vertragspartner verlangen, dass den eigenen berechtigten Interessen in Umsetzung der vertraglichen Bindungen Rechnung getragen wurde.[420] Dies konnte angesichts der tatsächlichen Gegebenheiten zu einem die Begründung neuer, vertraglich nicht vereinbarter Pflichten, zum anderen den Untergang gesetzlicher oder vereinbarter Rechte zur Folge haben. Zudem ermöglichte § 242 BGB die Entwicklung neuer Normen für den Fall geänderter Lebensverhältnisse, also eine Ausfüllung der Lücken im Sinne des Gesetzes, die aus veränderten Umständen resultierten.[421] Immer war die Entscheidung nach Treu und Glauben und anhand der Verkehrssitte zu treffen, deren Begriffe inhaltlich deckungsgleich in den §§ 157, 242 BGB verankert waren und die von der Rechtsprechung für die Vertragsauslegung meist ohne Unterscheidung nebeneinander zitiert wurden.[422]

---

414 *Hamburger,* Treu und Glauben im Verkehr, S. 29.
415 *Loewenfeld,* in: Staudinger, Band 1, § 157, Rn. 4; *Hamburger,* Treu und Glauben im Verkehr, S. 8.
416 *Hamburger,* Treu und Glauben im Verkehr, S. 29.
417 *Hamburger,* Treu und Glauben im Verkehr, S. 8.
418 *Werner,* in: Staudinger, Band 2, § 242, Vor I.
419 *Werner,* in: Staudinger, Band 2, § 242, I, II, III 1.
420 *Werner,* in: Staudinger, Band 2, § 242, III 1.
421 *Werner,* in: Staudinger, Band 2, § 242, III 1, III 2, V.
422 *Hamburger,* Treu und Glauben im Verkehr, S. 9.

Ab 1933 wurden die Generalklauseln im Allgemeinen, insbesondere auch die Vorschriften zu Treu und Glauben des Bürgerlichen Gesetzbuches, gezielt zur praktischen Umgestaltung des Rechtssystems und Anpassung an das nationalsozialistische Weltbild eingesetzt. Rechtsänderungen ergaben sich dabei nicht aus einer Änderung des Wortlauts der Vorschriften selbst, ihrer Stellung im Bürgerlichen Gesetzbuch oder ihres Anwendungsbereichs, sondern aus der Instrumentalisierung der bestehenden Institute.

Zumindest aus der Sicht der Nationalsozialisten kam den Generalklauseln nach 1933 damit aufgrund ihrer neuen Funktion – aktive Umgestaltung des Rechts statt Korrektur unbilliger Ergebnisse im Einzelfall – eine erheblich gestiegene Bedeutung zu.[423] Insbesondere die §§ 157, 242 BGB ermöglichten zunächst vermeintlich schon über die Neudefinition der Begriffe von Treu und Glauben die Einbringung von neuen Inhalten in bestehende Regelungen in vollständiger Abkehr zu den bisher maßgeblichen Aspekten.[424]

Auf den zweiten Blick zeigt sich allerdings der grundlegende Unterschied in der Struktur der §§ 157, 242 BGB vor und nach 1933, der über die bloße Definition des Begriffs von Treu und Glauben hinausgeht. Bis 1933 setzte das Prinzip Treu und Glauben eine Abwägung im konkreten Fall unter Berücksichtigung aller individuellen Umstände voraus, unter sorgfältiger Abwägung war grundsätzlich auf beide konkreten Interessen gleichmäßig Rücksicht zu nehmen.[425] Eine genaue Definition des Prinzips Treu und Glauben wurde auch aufgrund dieses Einzelfallcharakters erschwert. Dieser 1937 als „Zeit eines Kampfes der Weltanschauungen“ beschriebene Abschnitt endete mit der Machtübernahme durch die Nationalsozialisten. Auch hier wird an die bestehenden rechtlichen Strukturen angeknüpft: war der Richter bereits vor 1933 in Auslegung der Begriffe Treu und Glauben an das herrschende Volksbewusstsein gebunden, bestand die Schwierigkeit allerdings darin, dieses zu ermitteln, wurde unter Verweis auf das Parteiprogramm der nationalsozialistischen Partei dessen 25 Programmpunkte „Gemeingut des ganzen deutschen Volkes [...] und somit im Sinne der Auslegungsregeln der Rechtsprechung herrschendes Volksbewusstsein.“[426] Mit dieser Formulierung ist aber das bisherige Wesensmerkmal des Prinzips von Treu und Glauben, die gerechte Abwägung im konkreten Einzelfall, aufgegeben, da sie durch die 25 Punkte des Parteiprogramms vorweggenommen wird. An die Stelle der Einzelfallabwägung tritt damit eine generelle Entscheidung des nationalsozialistischen Gesetzgebers. Der Richter vollzieht anhand dieser 25 Punkte die Entscheidung des nationalsozialistischen

423 *Beltz,* Treu und Glauben und die guten Sitten nach neuer Rechtsauffassung und ihre Geltung in der ZPO, S. 3.

424 *Beltz,* Treu und Glauben und die guten Sitten nach neuer Rechtsauffassung und ihre Geltung in der ZPO, S. 1.

425 *Schneider,* DJZ 1903 (10), 232, 234; *Hamburger,* Treu und Glauben im Verkehr, S. 30.

426 *Beltz,* Treu und Glauben und die guten Sitten nach neuer Rechtsauffassung und ihre Geltung in der ZPO, S. 3.

Gesetzgebers im Einzelfall insbesondere anhand des Dogmas, dass Gemeinnutz vor Eigennutz geht.[427] In dieser Prüfung kommt dem Richter die bis dahin typische Flexibilität in der Anwendung des Prinzips von Treu und Glauben nicht mehr zu. Vielmehr ist ihm nur die „Aufgabe der gesetzgeberischen Ausfüllung" der Begriffe von Treu und Glauben in Übereinstimmung mit der nationalsozialistischen Weltanschauung zugewiesen.[428]

IV. Insbesondere: Treuepflicht der Kartellmitglieder

Von Treu und Glauben im Sinne des Bürgerlichen Gesetzbuches zu unterscheiden ist die Treuepflicht der Kartellmitglieder, die nicht die Vertragsauslegung bestimmte, sondern gegebenenfalls als Korrektiv die Ausübung bestimmter Rechte oder Pflichten aus dem Kartellvertrag modifizierte.

Diese trat als Besonderheit bezüglich des Regelungsgegenstands Treu und Glauben neben die allgemeinen Regeln des Bürgerlichen Gesetzbuchs Sie wurde nach zeitgenössischer Ansicht durch die enge Verbindung der Kartellmitglieder untereinander bedingt, und prägte ihre Rechtsverhältnisse über die allgemeinen Regelungen bezüglich der Auslegung von Vertragen hinaus.

Das Bestehen derartiger Treuepflichten war im Bereich des Gesellschaftsrechts anerkannt, wurde allerdings, wenn es sich bei der Gesellschaft bürgerlichen Rechts um ein Kartell handelte, modifiziert. Grundsätzlich war die Treuepflicht anhand des Gesellschaftszwecks zu ermitteln, und verbot die vorsätzliche oder grob fahrlässige Verletzung wesentlicher Verpflichtungen.[429] Den besonderen Verhältnissen, die kartellmäßige Vereinbarungen als Gesellschaftszweck mit sich brachten, sollte darüber hinaus durch den speziellen Grundsatz der Kartelltreue Rechnung getragen werden.[430]

Begründet wurde dies mit der besonderen Bedeutung der Kartellgesellschaft als „Schutzgemeinschaft", in deren Kreis die Gesamtheit der Mitglieder insbesondere wirtschaftliche Gefahren für das Einzelmitglied abfangen sollte.[431] Der Grundsatz der Kartelltreue umfasste in seinen Ausprägungen sowohl das Verhalten des Kartells als auch das Verhalten der Mitglieder. So durfte das Kartell in seiner Eigenschaft als Schutzgemeinschaft das einzelne Mitglied nicht zum Vorteil der Organisation oder Mehrzahl der Mitglieder übermäßig belasten, insbesondere seine wirtschaftliche Bewegungsfreiheit zu stark einschränken oder es gar in

427 *Beltz,* Treu und Glauben und die guten Sitten nach neuer Rechtsauffassung und ihre Geltung in der ZPO, S. 4.

428 *Beltz,* Treu und Glauben und die guten Sitten nach neuer Rechtsauffassung und ihre Geltung in der ZPO, S. 4.

429 Callmann–KartR, 558.

430 Callmann–KartR, 558.

431 KartG Urt. v. 15.5.1925, Az. K 522/24, KartR 1925, 348, 351; Urt. v. 11. und 12.6. 1929, Az. K 280/28 WI, KartR 1929, 402, 404; Callmann–KartR, 558.

seinem Bestand gefährden, auch wenn sich sein Verhalten formal auf eine Bestimmung der Satzung stützen ließ.[432]

Auf der anderen Seite musste das Mitglied in der Ausübung seiner Interessen, insbesondere auch des Interesses, die Schutzgemeinschaft zu verlassen, den berechtigten Interessen der anderen Kartellmitglieder Rechnung tragen. So sollte der Grundsatz der Kartelltreue unter Umständen dazu führen, dass ein Kartellmitglied entgegen eigener wirtschaftlicher Interessen im Kartell verbleiben muss, wenn sein Austreten den Bestand des Kartells gefährden würde und aus seiner Sicht nicht unbedingt wirtschaftlich geboten war.[433]

Das Kartellgericht fasste diese Gesichtspunkte dahingehend zusammen, dass nicht allein von den Kartellen eine Rücksichtnahme auf berechtigte Sonderinteressen ihrer Mitglieder verlangt werden müsse, es sei auch von dem einzelnen Mitglied zu verlangen, dass es auf die Interessen der Gesamtheit Rücksicht nehme, wenn und soweit ihm eine Rücksichtnahme zugemutet werden könne.[434] Auch wenn das bedeute, dass der Treuepflicht unter Umständen Vorrang vor den eigenen Belangen des Verbandsteilnehmers einzuräumen sei, handele es sich bei dem Grundsatz der Kartelltreue nicht notwendig um eine Verschärfung der gesellschaftsrechtlichen Treuepflicht, da mit ihr eine gesteigerte Pflicht zur Rücksichtnahme und entgegenkommender Behandlung des Mitglieds seitens des Verbandes korrespondiere.[435]

C. Zwischenfazit

Während den Novellierungen der Zivilprozessordnung und den jeweiligen Gesetzesbegründungen zunächst ein Bemühen um Fortentwicklung der Schiedsgerichtsbarkeit zu entnehmen ist, zeigt sich im Verlauf ein Paradigmenwandel dahingehen, dass die zunächst positive Haltung gegenüber der Schiedsgerichtsbarkeit zunehmen aufgegeben wurde – von aus Sicht des Gesetzgebers gelungenen Verfahrensregeln über die „ungesunde Ausdehnung“ der Schiedsgerichtsbarkeit bis zum Entwurf, der ihre vollständige Abschaffung vorsah. Das syndikatsvertragliche Schiedsrecht machte eine im Wesentlichen gegenläufige Entwicklung. Hier wurde (wenn auch nach vorübergehender Abschaffung) das Schiedsverfahrensrecht im zeitlichen Verlauf weiter entwickelt und ausdifferenziert, und blieb bis zum Ende des Bestehens des Syndikats erhalten.

432 KartG Urt. v. 15.12.1931, Az. K 390/31, KartR 1932, 107, 115; KartG Urt. v. 15.4.1932, Az. 485/31, KartR 1932, 367, 372; Callmann–KartR, 558.

433 KartG Urt. v. 25.8.1932, Az. K 130/32, KartR 1932, 623, 625; Callmann–KartR, 558.

434 KartG, Urt. v. 21.10.1932, Az. K 266/32, KartR 1932, 740; 746; Urt. v. 21.10.1932, Az. K 220/32, KartR 1932, 746, 751; Callmann–KartR, 558.

435 KartG, Urt. v. 21.10.1932, Az. K 266/32, KartR 1932, 740, 746; Urt. v. 21.10.1932, Az. K 220/32, KartR 1932, 746, 751; Callmann–KartR, 558.

Die Bestimmungen zur Lösung von Konflikten zwischen dem Syndikat und den Zechenbesitzern wurden schon früh in der Entwicklung des Rheinisch-Westfälischen Kohlensyndikats in den Syndikatsvertrag aufgenommen. Trotz der häufigen Vertragsänderungen und Erneuerungen des Syndikats insgesamt zeigen sich hinsichtlich der Konfliktlösungsmechanismen immer wieder Phasen, in denen die früheren Regelungen bezüglich syndikatsinterner Konflikte übernommen oder lediglich um einzelne Bestimmungen ergänzt wurden.

Hinsichtlich der vertraglichen Entwicklung vier Phasen unterschieden werden. Die erste Phase (1903 bis 1915) wird von dem vollständigen Ausschluss des ordentlichen Rechtswegs für alle Streitigkeiten über die Auslegung des Vertrages und die Grundlagen der Gewinnberechnung der Zechenbesitzer gekennzeichnet. Die zweite Phase (1916 bis 1919) zeigt eine starke Limitierung des Anwendungsbereichs der Schiedsklausel, bis zur vollständigen Streichung der Schiedsklausel im Jahr 1920. Die vierte Phase der Entwicklung beginnt mit der Wiedereinführung der Schiedsklausel im Jahr 1924 und ist geprägt durch eine hinsichtlich ihres Anwendungsbereichs umfassende Schiedsklausel sowie die Einführung eines zusätzlichen Schiedskammersystems mit zwei Instanzen, welches nicht Einzelfälle, sondern Differenzen bei der Vertragsauslegung einer abschließenden Entscheidung zuführen sollte. Ergänzt wurden die Schiedsklauseln jeweils durch die allgemeinen Vorschriften des Zehnten Buchs der Zivilprozessordnung.

Die Gegenüberstellung dieser phasenweise Entwicklung des syndikatsvertraglichen Verfahrensrechts und des Schiedsverfahrensrechts der Zivilprozessordnung offenbart die Unabhängigkeit der syndikatsvertraglichen Entwicklung von den Novellierungen durch den Gesetzgeber dahingehend, dass sowohl die Zeitpunkte der Gesetzesänderungen beziehungsweise vertraglicher Neugestaltung, als auch die Themen, die hierfür jeweils den Ausschlag gaben, nicht korrespondieren.

Dennoch offenbart die Schiedsklausel des Kohlensyndikats gerade keine Abkehr von gesetzlichen Regelungen zu Gunsten eines sog. Wirtschaftssonderrechts. Die Schiedsklausel enthielt lediglich knappe Regelungen zu ihrem sachlichen Anwendungsbereich, Schiedsrichterbenennung und zur Beschreitung des ordentlichen Rechtsweges im Falle der Verfahrensverzögerung durch die Schiedsrichter, machte also von eingeräumten Gestaltungsmöglichkeiten nur sehr eingeschränkt Gebrauch und verwies im Übrigen (namentlich Ernennung, Ablehnung und Wegfalls bereits benannter Schiedsrichter; rechtliches Gehör und Sachverhaltsermittlung; Formalia und Bindungswirkung des Schiedsspruchs) auf die gesetzlichen Regelungen.

Auffällig ist zudem die unterschiedliche Ausdifferenzierung der Regelungen für das Schiedsverfahren im Vergleich zum Schiedskammerverfahren. Während die Schiedsklausel in ihrer Entwicklung konstant nur sehr eingeschränkt eigenständige Regelungen enthielt und auf die Vorschriften der Zivilprozessordnung verwies war das Schiedskammerverfahren ausdifferenziert und bzgl. Anwendungsbereich, Schiedsrichtern, Verfahren und Formalia abschließend geregelt.

Hinsichtlich der materiell-rechtlichen Grundlagen schiedsgerichtlicher Entscheidungen enthielten die fragmentarischen Regelungen der Zivilprozessordnung zunächst keinerlei Vorschriften. Von Relevanz für das Kohlensyndikat waren in diesem Zusammenhang insbesondere das Verhältnis des Kohlenwirtschaftsgesetzes zur Kartellverordnung sowie die Auslegungsprinzipien von Treu und Glauben und der Treuepflicht der Kartellmitglieder. Hier lässt sich festhalten, dass das Kohlensyndikat aus dem Anwendungsbereich der KartVO ausgenommen, und insoweit lediglich die Bestimmungen des Kohlenwirtschaftsgesetzes Anwendung fanden.

Die Frage der Bindung des Schiedsgerichts an materielles Recht sowie der Aufhebbarkeit schiedsgerichtlicher Entscheidungen aufgrund materiell-rechtlicher Fehlerhaftigkeit blieb in der Zivilprozessordnung unbeantwortet, wurde aber im Jahr 1929, also zeitlich vor den hier untersuchten schiedsgerichtlichen Entscheidungen von dem Reichsgericht dahingehend beantwortet, dass grundsätzlich die gesetzlichen Vorschriften galten, es sei denn, die Parteien hatten sich vertraglich auf eine Billigkeitsentscheidung geeinigt. Schon zuvor hatte das Reichsgericht im Jahr 1897 entschieden, dass die Staatsgerichte die materiell-rechtliche Richtigkeit schiedsgerichtlicher Entscheidungen im Aufhebungsverfahren nicht zu prüfen hätten. Da die syndikatsvertraglichen Regelungen insoweit keine Regelung trafen, also nicht ausdrücklich eine Billigkeitsentscheidung vorsahen, ist insoweit von der Bindung der Schiedsgerichte an materielles Recht auszugehen.

Ein Einfallstor für Billigkeitserwägungen lieferten die Konstrukte von Treu und Glauben und der Treuepflicht der Kartellmitglieder. Die Verpflichtung von Treu und Glauben war im Bürgerlichen Gesetzbuch in den §§ 157, 242 verankert, und bildete nach damaliger Anschauung einen allen Vorschriften des BGB immanenten Kern. Diese Vorschriften waren als Vorschriften des Allgemeinen Teils auf alle Verträge anwendbar, und betrafen sowohl die Vertragsauslegung als auch die ergänzende Vertragsauslegung. Verträge waren nach Treu und Glauben und mit Rücksicht auf die Verkehrssitte auszulegen. Ab dem Jahr 1933 wurden diese Generalklauseln zunehmend im Sinne nationalsozialistischer Einflussnahme genutzt. Die Prinzipien wandelten sich von einer konkreten Einzelfallabwägung unter Berücksichtigung aller Umstände hin zu einer durch nationalsozialistische Parteiprogramme vorweggenommene gleichsam gebundene Entscheidung.

Die Treuepflicht der Kartellmitglieder war eine spezielle Ausprägung des Regelungsgegenstandes Treu und Glauben und trat neben die diesbezüglichen allgemeinen Bestimmungen. Aufgrund der besonderen Bedeutung des Kartells als Schutzgemeinschaft waren Kartell und Mitglieder gebunden und zur gegenseitigen gesteigerten Rücksichtnahme verpflichtet.

3. Kapitel Die Schiedsklausel als Instrument des Kohlensyndikats

In Kapitel 3 sollen die Verhandlungen über die Einführung bzw. Änderung der bestehenden syndikatsrechtlichen Schiedsklausel dahingehend untersucht werden, ob sich Anhaltspunkte für die in der juristischen Diskussion gegenwärtigen Argumente gegen die Zulässigkeit der (Verbands-)schiedsgerichtsbarkeit bzw. für die Einführung einer Schiedsklausel finden lassen.

Die juristische Diskussion der Schiedsgerichtsbarkeit war von bestimmten Paradigmen bestimmt, aufgrund derer wiederholt die Berechtigung der Schiedsgerichtsbarkeit im Allgemeinen und der Verbandsschiedsgerichtsbarkeit im Besonderen diskutiert wurde.[436] Deutlich wird dies neben der zeitgenössischen Literatur vor allem an den Diskussionen im Rahmen des 34. Deutschen Juristentages in Köln im Jahr 1926. Die veröffentlichten Niederschriften offenbaren die Themenkomplexe, die innerhalb der juristischen Debatte im Bereich der Schiedsgerichtsbarkeit als dringendste Fragen der Zeit wahrgenommen wurden.

Dies waren insbesondere die (vermeintlichen) Probleme mit der Verbandsschiedsgerichtsbarkeit, also der Schiedsgerichtsbarkeit innerhalb wirtschaftlicher Organisationsformen und ihrer Mitglieder untereinander.[437] Ein Kernpunkt der Diskussion war die die Befürchtung mangelnder effektiver Durchsetzung von Individual- und staatlichen Interessen. Befürchtet wurde der Missbrauch des Instituts der Schiedsgerichtsbarkeit im Machtgefüge von Verband und Mitglied, also die Einführung eines Verfahrens zur außergerichtlichen Konfliktbeilegung auf Betreiben und zwecks Perpetuierung der Position des wirtschaftlich überlegenen Vertragspartners. Hingegen argumentierten Befürworter der Schiedsgerichtsbarkeit, aufgrund ihres wirtschaftlichen Zuschnitts insbesondere auch für den Bereich des Kartellrechts, mit den Vorteilen einer im Vergleich zu den ordentlichen Gerichten schnelleren, angemessenen Entscheidung aufgrund der Möglichkeit der Benennung sachkundiger Schiedsrichter. Außerhalb der Kartelle stehende Akteure gaben zudem zu Bedenken, dass dem Staat das ganze Rechtsgebiet des Kartellrechts sowohl hinsichtlich der Durchsetzung mit der Kartellgesetzgebung verfolgter Interessen, als auch hinsichtlich richterlicher Rechtsfortbildung durch Schiedsgerichte entzogen würden.

---

436 Dies insbesondere bzgl. der Verbreitung der Schiedsgerichtsbarkeit in Kartellen. Allerdings wurde die entsprechende Verbreitung in der Regel ohne weitere Begründung oder Erläuterung einfach angenommen, oder sogar empfohlen, bspw. *Vossen*, KartR 1907, 361, 362; *Körting*, KartR 1936, 377, 381.

437 Deutscher Juristentag, Verhandlungen des Deutschen Juristentages Teil: 34. 1.Band, 34. Juristentag 1926, 1926, 253 DJT Band 2 S. 253, dazu sogleich.

Im Folgenden soll zunächst der Befürchtung der Gegner der Kartellschiedsgerichtsbarkeit nachgegangen werden, die Einführung der Schiedsklausel in den Syndikatsvertrag diene der Wahrung der Interessen der Organisation RWKS, und erfolge ggf. im Widerspruch zu den Interessen der Syndikatsmitglieder. In der zeitgenössischen Diskussion wurde, ähnlich wie auch heute noch, durchaus die Frage aufgeworfen, ob die Implementierung einer Schiedsklausel nicht zumindest auch dem Hintergrund dienen könne, Konflikte zur Erhaltung der Stabilität der Organisation einer unliebsamen Rechtsprechung der ordentlichen Gerichtsbarkeit zu entziehen.[438] Die Frage, ob sich derartige Tendenzen evtl. (auch) in der Durchführung der Verfahren zeigen, bleibt dem folgenden Kapitel 4 vorbehalten. Anschließend soll ein häufig aufgegriffenes Argument für die Schiedsgerichtsbarkeit, dass der schnelleren Entscheidung durch sachkundige Schiedsrichter, aufgegriffen werden. Abschließend werden die verbundenen Aspekte der Nichtöffentlichkeit der Verfahren und der Freiheit von staatlicher Interessendurchsetzung betrachtet, die in unterschiedlicher Ausprägung sowohl von Befürwortern als auch Gegnern der Schiedsgerichtsbarkeit in die Diskussion eingebracht wurden.

A. Aufnahme der Schiedsklausel in Folge der übermächtigen Stellung des Kohlensyndikats im Verhältnis zu seinen Mitgliedern

Während des Bestehens des Kohlensyndikats nahm die Wahrnehmung der Schiedsgerichtsbarkeit als Institution in der juristischen Öffentlichkeit und ihre Behandlung im Wirtschafts- und Rechtssystem eine grundlegende Wende: von einer der Schiedsgerichtsbarkeit grundsätzlich positiv gegenüberstehenden, liberalen Ausgangslage bei der Einführung der Zivilprozessordnung hin zu einem Fremdkörper im System des Nationalsozialismus, das die Nutzung privater statt staatlicher Organisationen, insbesondere im Bereich der Rechtspflege, verurteilte.[439]

Doch selbst in Zeiten grundsätzlicher Akzeptanz einer stark ausgeprägten Schiedsgerichtsbarkeit begegneten die sogenannten Verbandsschiedsgerichte in Kartellverträgen und -satzungen aufgrund ihrer Eigenart gewissen Vorbehalten. Die in späteren Jahren heftig geführte Diskussion über faktischen Zwang zur Zustimmung einer Schiedsklausel zulasten von Kartellmitgliedern setzte allerdings erst Jahre nach der Verankerung der ersten Schiedsklausel im Syndikatsvertrag ein. Eine – von der juristischen Öffentlichkeit weitgehend unkommentiert gebliebene – Schiedsklausel im Syndikatsvertrag findet sich bereits sehr früh in der Geschichte des Kohlensyndikats, nämlich im Jahre 1903. Die Indifferenz gegenüber der Schiedsklausel im Syndikatsvertrag korrespondierte allerdings mit der geringen Aufmerksamkeit, die der Schiedsgerichtsbarkeit in der Rechtswissenschaft

---

438 *Vossen*, KartR 1907, 361, 362.

439 Siehe zum Ganzen auch oben 2. Kapitel 1.a).

allgemein entgegengebracht wurde. Noch 1912 beklagte *Nußbaum*, dass die Entwicklung des Schiedsgerichtswesens in juristischen Kreisen bisher wenig beachtet worden und in der juristischen Literatur vom Schiedsgerichtswesen im Verhältnis zu anderen Prozessmaterien so gut wie keine Kenntnis genommen worden sei.[440]

Ungleich intensiver wurde das Schiedsgerichtswesen, genauer die Schiedsklausel, innerhalb des Syndikats im Rahmen der Vorverhandlungen zum Syndikatsvertrag vom 1. Oktober 1903 diskutiert. Nur sehr knapp berichtet *Bührmann* zwar über den Grund der Einführung der Schiedsklausel 1903 mit den Worten: „Wie aus den Verhandlungen der damaligen Erneuerungskommission hervorgeht, sah man die Bildung von Schiedsgerichten vor, weil man für den personenreichen Beirat, der bis dahin als endgültig entscheidende Instanz für Streitigkeiten zuständig war, ein Organ haben wollte, das sich aus wenigen unparteiischen Personen zusammensetzte."[441] Insgesamt nahm dieser Aspekt in der Debatte wohl nur eine sehr untergeordnete Rolle ein. So beschäftigt sich nur ein Redebeitrag von Stadtrat Kleine überhaupt mit diesem Aspekt, der in 33 Seiten Transkript der Diskussion nahezu untergeht.[442] Stadtrat Kleine weist selbst darauf hin, dass dieser Aspekt seiner Ansicht nach bisher noch nicht genügend hervorgehoben sei[443], was allerdings in der Folge nicht weiter vertieft wurde. Im Zentrum der Auseinandersetzung stand vielmehr die Frage des Anwendungsbereichs der Schiedsklausel, nämlich welche Streitigkeiten von dem Schiedsgericht entschieden werden sollten. Die Diskussion entzündete sich an der Frage, ob das Schiedsgericht lediglich über „Gesetzesverletzungen" oder auch über „materielle Entscheidungen des Beirats" entscheiden sollte.[444]

Nur zeitversetzt rückte das Thema Schiedsgerichtsbarkeit in das Bewusstsein der juristischen Öffentlichkeit, in der sich die Debatte stetig intensivierte, bis die Schiedsgerichtsbarkeit sogar zentrales Thema des 34. Juristentages 1926 wurde. Dennoch zeichnen sich die zeitgenössischen Analysen überwiegend nicht durch eine tiefergehende Beschäftigung mit der Frage aus, warum die Schiedsgerichtsbarkeit namentlich für Kartellorganisationen so attraktiv war, dass Schiedsklauseln sich immer mehr einbürgerten[445], eine derartige Bestimmung schließlich in „fast allen Kartellverträgen" vorgesehen war[446], diese Schiedsklauseln sogar formularmäßig zu enthalten pflegten[447], und sogar konstatiert wurde, dass bei

---

440 *Nußbaum*, ZZP 1912, 254, 259.
441 *Bührmann*, Syndikatsrecht im Rheinisch-Westfälischen Kohlen-Syndikat, 1893–1943, S. 307.
442 Vgl. montan.dok BBA 33/25 S. 408–413, 447–450, 484–507; Beitrag des Stadtrat Kleine: S. 495 f.
443 Beitrag des Stadtrat Kleine, montan.dok BBA 33/25, S. 495.
444 Die Diskussion zusammenfassend: Vorsitzender, montan.dok BBA 33/25, S. 499; s.a. S. 409, 447.
445 *Nußbaum*, ZZP 1912, 254, 257.
446 *Flechtheim*, Die rechtliche Organisation der Kartelle, S. 8.
447 *Fuchs*, DJZ 1919, 423, 423.

„verwickelten“ Verträgen größerer wirtschaftlicher Bedeutung sich das Verhältnis zur ordentlichen Gerichtsbarkeit dahingehend gewandelt habe, dass die Parteien sich die Frage stellten, „ob im einzelnen Falle besondere Gründe dafür sprächen, es bei der Zuständigkeit der ordentlichen Gerichte zu belassen.“[448]

Vor dem Hintergrund der Annahme, dass namentlich die Kartellorganisationen ein großes Interesse an außergerichtlicher Streitbeilegung hatten, wuchs die Befürchtung, dass die Organisationen dieses Interesse auf Kosten der schutzlosen Kartellmitglieder durchsetzen würden.

Auffallend häufig wurde bezüglich erster Grundannahme – wenn überhaupt – lediglich unspezifisch auf das Bedürfnis nach schneller und billiger Entscheidungsfindung durch fachlich besonders qualifizierte Persönlichkeiten verwiesen.[449] Die besondere Wichtigkeit des Charakteristikums der Schnelligkeit schiedsgerichtlicher Verfahren wurde für die Zeit größter Inflation auch mit dem bei langen Prozessen drohenden Geldentwertungsschaden begründet, der zum nahezu vollständigen Verlust der Forderung aufgrund der Dauer des ordentlichen Verfahrens führen konnte.[450] Doch auch über den Zeitraum der Inflation hinaus wurde verschiedentlich angemerkt, dass im Bereich der Kartelle das Interesse an einer schnellen Lösung besonders ausgeprägt sein musste. Begründet wurde dies mit der Gefahr, dass eine Meinungsverschiedenheit in der Arbeit des Kartells tagtäglich aufs Neue virulent werde, und es dadurch bei längerer Dauer des Prozess praktisch zu einer unerträglichen Unsicherheit käme. Nicht erledigte Interessen standen im direkten Widerspruch zu einem geregelten Arbeitsablauf und damit der Stabilität des Zusammenschlusses. Der Schwebezustand durch ungeklärte Verfahren trug die Gefahr der Zersetzung der Organisation in sich, da Kartellverstößen eine negative Vorbildfunktion zukam.[451] Eng verknüpft war dieses Argument mit einer weiteren Begründungslinie, nämlich der zukünftigen gedeihlichen Zusammenarbeit. Eine schiedsgerichtliche Einigung ließe nicht einen dem Maße des förmlichen und öffentlichen ordentlichen Verfahrens vergleichbaren „Stachel der Prozesserbitterung“ zurück.[452]

Die Befürchtungen einer vermeintliche Übermacht der Kartellorganisationen bei den Vertragsverhandlungen und ihre Folgen für das einzelne Kartellmitglied formuliert auf dem Höhepunkt der Debatte 1926 prägnant *Katz*: „Der kapitalschwache Gewerbetreibende, der aus Gründen der Selbsterhaltung solchen Vereinigungen [Kartelle, Syndikate und Handelskammern, Anm. d. Verf.] beitreten

448 *Nußbaum*, JW 1926, 13, 13.

449 Ohne Begründung: *Fuld*, KartR 1910, 945, 945; *Weis*, KartR 1911, 171, 171; *Fuchs*, DJZ 1919, 423, 424; *Neukirch*, JW 1923, 680, 680.

450 *Neukirch*, JW 1923, 680, 680.

451 *Tschierschky*, Kartell-Organisation, S. 117.

452 *Flechtheim*, Die rechtliche Organisation der Kartelle, S. 9; für das Argument der Schnelligkeit des Verfahrens auch *Tschierschky*, Kartell-Organisation, S. 117.

muß, unterliegt dem Zwang der Schiedsgerichtsbildung und verliert die Herrschaft über sein Recht."[453]

Wie weit diese Ansicht verbreitet war, zeigen auch die Verhandlungen des 34. Deutschen Juristentages im September 1926, zu dem Thema, welche Hauptgrundsätze für die Neuregelung des Schiedsverfahrens zu empfehlen seien. Hier wurden die Verbandsschiedsgerichte in Kartellen von dem Berichterstatter als gegenwärtig „wichtigstes Problem"[454] der Schiedsgerichtsbarkeit eingeordnet, und ausdrücklich bezeichnet als „Werkzeug, um in die Beziehungen unter den Mitgliedern einzudringen und hier die Verbandsinteressen zur Geltung zu bringen."[455] Diese Auffassung fand Zustimmung in dem Maße, dass der Juristentag einen Leitsatz dahingehend verabschiedete, dass zu erwägen sei, ob der Missbrauch eines Abhängigkeitsverhältnisses als Grund für die Anfechtung eines Schiedsvertrages anerkannt werden solle.[456] Ausweislich der Begründung des Berichterstatters bezweckte dieser Vorschlag insbesondere den Schutz gegen die Übermacht der wirtschaftlichen Verbände über ihre Mitglieder.[457]

Diese – wenngleich zeitversetzt geäußerten – Befürchtungen erweisen sich jedoch im Falle des Rheinisch-Westfälischen Kohlensyndikats als unbegründet. Grundlage der Verhandlungen der Vorverhandlungen 1903 war ein ausformulierter Vertragsvorschlag eines zu diesem Zweck gebildeten Ausschusses, der bereits eine Schiedsklausel enthielt.[458] Demnach sollte ein Schiedsgericht über alle „formellen Gesetzesverletzungen" entscheiden. Unter formeller Gesetzesverletzung verstanden die Teilnehmer im Rahmen der Vorverhandlungen übereinstimmend einen Verstoß gegen den Syndikatsvertrag als das „von uns selbst geschaffene Gesetz."[459] Dass die Einführung eines Schiedsgerichts insoweit eine Verbesserung des Syndikatsvertrages darstellte, darüber waren sich laut der Protokollierung der Abstimmung alle an der Diskussion Beteiligten einig, zumindest sind keinerlei Gegenstimmen oder Kritik verzeichnet.[460] Sie wurde diesbezüglich also nicht gegen

453 *Katz*, DJZ 1926, 1133, 1135.
454 Deutscher Juristentag, Verhandlungen des Deutschen Juristentages Teil: 34. 2. Band, 34. Juristentag 1926, 1926, 523.
455 Deutscher Juristentag, Verhandlungen des Deutschen Juristentages Teil: 34. 2. Band, 34. Juristentag 1926, 1926, 523 f.
456 Deutscher Juristentag, Verhandlungen des Deutschen Juristentages Teil: 34. 2. Band, 34. Juristentag 1926, 1926, 523.
457 Deutscher Juristentag, Verhandlungen des Deutschen Juristentages Teil: 34. 2. Band, 34. Juristentag 1926, 1926, 527.
458 s. nur montan.dok BBA 33/25, S. 447, 486.
459 Vorsitzender, montan.dok BBA 33/25, S. 486, S. 487: „[...]: ist bei den Entscheidungen das Gesetz, sind die Bestimmungen, die wir getroffen haben, verletzt?"; Bergrat Kost, unter Verweis auf die übereinstimmende Meinung des Geheimrat Kirdorf, montan. dok BBA 33/25, S. 488.
460 Vorsitzender: „Alle sind damit einverstanden, dass ein Schiedsgericht eingesetzt wird. Ist in dieser Beziehung vielleicht Widerspruch vorhanden? (Zurufe: Nein!)",

den Willen von Mitgliedszechen durchgesetzt, sondern mit all ihren Stimmen im Ausschuss beschlossen.

Vor dem Hintergrund der eingangs geschilderten Wahrnehmung der Kartellschiedsgerichtsbarkeit überraschend waren es zudem Vertreter der Mitgliedszechen, und nicht etwa Syndikatsorgane, die den vieldiskutierten Antrag hinsichtlich einer Ausweitung der Zuständigkeit des Schiedsgerichts stellten, und dessen Wichtigkeit für das Gesamtgefüge betonten: „Ich komme auf den Antrag des Schiedsgerichts zurück. Ich halte den Syndikatsvertrag nicht für möglich ohne das Schiedsgericht. Ich glaube, dass der Antrag auch von anderer Seite eingebracht werden wird. Ich halte den verbesserten Syndikatsvertrag ohne ein Schiedsgericht für ausgeschlossen."[461] Dieser Antrag bezog sich auf die sogenannten „materiellen Entscheidungen des Beirates", namentlich die Frage, ob das Schiedsgericht als dem Beirat übergeordnete Instanz bezüglich der materiellen Entscheidungen über Beteiligungsziffern und Verrechnungspreise eingesetzt werden sollte. Eine derartige Befugnis hatte im Ausschuss wohl keine Mehrheit gefunden.[462] Diese Frage war deshalb von Bedeutung, da nach dem vorgelegten Entwurf des § 10 das Schiedsgericht lediglich an Stelle der ordentlichen Gerichte entscheiden sollte. Praktische Folge dieser Regelung war, dass ein Rekurs gegen eine vermeintlich fehlerhafte Festsetzung von Beteiligungsziffern oder Verrechnungspreise nicht möglich war. Denn zuständig war das ordentliche Gericht zwar im Falle einer Verletzung des Syndikatsvertrages. Eine fehlerhafte Ablehnung musste jedoch auch nach Einschätzung der ordentlichen Gerichte nicht zwangsläufig auch eine Verletzung geschriebener Vorschriften des Syndikatsvertrages zur Folge haben.[463] Vielmehr war in der Mehrzahl der Fälle der Syndikatsvertrag laut Aussage des Direktor Vahlen in der Vergangenheit eben nicht verletzt.[464]

Der Syndikatsvertrag sah in seinem Entwurf also praktisch vor, dass die für die Mitglieder zentralen Entscheidungen über Produktionsziffer und Verrechnungspreise abschließend von dem Beirat als Berufungsinstanz entschieden

---

montan.dok BBA 33/25, S. 504; s.a. Vorsitzender S. 409: „[...] mit dem Schiedsgerichte sind wir ja alle einig.", montan.dok BBA 33/25, S. 409.

461 Bergrat Kost, montan.dok BBA 33/25, S. 408 f.

462 Dies lässt sich aus folgenden Aussagen schließen: Bergrat Kost: „[...] So wie einer Grund hat, sich über eine Vertragsverletzung zu beschweren, wird ein Schiedsgericht über diese spezielle Streitfrage eingesetzt." Vorsitzender: „Die Frage hat wenig Entgegenkommen gefunden.", montan.dok BBA 33/25, S. 411.

463 Stinnes verweist auf mehrere Prozesse gegen das RWKS vor den ordentlichen Gerichten und berichtet, dass der Richter untersucht habe ob „eine direkte Verletzung eines Paragraphen des Syndikats vorliegt und nur in dem einen Falle, wo ein formeller Verstoß vorlag, nur in dem Falle ist in eine weitere Verhandlung eingetreten [worden]. Sonst hat sich das Gericht für unzuständig erklärt.", montan.dok BBA 33/25, S. 495.

464 Direktor Vahlen, montan.dok BBA 33/25, S. 494.

werden würden,[465] also einem Organ aus zu dieser Zeit 60 Zechenbesitzern, in dem sich die Stimmverteilung nach der Produktionsbeteiligung richtete.[466]

Hiergegen wandten sich nun die Wortführer derjenigen, die die Einführung des Schiedsgerichts befürworteten, mit dem Argument der Befangenheit. Die Frage der Erhöhung von Beteiligungsziffern gehe „gegen jede Zeche“, eine Entscheidung durch den Beirat, also die Zechenbesitzer, gehe daher gegen jedes Rechtsbewusstsein, da im Ergebnis eine der Parteien über die Streitfrage entscheide.[467] Auch zu einem späteren Zeitpunkt der Verhandlungen wurde wiederholt auf die fehlende Objektivität des Beirates hingewiesen.[468] Der Sache nach argumentierten die Befürworter, dass ein Schiedsgericht den selbst bei pflichtgemäßer Entscheidung des Beirats bestehenden bösen Schein beseitigen und für die Gewissheit rechtmäßiger Entscheidung stehen würde.[469] Dieses – für die Befürworter offensichtlich zentrale – Argument der Befangenheit schmetterte *Justizrat Wolff*, auf die Frage direkt angesprochen, in den Verhandlungen auffällig kurz mit dem Hinweis ab, dass nichts zu machen sei, sofern der Beirat pflichtgemäß handle.[470] Insbesondere auf die langen Ausführungen zuvor lässt die apodiktische Ausführung und Kürze der Antwort vermuten, dass er das Thema sachlich nur ungern vertiefen wollte.

Überhaupt offenbaren verschiedene Bemerkungen einen Widerwillen, den Komplex Entscheidungen des Schiedsgerichts über „materielle Fragen“ überhaupt zu diskutieren. So schloss der Vorsitzende die Diskussion im Rahmen des § 2 Syndikatsvertrages zu den Beteiligungsziffern nach kurzer Dauer mit der Frage, ob noch jemand über diese „ominöse Frage“ das Wort wünsche.[471] Und im Verlauf der Diskussion wurde dem sich eindringlich für das Schiedsgericht einsetzenden Bergrat Kost der persönliche Vorwurf gemacht, aus eigennützigen Motiven zu handeln, nämlich die Einsetzung des Schiedsgerichts nur für die Fälle, die ihn selbst unangenehm betroffen hätten zu bezwecken und den Vertrag auf seinen Leib zugeschnitten haben zu wollen.[472]

Die Einführung des Schiedsgerichts für materielle Fragen löste zudem inhaltliche Bedenken hinsichtlich einer Gefährdung der Syndikatsstruktur aus. Zum einen

465 Bergrat Kost, montan.dok BBA 33/25, S. 410.
466 Mitgliederzahl: montan.dok BBA 33/25, S. 411; Allg. z. Beirat s. insbes. 1. Kapitel B.
467 Bergrat Kost, montan.dok BBA 33/25, S. 410.
468 montan.dok BBA 33/25, S. 447 f., 484; Direktor Vahlen deutete zudem an, dass der Beirat als Berufungsinstanz blind dem Urteil des Vorstandes folge: „Sie haben keinerlei Berufung gegen den Beirat und im Beirat sagt jeder, wenn der Vorstand sagt: die Kohle ist schlecht gewesen, sie ist schlecht gewesen.“, montan.dok BBA 33/25, S. 485.
469 Bergrat Kost, montan.dok BBA 33/25, S. 411.
470 Justizrat Wolff, montan.dok BBA 33/25, S. 411.
471 Vorsitzender, montan.dok BBA 33/25, S. 412.
472 Direktor Kleimanns, montan.dok BBA 33/25, S. 491; an anderer Stelle äußert der Vorsitzende, er glaube nicht, dass Bergrat Kost für seine Neuerungen eine Majorität finde, montan.dok BBA 33/25, S. 412.

wurde wohl befürchtet, die Einführung des Schiedsgerichts könnte die Stabilität des Syndikats beeinträchtigen. Durch den Vorschlag sei ein „kolossaler Zankapfel“ in das Syndikat geworfen.[473] Zum anderen wurde die Entmachtung des Vorstandes[474] und insbesondere des Beirats misstrauisch kommentiert. Es gebe keinen Grund, den Beirat „auszuschalten“ indem ihm jede Aufgabe genommen würde.[475] Die Abschaffung des Beirats zugunsten der Verwaltung, nämlich Vorstand und Aufsichtsrat, liege nicht im Interesse der „riesigen Kapitalien“, die im Syndikat zusammengefasst seien.[476] Widerstand gegen die Schiedsklausel formierte sich also auch auf Seiten der großen Zechen, die aufgrund ihrer Produktion besonderes Gewicht im Beirat hatten. Mit großer Selbstverständlichkeit wurde geäußert, welche Konsequenzen eine wirtschaftlich herausragende Stellung im Syndikat mit sich bringen sollte: „Das ist doch kein Zweifel: ein Mann, der ein gewisses Kapital hier angelegt hat, der hat auch ein gewisses Recht, einerseits mit zu erfahren und andererseits mit abzustimmen.“[477]

In den Vorverhandlungen zum Syndikatsvertrag setzten sich dennoch die Befürworter einer Ausweitung des Anwendungsbereichs der Schiedsklausel knapp durch.[478] Der Kompromissvorschlag, für die materiellen Entscheidungen an Stelle des Beirats eine engere Kommission des Beirates von fünf bis sieben Personen einzusetzen, wurde nicht weiterverfolgt.[479] Dies verwundert nicht, adressiert er doch lediglich ein Scheinproblem, nämlich die Größe des Beirats. Diese, so scheint in dem Vorschlag im Lichte der Diskussion mitzuschwingen, sei der alleinige Grund für die Beschwerden- dem Beirat bliebe nämlich in seiner jetzigen Form nicht die Zeit zur ausgiebigen Beratung.[480] Am Kern des Streits ging dieser Vorschlag jedoch vorbei. Denn die zuvor für die Ausweitung der Schiedsklausel genannten Argumente, namentlich eine effektive Kontrolle der Entscheidungen von Beirat und Vorstand,[481] insbesondere auch eine effektive Kontrolle der Entscheidungen des Beirates sogar gegen die dem Antrag zustimmende Stellungnahme von Vorstand und Zechenbesitzerversammlung zur Sicherung der Rechte der einzelnen Zeche[482]

473 Vorsitzender, montan.dok BBA 33/25, S. 412.

474 Hassler: „[...] und wir haben die Gefahr, dass der Vorstand durch solche Entscheidungen [des Schiedsgerichts, d. Verf.] zurückgesetzt wird.“, montan.dok BBA 33/25, S. 501 f.

475 Direktor Kleimanns, montan.dok BBA 33/25, S. 486; Direktor Dickerhoff, montan. dok BBA 33/25, S. 492.

476 Direktor Dickerhoff, ebd.

477 Direktor Dickerhoff, ebd.

478 Erforderlich wurde aufgrund des knappen Ausgangs eine namentliche Abstimmung anstelle der sonst üblichen überblicksartigen Abstimmung mittels Erheben der Anwesenden, die dem Antrag zustimmten, montan.dok BBA 33/25 S. 450 für die Bestimmung des § 2 Abs. 3, S. 505 für die Bestimmung des § 10.

479 Hassler, montan.dok BBA 33/25, S. 502

480 Hassler, ebd.

481 montan.dok BBA 33/25, S. 409.

482 montan.dok BBA 33/25, S. 449.

kann lediglich durch eine Verringerung der Größe des Beirates nicht erreicht werden. Dies gilt umso mehr, als Ausschüsse in der Tradition des Kohlensyndikats nach den Beteiligungsziffern besetzt wurden,[483] sodass sogar eine Steigerung des Einflusses produktionsstarker Zechen zu befürchten gewesen wäre.

Dass der Beschluss schließlich gefasst wurde, lässt sich damit erklären, dass in den Vorverhandlungen der Stimmwert der Anwesenden gleich – also nicht an die Produktivität der Zechen geknüpft – war. Da es mit diesen Argumenten gelang, eine Mehrheit der Anwesenden zu überzeugen, war auch eine Mehrheit der Stimmen gewonnen. Es lässt sich vermuten, dass vor allem Vertreter von kleineren Zechen sowie Zechen, die eine Erhöhung ihrer Beteiligungsziffern anstrebten, für diesen Antrag stimmten. Denn ihre Chancen, in einem – von den wirtschaftlich starken Zechen geprägten – Beirat, die wiederum einer Stärkung der Konkurrenz vermutlich eher ablehnend gegenüber gestanden haben müssen, eine Erhöhung der eigenen Beteiligung zu erreichen, waren gering.[484] Dies wird praktisch durch den Umstand bestätigt, dass derartige Anträge im Beirat regelmäßig erfolglos blieben.[485]

Die Annahme einer von den eingangs geschilderten allgemeinen Grundsätzen abweichenden Anschauung in der Wissenschaft folgt auch nicht aus der speziellen politischen und rechtlichen Entwicklung, die ab dem Jahr 1915 den Kohlenbergbau bestimmte. Generell knüpften die Überlegungen zum Machtmissbrauch durch Schiedsklauseln an Vertragsverhandlungen zwischen dem Kartell und (potentiellem) Mitglied an. Die Kartelle werden hierbei als die überlegene, die Vertragsverhandlungen dominierende Partei des Zusammenschlusses eingeordnet. Die Schiedsvereinbarung stellte nach diesem Narrativ ein Instrument zur rücksichtslosen Durchsetzung von Verbandsinteressen ohne die objektive Kontrolle staatlicher Gerichte, die den wirksamen Schutz der Rechte der Mitglieder gewährleisten würden, dar.

Trotz der Besonderheiten der Kohlenwirtschaft – die Vertragsverhandlungen waren ab dem Erlass der 1. Bundesratsverordnung 1915, deren Entwicklung in der 2. Bundesratsverordnung 1917 und in den §§ 5, 6 KoWiG ihre Fortsetzung fand, aus Sicht der Mitglieder zum Erfolg verdammt, da die Möglichkeit eines Austritts oder Nicht-Beitritts durch die genannten Rechtsnormen aufgehoben worden

---

483 *Roelevink*, Organisierte Intransparenz, S. 52.

484 Zur Interessenlage der Mitgliedszechen: *Roelevink*, Organisierte Intransparenz, S. 55: Die wirtschaftlich starken, das heißt die Mitgliedszechen mit hoher Beteiligungsziffer hatten kein Interesse daran, die Rechte der Zechen mit geringer Beteiligungsziffer zu stärken; noch weniger Interesse hatten sie daran, mittelgroße Zechen mit Wachstumsambitionen zu stärken.

485 Direktor, montan.dok BBA 33/25, S. 449; Müller nennt es als Praxis des Beirats, alles abzulehnen, und verweist darauf, dass die Einführung des Schiedsgerichts (wohl erstmals) eine eingehende Prüfung zur Folge hätte, montan.dok BBA 33/25, S. 493; Direktor Vahlen bemerkt, dass vom Vorstand in Fragen über die Preisfestsetzung sogar keiner Zeche Recht gegeben wurde, montan.dok BBA 33/25, S. 484.

war – erscheint es zumindest naheliegend, dass die allgemeinen Diskussionsbeiträge auch hier Geltung beanspruchen sollten. Denn weder wird das Kohlensyndikat, das als eines der größten und prominentesten Vertreter seiner Gattung bekannt war, explizit aus den Aussagen ausgenommen. Noch kann angesichts der allgemein bekannten Regelungen des Kohlenwirtschaftsgesetzes von einer abweichenden Ansicht ausgegangen werden. Vielmehr ist, auch wenn dies in dem Quellenmaterial nicht ausdrücklich erwähnt wird, davon auszugehen, dass dessen Regelungen das öffentliche Bild vom im Verhältnis zu den Mitgliedern übermächtigen Syndikat noch verstärkt haben könnten. Die Kommentatoren gehen übereinstimmend von einem faktischen Zwang zum Beitritt aus, der aus wirtschaftlicher Notwendigkeit folgt.[486] Es ist nicht ersichtlich, dass ein (drohender) rechtlicher Zwang eine andere Konsequenz nach sich hätte ziehen sollen. Einschneidender als das Zwangssyndikat musste sich hierbei die Möglichkeit des Reichswirtschaftsministers, gemäß den Bestimmungen des KoWiG einzelne Widersacher dem Syndikat beizufügen, in der Wahrnehmung der außenstehenden Juristen äußern. Zechen, die sich nach den Vertragsverhandlungen gegen einen Beitritt zum Syndikat entschieden hatten, konnte so in einen mehrheitsfähigen Vertrag mit den Provisionen, die sie zum Abbruch der Verhandlungen bewogen hatten, gezwungen werden. Es ist liegt also nahe, dass die Regelungen des KoWiG – obwohl sie eigentlich den Reichswirtschaftsminister ermächtigen – in der öffentlichen Wahrnehmung eine weitere Stärkung der Verhandlungsposition des Syndikats auf Kosten der Mitgliedszechen zur Folge hatten: Soweit es dem Syndikat gelang, eine überwiegend mehrheitsfähige vertragliche Regelung herbeizuführen drohte den außenstehenden Zechen der Beischluss im Beschlusswege, worauf der Reichwirtschaftsminister auch mehrfach zurückgriff.[487] Wahrscheinlich ist, dass in der öffentlichen Wahrnehmung das Syndikat als Verhandlungspartner wahrgenommen wurde, der keinen Anreiz mehr hatte, zu Gunsten einzelner Zechen Kompromisse einzugehen, sodass auch insoweit die genannten Befürchtungen bezüglich des Missbrauchs der Schiedsklausel im Raum standen.

Warum und auf wessen Initiative die Schiedsklausel ab dem Vertrag vom 1.1.1916 in ihrem Anwendungsbereich zunächst stark beschränkt wurde und ab 1920 sogar vollständig wegfiel, lässt sich nicht anhand von Sitzungsstenogrammen untersuchen, da solche für diesen Zeitraum nicht vorliegen. Gleiches gilt für die Wiedereinführung der Schiedsklausel 1924. *Bührmann* zitiert aus dem Stenogramm einer ebenfalls nicht verfügbaren Zechenbesitzerversammlung dahingehend, dass

486 Der Begriff von den Kartellen als „Kinder der Not" wurde von dem Ökonom Kleinwächter geprägt, s. a. 1. Kapitel C.III.

487 Beifügung von 5 Zechen zum Vertrag vom 25.3./22.4.1922, von 5 Zechen zum Vertrag vom 11.2.1923, von 15 Zechen zum Vertrag vom 22.8.1923, von 12 Zechen zum Vertrag vom 13.9.1924, von 4 Zechen zum Vertrag vom 2.5./30.5./27.6.1930, von 2 Zechen zum Vertrag am 21.2.931, *Bührmann,* Syndikatsrecht im Rheinisch-Westfälischen Kohlen-Syndikat, 1893–1943, S. 1 ff.

die in den älteren Verträgen vorhandene Schiedsklausel abgeschafft worden sei, da von den Schiedsgerichten in gleichliegenden Fällen abweichende Entscheidungen getroffen worden waren, und dass nun mit Wiedereinführung eine Gleichmäßigkeit dadurch erzielt werden solle, dass der Geschäftsausschuss eine Liste von drei oder vier herausragenden Juristen bestimmen werde, aus deren Kreis in jedem Fall der Obmann zu wählen sei.[488] Auch hier bleibt der Verlauf der Diskussion unergründlich. Zudem muss hinsichtlich des von *Bührmann* zitierten Textabschnitts besonders im Lichte der Zusammenfassung der Diskussion von 1903 bedacht werden, dass es sich um von ihm ausgewähltes und gekürztes Material handelt, dass die Situation nicht notwendig vollständig darstellt. Gleiches gilt hinsichtlich der Zusammenfassung der Verhandlungen im Jahre 1930, wonach die Streichung der Schiedsklausel diskutiert wurde, diese jedoch erhalten blieb, da ein Schiedsgericht aus Sachverständigen für die im Syndikat auftretenden rein wirtschaftlichen Streitigkeiten besser geeignet sei.[489]

Zumindest lässt sich auch für die Zeit nach dem Vertrag von 1903 nachweisen, dass die Mitglieder weiterhin das offensichtliche Unbehagen des Kohlensyndikats gegenüber der (schieds-)gerichtlichen Austragung von Konflikten zur Durchsetzung ihrer Interessen in nutzten. So zeigt sich in Äußerungen von Mitgliedern der Syndikatsorgane wiederholt Unbehagen angesichts der Möglichkeit, Streitigkeiten durch ein Schiedsgericht entscheiden lassen zu müssen. In einer Sitzung des Geschäftsausschusses kommentierte ein Mitglied, dass es hinsichtlich des Ergebnisses von Schiedsverfahren bereits „sonderbare Überraschungen" erlebt habe, und man nicht sicher sein könne, was das Schiedsgericht entscheide.[490] Ähnliche Bedenken wurden anderweitig auch im kleinen Sonderausschuss des Syndikats geäußert.[491] Entgegen aller Befürchtungen Außenstehender zeigen diese Bemerkungen, dass Schiedsverfahren für das Syndikat keinesfalls eine bloße Formalität auf dem Weg zu einer ihm genehmen Entscheidung darstellte, sondern vielmehr als völlig ergebnisoffen eingeordnet wurde, selbst für den Fall, dass das Syndikat den eigenen juristischen Standpunkt für den allein richtigen hielt.[492]

Noch stärker zeigt sich diese Empfindung in Äußerungen der Mitglieder der Syndikatsorgane, in denen sie die Folgen der ungewissen Schiedsverfahren für das Syndikatsgefüge als Ganzes in den Blick nehmen. So würden, wenn in einer

488 *Bührmann*, Syndikatsrecht im Rheinisch-Westfälischen Kohlen-Syndikat, 1893–1943, S. 307.

489 *Bührmann*, Syndikatsrecht im Rheinisch-Westfälischen Kohlen-Syndikat, 1893–1943, S. 307.

490 Herbig, Sitzung des Geschäftsausschusses vom 27. April 1929, montan.dok BBA 33/179, S. 6.

491 Vögler, Kleiner Sonderausschuss 29.5.1926, montan.dok BBA 33/233: „In der Auswirkung kann man nicht wissen, was das Schiedsgericht ergibt."

492 Herbig, Sitzung des Geschäftsausschusses vom 27. April 1929, montan.dok BBA 33/179, S. 6.

kritischen Frage keine Einigung gefunden werden könnte, die dann folgenden dutzenden Schiedsgerichte „den Grundstock legen, der nicht zum Aufbau, sondern der zum Ruin des Syndikats führt."[493] Generell seien Schiedsgerichtsverfahren – insbesondere solche, wegen an sich nichtiger Angelegenheiten – in kritischen Zeiten unklug, und als „ganz unheimlicher Zustand" zu vermeiden.[494] Etwas verhaltener heißt es in einem Aktenvermerk über eine Besprechung des Vorstandes mit Zechenvertretern anlässlich eines Schiedskammerverfahrens, man halte es „aus praktischen Gründen nicht für zweckmäßig, jetzt neben der Schiedskammer noch eine Unmenge von Schiedsgerichtsverfahren heraufzubeschwören."[495]

Diese Äußerungen umspannen den Zeitraum von 1926 bis 1939 und illustrieren, dass das Kohlensyndikat für den gesamten Untersuchungszeitraum keinesfalls davon ausging, dass Schiedsgerichte grundsätzlich in seinem Sinne entscheiden würden. Vielmehr befürchtete das Syndikat eine destabilisierende Wirkung insbesondere einer größeren Anzahl von Verfahren mit ernsten Folgen für seine Stabilität und seinen Bestand. Diese Möglichkeit führte sogar zu taktischen Überlegungen, schiedsgerichtliche Verfahren bereits im Vorfeld – etwa durch eine Verzögerung der Aussprache verfahrensauslösender Vertragsstrafen, oder durch die Beilegung von Konflikten in Ausschüssen, nach Möglichkeit zu verhindern.[496]

In diesem Licht ist auch ein Vorschlag des Vorstandes in der Versammlung der Mitglieder am 18. Oktober 1939 bezüglich der Behandlung sogenannter Bagatellverstöße gegen den Syndikatsvertrag zu betrachten.[497] Als solche wurden in diesem Zusammenhang Fehler und Unkorrektheiten der Zechen bezeichnet, die auf Unkenntnis oder Fahrlässigkeit untergeordneter Stellen zurückzuführen seien, jedenfalls nicht auf bösem Willen beruhten oder gar einen bewussten Verstoß gegen den Syndikatsvertrag darstellten. Der Vorstand war nach § 44 Abs. 5 Syndikatsvertrag verpflichtet, auch für derartige Verstöße eine Vertragsstrafe auszusprechen, gegen deren Festsetzung die betroffene Zeche ein Schiedsgericht zwecks Ermäßigung der Strafe anrufen konnte, § 44 Abs. 9 Syndikatsvertrag. Statt der jeweiligen Verhängung einer Strafe und anschließendem Schiedsverfahren sollte, so der Vorschlag, die Mitgliederversammlung durch einstimmigen Beschluss einen

493 Vögler, Kleiner Sonderausschuss 29.5.1926, montan.dok BBA 33/233.
494 Herbig, Sitzung des Geschäftsausschusses vom 27. April 1929, montan.dok BBA 33/179, S. 6.
495 Besprechung am 31.3.1939 im Geschäftsgebäude des RWKS betreffend Schiedskammer in Sachen Landabsatz, montan.dok BBA 33/684, S. 2 f.
496 Verzögerung Aussprache von Vertragsstrafen (der Vorstand war hierzu nach dem Syndikatsvertrag bei Kenntnis verpflichtet, Sitzung des Vertragsausschusses vom 1.3.1925, montan.dok BBA 33/247 Anlage Bl. 12; § 44 Abs. 5 Syndikatsvertrag: Besprechung am 31.3.1939 im Geschäftsgebäude des RWKS betreffend Schiedskammer in Sachen Landabsatz, montan.dok BBA 33/684, S. 2 f.; Zur vorrangigen Klärung von Konflikten durch Verhandlungen in Ausschüssen: Kleiner Sonderausschuss 29.5.1926, montan.dok BBA 33/233.
497 Versammlung der Mitglieder am 18. Oktober 1939, montan.dok BBA 33/686, S. 8 f.

Ausschuss einsetzen, der den Vorstand von der Pflicht der Bestrafung entbinde und seinerseits die Strafe auf ein ihm angemessen erscheinendes Maß herabsetzen, gegebenenfalls sogar ganz niederschlagen könne. Dem Ausschuss müssten dabei sowohl technisch und kaufmännisch erfahrene Herren als auch Juristen angehören. Als Besetzung wurden vier „vorwiegend technisch und kaufmännisch erfahrene Herren“ sowie zwei Juristen, allesamt mit den Mitgliedszechen verbunden, vorgeschlagen und der Vorschlag einstimmig angenommen.[498]

Dieser Vorschlag ist vorliegend unter zwei Gesichtspunkten interessant, zum einen hinsichtlich seiner Reichweite, und wie diese den Mitgliedszechen vermittelt wird, zum anderen hinsichtlich seiner Begründung. Es scheint, als sei bei der Formulierung des Vorschlages peinlich darauf geachtet worden, keinem der Anwesenden einen Vorwurf zu machen: Die genannten Verstöße gegen den Syndikatsvertrag beruhen „jedenfalls nicht auf bösem Willen“ und sind auch keine bewussten Verstöße, und selbst diese sind nicht auf Verhalten der Anwesenden, sondern lediglich auf „untergeordnete Stellen der Zechen“ zurückzuführen.[499]

Wohl um die Veränderung – die potentielle Parteilichkeit von mit Mitgliedern anderer Zechen besetzter Entscheidungsgremien war ja gerade ausschlaggebendes Argument für die Einführung des Schiedsgerichts – für skeptische Mitgliedszechen attraktiver zu machen, sollte diesem Ausschuss die über die Befugnisse des Schiedsgerichts hinausgehende Kompetenz gegebenen werden, Vertragsstrafen nicht nur herabzusetzen, sondern gänzlich auszusetzen.[500]

Anknüpfend an den Begriff der Bagatellfälle – für die die Durchführung von Schiedsverfahren aufgrund unverhältnismäßig hoher Kosten nicht lohne, und zudem die Gefahr abweichender Entscheidungen eröffnet werde – verwies der Vorstand im Folgenden auf die Schwierigkeiten, Bagatellfälle von sonstigen Straffällen zu unterscheiden, und bat um Zustimmung dazu, dass sämtliche noch unerledigten Straffälle von dem Ausschuss entschieden werden sollten. Schlussendlich dehnte der Vorstand seinen Vorschlag noch auf die Fälle aus, in denen zweifelhaft sei, ob überhaupt ein Verstoß gegen den Syndikatsvertrag vorliege. Hier könne dem Ausschuss überlassen werden zu entscheiden, ob eine Strafverhängung in Frage komme oder nicht.

Ausgehend vom Bagatellfall – also einem unbewussten Vertragsverstoß und der hierauf zugeschnittenen Begründung – erweitert der Vorstand seinen Vorschlag dahingehend, dass letztlich keines der beiden Merkmale – Vertragsverstoß und unvorsätzliches Verhalten – vorliegen muss. Begründet wird dies mit

498 Als technisch und kaufmännisch erfahrene Herren: Schmidt (Harpen), v Dewall (Saar), Funcke (Gelsenberg), Stein (Hibernia); als Juristen: Heinemann (Rheinstahl), Weiß (Eschweiler B.V.), Versammlung der Mitglieder am 18. Oktober 1939, montan.dok BBA 33/686, S. 9.

499 Versammlung der Mitglieder am 18. Oktober 1939, montan.dok BBA 33/686, S. 8.

500 Versammlung der Mitglieder am 18. Oktober 1939, montan.dok BBA 33/686, S. 8 f.

Schwierigkeiten bei der Unterscheidung der Fälle, was angesichts der vom Vorstand selbst kurz zuvor angebotenen klaren Definition verwundert.

Begründet wird dieser Vorschlag auffallend kurz und zwar gleichrangig mit den entstehenden Kosten und der Gefahr abweichender Entscheidungen, wobei es nahe liegt, dass diese Faktoren angesichts des vorherigen Bestrebens des Syndikats, schiedsgerichtliche Verfahren zu Gunsten von Konfliktlösung in Ausschüssen zurückzudrängen, nicht abschließend sind. Da der Mitgliederversammlung lediglich ein in vorangegangenen Ausschuss- beziehungsweise Vorstandssitzungen erarbeitetes Verhandlungsergebnis als Lösungsvorschlag präsentiert wurde[501], und angesichts der sorgfältigen redaktionellen Aufbereitung des Vorschlages, erscheint es nicht fernliegend, dass diese syndikatsbegünstigenden Erwägungen ebenfalls Hintergrund des Vorschlages waren.

Deutlichstes Indiz hierfür ist allerdings der Zeitpunkt, zu dem dieser Vorschlag erfolgte. Bis zuletzt hatten die Mitgliedszechen es offensichtlich verstanden, die Befürchtungen des Syndikats für ihre eigenen Interessen nutzbar zu machen. So hatte im Rahmen des Schiedskammerverfahrens Landabsatzrichtlinie[502] der Vorstand die Stinnes-Zechen auf von diesen begangene Vertragsverletzungen angesprochen, worauf ein Vertreter der Stinnes-Zechen damit gedroht hatte, gegen die Verhängung von Vertragsstrafen „in jedem einzelnen Falle ein Schiedsgericht" anzurufen.[503] Nur wenige Monate nach Ausspruch dieser Drohung, und nur rund vier Monate nach Eintritt der Rechtskraft in dem betreffenden Schiedskammerverfahren, wurde der Vorschlag, der derartigen Drohungen den Boden entziehen sollte, in die Mitgliederversammlung eingebracht.[504] Ein vergleichbares, wenn nicht sogar höheres, da den Konflikt in das Licht der Öffentlichkeit tragend, Drohpotential hätten zweifellos auch potentielle Verfahren vor den ordentlichen Gerichten gehabt.[505] Nachteilig mit Blick auf Stabilitätserwägungen des RWKS waren sowohl schiedsgerichtliche Verfahren, als auch die Abschaffung schiedsgerichtlicher Verfahren mit der Konsequenz der Anrufung ordentlicher Gerichte, wenn nicht zugleich eine Organkompetenz innerhalb des Kohlensyndikats begründet war. Zumindest mit Blick auf diesen Effekt standen die schiedsgerichtlichen Verfahren den Verfahren vor den Staatsgerichten also nicht nach. Bemerkenswert ist außerdem, dass es dem Vorstand des RWKS Jahre nach Einführung der Schiedsklausel damit gelungen war, Kompetenzen im Sinne des ursprünglichen Vorschlages „zurückzuführen".

Es erscheint vor diesem Hintergrund also zumindest nicht ausgeschlossen, dass es die Mitgliedszechen waren, die sich für die Wiedereinführung beziehungsweise

---

501 s. dazu *Roelevink,* Organisierte Intransparenz, S. 53 f.

502 montan.dok BBA 33/684.

503 Besprechung am 31.3.1939 im Geschäftsgebäude des RWKS betreffend Schiedskammer in Sachen Landabsatz, montan.dok BBA 33/684, S. 2.

504 Zu Schiedsverfahren als Druckmittel in anderer Konstellation siehe auch *Roelevink,* Organisierte Intransparenz, S. 277, zum Beispiel Ewald.

505 Vergleiche dazu Notiz zu Akte, 33/684, S. 10.

Beibehaltung der Schiedsklausel aussprachen. Hingegen traten Konflikte um Beteiligungsziffern und Verrechnungspreise im Gefüge des Syndikats zunehmend in den Hintergrund.[506] Diese Verschiebung könnte dafür sprechen, dass sich andere Gruppierungen als die Expansionswilligen oder kleinen Zechen (ebenfalls) für eine Schiedsklausel einsetzten. Andererseits erscheint es wenig wahrscheinlich, dass angesichts der Struktur des Kohlensyndikats, und der Praxis, Ausschüsse nach Stimmgewicht zu besetzen, zumindest so lange diese mit Entscheidungsbefugnis ausgestattet waren, kleinere Zechen freiwillig auf den Schutz einer die Mehrheitsentscheidungen kontrollierenden Instanz verzichten würden.

Hingegen erscheint die Annahme, dass das Kohlensyndikat mit der fortschreitenden politischen Entwicklung seine Verhandlungsposition hätte stärken können nicht haltbar. So sah man es im Syndikat aufgrund der zögerlichen Haltung des Reichswirtschaftsministers als wahrscheinlicher an, dass das gesamte Syndikat auf bestehender Grundlage zur weiteren Verhandlung als Zwangssyndikat verlängert würde, als dass der Reichswirtschaftsminister die verbliebenen Zechen, mit denen eine Einigung nicht erreicht werden konnte, beifügen würde, obwohl diese nur 3 % der Produktion umfassten.[507] Eine besondere Stärkung der Position des Kohlensyndikats oder gar eine Bereitschaft, einem mit der weit überwiegenden Mehrheit ausgehandelten neuen Syndikatsvertrag mit staatlichem Druck zur Wirksamkeit zu verhelfen, lässt sich seitens des Reichswirtschaftsministers also nicht erkennen, was auch für die sich sperrenden Zechen offensichtlich werden musste.

Der Verdacht, die Mitgliedszechen des Syndikats könnten aufgrund wirtschaftlicher Abhängigkeit und Zwang zum Abschluss einer Schiedsklausel genötigt worden sein lässt sich anhand der zur Verfügung stehenden Quellen für die erstmalige Einführung der Schiedsklausel widerlegen. Im Gegenteil handelte es sich bei der Schiedsklausel, soweit hierunter auch die „materiellen Fragen" der Beteiligungsziffer und Verrechnungspreise gefasst wurden, um ein Instrument, das die Rechte der Zechenbesitzer stärken und Befugnisse von Syndikatsorganen, namentlich des Vorstandes bezüglich der Verrechnungspreise zurückdrängte. Im Verhältnis der Mitgliedszechen untereinander war durch die Einführung des Schiedsgerichts durch diese wahrscheinlich der Schutz der Rechte kleineren Zechen und Zechen, die ihre Produktion erhöhen wollten, vor willkürlichen Entscheidungen derer, die aufgrund hoher Beteiligungsziffern im Syndikat bis dahin über diese Fragen ihr Gewicht im Beirat in diesem Sinne ohne Rekurs geltend machen konnten.

B. Schnelle Entscheidung durch Sachkundige

Sowohl in der Weimarer Republik als auch in der Zeit des Nationalsozialismus wurde den Kartellen in der Rechtswissenschaft die Notwendigkeit der Durchführung schiedsgerichtlicher Verfahren zugestanden. Begründet wurde die Erforder-

---

506 *Roelevink*, Organisierte Intransparenz, S. 59.
507 montan.dok BBA 33/273 S. 1.

lichkeit von Schiedsgerichten mit der Schnelligkeit ihrer Verfahren und der Möglichkeit, Schiedsrichter mit besonderer Sachkenntnis zu benennen. Im Folgenden sollen daher sowohl die Verfahrensdauer der schiedsgerichtlichen Verfahren im Verhältnis zur Verfahrensdauer vor ordentlichen Gerichten betrachtet werden, als auch der Frage nachgegangen werden, ob sich in den vorhandenen Materialien Misstrauen gegenüber der Kompetenz der ordentlichen Gerichte nachweisen lässt, die eine Bevorzugung sachverständiger Schiedsrichter nach sich gezogen hätte.

Die lange Verfahrensdauer vor den ordentlichen Gerichten zählte außerhalb der Kartelle zunächst zu den am häufigsten bemühten Argumenten für die Schiedsgerichtsbarkeit. Das Arbeitstempo der ordentlichen Gerichte, zumal bei Streitwerten, die die Durchführung aller drei Instanzen erlaubten, werde der schnelllebigen Kartellwirtschaft nicht gerecht.[508] Derartige Verzögerungen, die durch Prozesse vor den ordentlichen Gerichten unweigerlich entstünden, könnten für die Kartelle von bedenklichsten Folgen sein, da schwebende Prozesse oftmals zu weiteren Differenzen und wachsenden Gegensätzen führten.[509] Im Ergebnis wurde also die Langwierigkeit der Verfahren vor den ordentlichen Gerichten als ein die Stabilität der Organisation gefährdender Faktor eingeordnet. Zur Zeit der Machtübernahme der Nationalsozialisten hatte sich dieses Begründungsmodell bereits derartig etabliert, dass es nur noch schlagwortartig wiederholt wurde.[510]

Angaben zur Prozessdauer vor den ordentlichen Gerichten werden nur vereinzelt getroffen und variieren, wobei bei Ausnutzung aller Instanzen mit einer Dauer von mehreren Jahren gerechnet werden musste.[511] Im Vergleich hierzu weisen die zur Verfügung stehenden Schiedsverfahren eine kurze Verfahrensdauer auf. Die Verfahrensdauer vom Zeitpunkt der Anrufung des Schiedsgerichts bis zur Ausfertigung der Entscheidung – wobei die materielle Entscheidung schon vor Abfassung der schriftlichen Entscheidungsgründe, nämlich nach der mündlichen Verhandlung feststand – belief sich bei den vorliegenden Schiedsverfahren auf insgesamt zwischen drei und sieben Monate.[512] Dabei entfielen, soweit aus den Akten ersichtlich, ab Anrufung des Schiedsgerichts nicht mehr als etwa eineinhalb

---

508 *Nußbaum*, ZZP 1912, 254, 261, 269; *Uth*, KartR 1908, 578, 579; allgemein zum Vorteil der Schnelligkeit: *Schmid*, KartR 1910, 178, 180; *Fuchs*, DJZ 1919, 423, 424; *Baumbach*, Das privatrechtliche Schiedsgerichtsverfahren, S. 34.

509 *Schmid*, KartR 1910, 178, 179.

510 *Kisch*, DJZ 1934, 6, 10.

511 *Uth*, KartR 1908, 578, 579: „Bis die drei Instanzen, welche bei der Höhe des in Frage kommenden Objekts wohl immer durchlaufen werden, erschöpft sind, dürften im allgemeinen Jahre vergangen sein [...].“; *Baumbach*, Das privatrechtliche Schiedsgerichtsverfahren, S. 34: „Dauert doch ein Prozess vor den Staatsgerichten bei Zurückverweisung durch das Reichsgericht schwerlich weniger als 5 Jahre, meist mehr, und ist eine dreijährige Prozessdauer für alle Instanzen gering.“

512 Anrufung am 15.12.1928, Schiedsspruch datiert auf 15.4.1928, in: montan.dok BBA 33/676; Anrufung am 12.8.1936, Schiedsspruch datiert auf 22.3.1937, in: montan.dok BBA 33/680; Anrufung am 13.3.1939, Vergleich am 2.10.1939, in: montan.dok BBA

Monate auf die Konstituierung des Schiedsgerichts[513]. Nur in einem Fall verlängerte sich dieser Zeitraum auf 2 Monate: die parteibenannten Schiedsrichter konnten sich zunächst nicht auf einen Obmann einigen.[514] Nach Einreichung des ersten Schriftsatzes lagen die schriftlichen Entscheidungsgründe den Parteien in allen Fällen nach spätestens fünf Monaten vor.[515] Das Schiedskammerverfahren über die Auslegung des § 20 Abs. 3 des Syndikatsvertrages, welches nach der Entscheidung durch die Schiedskammer mit der Berufung angegriffen wurde und sodann die Oberschiedskammer beschäftigte, durchlief den gesamten syndikatsinternen Instanzenzug. Vom Zeitpunkt der Anrufung der Schiedskammer bis zum Vorliegen der schriftlichen Entscheidungsgründe der Oberschiedskammer dauerte das Verfahren insgesamt rund 18 Monate.[516]

33/686; Anrufung am 28.2.1939, Schiedsspruch datiert auf 20.5.1939, Anrufung am 30.1.1933, Schiedsspruch datiert auf 31.5.1933, Anlage zu unserem Schreiben vom Juni 1933 Abt. E Nr. 2160, in: montan.dok BBA 33/921; Anrufung lt. Tatbestand „fristgmäß", d.h. innerhalb der vier Wochen-Frist des § 42 Syndikatsvertrag nach Entscheidungszustellung, Schiedsspruch datiert auf 13.7.1934, Anlage zu unserem Schreiben vom 13. Juli 1934, Abt. E Nr. 2700, in: montan.dok BBA 33/921; Anrufung Schiedsgericht am 19.6.1934, Schiedsspruch datiert auf 10.12.1934, Anlage zu unserem Schreiben vom 3. Januar 1935 Abt. E Nr. 70, in: montan.dok BBA 33/922.

513 Anrufung des Schiedsgerichts am 15.12.1929, Konstituierung am 29.1.1929, in: montan.dok BBA 33/676; Anrufung des Schiedsgerichts am 13.3.1939, Konstituierung am 24.4.1939 in montan.dok BBA 33/686; Anrufung am 28.2.1939, Konstituierung am 29.3.1939, in: montan.dok BBA 33/684.

514 Vermerk zu den Akten: Carl Alexander Schiedsgericht, in: montan.dok BBA 33/680.

515 Erster Schriftsatz am 20.1.1929, Schiedsspruch datiert auf 15.4.1929, in: montan.dok BBA 33/676; erster Schriftsatz am 13.11.1936, Schiedsspruch datiert auf 22.3.1937, in: montan.dok BBA 33/680; erster Schriftsatz am 10.5.1939, Vergleich datiert auf 2.10.1939, in: montan.dok BBA 33/686; erster Schriftsatz am 14.4.1939, Schiedsspruch datiert auf 20.5.1939, in: montan.dok BBA 33/684, erster Schriftsatz 29.3.1933, Schiedsspruch datiert auf 31.5.1933, Anlage zu unserem Schreiben vom Juni 1933 Abt. E Nr. 2160 in: montan.dok BBA 33/921; erster Schriftsatz am 14.4.1934, Schiedsspruch nicht datiert, aber Abschrift versandt mit Schreiben vom 13.7.1934, Anlage zu unserem Schreiben vom 13. Juli 1934 Abt. E Nr. 2700, in: montan.dok BBA 33/921; Anrufung Schiedsgericht am 19.6.1934, Schiedsspruch datiert auf 10.12.1934, Anlage zu unserem Schreiben vom 3. Januar 1935 Abt. E Nr. 70 – zwar ist kein Datum für den ersten Schiedsspruch vorhanden, jedoch beläuft sich die Gesamtdauer des Verfahrens ab Anrufung des Schiedsgericht nur auf rund sechs Monate, sodass angesichts der gleichbleibenden Dauer für die Konstituierung von mindestens einem Monat aller Wahrscheinlichkeit nach von einem Zeitraum unter fünf Monaten ausgegangen werden kann.

516 Anrufung der Schiedskammer in der Mitgliederversammlung am 30.1.1933, Anlage zu unserem Schreiben vom Juni 1933 Abt. E Nr. 2160; Schiedsspruch der

Uneinigkeit herrschte hingegen in der außersyndikatlichen Wahrnehmung in der Weimarer Zeit dahingehend, ob der Auslöser der Vereinbarung von Schiedsgerichten ein generelles Misstrauen gegenüber den ordentlichen Gerichten sei. Während ein derartiges Misstrauen mit der Kenntnis von der in der Rechtspflege noch nicht überwundenen Antipathie gegen Kartellverträge im Allgemeinen begründet wurde,[517] wurde ebenfalls auf die ausdrückliche Vereinbarung des ordentlichen Rechtsweges trotz Schiedsklausel hingewiesen. In der Hüttenzechenfrage hatte das Rheinisch-Westfälische Kohlensyndikat nämlich – und dies wurde als umso bedeutender eingeordnet, da es sich hierbei um eine Streitigkeit von immenser Wichtigkeit handelte, die die Existenz des ganzen Syndikats in Frage stellen konnte – trotz bestehender Schiedsklausel die Austragung vor den ordentlichen Gerichten ausdrücklich vereinbart.[518]

Zumindest in den Jahren der Weimarer Republik lässt sich die Annahme eines generellen Misstrauens gegenüber der ordentlichen Gerichtsbarkeit auch damit widerlegen, dass über größere Zeitspannen alle Streitigkeiten vor den ordentlichen Gerichten ausgetragen wurden, oder, wenn die Syndikatsverträge Schiedsklauseln enthielten, diese nur bestimmte, genau festgelegte Fragen umfassten: Nachdem die Schiedsklausel 1903 erstmals eingeführt worden war, wurde ihr Anwendungsbereich ab Januar 1916 auf Streitigkeiten mit einem Zechenbesitzer über die Eintrittsbedingungen beschränkt, wohingegen für Meinungsverschiedenheiten im Übrigen der ordentliche Rechtsweg offen stand. Für die Jahre 1920 bis 1924 waren sogar für alle Streitigkeiten die ordentlichen Gerichte zuständig, und nachdem das Schiedsgericht mit dem Vertrag vom 5.1.1924 wieder eingeführt worden war, wurde schon im Rahmen der Syndikatserneuerung 1925 wieder ergebnisoffen über ihre Abschaffung diskutiert.[519]

Jedoch wurde als wichtiges Argument für die Wiedereinführung einer Schiedsklausel 1925 die Überzeugung genannt, dass für die im Syndikat entstehenden Streitigkeiten rein wirtschaftlicher Natur ein aus Sachverständigen zusammengesetztes Schiedsgericht besser geeignet sei, als das ordentliche Gericht.[520]

Hierbei handelt es sich um ein auch in der Literatur weit verbreitetes Argument. Die ordentlichen Gerichte stünden der zunehmenden Differenzierung und Komplizierung des Wirtschaftslebens, so die allgemeine Anschauung, sowie insbesondere den Kartellen als neue wirtschaftliche Erscheinungen, weitgehend hilflos

---

Oberschiedskammer datiert auf den 13.7.1934, Anlage zu unserem Schreiben vom 13. Juli 1934 Abt. E Nr. 2700, beide in: montan.dok BBA 33/921.

517 *Schmid*, KartR 1910, 178, 179.

518 *Flechtheim*, Die rechtliche Organisation der Kartelle, S. 8 f.

519 S. a. 2. Kapitel A. sowie *Bührmann*, Syndikatsrecht im Rheinisch-Westfälischen Kohlen-Syndikat, 1893–1943, S. 307 ff.

520 Die Niederschriften über die Vertragsverhandlungen finden sich nicht im Bestand des montan.dok; so aber *Bührmann*, Syndikatsrecht im Rheinisch-Westfälischen Kohlen-Syndikat, 1893–1943, S. 308.

und ohne notwendige Sachkenntnis gegenüber. Die juristische Ausbildung befähige insbesondere nicht zur Entscheidung rein wirtschaftlicher Fragen, wofür die ordentlichen Gerichte auf zeitraubende Sachverständigengutachten angewiesen seien. Trotz besten Willens seien sachgemäße Urteile nicht zu erwarten, sondern die Entscheidung besser in die Hände eines mit den einschlägigen Verhältnissen vertrauten Schiedsgerichts zu legen.[521] Schon früh wurde zum Teil sogar ausdrücklich gefordert, aufgrund der genannten Bedenken von der Besetzung der Schiedsgerichte mit Juristen vollständig abzusehen.[522]

Die Zusammenfassungen und Kommentierungen *Bührmanns* müssen – angesichts des Vergleichs mit den tatsächlichen Verhältnissen – als nur bedingt aussagekräftig bewertet werden.[523] Allein hieraus kann also nicht gefolgert werden, dass Sachkunde der Schiedsrichter ein für die Wiedereinführung der Schiedsklausel ausschlaggebender Gesichtspunkt war. Jedoch finden sich Anhaltspunkte hierfür auch in den Vertragsverhandlungen und Verfahrensakten.

Bereits im Rahmen der Vertragsverhandlungen 1903 äußerte der Vorsitzende in der Diskussion über die Einführung eines Schiedsgerichtes, dass „Ausserhalbstehende" nicht Richter über die Bestimmungen des Syndikats und deren Handhabung sein könnten.[524] Der Vorstand dürfe nicht vor ein Forum gezogen werden, das den Verhältnissen des Syndikats fern stehe.[525] Denn Außenstehende würden trotz aller Sachkunde zu falschen Ergebnissen kommen. So wurde seitens des Syndikats aktenkundlich, dass Professor Flechtheim zwar eine Autorität auf dem Gebiet des Kartellwesens sei und auch die praktischen Dinge im Syndikat kenne, nicht im ausreichenden Maße über Kenntnis aller Einzelheiten wisse, die für die Beurteilung der Streitfrage in Betracht kommen, und infolge dessen von falschen

---

521 *Uth*, KartR 1908, 578, 579; *Flechtheim*, Die rechtliche Organisation der Kartelle, S. 9; *Nußbaum*, ZZP 1912, 254, 269; *Fuchs*, DJZ 1919, 423, 424; *Kisch*, DJZ 1934, 6, 10.

522 *Weis*, KartR 1911, 171, 173.

523 S. oben 2. Kapitel. Bührmanns Ausführungen zur Einführung der Schiedsklausel stellen vermeintlich das Motiv zur Einführung der Schiedsklausel abschließend dar, jedoch werden die in der Debatte tatsächlich zentralen Argumente nicht genannt. Es ist zudem nicht auszuschließen, dass Bührmann hinsichtlich seiner Veröffentlichung bewusst Informationen vorenthalten wurden bzw. dass Bührmann selbst nicht alle ihm vorliegenden Informationen veröffentlichte, zum derartigen Bestreben des Kohlensyndikats und resultierendem Informationsgefälle *Roelevink*, Organisierte Intransparenz.

524 montan.dok BBA 33/25, S. 487: Der Vorsitzende geht hier sogar einen Schritt weiter und begründet die Notwendigkeit, dass Syndikatsorgane Vorstand, Kommission C und Beirat „über die Bestimmungen und deren Handhabung Richter sein" müssen, und dass dann ein Schiedsgericht überprüfen kann, ob bei den Entscheidungen die Bestimmungen des Syndikats verletzt wurden.

525 montan.dok BBA 33/25, S. 501, bezüglich der Frage, ob dem Schiedsgericht auch materielle Entscheidungen übertragen werden sollten – fern stehend war demnach praktisch jeder, der nicht Syndikatsangehöriger war.

Grundannahmen ausgehe.[526] Dies trifft exakt den Ton der Kritik in der Literatur an den ordentlichen Gerichten: Obwohl Professor Dr. Flechtheims fachliche, das heißt juristische, Qualifikation über jeden Zweifel erhaben war, kam er – nach Ansicht des Syndikatsvorstandes – aufgrund mangelnder Vertrautheit mit den tatsächlichen Verhältnissen im Syndikat zu einem unzutreffenden Ergebnis.

Die Bedeutung, die der Syndikatsvorstand der Vertrautheit mit den tatsächlichen Verhältnissen beimaß, zeigt sich in einem weiteren schiedsgerichtlichen Verfahren. Der Eschweiler Bergwerks-Verein hatte das Schiedsgericht angerufen und als seinen Schiedsrichter den Rechtsanwalt Fischer aus Berlin benannt. Während sich keine Aufzeichnungen oder gar Kritik hinsichtlich der Wahl eines Juristen oder seiner fachlichen Qualifikation finden, scheint der Vorstand besorgt hinsichtlich der Kenntnis der tatsächlichen Verhältnisse. Aus der Aktennotiz ergibt sich zunächst, dass die Frage innerhalb des Vorstandes diskutiert wurde, und sodann das Syndikat an den Eschweiler Bergwerks-Verein herantrat, und anfragte, „ob die Benennung des Rechtsanwalts Fischer, Berlin, als Schiedsrichter endgültig sei oder ob er es nicht sachlich vorziehe, einen mit den Verhältnissen besser vertrauten, hier im Revier tätigen Schiedsrichter zu benennen."[527] Dies ist der einzige Nachweis in allen vorliegenden Verfahren, dass das Syndikat den Austausch eines parteibenannten Schiedsrichters vorschlug.

In einem weiteren Verfahren wurde sowohl von der Gegenseite als auch vom Kohlensyndikat ein mit den tatsächlichen Verhältnissen völlig unvertrauter Schiedsrichter benannt. Es handelte sich hierbei um ein Schiedskammerverfahren. Daher ist vorstellbar, dass in einem hauptsächlich auf die Klärung rechtlicher Fragen gerichteten Verfahren die Kenntnis der tatsächlichen Verhältnisse für die Wahl der Schiedsrichter zweitrangig war.

Jedoch weisen verschiedene Aktennotizen in eine andere Richtung. Der die Schiedskammer anrufenden „Minderheitengruppe" im Verfahren ging es primär darum, die Bestellung unparteiischer Schiedsrichter zu gewährleisten. Da praktisch alle Mitgliedszechen an dem Verfahren beteiligt waren und ein Eigeninteresse an seinem Ausgang hatten, strebte die Minderheitengruppe eine Einigung über Schiedsrichter an, von denen keiner – auch durch Aufsichtsratsmandate – mit den bergbaulichen Unternehmungen des Ruhrbergbaus verbunden sei.[528] Konsequenterweise benannte die Minderheitengruppe als Schiedsrichter den Staatsrechtler Professor Dr. Höhn aus Berlin. Zu bevorzugen schien das Kohlensyndikat in Übereinstimmung mit seiner früheren Positionierung auch hier einen mit den Verhältnissen vertrauten Schiedsrichter. Die Benennung des Herrn Haßlacher wurde von der Minderheitengruppe jedoch aufgrund dessen Zugehörigkeit zu den Aufsichtsräten von Rheinstahl, Vereinigte Stahlwerke und Essener Steinkohle, allesamt Mitglieder der „Mehrheitsgruppe", abgelehnt.[529] Schlussendlich benannte

526 Aktennotiz 22.3.1929, S. 2, in: montan.dok BBA 33/676, Teil 2.
527 Aktennotiz an Herrn Direktor Stutz vom 17.3.1939, in: montan.dok BBA 33/686.
528 Aktennotiz Holle, 11.3.1939, S. 1, in: montan.dok BBA 33/684.
529 Aktennotiz Holle, 11.3.1939, S. 1, in: montan.dok BBA 33/684.

das Syndikat, respektive die Mehrheitsgruppe, Staatssekretär Ludwig Grauert aus Berlin, ebenfalls mit den Verhältnissen unvertraut.

Dem Syndikat war dieser Umstand wohl schmerzlich bewusst, denn der Vorstand beschloss, hieraus Konsequenzen für die eigenen schriftlichen Eingaben zu ziehen: „[...] da sämtliche 3 Schiedsrichter den Syndikatsverhältnissen völlig fremd gegenüberstehen, halte ich es für unbedingt erforderlich, den Schriftsatz möglichst ausführlich zu halten und auch auf Dinge einzugehen, die für uns infolge der ständigen Praxis an sich selbstverständlich sind."[530]

Die besondere, nicht unbedingt wirtschaftliche, aber tatsächliche, das heißt konkrete Kenntnis von den Verhältnissen im Syndikat, Qualifikation der Schiedsrichter war demnach in Übereinstimmung mit der vorherrschenden Meinung in der Wissenschaft ein Faktor, der für die Einrichtung eines Schiedsgerichts sprach. Weitergehende Überlegungen, Juristen vollständig aus den Schiedsgerichten auszuschließen, teilte das Syndikat hingegen nicht. Hintergrund dieses Gedankens waren Befürchtungen, dass durch die Beteiligung von Juristen die Vorzüge des schiedsrichterlichen Verfahrens gegenüber dem Verfahren vor den ordentlichen Gerichten aufgehoben würden. Juristen sollten an der Lösung von Kartellproblematiken nicht mitwirken, da sie angesichts ihres Bedürfnisses, tatsächliche Vorkommnisse unter Rechtsbegriffe zu subsumieren und der Gewöhnung an theoretisches Konstruieren – auch außerhalb des Verfahrens vor den ordentlichen Gerichten – nicht in der Lage seien, wirtschaftlichen Bedürfnissen in ausreichender Weise Rechnung zu tragen.[531]

An den Schiedsverfahren des Kohlensyndikats waren hingegen – zumindest ab Oktober 1925 – stets Juristen beteiligt. Dies ergibt sich für Schiedsverfahren aus einem Beschluss der Zechenbesitzer, und für die ab 1930 in den Vertrag aufgenommene Bestimmung zu Schiedskammerverfahren bereits aus dem Vertragswortlaut. Für die Schiedsverfahren stimmte die Zechenbesitzerversammlung im Rahmen der Vertragsverhandlungen einem Vorschlag des Vorstandes zu, wonach der Obmann jedes Schiedsverfahrens aus einer von dem Geschäftsausschuss aufzustellenden Liste per Los bestimmt werden sollte.[532] Die 1930 eingeführte Bestimmung zum Schiedskammerverfahren, die in diesem Zusammenhang bis zur Auflösung des Syndikats unverändert blieb, schrieb in Absatz 2 für den Vorsitzenden der Schiedskammer und in Absatz 4 für den Vorsitzenden der Oberschiedskammer vor, dass dieser die Befähigung zum Richteramt haben müsse.

---

530 Brief an Dr. Holle/Dr. Stutz vom 4.4.1939, in: montan.dok BBA 33/684.

531 *Schmid,* KartR 1910, 178, 179; grundlegend *Gruntzel,* Über Kartelle, S. 143; Gruntzel einschränkend kommentierend: *Flechtheim,* Die rechtliche Organisation der Kartelle, S. 8; *Weis,* KartR 1911, 171, 173; anders zum Beispiel *Lindenau,* DJZ 354, 354 mit der Feststellung der „Unentbehrlichkeit juristischer Mitwirkung".

532 *Bührmann,* Syndikatsrecht im Rheinisch-Westfälischen Kohlen-Syndikat, 1893–1943, S. 307 f.

Über diese den Obmann betreffende Regelung und Bestimmungen hinaus waren jedoch Juristen jedoch auch überaus häufig als parteibenannte Schiedsrichter Teil der untersuchten Verfahren. In den untersuchten Verfahren finden sich lediglich zwei Schiedsverfahren, in dem keiner der parteibenannten Schiedsrichter juristische Vorbildung hatte, sondern beide parteibenannten Schiedsrichter die Position als Direktor einer Kohlenzeche innehatten.

Dies ist nicht verwunderlich hinsichtlich aller Konflikte, die vor Schiedskammern beziehungsweise der Oberschiedskammer ausgetragen wurden, da diese Organe der verbindlichen Auslegung des Syndikatsrechts dienten, also nicht den Einzelfall entscheiden, sondern einen Zustand genereller Rechtsunsicherheit verbindlich beseitigen sollten. In allen Fällen wurden von den Parteien hierzu Juristen benannt. Auffällig ist die hochkarätige Besetzung der Schieds- und Schiedsoberkammer des Kohlensyndikats. Der Rechtsanwalt Dr. Ernst Wolff, der in einem Verfahren den Vorsitz übernahm, sowie der parteibenannte Schiedsrichter Rechtsanwalt Professor Dr. Karl Geiler zählten zu diesem Zeitpunkt zu den angesehensten Wirtschaftsanwälten in Deutschland. Der ebenfalls in diesem Verfahren als Schiedsrichter benannte Professor Dr. Julius Flechtheim war einer der einflussreichsten Kartellrechtler seiner Zeit.[533] Die über die Berufung in demselben Verfahren entscheidende Oberschiedskammer war mit dem Kammergerichtspräsidenten als Vorsitzendem, sowie einem Senatspräsidenten des Reichsgerichts, einem Landgerichtspräsidenten, einem Oberlandesgerichtspräsidenten und Professor Dr. Ernst Heymann, Berliner Jurist und angesehenes Mitglied der preußischen Akademie der Wissenschaften sowie der Akademien Göttingen, München, Wien und Den Haag[534] ebenfalls sehr prominent besetzt. Und auch in einem späteren Schiedskammerverfahren[535] wurden mit Staatssekretär Ludwig Grauert ein promovierter Jurist[536] und Professor Reinhard Höhn[537] ein führender Staats- und Verwaltungsrechtler als Schiedsrichter benannt.

Dies lässt sich möglicherweise mit dem Zweck des Schiedskammerverfahrens erklären. Das Schiedskammerverfahren kam bei bedeutenden Meinungsverschiedenheiten über die Auslegung des Syndikatsrechts zur Anwendung. Grund für die

---

533 Für die Besetzung der Schiedskammer: Anlage zu unserem Schreiben vom Juni 1933 Abt. E Nr. 2160, S. 1, in: montan.dok BBA 33/921; Flechtheim, Julius, Indexeintrag: Deutsche Biographie, https://www.deutsche-biographie.de/pnd118938541.html [23.03.2019].

534 Besetzung der Oberschiedskammer: Anlage zu unserem Schreiben vom 13. Juli 1934 Abt. E Nr. 2700, S. 1, in: montan.dok BBA 33/921; Schubart-Fikentscher, Gertrud, „Heymann, Ernst“ in: Neue Deutsche Biographie 9 (1972), S. 88 f. [Online-Version]; URL: https://www.deutsche-biographie.de/gnd116792221.html#ndbcontent

535 montan.dok BBA 33/684.

536 Grauert, Ludwig, Indexeintrag: Deutsche Biographie, https://www.deutsche-biographie.de/pnd1024826899.html [23.03.2019].

537 Höhn, Reinhard, Indexeintrag: Deutsche Biographie, https://www.deutsche-biographie.de/pnd118705490.html [23.03.2019].

Einführung des Verfahrens waren abweichende Entscheidungen von Schiedsgerichten in gleich gelagerten Fällen, woraus geschlossen werden kann, dass es sich um rechtliche Fragen handelte, die über das einzelne Mitglied hinaus Bedeutung für ganze Gruppen von Mitgliedern mit gleich gelagerten Interessen hatten. Statt die gleiche Frage in mehreren Schiedsverfahren zu thematisieren, ein Zustand, der seitens des Kohlensyndikats ohnehin vermieden werden sollte,[538] wurde so eine abschließende Entscheidung getroffen und eine „Klärung für alle" erreicht[539]. Zu einer solchen Klärung, nämlich einer gewissen Rechtssicherheit, so führt *Bührmann* aus, hätte man sonst nur durch Reichsgerichtsentscheidungen kommen können.[540] An die Autorität dieser letzten Instanz vor den ordentlichen Gerichten knüpft offensichtlich die Besetzung der Schiedskammer und Oberschiedskammer an, um ihren Entscheidungen eine ähnliche Legitimationswirkung zu schaffen.

Ein ähnliches Bild zeigt sich in den Schiedsverfahren. Diese lassen sich hinsichtlich ihrer Besetzung in zwei Gruppen unterscheiden. In zwei Verfahren sind sämtliche parteibenannten Schiedsrichter Juristen.[541] Gemeinsam ist diesen beiden Verfahren, dass sie hauptsächlich rechtliche Fragen zum Gegenstand hatten. So stand im Mittelpunkt des ersten Verfahrens zuerst die Auslegung der Schiedsvereinbarung in § 13 des Syndikatsvertrages. Weiterhin war fraglich, ob das vertraglich feststehende Vergütungsverfahren nur mit Änderung des Syndikatsvertrags, also einstimmig geändert werden konnte, konkret ob die Bestimmungen des § 29 Abs. 2–4 des Syndikatsvertrags dahingehend auszulegen waren, dass sie auf das gesamte Verrechnungsprinzip und nicht nur auf die individuelle Herabsetzung oder Erhöhung Anwendung finden sollten.[542] Das zweite Verfahren beschäftigte sich ebenfalls mit der Auslegung des Syndikatsvertrages, insbesondere mit den Vorschriften zur Abrechnungsmethode in § 27 Abs. 1 und der Frage, ob eine monatliche Abrechnung durch das Syndikat zulässig sei oder dieses aufgrund eines jährlichen Beschäftigungsanspruchs der Zeche Monatsquoten zur Berechnung von Entschädigungen nicht heranziehen durfte.[543]

Abzugrenzen hiervon ist ein Verfahren, das nur auf den ersten Blick zugehörig scheint. Zwar handelte sich bei beiden parteibenannten Schiedsrichtern um promovierte Juristen.[544] Der von der Gewerkschaft Carl Alexander benannte

---

538 S. dazu 3. Kapitel A.

539 *Bührmann,* Syndikatsrecht im Rheinisch-Westfälischen Kohlen-Syndikat, 1893–1943, S. 311.

540 *Bührmann,* Syndikatsrecht im Rheinisch-Westfälischen Kohlen-Syndikat, 1893–1943, S. 311.

541 montan.dok BBA 33/676, montan.dok BBA 33/686.

542 Anlage zu unserem Schreiben vom 3. Mai 1929 Abteilung E Nr. 1080, in: montan.dok BBA 33/676.

543 Vergleich vom 2. Oktober 1939, in: montan.dok BBA 33/686.

544 Das Kohlensyndikat benannte Dr. Dechamps, die Gewerkschaft Carl Alexander benannte Dr. Arthur Pastor, Schreiben Carl Alexander an das RWKS vom 12.8.1936, in: montan.dok BBA 33/690; Vermerk zu den Akten: Carl Alexander Schiedsgericht, in: montan.dok BBA 33/680.

Schiedsrichter Dr. Pastor war zum Zeitpunkt des Schiedsverfahrens im April 1937 allerdings bereits seit rund 17 Jahren im Finanzbereich, mittlerweile als Bankdirektor tätig.[545] Es ging der Gewerkschaft Carl Alexander also gerade nicht darum, das Schiedsgericht mit Mitgliedern aus klassisch juristischen Betätigungsfeldern zu besetzen. Vielmehr kam es der Gewerkschaft Carl Alexander nicht nur bei der Wahl des von ihr zu benennenden Schiedsrichters, sondern bezüglich des gesamten Tribunals auf einen wirtschaftlichen Schwerpunkt an. Denn als die beiden parteibenannten Schiedsrichter sich auf einen Obmann verständigen wollten, lehnte Dr. Pastor den ihm vorgeschlagenen Senatspräsidenten Müller ab, und teilte mit, dass „seine Partei" einen Wirtschaftler und keinen Juristen als Obmann wünsche.[546] Nach Rücksprache des parteibenannten Schiedsrichters mit dem Kohlensyndikat einigten sich beide Schiedsrichter auf den Geheimen Regierungsrat Gustav Brecht von der Rheinischen Braunkohle.[547] Gegenstand des Verfahrens war der Inhalt der Einigung der Parteien bezüglich des Beitritts der Gewerkschaft Carl Alexander zum Kohlensyndikat, namentlich die Frage, ob abweichend von den schriftlichen Regelungen des Beitrittsvertrages ergänzende mündliche Vereinbarungen existierten.[548] Aufgrund dieser tatsächlichen Fragestellung und der Besonderheit der zwar juristisch anmutenden Besetzung eines im Kern aber überwiegend aus Praktikern bestehenden Schiedsgerichts steht dieses Verfahren eigentlich der zweiten Gruppe näher.

Die zweite Gruppe Schiedsverfahren zeichnet sich durch eine weit überwiegende Besetzung mit „Praktikern", das heißt Nichtjuristen, aus. Von sechs parteibenannten Schiedsrichtern war nur ein einziger Jurist.[549] In zwei Fällen war Gegenstand des Verfahrens die Minderung von Vertragsstrafen, die das Kohlensyndikat wegen der Lieferung anderer als vom Syndikat aufgegebener Sorten verhängt

---

545 Hochschularchiv der RWTH Aachen Biographische Datenbank, Personengruppen, Ehrensenatoren, http://www.archiv.rwth-aachen.de/biographischedatenbank/ [23.03.2019].

546 Vermerk zu den Akten: Carl Alexander Schiedsgericht, in: montan.dok BBA 33/680.

547 Vermerk zu den Akten: Carl Alexander Schiedsgericht, in: montan.dok BBA 33/680; Schiedsspruch, S. 1, in: montan.dok BBA 33/680.

548 Schiedsspruch, in: montan.dok BBA 33/680.

549 Parteibenannte Schiedsrichter: Generaldirektor, Bergassessor H. Kost und Bergwerksdirektor W. Friedrich, Anlage zu unserem Schreiben vom 3. Januar 1935 Abt. E Nr. 70, S. 1, in: montan.dok BBA 33/922; parteibenannte Schiedsrichter: Direktor Lübsen (Oberhausen) und Direktor Friedrich (Gelsenkirchen), Anlage zu unserem Schreiben vom 8. Januar 1935 Abt. E Nr. 131, in: montan.dok BBA 33/922; Berghauptmann a.D. Bennhold, und – als einzige Ausnahme: Landgerichtspräsident Heermann, Abschrift Schiedsgerichtsurteil in der Schiedsgerichtssache der Gewerkschaft des Streinkohlenbergwerks Langenbrahm gegen das Rheinisch-Westfälische Kohlensyndikat AG, S. 1 in: montan.dok BBA 33/922.

hatte.[550] Es steht zu vermuten, dass die Parteien hierfür von einem „Praktiker" aus dem Revier mehr Verständnis erwarteten als von Juristen, insbesondere da die Lieferung teilweise mit Absatznot für bestimmte Sorten begründet wurde[551], womit wohl alle Zechen (potentiell) zu kämpfen hatten. Auch die dritte Entscheidung in dieser Gruppe hatte hinsichtlich ihrer Fragestellung einen stark wirtschaftlichen Bezug. Zwar dreht sich der Rechtsstreit, wie das Schiedsgericht es formuliert, „um die Höhe der von der Klägerin an das beklagte Syndikat zu zahlende Umlage."[552] Hierzu hatten sich die Parteien nach vorausgehenden Verhandlungen geeinigt und das Ergebnis war in dem notariellen Protokoll über die Syndikatsverlängerung 1931 festgehalten worden.[553] Dass es sich dennoch um eine wirtschaftlich geprägte Fragestellung handelt ergibt sich daraus, dass es der Gewerkschaft Langenbrahm nicht um die Auslegung der Einigung ging, hierüber bestand Klarheit. Die Gewerkschaft Langenbrahm strebte vielmehr eine Änderung dieser Vorschrift aufgrund der veränderten tatsächlichen Verhältnisse an, da die Vorschrift in ihrem gegenwärtigen Wortlaut nicht mehr dem entspreche, was wirtschaftlich von den Parteien gewollt gewesen sei.[554]

C. Nichtöffentlichkeit und Freiheit von staatlicher Interessendurchsetzung

Die Nichtöffentlichkeit des Verfahrens und die Freiheit der Verfahren von staatlicher Interessendurchsetzung sind als potentielle Gründe für den Abschluss einer Schiedsvereinbarung eng miteinander verknüpft. Im Ergebnis ist die befürchtete angebliche Freiheit von staatlicher Interessendurchsetzung schlagwortartige Zusammenfassung einer negativen Bewertung der Nichtöffentlichkeit der Verfahren, die von Befürwortern häufig als Argument für die Schiedsgerichtsbarkeit angeführt wurde. Im Folgenden soll daher zunächst die Rolle, die die Nichtöffentlichkeit der Verfahren in der juristischen Diskussion und in den syndikatsinternen Verhandlungen spielte, dargestellt werden. Auf dieser Basis kann sodann

550 Anlage zu unserem Schreiben vom 3. Januar 1935 Abt. E Nr. 70, S. 1, in: montan.dok BBA 33/922; Anlage zu unserem Schreiben vom 8. Januar 1935 Abt. E Nr. 131, in: montan.dok BBA 33/922.

551 Anlage zu unserem Schreiben vom 8. Januar 1935 Abt. E Nr. 131, S. 2, in: montan.dok BBA 33/922.

552 Abschrift Schiedsgerichtsurteil in der Schiedsgerichtssache der Gewerkschaft des Streinkohlenbergwerks Langenbrahm gegen das Rheinisch-Westfälische Kohlensyndikat AG, S. 3, in: montan.dok BBA 33/922.

553 Abschrift Schiedsgerichtsurteil in der Schiedsgerichtssache der Gewerkschaft des Streinkohlenbergwerks Langenbrahm gegen das Rheinisch-Westfälische Kohlensyndikat AG, S. 5, in: montan.dok BBA 33/922.

554 Abschrift Schiedsgerichtsurteil in der Schiedsgerichtssache der Gewerkschaft des Streinkohlenbergwerks Langenbrahm gegen das Rheinisch-Westfälische Kohlensyndikat AG, S. 6 ff., in: montan.dok BBA 33/922.

untersucht werden, ob die Nichtöffentlichkeit der Verfahren tatsächlich zur befürchteten Freiheit von staatlicher Interessendurchsetzung geführt hat.

I. Nichtöffentlichkeit von Verfahren

Gerichtsverfahren waren seit Einführung des Gerichtsverfassungsgesetzes[555] 1877 öffentlich.[556] Die Möglichkeit, Streitigkeiten dieser Öffentlichkeit des ordentlichen Gerichtsverfahrens entziehen und den Konflikt unter Ausschluss von Kunden und Konkurrenz austragen zu können, wurde sowohl in der Weimarer Zeit als auch nach 1933 als großer Vorteil der privaten Schiedsgerichtsbarkeit genannt.[557] Die Vereinbarung einer Schiedsklausel scheint insofern folgerichtig, als die Maxime, möglichst wenig Information an die Öffentlichkeit gelangen zu lassen, ganz allgemein die Handlungen der Syndikatsorgane prägte. Es galt als verpönt, Syndikatsinterna öffentlich zu machen.[558] Die Informationen, die das Syndikat Außenstehenden zur Verfügung stellte waren spärlich, und umfassten nur die vom Kohlensyndikat „bewilligten Ausschnitte", selbst in der Zeit des Reichskohlenverbandes.[559]

Bereits im Rahmen der Vertragsverhandlungen 1903 wurde dieser Aspekt auch unter den Zechenbesitzern diskutiert. Hier überrascht die restriktive Haltung des Vorsitzenden zwar nicht dahingehend, dass er sich dagegen ausspricht, Konfliktfragen an die Öffentlichkeit zu bringen, allerdings bereits durch seine enge Definition des Begriffs der „Öffentlichkeit", unter den bereits die Schiedsgerichte selbst fallen. Er nutzte das Argument einer „großen Öffentlichkeit" durch die Anzahl der Schiedsrichter, um für eine Konfliktlösung durch den Beirat einzutreten.[560] Jedoch gab es Widerspruch seitens der versammelten bezüglich der Grundannahme dass die Übertragung der Konfliktlösung auf Schiedsgerichte selbst aufgrund der Zahl

555 Gesetz vom 27.1.1877, RGBl. 1877, S. 77.

556 Der relevante § 170 GVG 1877 lautete: „Die Verhandlung vor dem erkennenden Gerichte, einschließlich der Verkündung der Urtheile und Beschlüsse desselben, erfolgt öffentlich.", RGBl. 1877, S. 77.

557 Zur Weimarer Republik zum Beispiel *Kestner/Lehnich,* Der Organisationszwang, S. 82; *Tschierschky,* Kartell-Organisation, S. 117; zur Zeit des Nationalsozialismus beispielsweise Callmann-KartR, 238; Müllensiefen/Dörinkel-KartR, XVI, 1 f.

558 *Roelevink,* Organisierte Intransparenz, S. 52 f.

559 *Roelevink,* Organisierte Intransparenz, S. 46 f.

560 Vorsitzender: „[...] anstatt dass wir dieses [sic] Fragen [materielle Entscheidungen, d. Verf.] nur dem Beirat [statt dem Schiedsgericht, d. Verf.] unterbreiten, bringen wir dieselben an die Öffentlichkeit, die zweifellos eine große Öffentlichkeit sein wird. (Widerspruch.) Es kann jeden Tag ein neues Schiedsgericht berufen werden und jedes kann aus anderen Herren bestehen. Dadurch dürften die Verkaufsdispositionen, die Maßnahmen, die das Syndikat vornimmt, in die große Öffentlichkeit gezogen werden und das möchte ich nicht zugeben.", in: montan.dok BBA 33/25, S. 501.

der zu beauftragenden Schiedsrichter eine gewisse, große Öffentlichkeit der Verfahren begründen würde.[561] Die Debatte zeigt, dass es dem Syndikat – wenn dies von dem Vorsitzenden in der Debatte sogar als Argument gegen die Schiedsgerichtsbarkeit angeführt wurde – darauf ankam, Details über interne Konflikte nicht nach außen dringen zu lassen. Diesem Zweck konnte mit der Vereinbarung einer Schiedsklausel zwar nicht so gut wie mit einer entsprechenden Kompetenz für syndikatsinterne Ausschüsse, aber immerhin noch besser gedient werden als mit Verfahren vor den ordentlichen Gerichten.

Sichtbar wird das Ziel, Interna möglichst aus der Öffentlichkeit herauszuhalten, auch an verschiedener Stelle in den durchgeführten Schiedsverfahren selbst. So beschäftigte das Kohlensyndikat die Frage, wie die im Rahmen eines Schiedsvergleichs an eine Mitgliedszeche zu zahlende Summe zu verbuchen sei, da eine Integrierung in die Ausgleichsrechnung für das Jahr, in dem die ersatzpflichtige Minderbeschäftigung aufgetreten war, aufgrund Zeitablaufs und da die Abrechnung für dieses Jahr bereits abgeschlossen war, nicht mehr möglich war. Eine nachträglichen Änderung der öffentlichen Abrechnung wollte das Kohlensyndikat vermeiden, da ansonsten über den Kreis der Mitglieder hinaus „urbi et orbi" bekannt geworden wäre, dass der Kläger in dem von ihm anhängig gemachten Rechtsstreit eine Entschädigung erstritten hatte.[562] In einem ersten Brief, in dem die Optionen durchgespielt werden, heißt es zunächst noch relativ kurz, dass der Betrag wohl kaum zur Lasten der – Umlage (was eine öffentliche Bekanntmachung nicht erforderlich gemacht hätte) genommen werden könne. Hingegen heißt es in einem Aktenvermerk des Kohlensyndikats nur zwei Tage später, dass es das einfachste Verfahren wäre, wenn der Betrag zur Lasten der Umlage ginge. Dass hierbei wohl vom gewünschten Ergebnis her gedacht wurde zeigt nicht nur die Entwicklung der Einschätzung, sondern auch der zweite Halbsatz: das Verfahren habe auch eine logische Berechtigung, wenn man davon ausginge, dass das RWKS dem Vergleich nur zugestimmt habe, um eine Anerkennung seines Rechtsstandpunktes zu erreichen, die wiederum im Interesse alle Zechen läge.[563] Hingegen hatte das RWKS zuvor noch berichtet, es sei der Vorsitzende des Schiedsgerichts gewesen, der gleich zu Beginn der Verhandlung unter „starkem Appell" einen

561 montan.dok BBA 33/25, S. 501.

562 „Das ist uns insofern etwas unbequem, als damit orbi et urbi bekanntgemacht wird, daß der EBV noch Geld in dem von ihm anhängigen gemachten Rechtsstreit bekommen hat.", Schreiben des RWKS an Herrn Schneider vom 3.10.1939, in: montan.dok BBA 33/686; hiermit sind nicht die Syndikatsmitglieder, sondern Außenstehende gemeint: über den Ausgang des Schiedsverfahrens unter Nennung der Entschädigung berichte der Vorstand den Zechenbesitzern in der Versammlung der Mitglieder am 18.10.1939, Niederschrift über die Versammlung der Mitglieder vom 18.10.1939, S. 9, in: montan.dok BBA 33/686.

563 Aktenvermerk RWKS vom 5.10.1939, S. 2, in: montan.dok BBA 33/686.

Vergleich angeregt hatte.[564] Zwar hatte das Kohlensyndikat seine Vergleichsbereitschaft wohl tatsächlich an die grundsätzliche Anerkennung der Abrechnungsmethode gebunden.[565] Hintergrund war zum damaligen Zeitpunkt jedoch nicht das Interesse aller Syndikatsmitglieder, sondern der Gedanke, einen schwelenden Konflikt des Kohlensyndikats mit dem Kläger durch ein Entgegenkommen in einer für das Syndikat aussichtsreichen Situation zu entschärfen.[566]

In einem weiteren Verfahren diskutiert Dr. Heinemann in einem internen Aktenvermerk des Kohlensyndikats die Vorlage der Original-Niederschrift über die Verhandlung der Zechenbesitzer, die von der „offiziellen" Niederschrift, die gedruckt an die Mitglieder versandt wurde, dahingehend abweicht, dass sie Streichungen und Änderungen enthält. Insbesondere die Kürzungen waren laut Dr. Heinemann vorgenommen worden, da die Beteiligten mit der Möglichkeit rechneten, dass die gedruckte Niederschrift in die Hände der „Entente" gelangen könnte, der also gewisse Informationen, die nun dem Schiedsgericht zugänglich gemacht wurden, vorenthalten werden sollten.[567]

In demselben Verfahren stimmten die Parteien sogar den Inhalt von Schriftsätzen hinsichtlich einer Frage, die Konsequenzen für ein vor dem Finanzhof laufendes Verfahren hätte haben können ab. Die vor dem Finanzhof zu klärende Frage bezüglich der Bedeutung des Verrechnungspreises für die Steuerlast des Kohlensyndikats erschien den Parteien rechtlich zweifelhaft.[568] Die Gegenseite unterbreitete dem beklagten Syndikat den Vorschlag, in den Schriftsätzen „eine Übereinstimmung der Auffassung auch im Hinblick auf den schwebenden Steuerprozess" zu erzielen. Sie bot an, in einem späteren Schriftsatz missverständliche vorherige Äußerungen über den Verrechnungspreis noch einmal im gemeinsamen Interesse neu zu interpretieren und schlug vor, dass sich der Vorstand in seinem anstehenden Schriftsatz zur Frage gar nicht äußern solle. Es ist zu vermuten, dass dies als die unauffälligste Handlungsoption mit dem Ziel, potentiell schädigende

---

564 Schreiben des RWKS an Herrn Schneider vom 3.10.1939, S. 1, in: montan.dok BBA 33/686.

565 Schreiben des RWKS an Herrn Schneider vom 3.10.1939, S. 2, in: montan.dok BBA 33/686.

566 Trotzdem [obwohl die Vergleichsverhandlungen im Sinne des RWKS liefen, d. Verf.] haben mit Einverständnis von Herrn Dr. Janus Herr Stutz und ich von vornherein unsere Vergleichsbereitschaft zugestanden und auch dem Vergleich zugestimmt unter dem größeren Gesichtspunkt der „Aachener Frage". Sie erinnern sich, daß Herr Becker vom EBV immer behauptete, „Syndikatsmitglied 2. Klasse" zu sein und in diesem Falle doch mal durch Entgegenkommen des Syndikats eine „erstklassige" Behandlung erfahren hat.", Schreiben des RWKS an Herrn Schneider vom 3.10.1939, S. 2, in: montan.dok BBA 33/686.

567 Notizen des Dr. Heinemann zum Schiedsstreit an das RWKS, 26.3.1929, S. 19, 21, in: montan.dok BBA 33/676, Teil 2.

568 Schreiben Dr. Haussmann an Dr. Heinemann zur evtl. Weiterreichung an das RWKS vom 4.3.1929, in: montan.dok BBA 33/676, Teil 2.

vorherige Äußerungen zu korrigieren ohne weitere Aufmerksamkeit auf das Thema zu lenken, angesehen wurde. Dafür sprechen die weiteren Ausführungen, wonach mit einer derartigen Klarstellung zum einen „jede Gefahr für das steuerrechtliche Verfahren beseitigt“ würde, zum anderen, dass es „nicht zweckmäßig sein dürfte, im Augenblick diese Frage überhaupt schriftsätzlich nach der einen oder anderen Richtung zu unterstreichen.[569]

II. Freiheit von staatlicher Interessendurchsetzung

Angesichts der sich stetig ausbreitenden Schiedsgerichtsbarkeit wuchs der Verdacht, dass die Tatsache, dass eine derartig große Anzahl von Verfahren den staatlichen Gerichten entzogen würde, das staatliche Gerichtssystem auf Dauer schwächen und zu einer leeren Hülle verkommen lasse.[570] Hiermit gingen in der Diskussion zwei Befürchtungen einher, die im Grunde zwei unterschiedliche Blickwinkel auf dieselbe Frage zeigen: Zum einen die Angst vor der Entstehung einer Geheimjustiz der wirtschaftlich Mächtigen und der Ausbildung eines „Sonderrechts“ für ganze Wirtschaftszweige, zum anderen die Befürchtung, das ganze Rechtsgebiete – voran das Kartellrecht – der (staats-)richterlichen Rechtsfortbildung entzogen und damit in ihrer Entwicklung gehemmt werden könnten.

Erkennbar strebte das Kohlensyndikat mit der Vereinbarung der Schiedsklausel auch an, Informationen nicht der breiten Öffentlichkeit zugänglich zu machen. Es kann zudem vermutet werden, dass es dem Syndikat auch darauf ankam, Informationen gerade vor staatlichen Stellen zu verbergen. Dies ergibt sich aus der Sonderstellung des Syndikats, das im Verlauf seiner Entwicklung nicht mehr nur Interessengegensätze mit Außenseitern oder Kunden zu befürchten hatte, sondern in immer stärkerem Maße auch im Blickpunkt staatlicher Aufmerksamkeit stand und diesbezüglicher Einflussnahme ausgesetzt war.

Innerhalb des „institutionalisierten Bollwerks“[571] des Kohlensyndikats spielten sich spätestens seit 1915 alle Versuche ab, die staatliche Regulierung zu unterlaufen. Ein Indiz für diese Zielrichtung ist die Verschiebung der Ausweisung der Gewinne des Syndikats vom Bereich der Förderung in den Bereich des Absatzes als direkte Reaktion auf die staatlichen Interventionen seit dem ersten Weltkrieg, um

569 Schreiben Dr. Haussmann an Dr. Heinemann zur evtl. Weiterreichung an das RWKS vom 4.3.1929, in: montan.dok BBA 33/676, Teil 2.

570 *Nußbaum*, ZZP 1912, 254, 267: Befürchtung, “daß dadurch der Wirkungskreis der ordentlichen Gerichte in einer die staatlichen Interessen nachteiligen Weise beeinträchtigt würde.“; *Volkmar*, JW 1926, 2402, 2402: “Gefahr der Unterhöhlung der ordentlichen Gerichtsbarkeit“; *von Staff*, DJZ 1927, 34, 36: “Zersplitterung der Rechtspflege ist für Entwicklung der Rechtsprechung aber überhaupt eine für die gegenwärtigen Bestrebungen charakteristische und für das Ansehen des Staates als des Trägers des Hoheitsrechtes der Gerichtsbarkeit höchst gefährliche Zeiterscheinung“.

571 *Roelevink*, Organisierte Intransparenz, S. 49.

über die Gewinne mittels der gewünschten Außendarstellung als geschwächter und staatlich reglementierter Gemeinschaftskörper hinwegzutäuschen.[572]

Dieses Bestreben zeigt sich exemplarisch darin, dass der Vorstand des Kohlensyndikats innerhalb eines laufenden Schiedsverfahrens im Dienste seiner Sache bereit war, Informationen offenzulegen, die zuvor aus strategischen Erwägungen im Verhältnis zu staatlichen Akteuren zurückgehalten wurden. Konkret handelte es sich um eine Niederschrift der Versammlung der Mitglieder, aus der Passagen gestrichen worden waren, da diese drohte, in die Hände des Staates zu fallen. Zu der Editierung des Protokolls vor Verteilung sah sich der Syndikatsvorstand nach internen Notizen „mit Rücksicht auf die Entente" und da man sich bei der Anwendung des damals neuen Kohlenwirtschaftsgesetz „eine offene Tür" halten wollte veranlasst.[573] Im Schiedsverfahren reichte das beklagte Kohlensyndikat allerdings die ausführliche, unzensierte Version des Protokolls ein. Offensichtlich sah der Syndikatsvorstand hier kein Risiko, dass die Informationen über den Kreise der Verfahrensbeteiligten hinaus publik werden könnten.[574] Das nach den Regelungen des Kohlenwirtschaftsgesetzes für die Aufsicht über das Kohlensyndikat zuständige Reichswirtschaftsministerium war in das Schiedsverfahren nicht involviert. Erst nach Abschluss des Verfahrens zeigen die Verfahrensakten einen ersten Kontakt diesbezüglich mit dem Reichswirtschaftsministerium. Das Reichswirtschaftsministerium hatte ausweislich eines Schreibens an das Kohlensyndikat aus der Presse – und nicht etwa durch Mitteilungen des Syndikats – vom Abschluss des Schiedsstreits erfahren und bat um Übersendung des Schiedsurteils nebst Begründung.[575] Eine vorherige Information oder gar Beteiligung staatlicher Stellen am Verfahren, Überreichung der Schriftsätze nebst Anlagen oder ähnliches ist aus den Akten nicht ersichtlich und erscheint angesichts der Tatsache, dass das Ministerium seine Informationen über den Abschluss des Verfahrens aus der Presse bezieht, auch ausgeschlossen. Auch für die Verfahren nach 1933 ergibt sich kein anderes Bild. In den vorhandenen Akten finden sich keinerlei Hinweise auf staatliche Beteiligung an den Verfahren oder die Übersendung von Informationen durch das Kohlensyndikat. Zwar kann nicht ausgeschlossen werden, dass eine derartige Information dennoch erfolgt und anderweitig dokumentiert worden ist. Dies erscheint jedoch angesichts der augenscheinlichen Bündelung von Korrespondenz,

572 *Roelevink,* Organisierte Intransparenz, S. 47 ff.

573 Notizen Dr. Heinemann zum Schiedsstreit, Schreiben an RWKS vom 26.3.1929, S. 19 ff., in: montan.dok BBA 33/676, Teil 2.

574 Hinzu kommt, dass möglicherweise auch aufgrund Zeitablaufs – seit Einführung des Kohlenwirtschaftsgesetzes waren rund sechs Jahre vergangen – die Veröffentlichung mit Blick auf die damaligen Hintergründe der Änderung als weniger problematisch hätte bewertet werden können. Dies ändert allerdings nichts an den ursprünglichen Intentionen bei Veröffentlichung der verkürzten Mitschrift.

575 Schreiben des Reichswirtschaftsministeriums an das RWKS vom 6.6.1929, in: montan.dok BBA 33/676, Teil 2.

internen Dokumenten und Schriftsätzen sowie Schiedssprüchen der Verfahren in den vorliegenden Akten unwahrscheinlich.

Ein weiteres Indiz ist der Umgang der Parteien mit ergangenen Schiedssprüchen im Verhältnis zu den Staatsorganen. In zwei Verfahren wurde der ausdrückliche Verzicht der Parteien auf die Niederlegung des Schiedsspruchs bei dem zuständigen Gericht von dem Schiedsgericht dokumentiert.[576] Die Parteien verhinderten damit, dass sowohl der Wortlaut der Entscheidung, als auch die Tatsache, dass ein Schiedsverfahren durchgeführt worden war, aktenkundig wurde. Es ist zudem nicht auszuschließen, dass auch in den anderen Verfahren die Parteien auf die Niederlegung verzichteten. Ausweislich des Wortlauts der Regelung war die Vorschrift nicht dispositiv.[577] Die Niederlegung des Schiedsspruchs war eine Voraussetzung des (staatlichen) Vollstreckungsverfahrens, was die praktisch geringe Relevanz einer Niederlegung für das Kohlensyndikat erklärt, da ausgeurteilte Summen mit den Auszahlungsansprüchen der Mitglieder verrechnet werden konnten. Konsequenterweise finden sich in den Verfahrensakten keinerlei Hinweise darauf, dass die Vollziehung der Entscheidungen jemals problematisch gewesen sein könnte.

Die Befürchtungen eines Sonderrechts der Wirtschaft lassen sich vorerst nicht erhärten. Dabei soll die Frage der Entscheidungsgrundlagen der schiedsgerichtlichen Verfahren sowie der Bindung der Schiedsrichter an materielles Recht, die Frage also, ob die Schiedsrichter zwingende Bestimmungen des materiellen Rechts nicht angewandt haben, hier noch nicht erörtert werden.[578] An dieser Stelle soll vielmehr die grundlegende zeitgenössische Befürchtung untersucht werden, dass das besondere Recht eines kompletten Wirtschaftszweiges, nämlich das Kartellrecht, dem Staat vollständig entzogen, sowie seine Entwicklung durch die richterliche Rechtsfortbildung gehindert werden könnte.[579]

Dabei fällt zunächst auf, dass von allen untersuchten Verfahren lediglich eine Gruppe von drei Verfahren spezifisch kartellrechtliche Aspekte berührt. Alle anderen Verfahren spielen sich im Bereich des allgemeinen Vertragsrechts ab, und hätten, wären sie denn vor die ordentlichen Gerichte gelangt, somit nicht zur Entwicklung des Kartellrechts in der speziellen Ausprägung der im Kohlenwirtschaftsgesetz vorrangig geregelten Komplexe beigetragen.

576 Schiedsspruch, in: montan.dok BBA 33/680; Anlage zu unsererm Schreiben vom 18. Januar 1935 Abt. E Nr. 131, Schiedsspruch in der Schiedsgerichtssache der Vereinigten Stahlwerke Aktiengesellschaft in Essen gegen das RWKS, S. 4, in: montan.dok BBA 33/922.

577 865 CPO 1877: „Der Schiedsspruch ist unter Angabe des Tages der Abfassung von den Schiedsrichtern zu unterschreiben, den Parteien in einer von den Schiedsrichtern unterschriebenen Ausfertigung zuzustellen und unter Beifügung der Beurkundung der Zustellung auf der Gerichtsschreiberei des zuständigen Gerichts niederzulegen."

578 S. dazu 6. Kapitel B.

579 *Volkmar*, JW 1926, 2402, 2402; *Kisch*, DJZ 1934, 6, 8 f.; siehe auch Callmann–KartR, 237; *Kestner/Lehnich*, Der Organisationszwang, S. 82.

Alle Schiedskammer- und Oberschiedskammerverfahren beschäftigten sich definitionsgemäß mit der Auslegung verschiedener Bestimmungen des Syndikatsvertrages. Doch auch die übrigen Schiedsverfahren beschäftigen sich hauptsächlich mit Fragen des allgemeinen Zivilrechts. Streitentscheiden war auch hier die Auslegung des Syndikatsvertrages, etwa der Bestimmungen über das Vergütungsverfahren[580], der Abrechnungsmethode[581], der Berechnung der Umlage[582] oder die Frage, ob die schriftliche Beitrittsvereinbarung einer Zeche zum Syndikat eine abschließende Regelung darstellt oder ergänzende mündliche Vereinbarungen getroffen wurden[583].

Zwei Verfahren beschäftigten sich mit der Herabsetzung von aufgrund des Syndikatsvertrages wegen der Lieferung anderer als vom Syndikat bestellter Sorten verhängter Vertragsstrafen. Diese Frage an der Schnittstelle von Kartellrecht und Zivilprozessrecht hatte bereits zuvor die ordentlichen Gerichte beschäftigt. Den Anknüpfungspunkt für die inhaltliche Auseinandersetzung mit dem Themenkomplex des Verbandsstrafrechts bot den ordentlichen Gerichten die Vorschrift des § 1025 Abs. 1 ZPO, die die inhaltliche Reichweite potentieller Schiedsvereinbarungen regelte. Hiernach konnten die Parteien ein Schiedsgericht mit dem Entscheid aller Fragen beauftragen, über die sie einen zivilrechtlichen Vergleich schließen konnten.

Die Zulässigkeit, Schiedsgerichten vertraglich die Kompetenz zur Verhängung von Verbandsstrafen einzuräumen, wurde in der Rechtsprechung teilweise angezweifelt,[584] namentlich durch eine Entscheidung des Kammergerichts im Jahr 1926 und eine Entscheidung des Landgerichts Frankfurt im Jahr 1935. Das Kammergericht hatte sich in seiner Entscheidung[585] gegen die Wirksamkeit von Vereinbarungen ausgesprochen, die Schiedsgerichten die Festsetzung von „Bußen" erlauben, da die Verhängung von Bußen lediglich im Rahmen des staatlichen Strafprozesses zulässig sei. Anders wäre die Situation, wenn es sich bei der „Buße" in der Sache um einen zivilrechtlichen Schadensersatz handeln würde; über diesen konnte nach Auffassung des Gerichtes dem Grunde und der Höhe nach ein Verbandsschiedsgericht entscheiden. Die Abgrenzung zwischen Schadensersatz und strafrechtlicher Buße nahm das Gericht anhand der Frage vor, ob die Zahlung gegebenenfalls auch an einen unbeteiligten Dritten, an dessen Vermögen kein Schaden eingetreten war, zu leisten wäre.[586] Die spätere Entscheidung des Landgerichts Frankfurt[587] bezog

---

580 montan.dok BBA 33/676.

581 montan.dok BBA 33/686.

582 Abschrift Schiedsgerichtsurteil in der Schiedsgerichtssache der Gewerkschaft des Steinkohlenbergwerks Langenbrahm gegen das RWKS, in: montan.dok BBA 33/922.

583 montan.dok BBA 33/680.

584 Müllensiefen/Dörinkel-KartR, XVI, 5.

585 Urt. v. 07.11.1925, JW 1926, 1600, 1600.

586 Urt. v. 07.11.1925, JW 1926, 1600, 1600; *Werneburg*, KartR, 254, 254; Müllensiefen/Dörinkel-KartR, XVI, 5.

587 Urt. v. 11.09.1935, JW 1935, S. 3495, 3495 ff.

sich speziell auf die Frage der Zulässigkeit von Verbandsstrafen zum Zweck der Durchsetzung von Kartellpflichten. Das Landgericht Frankfurt entschied dahingehend, dass Vertragsstrafen im Sinne von Ordnungsstrafen zulässig, die Vereinbarung einer „eigentlichen Strafgerichtsbarkeit" hingegen nicht von § 1025 ZPO gedeckt sei. Dies sei insbesondere der Fall, wenn die Buße der Durchsetzung weitergehender wirtschaftlicher Ziele und kartellmäßiger Bindungen – im Gegensatz zu Akten der Selbstverwaltung, zum Beispiel Geldstrafen zur Wahrung interner Vereinsinteressen oder um das Mitglied zur Mitarbeit anzuhalten – diene.[588]

Es gab also zum Entscheidungszeitpunkt 1935 Rechtsprechung, die die Zulässigkeit der von dem Kohlensyndikat verhängten Verbandsstrafen in Zweifel hätte ziehen können und diese folgerichtig aufgehoben hätte, statt – weswegen das Schiedsgericht angerufen worden war – die Verbandsstrafe herabzusetzen. Der Schiedsspruch selbst weist eingangs der Entscheidungsgründe auf eine überraschende Beschränkung der Berufung durch die klagende Mitgliedszeche hin: diese war ausdrücklich nur hinsichtlich der Höhe der festgesetzten Strafe erhoben worden, die Berechtigung zur Verhängung einer derartigen Verbandsstrafe war also von der Schiedsklägerin ausdrücklich aus der Entscheidungsgewalt des Schiedsgerichts ausgeklammert worden. Diese Frage war zuvor mehrfach streitig erörtert worden.[589] Dass nunmehr die Partei, die durch eine Entscheidung dieser Frage zumindest auf den ersten Blick alles zu gewinnen und nichts zu verlieren hätte, auf eine für sie vermeintlich risikolose Verteidigungslinie verzichtet, verwundert. Über die Frage, warum diese Beschränkung erfolgt ist, lässt sich nur spekulieren. Allerdings könnte diese Beschränkung durchaus darauf hindeuten, dass auch die Mitgliedszechen bereit waren, ihre Interessen im Verband lediglich innerhalb des syndikatsvertraglich gesteckten Rahmens und damit losgelöst von außersyndikatlichen Regelungen und Vorgängen zu verfolgen, das syndikatsvertragliche Regelungsgefüge also als in sich geschlossenes System zu akzeptieren. Insbesondere der schiedsgerichtliche Hinweis, dass diese Frage bereits mehrfach entschieden worden war, könnte dafür sprechen, dass auch die Mitgliedszechen die vorherige syndikatsinterne Überprüfung der Kompetenz zur Verhängung von Vertragsstrafen bei Verstößen gegen die Versendungsanordnung – im Sinne einer präjudiziellen Schiedsentscheidung – akzeptierte.[590] Es lässt sich zudem spekulieren, dass dieser Aspekt eine Rolle dabei gespielt hat, dass die Parteien auf die Niederlegung dieses

588 Kritisch *Kubisch*, der der Abgrenzung grundsätzlich zustimmt, allerdings nicht der Definition der Begriffe der Ordnungsstrafen und Buße, *Kubisch*, JW 1935, 3493, 3495.

589 „Die mehrfach erörterte Streitfrage, ob der Vorstand des Syndikats eine Strafe gemäß § 44 Abs. 2 des Syndikatsvertrages festsetzen darf, wenn es sich bei dem Syndikatsmitglied lediglich um einen Verstoß gegen Versandanordnungen handelt, kann dahingestellt bleiben, da die Berufung ausdrücklich auf Nachprüfung der Höhe der festgesetzten Strafe beschränkt worden ist.", Anlage zu unserem Schreiben vom 8. Januar 1935 Abt. E Nr. 131, S. 3, in: montan.dok BBA 33/922.

590 S. a. 7. Kapitel C.

Schiedsspruches ausdrücklich verzichteten und so seine Aktenkundigkeit bei den ordentlichen Gerichten verhinderten.

Inhaltlich erscheint zwar fraglich, ob die Beschränkung der Berufung auf die in der Rechtsprechung der ordentlichen Gerichte streitige Frage der Zulässigkeit der Verhängung der Verbandsstrafe an sich zielte, oder ob syndikatsintern zuvor lediglich um den Anwendungsbereich der Vertragsbestimmung gestritten worden war. Jedenfalls aber berührt selbst letzterer, engerer Konflikt die in der Rechtsprechung umstrittene Frage der Kompetenz der Verhängung von Verbandsstrafen und „entzieht" den ordentlichen Gerichten insoweit die Gelegenheit zur Stellungnahme und Rechtsfortbildung im Sinne der eingangs zitierten Literatur.

D. Zwischenfazit

Der Syndikatsvertrag enthielt eine Schiedsklausel, lange bevor diese in der breiten juristischen Öffentlichkeit diskutiert wurden. Die Betrachtung der Hintergründe für die Einführung der Schiedsklausel ergab zunächst, dass diese entgegen späterer Vermutungen nicht auf Druck von Syndikatsorganen eingefügt wurde, sondern ihre Einführung hinsichtlich der Verletzung des Syndikatsvertrages weitgehend unstreitig, und die Zuständigkeit für die sogenannten materiellen Fragen auf die Initiative von Mitgliedszechen zurückging. Es lässt sich weiter vermuten, dass vor allem für die Einführung der ersten Schiedsklausel kleinere Mitgliedszechen und Mitgliedszechen, die ihre Produktionsziffer erhöhen wollten, stimmten. Denn die Schiedsklausel hatte zur Folge, dass über diese Fragen nicht nach der Produktionsziffer besetzte Syndikatsausschüsse, insoweit also produktionsstarke Mitglieder, die unter Umständen ein Interesse daran hatten, diese Position zu verteidigen, entschieden, sondern ein neutral besetztes Schiedsgericht.

Über den Zeitabschnitt der Wirksamkeit des ersten Syndikatsvertrages hinaus zeigt sich immer wieder, dass die Schiedsklausel beziehungsweise die Möglichkeit der Durchführung schiedsgerichtlicher Verfahren von den Mitgliedszechen zur Durchsetzung ihrer Interessen genutzt wurde. Korrespondierend zeigt sich wiederholt eine gewisse Skepsis insbesondere des Syndikatsvorstands gegenüber der Institution des Schiedsgerichts. Dabei darf nicht vergessen werden, dass sich zumindest in den Vertragsverhandlungen zur erstmaligen Einführung der Schiedsklausel diese Skepsis nicht auf die Zuständigkeit bezüglich der Überprüfung eines Verstoßes gegen den Syndikatsvertrag bezog, sondern allein auf die Entscheidungsbefugnis hinsichtlich der sogenannten materiellen Fragen. Das Misstrauen des Vorstandes richtete sich also nicht gegen die Schiedsgerichtsbarkeit als solche. Es richtete sich zudem nicht gegen die Schiedsgerichtsbarkeit im Vergleich zur Entscheidung vor den ordentlichen Gerichten, sondern lediglich im Vergleich zur Konfliktlösung in mit Angehörigen der Mitgliedszechen besetzten Ausschüssen.

Insgesamt lässt sich ein generelles Misstrauen gegenüber den ordentlichen Gerichten anhand der Einführung und späteren erneuten Entscheidung für eine Schiedsklausel nicht feststellen. So wurde für einzelne Streitigkeiten ausdrücklich das Verfahren vor den ordentlichen Gerichten vereinbart und die Frage Streitentscheidung durch Schiedsgerichte im Rahmen der Vertragsverlängerung ergebnisoffen diskutiert.

Die Vermutung, Hintergrund der Entscheidung für eine Schiedsklausel sei die Attraktivität einer schnelleren Entscheidung durch Sachverständige gewesen, hat sich nur bedingt bestätigen lassen. Jedenfalls war die Verfahrensdauer der analysierten Verfahren mit höchstens sieben Monaten deutlich kürzer als die Verfahrensdauer vor den ordentlichen Gerichten. Hingegen spielten diese Erwägungen in den Vertragsverhandlungen keine Rolle, wobei dies auch daran liegen könnte, dass der Gesichtspunkt für die Beteiligten möglicherweise offensichtlich und auch kein Anknüpfungspunkt für Meinungsverschiedenheiten war.

Es ließ sich jedoch zeigen, dass die Sachkunde der Schiedsrichter – vor allem im Sinne einer Kenntnis der tatsächlichen Verhältnisse innerhalb des Syndikats – bei der Einführung der Schiedsklausel von Bedeutung war. Es kam vor allem dem Vorstand des Kohlensyndikats maßgeblich darauf an, Außenstehende nicht mit Entscheidungsgewalt über syndikatsrechtliche Fragen auszustatten, da Kenntnis der tatsächlichen Verhältnisse wahrscheinlich zu anderen materiellen Ergebnissen führen würde.

Weitergehende Erwägungen in der rechtswissenschaftlichen Literatur, Schiedsgerichte seien zweckmäßig ausschließlich mit Sachverständigen zu besetzen, da die Besetzung mit Juristen nur die Vorzüge eines nicht formaljuristischen Verfahrens aufhebe, wurden syndikatsintern nicht geteilt. Hinsichtlich der Schiedskammerverfahren war die Besetzung mit Juristen im Syndikatsvertrag ohnehin vorgeschrieben. Hier fällt die hochkarätige Besetzung der Tribunale auf, die wohl die Legitimität einer Entscheidung, die häufig den Schlusspunkt eines die große Mehrzahl der Mitgliedszechen spaltenden Konflikts bildete, gewährleisten sollte.

Für Schiedsgerichtsverfahren traf die Mitgliederversammlung zwischenzeitlich einen allgemeinen Beschluss, wonach der Obmann der Verfahren aus einer Liste von fünf Juristen auszulosen war. Dabei ist bemerkenswert, dass über diese Regelung hinaus häufig auch die parteibenannte Schiedsrichter Juristen waren. Hier lässt sich festhalten, dass in quasi allen Verfahren, die (auch) rechtliche Fragen zum Gegenstand hatten, Juristen als Schiedsrichter benannt wurden. In denjenigen Verfahren, die lediglich die Reduzierung einer Vertragsstrafe aufgrund wirtschaftlicher Billigkeitserwägungen zum Gegenstand hatten, waren die Schiedsgerichte hingegen überwiegend mit Nicht-Juristen besetzt.

Wenig überraschend war, wie auch in der zeitgenössischen rechtswissenschaftlichen Literatur vermutet, die Nichtöffentlichkeit der Verfahren einer der maßgeblichen Gründe für die Einführung der Schiedsklausel, und auch innerhalb der laufenden Verfahren beziehungsweise nach ihrem Abschluss wurde diesem Gedanken Rechnung getragen.

Für die ebenfalls vermutete Zielsetzung der Freiheit von staatlicher Interessendurchsetzung und dem vermuteten tatsächlichen Effekt einer Entziehung und Verhinderung der Rechtsfortbildung des Kartellrechts durch die Schiedsklausel konnten teilweise Anhaltspunkte gefunden werden. Hierfür spricht mit Blick auf die Freiheit von staatlicher Interessendurchsetzung insbesondere, dass das Kohlensyndikat in den Verfahren Information nutzte, und diese auch vorlegte, die es zuvor mit Blick auf potentielle Nachteile durch gesetzgeberische Aktivität zurückgehalten hatte.

Dies verwundert angesichts der Sonderstellung des Kohlensyndikats. Denn bei dem Kohlensyndikat handelte es sich um einen hochreglementierten Köper und der Staat hatte auch aufgrund der Mitgliedschaft staatlicher Kohlenbergwerke ohnehin einen gewissen Einblick in die Verhältnisse des Kohlensyndikats. Dennoch dürfen diese Faktoren nicht darüber hinwegtäuschen, welche Möglichkeiten Schiedsverfahren unter dem Gesichtspunkt der Freiheit von staatlicher Interessendurchsetzung dennoch boten. Inwieweit bloße Mitgliedschaft tatsächlich – oder gerade nicht – umfassende Information über die Verhältnisse im Kohlensyndikat garantierte, ist für den Zeitraum 1915 bis 1932 von Eva-Maria Roelevink umfassend untersucht worden.[591] Jedenfalls lässt sich nach Untersuchung der vorliegenden Quellen vermuten, dass die Verfahren in der Sache weitgehend unbeobachtet abliefen. So erbat das zuständige Reichwirtschaftsministerium die Übersendung eines Schiedsurteils, nachdem es aus der Presse – und nicht etwa aufgrund eigener Teilnahme oder Information – vom Abschluss des Verfahrens Kenntnis erlangt hatte. Weitere Belege für eine Teilnahme an den Verfahren, oder auch nur für die Information staatlicher Stellen finden sich nicht.

Auf die Entziehung und Verhinderung einer Fortentwicklung des Kartellrechts durch staatliche Gerichte lassen sich lediglich vereinzelte Hinweise finden. Inhalt der Mehrzahl der Entscheidungen waren nicht spezifisch kartellrechtliche Fragen, sondern Fragen, die rechtlich im allgemeinen Teil des Bürgerlichen Gesetzbuchs zu verorten waren, namentlich Fragen der Vertragsauslegung. Dennoch beschäftigt sich eine kleine Anzahl von Verfahren mit kartellrechtlichen Fragen, die in der Rechtsprechung nicht abschließend geklärt waren, und verhinderte insoweit, dass diese der Klärung vor den ordentlichen Gerichten zugeführt wurden. Es finden sich allerdings keinerlei Anhaltspunkte dafür, dass dies von den Parteien bezweckt oder auch nur vorausgesehen worden wäre.

591 *Roelevink*, Organisierte Intransparenz.

4. Kapitel Besetzung der Schiedsgerichte und schiedsrichterliche Unabhängigkeit

In Kapitel 3 wurden die vertraglichen Einführungs- und Änderungsverhandlungen der Konfliktlösungsmechanismen sowohl bzgl. einer verbreiteten Befürchtung, die mit der Einführung von Verbandsschiedsklauseln verbunden wurde, als auch hinsichtlich der üblichen Argumente für die Einführung einer Schiedsklausel untersucht. Im Folgenden soll der Blick ergänzend auf Steuerungspotentiale einer Partei in den konkreten, nach den vertraglichen Regelungen stattfindenden Verfahren gerichtet und Einflussmöglichkeiten unter dem Gesichtspunkt der Schiedsrichterbenennung und Schiedsrichterbezahlung betrachtet werden. Die in Kapitel 3 thematisierte Fragestellung wird damit in einer logisch und zeitlich nachgelagerten Phase des schiedsgerichtlichen Verfahrens fortgesetzt, und die Frage schiedsrichterlicher Unabhängigkeit in den vorliegenden syndikatsinternen Verfahren unter verschiedenen Blickpunkten untersucht.

Dabei soll einführend der Grundsatz der schiedsrichterlichen Unabhängigkeit und seine Relevanz in der innersyndikatlichen Auseinandersetzung dargestellt werden. Im Anschluss hieran soll der – der Frage der Unabhängigkeit des einzelnen Schiedsrichters vorgelagerten – Frage nachgegangen werden, ob in der Art und Weise der Besetzung des Schiedsrichters ein Ungleichgewicht nachgewiesen werden kann, der Spruchkörper als solcher also hinsichtlich seiner Besetzung den Makel einer nicht auszuschließenden Einflussnahme durch eine Partei des Verfahrens aufwies. Letztlich soll der Frage nachgegangen werden, ob das vorhandene Aktenmaterial Steuerungstendenzen dadurch erkennen lässt, dass Fragen der wiederholten Benennung oder Honorarzahlungen persönliches Interesse der Schiedsrichter am Verfahrensausgang hätten begründen können.

A. Diskussion schiedsrichterlicher Unabhängigkeit

Seit Inkrafttreten der Zivilprozessordnung ist der Grundsatz der Unparteilichkeit und Unabhängigkeit der staatlichen Richter ein prägender Grundsatz der richterlichen Tätigkeit und Fundament des Vertrauens der Allgemeinheit in die Objektivität der Rechtsprechung.[592] In der Rechtsprechung des Reichsgerichts war zudem früh anerkannt, dass diese Voraussetzungen auch im Verfahren vor dem privaten Schiedsrichter gewährleistet werden musste. Dieser Gedanke erschien bereits im Jahr 1891 in der Rechtsprechung des Reichsgerichts. Für den gesamten Zeitraum

592 *Kornblum*, Probleme der schiedsrichterlichen Unabhängigkeit, S. 117, 122.

des Bestehens des Kohlensyndikats galt der Grundsatz, dass – und das gerade auch für den Bereich der Schiedsgerichtsbarkeit – niemand Richter in eigener Sache sein könne.[593] Dies sei mit dem Wesen des Schiedsvertrages, des Schiedsrichteramtes, der schiedsrichterlichen Tätigkeit oder dem Begriff des Schiedsvertrages nicht vereinbar.[594]

Die Frage der sogenannten Unbeteiligtheit, das heißt der Unparteilichkeit der Entscheidungsträger im Rahmen der syndikatsinternen Konfliktlösung, war seit den Anfangsjahren des Kohlensyndikats ein Thema, das syndikatsintern für Auseinandersetzungen sorgte. In den Vertragsverhandlungen 1903 wurde zunächst der Beirat als Organ mit der Kompetenz zur Letztentscheidung von „Streitfragen", das heißt über die Höhe der Beteiligungsziffern der einzelnen Zechen und der Verrechnungspreise, diskutiert. Der Beirat war ein Organ der Gesellschaft bürgerlichen Rechts, in den die Mitgliedszechen – je nach Umfang ihrer Produktion – eine unterschiedlich hohe Anzahl an Vertretern entsandten.[595] Der Bestellung eines Schiedsgerichts in dieser Besetzung hätte die geltende Rechtsprechung wohl entgegengestanden. Bereits 1891 hatte das OLG Köln entschieden, dass sich aus der Natur und Wesen des Schiedsvertrags ergebe, dass Vertragspartner nicht zum Schiedsrichter über den Vertragsgegenstand bestellt werden könnten, bei Streitigkeiten einer Gesellschaft bürgerlichen Rechts eine Entscheidung durch die Gesellschafter aufgrund deren Stellung als Partei also ausscheide.[596] Dem schlossen sich in den Folgejahren das Reichsgericht, mehrere Oberlandesgerichte und das Kartellgericht an.[597]

Obwohl diese Rechtsprechung nicht in Bezug genommen wurde, sondern der Vorstoß für unabhängige Schiedsgerichte nur mit dem allgemeinen Gerechtigkeitsgedanken begründet wurde, traf der Einwand genau die Begründungslinie der Rechtsprechung: „Der Beirat sind die Zechenbesitzer und die Streitfrage geht gegen jede Zeche; es entscheidet also als Beirat die eine Partei. Das geht doch gegen jedes Rechtsbewusstsein."[598] Diese Frage wurde zudem direkt an „unseren Herrn Justitiar" gerichtet – die Thematik also indirekt als Rechtsfrage eingeordnet – der jedoch abwiegelte; es sei bei pflichtgemäßer Entscheidung des Beirats nichts zu machen. Auf die erneute Zuspitzung hin, dann könne ja auch die Zeche selbst entscheiden, reagierte der Justitiar mit der Gegenfrage, wo die Befürworter denn die Schiedsrichter herkriegen wollen. Es scheint in dieser Frage das

593 Zur Rechtsprechung ab 1888 siehe *Kornblum,* Probleme der schiedsrichterlichen Unabhängigkeit, S. 7 mit umfassenden Nachweisen zur Rechtsprechung bis 1937.

594 *Kornblum,* Probleme der schiedsrichterlichen Unabhängigkeit, S. 7 f.

595 Zum Beirat s.o. 1. Kapitel B.

596 *Kornblum,* Probleme der schiedsrichterlichen Unabhängigkeit, S. 16 zitiert OLG Köln, Rheinisches Archiv 84 (1892), 1 Abtheilung, S. 61

597 *Kornblum,* Probleme der schiedsrichterlichen Unabhängigkeit, S. 18 ff., jeweils mit Darstellung der Entscheidung.

598 Bergrat Kost, in: montan.dok: BBA 33/25, S. 410.

Argument mitzuschwingen, dass angesichts der Tatsache, dass Schiedsrichter nicht zur Verfügung stehen würden (im Ergebnis eher, dass unparteiische Schiedsrichter tatsächlich nicht zur Verfügung stehen würden) auch gleich der ebenfalls befangene Beirat entscheiden könne. Eine tiefergehende Auseinandersetzung mit der juristischen Kernfrage, nämlich der Entscheidung durch einen Schiedsrichter in eigener Sache, erfolgte jedoch nicht.

Auch in den schiedsrichterlichen Verfahren selbst wird die Problematik des Schiedsrichters in eigener Sache sichtbar. Im Schiedskammerverfahren machte ein von dem Kohlensyndikat auf die Möglichkeit der Verfahrensbeschleunigung durch einstimmige Wahl der Schiedsrichter angesprochenes Mitglied der gegen die beschlossenen Landabsatzrichtlinien opponierenden Gruppe seine Zustimmung davon abhängig, dass seitens des Syndikats kein Schiedsrichter vorgeschlagen würde, den man als befangen ablehnen müsse. Es seien dies alle Verwaltungsmitglieder „derjenigen Mitgliedszechen, die den Landabsatzrichtlinien zugestimmt hätten."[599]

Zudem illustriert eine Aktennotiz den Vorwurf des Richters in eigener Sache: In einem späteren Telefonat wurde die einstimmige Wahl eines Schiedsrichters mit dem Argument abgelehnt, dass dieser durch seine Zugehörigkeit („nur") zu den Aufsichtsräten von drei Zechen, die für die Landabsatzrichtlinien gestimmt hatten, starke Beziehungen zu den Gesellschaften habe, die die stärkste Fraktion innerhalb der Gegenseite ausmachten.[600]

Dass es sich hierbei nicht um einen Einzelfall handelt offenbaren die Parteien in demselben Verfahren. Im Zuge der Diskussion wird kurz ein vergangenes Verfahren vor den ordentlichen Gerichten wegen Befangenheit eines Schiedsrichters angesprochen, welches wohl aufgrund vergleichbarer Vorzeichen geführt wurde.[601]

Zu unterscheiden von dieser Frage der Befangenheit aufgrund eines Eigeninteresses des Schiedsrichters am Ausgang des Verfahrens ist die Frage, ob eine Befangenheit deswegen bejaht werden kann, weil der Schiedsrichter sich der Partei verpflichtet fühlte, die ihn benannt hatte.[602] Dass der Schiedsrichter sich leicht zumindest unbewusst auf die Anschauungen desjenigen einstelle, der ihn benannt habe, wurde in der zeitgenössischen Literatur von *Nußbaum* als „unbestreitbare psychologische Tatsache" eingeordnet.[603] Noch weitergehend erklärte zur gleichen Zeit ein Mitglied der preußischen Richterschaft es gerade zum Vorteil der Schiedsverfahren, dass die Partei mit dem von ihr bestimmten Schiedsrichter

599 Aktennotiz Holle: Vermerk betr. Landabsatzrichtlinien vom 7.3.1939, S. 2, in: montan.dok BBA 33/686.

600 Aktennotiz Holle vom 11.3.1939, S. 1, in: montan.dok BBA 33/686.

601 Aktennotiz Holle vom 11.3.1939, S. 1, in: montan.dok BBA 33/686.

602 Siehe zu dem Verpflichtungsgefühl aus dem eigennützigen Motiv, sich mit der damit verbundenen Hoffnung auf Wiederbestellung Einnahmen zu sichern insb. 4. Kapitel C und D.

603 *Nußbaum*, JW 1926, 13, 16.

einen „Vertrauensmann“ in die Beratungen mit dem „eigentlichen Richter, dem Obmann“, entsende, der „die Sache von den Gesichtspunkten seiner Partei ausgehend“ behandle.[604]

Ein Verhalten, dass auf das Gefühl, der eigenen Partei in dieser Weise verpflichtet zu sein, hindeutet, zeigt auch ein parteibenannter Schiedsrichter im Verfahren gegen das Kohlensyndikat. Wie sich aus einem internen Aktenvermerk des Syndikats ergibt, scheiterte die Bestellung des Obmanns durch die parteibenannten Schiedsrichter zunächst daran, dass der andere parteibenannte Schiedsrichter kurz und bündig auf die diesbezüglichen Wünsche „seiner Partei“ verwies.[605] Offenbar hatte sich diese Partei zuvor gegenüber dem Schiedsrichter dahingehend geäußert, dass sie einen „Wirtschaftler“ als Vorsitzenden bevorzugen würde, und der von ihr benannte Schiedsrichter war, ohne dass im Aktenvermerk von anderweitigen Bedenken gegen den vorgeschlagenen Juristen die Rede gewesen wäre, bereit, diesem Wunsch Rechnung zu tragen und auf der Benennung eines „Wirtschaftlers“ zu bestehen.[606]

Die Selbstwahrnehmung des Schiedsrichters als Interessenvertreter seiner Partei wurde jedoch weit überwiegend kritisch gesehen. So kommentierte die Schriftleitung der Juristischen Wochenschrift die oben erwähnte Auffassung von der Stellung als Parteivertreter trotz ihrer Politik, jeder wissenschaftlich ernstzunehmenden Meinung Platz in einer bestimmten Rubrik der Zeitschrift zur Verfügung zu stellen, als pflichtwidrig und verfehlt: „Auch der von einer Partei benannte Schiedsrichter ist Richter mit der Pflicht völliger Unparteilichkeit; der Schiedsrichter, der sein Amt anders auffasst und nur den Obmann als den „eigentlichen Richter“ ansieht, verletzt seine Pflicht.“ Die gegenteilige Auffassung sei auf das schärfste zu bekämpfen.[607]

Diese Rechtsauffassung äußert auch der parteibenannte Schiedsrichter des Syndikats, der in demselben Aktenvermerk mit den Worten zitiert wird, dass derartiges Verhalten einen Ausdruck der „völligen Verkennung“ des Amtes des Schiedsrichters darstelle.[608] Praktisch hingegen scheint sich eine derartige „Verkennung“ des Schiedsrichteramtes noch im selben Atemzug zu bestätigen. Der vom Kohlensyndikat benannte Schiedsrichter erklärte ausweislich des Vermerks nämlich sodann, warum er aus sachlichen Gründen den vom anderen Schiedsrichter vorgeschlagenen Wirtschaftler ablehnen wolle, dass er zudem dessen Befangenheit befürchte und überdies in seiner eigenen Person liegende Gründe[609] gegen die

604 *Lutz*, JW 1925, 717, 718.
605 Vermerk zu den Akten: Carl Alexander Schiedsgericht, in: montan.dok BBA 33/680.
606 Ebd.
607 *Lutz*, JW 1925, 717, 718 hierzu Anmerkung der Schriftleitung in Fußnote 1; in diesem Sinne auch *Nußbaum*, JW 1926, 13, 16.
608 Vermerk zu den Akten: Carl Alexander Schiedsgericht, in: montan.dok BBA 33/680.
609 Der als Obmann vorgeschlagene Bankier gehörte dem Aufsichtsrat eines Unternehmens an, dessen Vorstand der Schiedsrichter angehörte.

Ernennung sprächen, bevor er seinerseits das Kohlensyndikat um Nennung eines anderen Wirtschaftlers bat[610]. Wenn auch weniger offen formuliert war im Ergebnis auch dieser Schiedsrichter offenbar bereit, die Wünschen und Vorstellungen seiner Partei aktiv zu ermitteln und ihnen Rechnung zu tragen.

Auch an anderer Stelle scheint sich die Tendenz der Schiedsrichter, die Interessen der sie benennenden Partei zu vertreten, zu bestätigen, zumindest jedoch, die gebotene vollständige Neutralität im Verhältnis zu den Parteien aufzuweichen. In der Zusammenschau ergibt sich aus zwei Briefen des Kohlensyndikats, dass mit dem „eigenen" parteibenannten Schiedsrichter eine deutlich engere Zusammenarbeit gepflegt wurde als mit den übrigen Mitgliedern des Schiedsgerichts. Es findet sich bezüglich des Entwurfs einer Klagebeantwortung zunächst ein syndikatsinterner Brief, in welchem dem abwesenden Direktor des Kohlensyndikats mitgeteilt wird, man habe den parteibenannten Schiedsrichter unterrichtet, eine Klagebeantwortung noch nicht herausgeben zu wollen.[611] Eine entsprechende Mitteilung an den Vorsitzenden des Schiedsgerichts und Bitte um Fristverlängerung erfolgte erst später,[612] eine Mitteilung an den anderen Beisitzer enthalten die Akten gar nicht.

Im weiteren Verlauf des Verfahrens kam es sodann zu von dem Vorsitzenden nach Einschätzung des Kohlensyndikats „in loyalster Weise" geführten Vergleichsverhandlungen.[613] Und während aus dieser Wortwahl nicht gefolgert werden kann, dass es sich um Loyalität zum Kohlensyndikat handelt – genauso denkbar erscheint, dass mit der Formulierung die besondere Neutralität des Obmanns, also eine Loyalität gegenüber beiden Parteien in Wahrnehmung der Pflichten als neutralem Vorsitzenden – beschrieben wird, fällt auf, dass jeder der parteibenannten Schiedsrichter im Sinne der eingangs zitierten richterlichen Auffassung die Position „seiner" Partei zu vertreten scheint. Der von dem Kohlensyndikat benannte Schiedsrichter ließ in den Vergleichsverhandlungen nach Auffassung des Kohlensyndikats erkennen, dass er dem Syndikat „in allen wesentlichen Punkten beitrat", und der von der Gegenseite benannte Schiedsrichter lag demnach „ausgesprochen im Rückzugsgefecht".[614]

B. Übergewicht des Kohlensyndikats bei der Bildung des Schiedsgerichts

Der folgende Abschnitt befasst sich nicht mit der Unabhängigkeit des einzelnen Schiedsrichters, sondern dieser Frage noch vorgelagert mit der Art und Weise seiner Konstituierung, also der Bildung und Besetzung des Schiedsgerichts.[615] Es soll

610 Vermerk zu den Akten: Carl Alexander Schiedsgericht, in: montan.dok BBA 33/680.
611 Schreiben an Direktor Stutz am 7.7.1939, in: montan.dok BBA 33/686.
612 Schreiben an Dr. Volmer am 11.6.1939, in: montan.dok BBA 33/686.
613 Schreiben an Herrn Schneider vom 3.10.1939, S. 2, in: montan.dok BBA 33/686.
614 Schreiben an Herrn Schneider vom 3.10.1939, S. 2, in: montan.dok BBA 33/686.
615 Eine derartige Differenzierung findet sich bei *Nußbaum*, JW, 1926, 13, 14, 16; ähnlich auch *Kornblum*, Probleme der schiedsrichterlichen Unabhängigkeit, S. 191.

der Einfluss der Parteien in diesem Stadium auf die Zusammensetzung des Tribunals untersucht und verglichen werden, um eventuelle Ungleichgewichte, die sich in der Besetzung des Tribunals widerspiegeln, zu Tage zu fördern.

In den ersten Phasen der Entwicklungsgeschichte der Schiedsklausel des Kohlensyndikats sahen die Bestimmungen vor, dass der Obmann jeweils durch eine außerhalb des Syndikats stehenden neutralen Dritten festgelegt werden sollte, zunächst durch den Präsidenten des Landgerichts Essen, später durch den Berghauptmann des Königlichen Oberbergamts zu Dortmund.[616] Gegen eine derartige Bestimmung des Obmanns bestanden während der Zeit des Bestehens des Kohlensyndikats keine rechtlichen Bedenken. Die Zivilprozessordnung enthielt in ihren fragmentarischen Bestimmungen zur Schiedsgerichtsbarkeit ohnehin keine für die Parteien verbindlichen Regelungen zur Bildung des Schiedsgerichts und bezüglich der Ernennung mehrerer Schiedsrichter durch eine der Partei. In der Rechtsprechung war diese Möglichkeit jedoch anerkannt.[617]

Bei der Wiedereinführung der Schiedsklausel 1924 wurde dieser Mechanismus dahingehend geändert, dass nunmehr der Geschäftsausschuss den Obmann bestimmen sollte, wobei er auf eine zuvor selbst aufgestellte Liste von fünf Juristen zurückgreifen sollte, die von den Mitgliedszechen unabhängig waren. Diese Änderung war laut *Bührmann* darauf zurückzuführen, dass eine Einheitlichkeit der Rechtsprechung erreicht werden sollte, nachdem verschiedene Schiedsgerichte zuvor dieselben Fragen abweichend entschieden hatten.[618] Die Bestimmung wurde unverändert in den Vertrag vom 13.9.1924 übernommen, bevor sie im Vertrag vom 30. April 1925 eine leichte Modifikation dahingehend erfuhr, dass nun der Obmann nicht vom Geschäftsausschuss bestimmt, sondern aus der Liste ausgelost wurde, und dies auch nur für den Fall, dass sich die Schiedsrichter nicht auf den Obmann einigen würden.[619] In dieser Form war sie bis zum Vertrag vom 10.5.1927 enthalten.

In dem folgenden Vertrag vom Mai 1930 kehrte die Schiedsklausel zurück zu dem vorherigen System, wonach der Obmann – sollten sich die parteibenannten Schiedsrichter nicht einigen können – von dem Präsidenten des Oberlandesgericht

---

616 S. ausführlich 2. Kapitel A.

617 Siehe nur RG, Urt. v. 11.4.1890, Az. III 9/90, RGZ 26, 371, 374; RG, Urt. v. 23.9.1932, Az. VII 101/32, RGZ 137, 251, 255 mit weiteren Nachweisen.

618 *Bührmann,* Syndikatsrecht im Rheinisch-Westfälischen Kohlen-Syndikat, 1893–1943, S. 307.

619 Die Bestimmung lautete ab diesem Zeitpunkt: „Zu diesem Schiedsgericht ernennt jede Partei einen Schiedsrichter; beide Schiedsrichter haben einen Obmann zu ernennen. Können sie sich über die Wahl des Obmannes nicht einigen, so wird er durch das Los bestimmt, und zwar aus einer Liste von fünf namhaften Juristen, welche nicht durch besonderes Interesse mit den Zechen verbunden sind. Die Liste dieser fünf Juristen ist vom Geschäftsausschuß aufzustellen.“, § 14 des Vertrags der Vereinigung vom 30. April 1925, gültig ab 30. April 1925.

Hamm benannt werden sollte.[620] Das Motiv für diese aktive Vertragsänderung, nachdem die Bestimmung zunächst über mehrere Vertragsrevisionen mitgetragen worden war, ist unklar. Es ist nicht ersichtlich, dass oder warum das Syndikat auf den von *Bührmann* als Hintergrund genannten Vorteil einheitlicher Schiedsurteile nun ohne weiteres hätte verzichten wollen. Im Gegenteil finden sich vielmehr Anhaltspunkte dafür, dass auch weiterhin eine Einheitlichkeit in der syndikatsinternen Konfliktlösung gewünscht war. Dies offenbart die zeitgleiche Einführung des Schiedskammerverfahrens, mit dem Meinungsverschiedenheiten über die Auslegung des Syndikatsrechts für alle Mitglieder verbindlich in einem einzigen Verfahren beigelegt werden sollten. Es lässt sich vermuten, dass zumindest die Benennung des Obmanns durch den Geschäftsausschuss praktische eine ähnliche Wirkung hatte. Denn die Möglichkeit, ein Schiedsgericht erneut mit bereits entschiedenen rechtlichen Fragen zu befassen blieb den Mitgliedszechen zwar theoretisch erhalten. Praktisch jedoch erscheint dies wenig erfolgsversprechend, insbesondere wenn im Streitfall mit dem Kohlensyndikat potentiell derselbe Schiedsrichter hätte benannt werden können.

Dass dennoch eine Neuregelung erfolgte, ist wahrscheinlich auf eine Änderung der äußeren Gegebenheiten zurückzuführen. Dafür spricht die Praxis des Syndikats, Vertragsbestimmungen nur dann neu auszuhandeln, wenn hierüber ein Konflikt entstanden oder eine Änderung anderweitig erforderlich geworden war. In diesem Sinne kommentierte das Kohlensyndikat intern ein in einem Schiedsverfahren eingeholtes Gutachten über einzelne Vertragsbestimmungen. In diesem Gutachten wurde eine Bestimmung des Syndikatsvertrages als unklar beschrieben und der Vorstand mit den Worten zitiert, diese sei in ihrem Aufbau „nicht glücklich“.[621] Daraus, dass man in vielen späteren Versionen des Syndikatsvertrages die Vorschrift nie geändert hatte schloss der Gutachter, dass es die Absicht der Parteien gewesen sei, die Vorschrift in ihrer „labilen“ Form zu erhalten. Diese Interpretation wurde jedoch von dem Kohlensyndikat in einem Aktenvermerk als „ganz irrig“ verworfen.[622] Vielmehr habe man in den bestehenden Vertragstexten im Rahmen der Neuverhandlung eben immer nur das geändert, was in diesem Rahmen als neuer Gedanke vorgetragen worden sei.[623] Es gibt keinerlei Anlass dafür, den Wahrheitsgehalt dieser Aussage anzuzweifeln. Es handelt sich bei dem Aktenvermerk um eine nicht für die Öffentlichkeit gedachte, interne Bewertung. Hierfür spricht auch die Formulierung des Schreibens, welches das Syndikat letztlich auf

620 Die Bestimmung lautete ab diesem Zeitpunkt: „Das „Kohlensyndikat“ hat innerhalb von vierzehn Tagen nach Anrufung des Schiedsgerichts seinen Schiedsrichter zu benennen. Beide Schiedsrichter wählen den Obmann. Einigen sie sich nicht, so wird der Obmann durch den Präsidenten des Oberlandesgerichts in Hamm bestimmt.“ § 40 Abs. 2 Syndikatsvertrag vom 2.5./30.5./27.6.1930, gültig ab 1.7.1930.

621 Aktenvermerk RWKS vom 22.3.1929, S. 6, in: montan.dok BBA 33/676 Teil 2.

622 Aktenvermerk RWKS vom 22.3.1929, S. 6, in: montan.dok BBA 33/676 Teil 2.

623 Aktenvermerk RWKS vom 22.3.1929, S. 6, in: montan.dok BBA 33/676 Teil 2.

der Grundlage der internen Diskussion an das Schiedsgericht übersandte, und das im Ton gegenüber dem Vermerk deutlich gemäßigt und hinsichtlich des Inhalts gekürzt ist.[624]

Ein möglicher Auslöser im Sinne einer Änderung der Gegebenheiten, die eine Änderung des Syndikatsvertrages erforderlich machte, könnten Bedenken hinsichtlich der Rechtswirksamkeit der Schiedsklausel in ihrer bisherigen Form gewesen sein.

Bereits in der Akte zu den Vertragsverhandlungen 1924 findet sich ein Gutachten betreffend der Rechtsgültigkeit des rheinisch-westfälischen Steinkohlen-Syndikats, das unter anderem auch die dortige Schiedsklausel thematisierte.[625] Die Verhältnisse und entstehenden rechtlichen Fragen in anderen Syndikaten wurden innerhalb des Kohlensyndikats verfolgt und diesbezügliche Erkenntnisse aufgrund der Vergleichbarkeit mit dem Kohlensyndikat genutzt. Dies zeigt beispielhaft der Vermerk einer Besprechung im Rahmen des Schiedskammerverfahrens zur Landabsatzrichtlinie im Syndikatsgebäude, in der hinsichtlich eines Schriftsatzes vorgeschlagen wurde, zur rechtlichen Frage auch auf die Übung im Kalk-, Benzol- und Ammoniakgeschäft zu verweisen.[626]

Hinsichtlich der in dem Syndikatsvertrag des Steinkohlen-Syndikats enthaltenen Schiedsklausel äußerte das Gutachten massive Bedenken unter dem Gesichtspunkt der Unparteilichkeit des Schiedsgerichts. In einem kommentierten Gegenvorschlag für die Schiedsklausel heißt es hierzu wörtlich:

„Der § 4 des bisherigen Syndikatsvertrages hatte den Mangel, daß bei Streitigkeiten zwischen einem Mitglied und dem Syndikat der ausschlaggebende Obmann vom Geschäftsausschuß ernannt wurde, so daß in jedem Schiedsgericht zwei Vertreter des Syndikats gegenüber nur einem Vertreter des Mitglieds vorhanden waren."

Dieser Gedanke lässt sich auf die im Syndikatsvertrag 1924 wieder eingeführte Schiedsklausel des Kohlensyndikats vollständig übertragen: auch hier benannte das Syndikat in diesem Sinne zwei Vertreter. Allein aus der Tatsache, dass das Gutachten dem Kohlensyndikat vorlag und sein Inhalt bekannt war, kann aber nicht geschlossen werden, dass sich das Syndikat bei den Vertragsverhandlungen über bereits damals bestehende Bedenken hinweggesetzt hätte. Zwar ist das Gutachten der Akte mit den Vertragsverhandlungen 1924 mit einer Laufzeit von 1923 bis 1924 beigelegt. Jedoch ergibt sich schon aus dem vollständigen Titel des Gutachtens, dass dieses erst nachträglich Eingang in die Akte gefunden haben kann.

---

624 Schreiben des RWKS an Gutachter Flechtheim/das Schiedsgericht vom 25.3.1929, in: montan.dok BBA 33/676, Teil 2.

625 Gutachten betreffend die Rechtsgültigkeit des rheinisch-westfälischen Steinkohlen-Syndikats und insbesondere der Verordnung des Reichswirtschaftsministers vom 16.9.1924, in: montan.dok BBA 33/399.

626 Besprechung am 31.3.1939 im Geschäftsgebäude des RWKS betreffend Schiedskammer in Sachen Landabsatz, S. 1, in: montan.dok BBA 33/684.

Ausweislich dessen beschäftigt sich das Gutachten insbesondere mit der Frage der Verordnung des Reichswirtschaftsministers vom 16.9.1924, muss also in der zweiten Jahreshälfte und damit lange nach Abschluss des Syndikatsvertrages Anfang 1924 und auch nach der unveränderten Übernahme in den Vertrag vom 13.9.1924 geschrieben worden sein.

Schon im nächsten Syndikatsvertrag vom April 1930 zeigt sich ein Wandel, der auf das Problem der Besetzung der Schiedsgerichte mit zwei von dem Syndikat benannten Schiedsrichter zielt: nunmehr sollten die parteibenannten Schiedsrichter sich auf einen Obmann einigen, nur in dem Ausnahmefall, dass eine Einigung der Schiedsrichter nicht zustande kam, sollte der Obmann aus einer von dem Geschäftsausschuss aufgestellten Liste von fünf Juristen nicht mehr bestimmt, sondern ausgelost werden. Auch insoweit wurden also die Einflussmöglichkeiten des Geschäftsausschusses als Syndikatsorgan auf die Zusammensetzung der Schiedsgerichte beschränkt. Die Klausel erinnert an eine andere, in der Rechtsprechung zunächst ohne inhaltliche Begründung anerkannte Konstellation.[627] Demnach war ein gewissermaßen subsidiäres Übergewicht dahingehend, dass das Ernennungsrecht auf die andere Partei übergehen sollte, falls die Gegenpartei innerhalb der Frist keinen Schiedsrichter benannt hatte, grundsätzlich zulässig. Dies wurde später damit begründet, dass die Bestimmung der Verfahrensbeschleunigung diente und von beiden Parteien vermieden werden könnte.[628] Hierin unterscheidet sich die Regelung des Kohlensyndikats allerdings auch von der genannten Konstellation: Falls die *Schiedsrichter* sich nicht einigen konnten, kam dem Syndikat hier ein Übergewicht zu, obwohl die Gegenpartei alle ihr obliegenden Mitwirkungshandlungen vorgenommen hatte.

Es erscheint wahrscheinlich, dass die außersyndikatliche Debatte zumindest mitausschlaggebend für die weitere Änderung der Schiedsklausel 1930 dahingehend war, dass die paritätische Besetzung der Schiedsgerichte und gegebenenfalls Bestimmung des Vorsitzenden durch einen neutralen Dritten im Vertrag von 1930 verwirklicht wurde. Seit 1926 – und dies von den im Syndikat tätigen Juristen wahrscheinlich nicht unbeobachtet – war die Frage der Besetzung der Schiedsgerichte immer stärker in den Blickpunkt der juristischen Öffentlichkeit gerückt. Schon 1926 forderte der 34. Deutsche Juristentag, dass ein Schiedsvertrag unwirksam sein solle, wenn er nicht jedem Teil den gleichen Einfluss auf Bildung und Besetzung des Schiedsgerichts einräumte.[629] In einem Gutachten im Auftrag des Deutschen Anwaltvereins wurde drei Jahre später die Einfügung einer Bestimmung in die ZPO des Inhalts vorgeschlagen, dass ein Schiedsvertrag insoweit

627 *Kornblum,* Probleme der schiedsrichterlichen Unabhängigkeit, S. 204 mit Nachweisen zur Rechtsprechung.

628 *Kornblum,* Probleme der schiedsrichterlichen Unabhängigkeit, S. 204 mit Nachweisen zur Rechtsprechung.

629 Deutscher Juristentag, Verhandlungen des Deutschen Juristentages Teil: 34. 2. Band, 34. Juristentag 1926, 1926, 610.

unwirksam sein sollte, als er die Rechte einer Partei in Bezug auf die Ernennung von Schiedsrichtern ungleich bestimmte.[630] Außerdem erklärte Anfang 1930 – also unmittelbar vor der Vertragsänderung – das KG in einer der ersten obergerichtlichen Entscheidungen dieser Frage eine Schiedsklausel für unwirksam, in der bei Wegfall des Obmanns der Vorsitzende von einer der Parteien benannt werden sollte.[631] Mit dieser Bestimmung hätte sich die Beklagte einen „gegen die guten Sitten verstoßenden überragenden Einfluß auf die Besetzung des Schiedsgerichts" gesichert. Zwar hatte das Kohlensyndikat bereits zuvor seinen Einfluss auf die Besetzung des Schiedsgerichtes dadurch vermindert, dass der Obmann ausgelost werden sollte. Jedoch steht die mittelbare Einflussnahme in Form der Auslosung aus einer von einer Partei einseitig aufgestellten Liste von nur fünf Kandidaten der unmittelbaren einseitigen Bestimmung sehr nahe.

C. Verhandlung und Bezahlung des Schiedsrichterhonorars

Fragen der schiedsrichterlichen Unabhängigkeit stellen sich zudem im Zusammenhang mit dem Schiedsrichterhonorar. Auch in der Zeit des Bestehens des Kohlensyndikats war die Bezahlung der Richter eines der großen Unterscheidungsmerkmale der staatlichen von der Schiedsgerichtsbarkeit. Während jede Einflussnahme auf den Staatsrichter über dessen Entlohnung von vornherein ausgeschlossen ist, ergibt sich für den privaten Schiedsrichter ein anderes Bild. Ihm ist ein monatliches Gehalt nicht sicher, vielmehr hängen fortlaufende Einnahmen von der erneuten Bestellung als Schiedsrichter und damit von der Entscheidung der benennenden Partei ab.

Im Tätigkeitsbereich des Kohlensyndikats war dies ein besonders interessanter Faktor, da zumindest zeitweise aufgrund der umfassenden Schiedsklausel und auch aufgrund der vollständigen Integration der Ruhrzechen in das Syndikat eine große Anzahl von Schiedsverfahren durchgeführt werden mussten. Es ist unklar, inwieweit den Schiedsrichtern bewusst war, welche Bedeutung den Faktoren der Ausbildung einer Gleichförmigkeit der Rechtsprechung und der Kenntnis der Schiedsrichter von den tatsächlichen Verhältnissen im Syndikat von dem Syndikat zugemessen wurde. Der Vorteil der Benennung eines Schiedsrichters, der aufgrund vorheriger Tätigkeit mit den Verhältnissen vertraut war, dürfte jedoch offensichtlich gewesen sein. Im Folgenden sollen Honorar und Honorarverhandlung allgemein in den Blick genommen und die Verfahren auf Anhaltspunkte dafür

630 *Heilberg*, Schiedsvertrag, Schiedsgericht und schiedsrichterliches Verfahren. Entwurf eines Gesetzes zur Abänderung der Bestimmungen des 10. Buches der Zivilprozeßordnung nebst Begründung, Leipzig 1929, S. 3.

631 KG vom 8.2.1930, JW 1931, 77; *Kornblum*, Probleme der schiedsrichterlichen Unabhängigkeit, S. 207.

untersucht werden, ob sich eine Beeinflussung des Verfahrens über Honorarverhandlungen oder durch die Höhe der Honorarzahlungen nachweisen lässt.

Nicht Gegenstand der Analyse der Honorarverhandlung soll die Frage sein, ob die Schiedsrichter sich durch aufgrund für die benennende Partei günstiger Entscheidungen eine wiederholte Einnahmequelle sichern wollten. Dieser Aspekt einer vermeintlichen Verpflichtung gegenüber der ernennenden Partei wurde, wenn auch unter einem anderen Blickwinkel, bereits thematisiert.[632] Hier soll allerdings ergänzend auf folgende, diesen Aspekt illustrierende Begebenheit hingewiesen werden: In einem Verfahren, in dem der von der Gegenseite benannte Schiedsrichter sich ausweislich eines internen Vermerks des Kohlensyndikats in den Vergleichsverhandlungen sehr für die Belange der Gegenseite eingesetzt hatte, erreichte das Syndikat nach Abschluss des Verfahrens ein Schreiben dieses Schiedsrichters, in dem er sich für die freundliche Aufnahme im Syndikat bestens bedankte und weiterhin erklärte, er habe sich besonders gefreut, wieder einmal im Kreise des Syndikats sein zu dürfen.[633] Ein derartiges Schreiben an die Gegenseite findet sich in keiner der anderen Verfahrensakten. Es scheint, als wäre dieses Schreiben an die Gegenseite der Versuch, die Wogen des Verfahrens, in dem der Schiedsrichter sich klar auf Seiten der Mitgliedszeche positioniert hatte, zu glätten und auch, als wolle er sich für zukünftige Benennung seitens des Kohlensyndikats empfehlen.

Nach diesem Einschub soll zunächst der Frage der Befangenheit aufgrund der Vergütung durch die Partei nachgegangen werden. Eine Befangenheit aufgrund der Tatsache, dass jede Partei die Tätigkeit ihres Schiedsrichters honoriert hätte, scheidet aus. Vielmehr wurde in sämtlichen vorliegenden schiedsgerichtlichen Verfahren abschließend auch eine Kostenentscheidung analog den Vorschriften der ZPO getroffen, also die Kosten nach dem Obsiegen und Unterliegen gequotelt beziehungsweise im einzigen Schiedsvergleich unter den Parteien geteilt.[634] Es stand also bei Benennung der Schiedsrichter noch gar nicht fest, in welchem Maße

632 S.o. 4. Kapitel A. zu der Frage, ob die Schiedsrichter sich der sie benennenden Partei verpflichtet fühlten.

633 Schreiben Hermann Fischer an RWKS vom 9.10.1939, in: montan.dok BBA 33/686.

634 Anlage zu unserem Schreiben vom 3. Mai 1929, Abteilung E Nr. 1080, S. 11, in: montan.dok BBA 33/676; Anlage zu unserem Schreiben vom 3.Januar 1935 Abt. E Nr. 70, S. 8, in: montan.dok BBA 33/922; Anlage zu unserem Schreiben vom 8. Januar 1935 Abt. E Nr. 131, S. 4, in: montan.dok BBA 33/922: hier wird eine Kostenentscheidung (volle Kostentragungspflicht der unterliegenden Partei) ohne Nennung der entsprechenden ZPO Vorschriften getroffen, wohl weil diese angesichts der materiellen Entscheidung (Herabsetzung einer Vertragsstrafe) nicht (analog) anwendbar wäre; Schiedsgerichtsurteil in der Schiedsgerichtssache der Gewerkschaft des Steinkohlenbergwerks Langenbrahm gegen das RWKS, S. 29, in: montan.dok BBA 33/922; Schiedsspruch, S. 8, in: montan.dok BBA 33/680 ohne Nennung der Normen, aber in der Sache wie in der ZPO; Urkunde Schiedsvergleich, S. 2, in: montan.dok BBA 33/686; Schiedsspruch, S. 28, in: montan.dok BBA 33/684.

die Parteien die Kosten inklusive der Schiedsrichterhonorare übernehmen würden, sodass eine Einflussnahme über die Bezahlung nicht in Betracht kommt.

Die einzige Ausnahme bildete ein Schiedskammerverfahren, dessen abschließender Schiedsspruch keinerlei Kostenentscheidung enthält[635]. Die Oberschiedskammer führt in ihrer Entscheidung des sich anschließenden Berufungsverfahrens aus, die Schiedskammer habe wohl aufgrund einer Bemerkung des Vorsitzenden des Geschäftsausschusses angenommen, dass die Kosten dem Kohlensyndikat zur Last fallen sollten, und schloss sich dieser Auffassung ausdrücklich sowohl für das Schiedskammerverfahren als auch für die zweite Instanz an.[636] Unabhängig davon, ob die Ausführungen zur Motivation der Schiedskammer, eine Kostenentscheidung nicht zu treffen, sachlich zutreffen, zeigen sie jedenfalls, dass eine Kostenentscheidung nicht deswegen ausgelassen wurde, weil die Schiedsrichter bereits von der sie benennenden Parteien entlohnt worden wären, sodass auch in diesem Verfahren eine Beeinflussung über Honorarzahlungen ausscheidet.

Unabhängig von der Frage, wer das Schiedsrichterhonorar nach Abschluss des Verfahrens tatsächlich bezahlte, ist der Frage der Beeinflussung unter dem Gesichtspunkt der Honorarverhandlung und -vereinbarung nachzugehen. Denn weder die schlussendliche Zahlung der Kosten noch die Kostengrundentscheidung geben ausreichenden Aufschluss über die Frage, ob die Entscheidung der Schiedsrichter über die Höhe des ihnen von einer Partei versprochenen Honorars beeinflusst wurde.

Bereits 1915 wurde in der obergerichtlichen Rechtsprechung klargestellt, dass die Vergütung eines Schiedsrichters zweckmäßigerweise im Schiedsrichtervertrag, das heißt in dem Vertrag über die Annahme und Ausübung des Amtes festgesetzt werden solle, in jedem Fall aber die bloße Tatsache, dass eine Partei mit einem Schiedsrichter einen Vertrag geschlossen und diesem für die Ausübung der Schiedsrichtertätigkeit eine bestimmte Vergütung versprochen habe, kein Misstrauen gegen die Unparteilichkeit des Schiedsrichters rechtfertige. Eine derartige Besorgnis sei nur bei Vorliegen besonderer Umstände, etwa einer übermäßig hohen Entschädigung, gerechtfertigt.[637]

Diesen Weg beschritt das Kohlensyndikat jedoch nicht. In allen vorliegenden Verfahren trugen die Parteien den späteren Schiedsrichtern das Amt wohl ohne konkreten Honorarvorschlag an. Jedenfalls findet sich in den Annahmeschreiben

---

635 Anlage zu unserem Schreiben vom Juni 1933 Abt. E Nr. 2160, in: montan.dok BBA 33/921.

636 Anlage zu unserem Schreiben vom 13. Juli 1934 Abt. E Nr. 2700, S. 11 f., in: montan.dok BBA 33/921.

637 KG, Beschl. v. 5.5.1915, in: Rechtsprechung der OLG Zivilrecht, Band 33 (1916), S. 142 f; Vergleiche im Übrigen: *Baumbach,* Das privatrechtliche Schiedsgerichtsverfahren, S. 70: "Es ist dringend anzuraten, über die Höhe bei Abschluß des SchRVtgs, oder spätestens beim ersten Tätigwerden des SchGer, eine feste, klare Vereinbarung zu treffen."

nur die Bestätigung der Annahme des Schiedsrichteramtes, jedoch keinerlei Bezugnahme auf die Vergütung. Diese wurde erst nach der Konstituierung des Tribunals und während des laufenden Verfahrens ausgehandelt.

So heißt es in dem Aktenvermerk einer internen Besprechung der beteiligten Parteien – es hatten sich jeweils mehrere Mitgliedszechen zusammengefunden – nach Benennung der jeweiligen Schiedsrichter, aber vor Benennung des Obmanns, dass nun die Führer der beiden Parteien die jeweils benannten Schiedsrichter hinsichtlich des Honorars ansprechen würden.[638] Eine Einigung kam jedoch zu diesem Zeitpunkt nicht zustande.[639] Stattdessen begannen Honorarverhandlungen, die erst rund eine Woche vor dem Termin zur mündlichen Verhandlung zum Abschluss kamen.[640]

In einem weiteren Verfahren wurde die Frage des Honorars wohl erst angelegentlich der mündlichen Verhandlung diskutiert, jedenfalls scheint erst zu diesem Zeitpunkt eine Einigung gefunden worden zu sein. Korrespondenz bezüglich des Schiedsrichterhonorars ist in der Verfahrensakte nicht enthalten. Erst in einem Vermerk über die mündliche Verhandlung wird berichtet, dass der Vorsitzende einleitend die Einigung über die Gebühren festgestellt habe.[641]

An anderer Stelle schlagen die Parteien den Schiedsrichtern ausdrücklich vor, sich angelegentlich der mündlichen Verhandlung über ihr Honorar zu verständigen.[642]

In einem weiteren Verfahren offenbart eine schriftliche Anfrage der Schiedsrichter bei dem Kohlensyndikat hinsichtlich ihres Honorars den Zeitpunkt, zu dem diese Frage thematisiert wurde. Das Schreiben ist offensichtlich die erste Gelegenheit, zu der die Honorarfrage zwischen Schiedsrichtern und Parteien angesprochen wurde: der Schiedsrichter zählt unterschiedliche Möglichkeiten der Berechnung des Honorars auf und bittet das Kohlensyndikat auf Basis einer dieser Methoden einen Honorarvorschlag zu machen.[643] Zum Zeitpunkt der Schiedsrichterbestellung

638 Aktennotiz über eine Besprechung am Donnerstag, den 17. Januar 1929, mittags 12 Uhr im Gebäude der Ver. Stahlwerke in Essen, S. 1 f., in: montan.dok BBA 33/676.

639 Schreiben Herr Flad an RWKS vom 27,2.1929 und 13.3.1929, in: montan.dok BBA 33/676 Teil 2.

640 Schreiben RWKS an Herrn Flad vom 19.3.1929, in: montan.dok BBA 33/676 Teil 2: Das RWKS erklärt sich mit der Honorarforderung Flads einverstanden. Die mündliche Verhandlung fand am 28.4.1929 statt.

641 Vermerk über die Schiedsgerichtsverhandlung Carl-Alexander wegen Lieferung an Röchling am 5. Januar 1937 im Geschäftsgebäude Rheinbraun in Köln, S. 1, in: montan.dok BBA 33/680.

642 Schreiben Hugo Stinnes an das RWKS vom 5. Mai 1939 (enthält Kopie des Schreibens des Hugo Stinnes an das Schiedsgericht vom 5. Mai 1939), in: montan.dok BBA /3/684; Schreiben Herr Stuckart an RWKS vom 12.5.1939, in: montan.dok BBA 33/684.

643 Schreiben Herr Balster an RWKS zu Händen Direktor Holle, in: montan.dok BBA 33/686.

hatten sich Schiedsrichter und Parteien also nicht einmal auf rechnerische Grundlagen, geschweige denn eine Summe verständigt.

Das Syndikat sah in dieser Vorgehensweise wohl Vorteile, denn es blieb der Methode über den gesamten Untersuchungszeitraum treu. Gegenüber zwei Schiedsrichtern in einem Schiedskammerverfahren äußerte es dementsprechend, die „Gebühren zweckmäßig [Hervorhebung d. Verf.] einer nach Konstituierung des Schiedsgerichts abzuhaltenden Aussprache vorzubehalten."[644]

Gleichzeitig offenbart ein Verfahren aber auch die Risiken, die mit dieser Vorgehensweise für das Kohlensyndikat verbunden waren. Konflikte mit den Schiedsrichtern wegen des Honorars konnten den Fortgang des Verfahrens hindern, und insbesondere den Abschluss eines eigentlich beendeten Verfahrens hinauszögern. So sah sich das Kohlensyndikat mitunter gezwungen, das Schiedsrichterhonorar vorzuschießen, obwohl feststand, dass es das Honorar nicht zu tragen haben würde, und zwar allein, um den zügigen Fortgang des Verfahrens zu gewährleisten.[645] Verzögerung und Unterbrechung des Verfahrens konnten demnach von den Schiedsrichtern als Mittel eingesetzt werden, um die Zahlung ihres Honorars zu erreichen. So zahlte das Kohlensyndikat, um die baldige Durchführung der mündlichen Verhandlung zu ermöglichen,[646] oder aber, nachdem der Vorsitzende des Schiedsgerichts die Zustellung des Schiedsspruchs von dem Eingang des Schiedsrichterhonorars und der Stempelgebühr abhängig gemacht hatte.[647]

In diesem Sinne konsequent führte der späte Zeitpunkt der Honorarverhandlungen zu einer Verschlechterung der Verhandlungsposition der Parteien im Verhältnis zu den Schiedsrichtern. Grundsätzlich standen den Parteien im Falle des Konflikts mit den Schiedsrichtern über deren Honorar zwei Möglichkeiten offen: der Abbruch des laufenden Verfahrens und die Durchführung eines neuen Verfahrens, oder die Einigung mit den Schiedsrichtern, zur Not zu deren Bedingungen. In den vorliegenden Verfahren scheinen Syndikat und Parteien sich teilweise faktisch zur Einigung gezwungen gesehen zu haben. Es lässt sich vermuten, dass das Kohlensyndikat, insbesondere angesichts seiner allgemeinen Praxis, Interna möglichst nicht nach außen dringen zu lassen, eine dann wohl zu erwartende Auseinandersetzung mit den Schiedsrichtern vor den ordentlichen Gerichten unter

644 Schreiben RWKS an Herren Grauert und Höhn vom 16.3.1939, S. 2, in: montan.dok BBA 33/684.

645 Schreiben des RWKS an die Schiedsrichter Hausmann und Balster: „[...] möchten wir besonders betonen, dass wir nur um dem allseits bestehenden Wunsch Rechnung zu tragen, dass die schiedsgerichtliche Verhandlung bald stattfinden möge, unsererseits die Zahlung geleistet haben. Dies geschieht für die Rechnung der unterliegenden Gruppe entsprechend der früher getroffenen Vereinbarungen", in: montan.dok BBA 33/676 Teil 2.

646 Schreiben des RWKS an die Schiedsrichter Hausmann und Balster, in: montan.dok BBA 33/676 Teil 2.

647 Schreiben des Schiedsgerichts (Dr. Stuckart) an das RWKS vom 12.5.1929, in: montan.dok BBA 33/684.

Preisgabe etwa des Streitwert des Schiedsverfahren, scheute.[648] Immerhin hätte dies die Nichtöffentlichkeit des syndikatsinternen Konflikts, ein gewichtiges Argument für die Durchführung von Schiedsverfahren, praktisch aufgehoben. Jedenfalls wurde eine „Exit-Option" aus dem Schiedsrichtervertrag heraus nirgends auch nur angesprochen. Hingegen hatten die Schiedsrichter viel Raum, Bedingungen zu diktieren. Selbst ein Honorar in Höhe des dreifachen der Summe, die die Parteien in einem ersten Vorschlag an die Schiedsrichter als angemessen bezeichnet hatten, wurde im Interesse des Fortgangs des Verfahrens akzeptiert.[649]

Die Empörung angesichts der Höhe eines Schiedsrichterhonorars, das seitens des Kohlensyndikats und teilweise auch der Mitgliedszechen als „weit überzogen" bezeichnet wurde, zeigt sich in einer Besprechung nach Abschluss des Verfahrens.[650] Es fand zunächst eine „längere Erörterung" der Frage statt.[651] Im weiteren Verlauf wurden seitens des Syndikats und der „Mehrheitsgruppe", die in dem gegenständlichen Verfahren die Rechtsauffassung des Syndikats vertreten hatte, die Durchführung eines Steuerverfahrens auch im Hinblick auf eine hier zu erwartende geringere Streitwertfestsetzung angestoßen, um mit dieser Festsetzung eventuell auch das Schiedsgericht zu einer Reduzierung seines Honorars zu bewegen.[652] Auch wenn ein Erfolg dieser Bemühungen, eine teilweise Erstattung des Honorars zu erreichen, allgemein als unwahrscheinlich eingeordnet wurde, sprachen sich einzelne Mitglieder doch für den Versuch aus, sei es, um zumindest „das Gesicht gewahrt" zu sehen, oder auch, um sich an dem „Gebahren der Schiedsrichter nicht durch Schweigen mitschuldig" zu machen.[653] Die offensichtlich mit großer Emotionalität geführte Debatte, in der auch die Einholung eines juristischen Gutachtens diskutiert wurde, um das Schiedsgericht zur teilweisen Erstattung zu bewegen,

648 Vgl. zu dieser allg. Praxis Roelevink, Organisierte Intransparenz.

649 Ursprünglich hatten die Parteien ein Gesamthonorar von 35.000,00 Reichsmark vorgeschlagen, Schreiben Hugo Stinnes an das Schiedsgericht vom 5. Mai 1939, in: montan.dok BBA 33/684; Das Schiedsgericht gab den Parteien auf je 54.229,50 Reichsmark, also insgesamt 108.450,00 Reichsmark zu überweisen, Schreiben Schiedsgericht (Dr. Stuckart) an das RWKS vom 12.5.1939, in: montan.dok BBA 33/684.

650 Besprechung am 3. Juni 1939 im Geschäftsgebäude der GBAG-Essen über die Stellungnahme der Mehrheitsgruppe zu dem in der Landabsatzfrage ergangenen Schiedskammerurteil, S. 7, in: montan.dok BBA 33/684.

651 Besprechung am 3. Juni 1939 im Geschäftsgebäude der GBAG-Essen über die Stellungnahme der Mehrheitsgruppe zu dem in der Landabsatzfrage ergangenen Schiedskammerurteil, S. 7, in: montan.dok BBA 33/684.

652 Vermerk vom 4.12.1939, betrifft: Schiedskammerspruch Landabsatzrichtlinie, in; montan.dok BBA 33/684.

653 Vermerk vom 27.11.1939, in: montan.dok BBA 33/684; Vermerk vom 4.12.1939, betrifft: Schiedskammerspruch Landabsatzrichtlinie, in; montan.dok BBA 33/684.

scheiterte schließlich an der Weigerung einzelner, ein entsprechendes Schreiben aufgrund fehlender Erfolgsaussichten zu unterzeichnen.[654]

Interessent für die Betrachtung des Verhältnisses der Parteien zu den Schiedsrichtern ist der Zeitpunkt der Diskussion. Die Besprechung erst nach Abschluss des Verfahrens, sowie die Bezahlung des vollen geforderten Honorars während des Verfahrens offenbaren, dass die Parteien ihre Schiedsrichter im Verhältnis zu sich selbst in dieser Frage in der überlegenen Position, gleichsam „am längeren Hebel" wähnten.

Die besondere Bedeutung, die die Zufriedenheit der Schiedsrichter im laufenden Verfahren für die Parteien offensichtlich hatte, illustriert abschließend auch syndikatsinterne Kommunikation bezüglich eines anderen Honorarkonflikts: Im Einvernehmen mit der Juristenkommission des Syndikats führt Dr. Haussmann aus: „Ich möchte schliesslich noch bemerken, dass wir unsererseits in dieser ganzen Frage wegen der Objektfestsetzung [die unmittelbar die Höhe des Schiedsrichterhonorars bestimmte, d. Verf.] als solcher Wert darauf legen, dass mit den Schiedsrichtern ein volles Einvernehmen erzielt wird, wobei wir es für wünschenswert halten würden, sich nicht starr an die vorgeschlagene Summe zu halten, wenn etwa eine gewisse Erhöhung die Verständigung erleichtern würde."[655] Zusätzliches Gewicht gewinnt diese Aussage angesichts der Tatsache, dass die Schiedsverfahren an sich ein großer Kostenfaktor für das Syndikat waren und gerade auch im Verhältnis zu ihrem Nutzen kritisch gesehen wurden.[656] Dennoch war man syndikatsintern offensichtlich bereit, finanzielle Opfer zur Sicherstellung eines „vollen Einvernehmens" mit den Schiedsrichtern in Kauf zu nehmen.

Das Schreiben illustriert allerdings auch einen weiteren Nachteil, den die Loslösung der Honorarverhandlung von der Schiedsrichterbestellung hatte. In letzter Konsequenz waren die Kosten für ein schiedsgerichtliches Verfahren für die streitenden Parteien nur sehr schwer kalkulierbar. Die eben thematisierten „gewisse[n] Erhöhungen" der geschätzten Schiedsrichterhonorare – unter Umständen um ein Vielfaches des eigentlich kalkulierten Betrages – mussten, war die Entscheidung für die Durchführung des Verfahrens einmal gefallen, in Kauf genommen werden.

Anhaltspunkte auch nur für die Intention der Parteien, die Entscheidung der Schiedsrichter über die Honorarverhandlungen zu beeinflussen, lassen sich also nicht nachweisen. Wenn es den Parteien entscheidend auf eine unfaire

---

654 Gutachten: Vermerk vom 27.11.1939, in; montan.dok BBA 33/684; Scheitern der Bemühungen: Schreiben Hugo Stinnes an das RWKS vom 12.12.1939, in: montan. dok BBA 33/684: „Auch bei nochmaliger Prüfung können wir uns von einem Versuch, die Schiedskammer zu einer Änderung des Streitwerts zu bewegen, nichts versprechen. Wir möchten deshalb davon Abstand nehmen, das von Ihnen entworfene Schreiben zu unterzeichnen."–hiermit endet die Akte.

655 Schreiben Haussmann an das RWKS vom 7.3.1929, in: montan.dok BBA 33/676, Teil 2.

656 Vgl. dazu 3. Kapitel A.

Vorteilsgewährung durch den Schiedsrichter angekommen wäre, wäre es im Übrigen wohl auch wahrscheinlicher gewesen, sich die Option, etwa bei Ablehnung dieses Ansinnens durch den Kandidaten einen anderen Schiedsrichter zu benennen, offen zu halten. Dies war hingegen zum Zeitpunkt der Honorarverhandlungen nicht mehr möglich.

Eher noch zeigen sich im Ablauf der Honorarverhandlungen Ansatzpunkte für den umgekehrte Fall, nämlich einer Verfahrenssteuerung durch die Schiedsrichter zur Durchsetzung ihrer Interessen in den Honorarverhandlungen. Aber auch insoweit ergeben sich keine Anzeichen für ein Ungleichgewicht zwischen den Parteien hinsichtlich der Gunst der Schiedsrichter. In den Verhandlungen ist vielmehr eine Gruppenbildung sowohl auf Seiten der Parteien, als auch auf Seiten der Schiedsrichter zu beobachten. Da Parteien und Schiedsrichter sich in den Verhandlungen mit gleichen Interessen gegenüber standen herrschte bezüglich des Vorgehens eine Transparenz, die eine Besserstellung des einzelnen Gruppenmitglieds in dem Prozess der Honorarverhandlung quasi unmöglich machte.

Kohlensyndikat und Mitgliedszechen sahen sich also unabhängig davon, ob sie im konkreten Verfahren widerstreitende Interessen verfolgten, im Verhältnis zu den Schiedsrichtern selbst als eine Interessengemeinschaft. Dies äußerte sich sowohl in der Wahl der Schiedsrichter, als auch in Vorab-Besprechungen. Gleichzeitig transportierten das Kohlensyndikat und seine Mitglieder diese Wahrnehmung im Verhältnis zu den Schiedsrichtern, indem in der Regel eine Partei für die gesamte Gruppe sprach. Die Parteien trafen sich zum Beispiel vorab, um sich über ein den drei Schiedsrichtern anzubietendes Gesamthonorar abzustimmen, beziehungsweise stimmten Honorarvorschläge schriftlich ab.[657] Und auch wenn in einem Fall jede Partei an ihren parteibenannten Schiedsrichter herantreten sollte, um das Gesamthonorar vorzuschlagen, sollte doch offengelegt werden, dass es sich hierbei um einen einheitlichen, vorab intern diskutierten Vorschlag handelte.[658] In einem anderen Fall wählte die Mitgliederversammlung die Beisitzer eines Schiedskammerverfahrens einstimmig, sodass insoweit schon keine verschiedenen „Auftraggeber“ für die parteibenannten Schiedsrichter vorlagen, und

657 Abschrift Aktennotiz über eine Besprechung am Donnerstag, den 17. Januar 1929, mittags 12 Uhr im Gebäude der Ver. Stahlwerke in Essen, S. 1 f., in: montan.dok BBA 33/676, Teil 1; Schreiben des RWKS an den Eschweiler Bergwerksverein vom 4.8.1939, in: montan.dok BBA 33/686 und zustimmendes Schreiben des Eschweiler Bergwerkvereins an das RWKS vom 5.8.1939, in: montan.dok BBA 33/686; Schreiben Hugo Stinnes an das RWKS vom 5. Mai 1939 (enthält Kopie des Schreibens des Hugo Stinnes an das Schiedsgericht vom 5. Mai 1939: Anregung Honorar in Übereinstimmung mit Syndikat und Mehrheitsgruppe), in: montan.dok BBA /3/684.

658 Abschrift Aktennotiz über eine Besprechung am Donnerstag, den 17. Januar 1929, mittags 12 Uhr im Gebäude der Ver. Stahlwerke in Essen, S. 1 f., in: montan.dok BBA 33/676, Teil 1.

das Kohlensyndikat selbst im Namen beider Parteien sich mit den Schiedsrichtern in Verbindung setzte.[659]

Auch den Schiedsrichtern konnte dieses Selbstverständnis nicht verborgen bleiben, da in allen Schreiben, die nach derartigen Besprechungen an Mitglieder des Schiedsgerichts versandt wurden, ausdrücklich auf das Einverständnis der anderen Partei hingewiesen wurde.[660] Das gemeinsame Auftreten von Kohlensyndikat und Mitgliedszechen im Verhältnis zu den Schiedsrichtern war jedoch nicht auf Kommunikation und Verhandlungen beschränkt: Zwecks Vereinfachung und Beschleunigung zahlte das Kohlensyndikat zuweilen auch die Schiedsrichterhonorare oder andere Kosten direkt, obwohl es intern nicht zur Zahlung verpflichtet war.[661]

Tatsächlich erwarteten die Schiedsrichter im Verhältnis zu den Parteien dieses Verhalten. So wandte sich in einem Fall das Schiedsgericht zwecks Aufnahme der Honorarverhandlungen an das Kohlensyndikat und bat um einen Honorarvorschlag ausdrücklich „gemeinsam" mit dem Eschweiler Bergwerksverein, der anderen Partei des Verfahrens.[662] Diese schiedsrichterliche Wahrnehmung war wohl ganz im Sinne des Kohlensyndikats, das in einem späteren Verfahren zum Ausdruck brachte, ein nicht geschlossenes Vorgehen – hier im Konfliktfall mit den Schiedsrichtern – brächte „zweifellos eine Schwäche zum Ausdruck".[663]

Die Schiedsrichter ihrerseits spiegelten in den Honorarverhandlungen dieses Verhalten von Kohlensyndikat und Mitgliedszechen. Auch die Schiedsrichter traten den Parteien als eine Gruppe mit gleichgelagerten Interessen gegenüber. Die Honorarverhandlungen führte das Kohlensyndikat respektive die jeweilige Mitgliedszeche in der Regel mit einem „Vertreter" der Schiedsrichter[664]. In dem einen Fall, in dem sich

---

659 Schreiben RWKS an die Schiedsrichter Grauert und Höhn vom 16.3.1939, in: montan.dok BBA 33/684; sowie die Erklärung hierfür in dem Schreiben an die Zechen der Minderheitengruppe vom 16.3.1939, in: montan.dok BBA 33/684.

660 Siehe nur Schreiben des RWKS an Herrn Flad vom 4.3.1929, in: montan.dok BBA 33/676, Teil 2; Schreiben RWKS an Herrn Flad vom 14.3.1929, in: montan.dok BBA 33/676 Teil 2; Schreiben des RWKS an Rechtsanwalt Balster vom 8.8.1939, in montan. dok BBA 33/686; Schreiben Hugo Stinnes an das RWKS vom 5. Mai 1939 (enthält Kopie des Schreibens des Hugo Stinnes an das Schiedsgericht vom 5. Mai 1939), in: montan.dok BBA /3/684.

661 Schreiben des RWKS an Haussmann und Balster, in: montan.dok BBA 33/676 Teil 2.

662 Schreiben des Herrn Balster an das RWKS, zu Händen Direktor Holle, in: montan. dok BBA 33/686.

663 Vermerk vom 27.11.1939; in: montan.dok BBA 33/684.

664 Siehe nur Telegramm und Brief des RWKS an Herrn Flad vom 19.3.1929, in: montan. dok BBA 33/676 Teil 2; Schreiben des Herrn Balster an den Vorstand des RWKS zu Händen Direktor Holle, in: montan.dok BBA 33/686 sowie Schreiben des Herrn Volmer an das RWKS vom 5.9.1939 (Annahme für alle Schiedsrichter) in: montan. dok BBA 33/686; Schreiben des RWKS an Staatssekretär Grauert vom 31.3.1939, in: montan.dok BBA 33/684 sowie Schreiben des Schiedsgerichts (Dr. Stuckart) an das RWKS vom 12.5.1939, in: montan.dok BBA 33/684.

die Parteien direkt an ihre parteibenannten Schiedsrichter wandten, schlugen sie diesen dennoch ein Gesamthonorar für das ganze Schiedsgericht vor.[665]

Nicht nur in den Verhandlungen war ein Schiedsrichter federführend: Es kam auch vor, dass sich dieses Verhältnis in der tatsächlichen Bezahlung umsetzte, und die gesamten Gebühren zur Weiterverteilung auf das Konto eines Schiedsrichters überwiesen wurden.[666] Deutlichstes Indiz dafür, dass die Gruppe aus Kohlensyndikat und Mitgliedszechen aus ihrer Sicht nicht unabhängige Honorarvereinbarungen mit Individuen schloss, ist die teilweise geübte Praxis, die genau Verteilung des vereinbarten Honorars unter den Schiedsrichtern den Schiedsrichtern selbst zu überlassen.[667]

D. Höhe des Honorars

Bei der Betrachtung der Höhe des Honorars unter dem Gesichtspunkt der unzulässigen Einflussnahme auf die Schiedsrichter ist zunächst festzustellen, dass häufig mit den Schiedsrichtern keine Einzelhonorare, sondern „Schiedsgerichtshonorare", also eine Summe für das Schiedsgericht zur Aufteilung der Schiedsrichter untereinander vereinbart wurden.[668] Hierbei handelte es sich um ein zulässiges und verbreitetes Vorgehen.[669] Auch im Falle eines bestimmten Honorarvorschlages entsprechend der Funktionen der einzelnen Schiedsrichter – Vorsitzer und

665 Abschrift Aktennotiz über eine Besprechung am Donnerstag, den 17. Januar 1929, mittags 12 Uhr im Gebäude der Ver. Stahlwerke in Essen, S. 1 f., in: montan.dok BBA 33/676, Teil 1.

666 Überweisungsanweisung an Abteilung E vom 20.3.1929, in: BB33/676 Teil 2; Schreiben Herrn Flad an das RWKS vom 21.3.1929 (Bestätigung des Zahlungseingangs), in: montan.dok BBA 33/676 Teil 2.

667 Abschrift Aktennotiz über eine Besprechung am Donnerstag, den 17. Januar 1929, mittags 12 Uhr im Gebäude der Ver. Stahlwerke in Essen, S. 1 f., in: montan.dok BBA 33/676, Teil 1; Vermerk über die Schiedsgerichtsverhandlung Carl-Alexander wegen Lieferung an Röchling am 5. Januar 1937 im Geschäftsgebäude Rheinbraun in Köln, unter 1., in: BB33/680; Schreiben Hugo Stinnes an das RWKS vom 5. Mai 1939 (enthält Kopie des Schreibens des Hugo Stinnes an das Schiedsgericht vom 5. Mai 1939), in: montan.dok BBA 33/684.

668 Abschrift Aktennotiz über eine Besprechung am Donnerstag, den 17. Januar 1929, mittags 12 Uhr im Gebäude der Ver. Stahlwerke in Essen, S. 1 f., in: montan.dok BBA 33/676, Teil 1; Vermerk über die Schiedsgerichtsverhandlung Carl-Alexander wegen Lieferung an Röchling am 5. Januar 1937 im Geschäftsgebäude Rheinbraun in Köln, unter 1., in: BBA 33/680; Schreiben Hugo Stinnes an das RWKS vom 5. Mai 1939 (enthält Kopie des Schreibens des Hugo Stinnes an das Schiedsgericht vom 5. Mai 1939), in: montan.dok BBA 33/684.

669 Siehe nur *Baumbach*, Das privatrechtliche Schiedsgerichtsverfahren, S. 70; allgemeiner *Sydow/Busch*, Zivilprozeßordnung und Gerichtsverfassungsgesetz, 1925, S. 1364: „Die Gebühren der Schiedsrichter bestimmen sich nach der Vereinbarung der Parteien." Dies wurde in einem anderen Verfahren auch seitens eines Schiedsrichters bestätigt, Schreiben Grauert an das RWKS vom 29.3.1939, S. 2, in: montan.dok BBA 33/684.

Beisitzer – wurde allerdings ein Gesamthonorar dahingehend vereinbart, dass die einzelnen Summen in dem Anschreiben zwar aufgeschlüsselt waren, zugleich aber zusammenfassend die Honorarkosten insgesamt beziffert wurden.[670] Doch selbst wenn es sich hierbei um die bindende Vereinbarung einer verschiedenen Vergütung für Obmann und Schiedsrichter und nicht die Vereinbarung eines Gesamthonorars gehandelt hätte, wäre dies unproblematisch zulässig gewesen.[671]

Die Berechnung der Honorarvorschläge, die das Kohlensyndikat und der Parteien den Schiedsrichtern unterbreiteten, erfolgte anhand zwei verschiedener Methoden. Es wurden in den verschiedenen Verfahren sowohl Pauschalen als auch ein Honorar in Höhe der Rechtsanwaltsgebühren zweiter Instanz vereinbart, wobei diese Bemessungsgröße auch im Bereich der Pauschalvereinbarungen den Anhaltspunkt für die Höhe der Summe lieferte.

Wiederholt äußerte sich das Kohlensyndikat über die übliche Praxis der Gebührenberechnung für die syndikatlichen Schiedsverfahren. Noch 1929 erklärt das Kohlensyndikat in Honorarverhandlungen gegenüber einem Schiedsrichter, es entspräche der Übung im Syndikat, mit den Schiedsrichtern ein Gesamthonorar – meinend ein Pauschalhonorar – zu vereinbaren, da die Bestimmung des Streitwerts so kompliziert sei, dass im Verhältnis zu den Schiedsrichtern davon in der Regel abgesehen würde. Allerdings rechtfertigt das Kohlensyndikat den vorgeschlagenen Betrag damit, dass dieser bei Zugrundelegung der Gebührensätze eines Rechtsanwalts höherer Instanz der Gebühren für den Streitwert entspräche, der „gefühlsmäßig" unter Abwägung aller Gesichtspunkte dem Interesse der streitenden Gruppen an der Frage zukomme.[672] Im Ergebnis setzte das Schiedsgericht den Streitwert sodann auch tatsächlich am oberen Ende des hierzu von dem Kohlensyndikat genannten Rahmens fest und legte seinem Honorar die Gebühren eines Rechtsanwalts zweiter Instanz zu Grunde.[673]

Zur absoluten Höhe der Gebühren ist festzuhalten, dass die Zugrundelegung der Rechtsanwaltsgebühren zweiter Instanz eine in der Kommentarliteratur als

670 Schreiben des RWKS an den Vorstand des Eschweiler Bergwerkvereins vom 4.8.1939, in: montan.dok BBA 33/686; Schreiben des RWKS an Herrn Balster vom 8.8.1939, in: montan.dok BBA 33/686.

671 *Baumbach*, Das privatrechtliche Schiedsgerichtsverfahren, S. 70; *Sydow/Busch*, Zivilprozeßordnung und Gerichtsverfassungsgesetz, 1925, S. 1364.

672 Schreiben des RWKS an Herrn Flad vom 4.3.1929, in: montan.dok BBA 33/676 Teil 2.

673 Die Gebühren für das Schiedsgericht lagen trotz deren Zugrundelegung über der Rechtsanwaltsgebühr für die zweite Instanz: diese hätte bei einem Streitwert von 1,5 Millionen 5076,50 Reichsmark betragen, das heißt pro Schiedsrichter eine Prozess- und Terminsgebühr = 10.153,00 Reichsmark, insgesamt für das Schiedsgericht 30.459,00 Reichsmark; liquidiert wurden hingegen 52.500 Reichsmark, also mehr als das 1,5-fache der Gebühren; Schreiben des Herrn Flad an das RWKS vom 19.3.1929, in: montan.dok BBA 33/676 Teil 2; Schreiben Haussmann an das RWKS vom 11.5.1929, S. 2; in: montan.dok BBA 33/676 Teil 2.

üblich bezeichnete Methode darstellte.[674] Das Honorar, das das Kohlensyndikat den Schiedsrichtern zahlte, war also keinesfalls außergewöhnlich.

Allerdings zeigt sich auch das umgekehrte Vorgehen, indem die Streitwertfestsetzung anhand des vorab pauschalierten Schiedsrichterhonorars erfolgte. Obwohl die Parteien den Streitwert noch in ihren Schriftsätzen indirekt über ihre Forderungen deutlich höher beziffert hatten, legten sie hinsichtlich der Verstempelung des Schiedsspruchs und der Festsetzung der Gebühren hierfür durch das Finanzamt übereinstimmend den Streitwert mit 75.000,- Reichsmark fest. Besondere „innere Wahrscheinlichkeit" gewinne dieser Betrag für das Finanzamt noch dadurch, weil ihm „wertmässig die vom Schiedsgericht liquidierten Gebühren entsprechen."[675]

Auch im weiteren wurden die Gebühren für das Schiedsgericht anhand der Rechtsanwaltsgebühren zweiter Instanz pauschaliert, wobei – rund zehn Jahre später – die syndikatsinterne Übung sich scheinbar dahingehend verschoben hatte, der Pauschalierung für das Honorar der Beisitzer zwei, für das Honorar des Vorsitzenden drei Gebühren zu Grunde zu legen. Diese Aussage des Kohlensyndikats sowohl gegenüber seiner Mitgliedszeche als auch gegenüber dem Schiedsgericht tätigte gewinnt besondere Glaubhaftigkeit dadurch, dass – zeitlich vor den Schreiben – syndikatsintern die Gebühren ohne weitere erklärende Ausführungen kurz auf einem Notizzettel addiert wurden.[676]

Andererseits hatte das Kohlensyndikat nur wenige Monate zuvor die Erstattung der Rechtsanwaltsgebühren zweiter Instanz für jeden Schiedsrichter, also ohne Unterschied zwei Gebühren sowohl für den Vorsitzenden als auch die Beisitzer als den sonst im Syndikat bei Schiedsgerichtsverfahren angewandten Grundsätzen entsprechend bezeichnet.[677] Es könnte vermutet werden, dass das Kohlensyndikat hier nur eine günstige Gelegenheit ergriff, eine Gebühr zu sparen, da der Vorschlag, als Honorar zwei Gebühren pro Schiedsrichter festzusetzen, zunächst von den Schiedsrichtern geäußert wurde.[678] Darin unterscheidet sich das Verfahren allerdings nicht von dem späteren, in dem das Kohlensyndikat den erhöhten

674 Das ergibt sich sowohl aus Schreiben der Schiedsrichter in den Verfahren, zum Beispiel Schreiben Herr Balster an RWKS zu Händen Direktor Holle, in: montan.dok BBA 33/684; Schreiben Herr Grauert an RWKS vom 29.3.1939, in montan.dok BBA 33/684 als auch aus der Kommentarliteratur: *Baumbach*, Das privatrechtliche Schiedsgerichtsverfahren, S. 70 f.; vgl. *Sydow/Busch*, Zivilprozeßordnung und Gerichtsverfassungsgesetz, 1925, S. 1364: Vereinbarung der Gebührensätze eines Rechtsanwalts.

675 Vermerk Herrn Rechtsanwalt Kilp Betrifft: Verstempelung des Schiedsspruchs Carl-Alexander, unter 2.) in: montan.dok BBA 33/680.

676 Mitgliedszeche: Schreiben RWKS an den Vorstand des Eschweiler Bergwerkvereins vom 4.8.1939, in: montan.dok BBA 33/686; Schiedsgericht: Schreiben an Herrn Balster vom 8.8.1939, in: montan.dok BBA 33/686; handschriftliche kleinformatige Aktennotiz: „Obj: 135.000,- Rmk [Berechnung der Gebühren] üblich ist, das Vors. 3 Gebühren erhält, Beisitzer 2 Gebühren."

677 Schreiben RWKS an Herrn Grauert vom 31.3.1939, in: montan.dok BBA 33/684.

678 Schreiben Herr Grauert an RWKS vom 29.3.1939, S. 2, in: montan.dok BBA 33/684.

Gebührensatz selbst in die Verhandlung einbrachte, nachdem die Zugrundelegung von zwei Gebühren eines Rechtsanwalts zweiter Instanz vorgeschlagen worden war.[679]

Dieses Verfahren offenbart allerdings auch das Kostenrisiko, dass die Vereinbarung bestimmter Rechtsanwaltsgebührensätze mit sich brachte. Hinsichtlich der tatsächlichen Höhe des Schiedsrichterhonorars begab sich das Syndikat damit praktisch in die Hand der den Streitwert festsetzenden Schiedsrichter. Denn in einer derartigen Vereinbarung, so die Rechtsprechung, lag zugleich die Einigung, dass der nach GVG und ZPO von dem Schiedsgericht zu berechnende Streitwert maßgeblich sein solle.[680] Meinungsverschiedenheiten in der Berechnung des Streitwertes gingen in diesem Fall zu Lasten des Kohlensyndikats. So kam es in einem Verfahren dazu, dass das Kohlensyndikat den Schiedsrichtern aufgrund einer Vereinbarung der Rechtsanwaltsgebühren zweiter Instanz ein Honorar rund dreimal so hoch wie die zwischenzeitlich von ihm veranschlagte Summe zu zahlen hatte.[681] Vorfälle dieser Art könnte ein gewichtiges Interesse des Kohlensyndikats an einer zukünftigen (Rückkehr zur) Pauschalierung begründet haben.

Denn das Kohlensyndikat und seine Mitglieder hatten wohl eine gewisse Vorstellung von einem angemessenen Schiedsrichterhonorar für ein umfangreiches Verfahren. Hinsichtlich der Höhe des Honorars mag es zwar Zufall sein, dass das Syndikat und seine Mitglieder in zwei völlig unterschiedlichen Verfahren zunächst auf die Schwierigkeiten einer exakten Bezifferung des Streitwerts zur Honorarberechnung hinwiesen um sodann ein Pauschalhonorar von jeweils 35.000,00 Reichsmark für das gesamte Schiedsgericht vorzuschlagen.[682]

Deutlich sichtbar treten aber Versuche hervor, auf die Streitwertfestsetzung und damit mittelbar auf das Schiedsrichterhonorar sowie eventuelle Folgekosten – die

---

679 Schreiben Herr Balster an RWKS zu Händen Direktor Holle, in: montan.dok BBA 33/686; Schreiben RWKS an den Vorstand des Eschweiler Bergwerkvereins vom 4.8.1939, in: montan.dok BBA 33/686; Schreiben des RWKS an Herrn Balster vom 8.8.1939, in: montan.dok BBA 33/686.

680 OLG Hamm, Urt. v. 3.4.1936, Az. III 263/35, JW 1936, 2710 (2711).

681 Schreiben Herr Grauert an RWKS vom 29.3.1939, S. 2, in: montan.dok BBA 33/684, Schreiben RWKS an Herrn Grauert vom 31.3.1939, in: montan.dok BBA 33/684; Schreiben Hugo Stinnes an das RWKS vom 5. Mai 1939 (enthält Kopie des Schreibens des Hugo Stinnes an das Schiedsgericht vom 5. Mai 1939), in: montan.dok BBA /3/684; Schreiben Herr Stuckart an RWKS vom 12.5.1939, in: montan.dok BBA 33/684.

682 Schreiben RWKS an Herrn Flad vom 4.3.1929, S. 1, in: montan.dok BBA 33/676, Teil 2; Schreiben Hugo Stinnes an das RWKS vom 5. Mai 1939 (enthält Kopie des Schreibens des Hugo Stinnes an das Schiedsgericht vom 5. Mai 1939), in: montan.dok BBA /3/684; Schreiben Herr Stuckart an RWKS vom 12.5.1939, in: montan.dok BBA 33/684.

Versteuerung von Schiedssprüchen richtete sich nach deren Streitwert[683] – einzuwirken. Nach der Rechtsprechung war es grundsätzlich Sache der Schiedsrichter, den Streitwert des Verfahrens festzusetzen, sei es nach freiem Ermessen, sei es nach den Vorschriften von GVG und ZPO.[684] Hingegen setzte das Kohlensyndikat in einem Verfahren den Streitwert kurzerhand selbst fest, indem es in den Honorarverhandlungen einen Streitwert formulierte, und hierauf den Honorarvorschlag an die Schiedsrichter stützte.[685] In einem anderen Verfahren wurde syndikatsintern aus Gründen der Steuerersparnis diskutiert, dem Schiedsgericht „einen Wink" zu geben, den Wert des Streitgegenstandes mit 75.000,- Reichsmark zu beziffern, um so dem Finanzamt eine Berechnungsgrundlage für die Steuer anzubieten.[686] In der Klageschrift hatte die Zeche ihre Schlechterstellung noch mit rund 400.000,00 Reichsmark beziffert.[687] Im Ergebnis teilte dann jedoch das Kohlensyndikat den Schiedsrichtern mit, dass die „Parteien sich einig sind, daß der Streitwert RM 75,000.- beträgt."[688] Der Schiedsspruch enthält abschließend auch tatsächlich eine Streitwertfestsetzung in dieser Höhe.[689]

Doch nicht immer konnte sich das Kohlensyndikat bezüglich der Streitwertfestsetzung durchsetzen. In einem anderen Verfahren führten die Parteien Schwierigkeiten in den Honorarverhandlungen zunächst darauf zurück, dass einer der Schiedsrichter sich eine „falsche Vorstellung über das wirkliche Objekt [den Streitwert, d. Verf.]" gemacht hätte.[690] Der Streitwert war nach Ansicht des Kohlensyndikats um rund 45% niedriger anzusetzen, als es dem Schiedsrichter vorschwebte, und zwar höchstens in dem „gefühlsmäßig" ermittelten Bereich, den das Kohlensyndikat zuvor als Berechnungsgrundlage für seinen Honorarvorschlag angesetzt hatte[691]. Dieser Wert wurde seitens des Kohlensyndikats erst im Folgenden

683 § 41 Urkundensteuergesetz, zum Beispiel Vermerk Herrn Rechtsanwalt Kilp Betrifft: Verstempelung des Schiedsspruchs Carl-Alexander, unter 1.) in: montan.dok BBA 33/680; Schreiben Gelsenkircherer Bergwerks-Aktien-Gesellschaft an RWKS vom 19.5.1939 (enthält: Abschrift Gelsenkirchener Bergwerks-Aktien-Gesellschaft an Herrn Stuckart vom 16.5.1939), Anlage S. 1, in: montan.dok BBA 33/684.

684 Festsetzung nach freiem Ermessen: Urt. v. 4. Mai 1926, VI 9/26 in Warneyers Jahrbuch der Entscheidungen Jahrgang 1926 Nr. 142; Urt. v. 21. 1.1927, VI 275/26 a.a.O Jahrgang 1927 Nr. 39; Urt. v. 29.3.1927, III 249/26, a.a.O. Jahrgang 1927 Nr. 82; Urt. v. 8.7.1927, III 487/26 a.a.O. Jahrgang 1927 Nr. 148; Festsetzung nach GVG und ZPO: JW 1936, 2711.

685 Schreiben des RWKS an den Vorstand des Eschweiler Bergwerkvereins vom 4.8.1939, in: montan.dok BBA 33/686; Schreiben des RWKS an Herrn Balster vom 8.8.1939, in: montan.dok BBA 33/686.

686 Vermerk Herrn Rechtsanwalt Kilp Betrifft: Verstempelung des Schiedsspruchs Carl-Alexander, unter 2.) in: montan.dok BBA 33/680.

687 Klageschrift, S. 4, in: montan.dok BBA 33/680.

688 Schreiben RWKS an Herrn Brecht vom 20.3.1937, in: montan.dok BBA 33/680.

689 Schiedsspruch, S. 8, in: montan.dok BBA 33/680.

690 Schreiben Haussmann an RWKS vom 7.3.1929, in: montan.dok BBA 33/676, Teil 2.

691 Schreiben Haussmann an RWKS vom 7.3.1929, in: montan.dok BBA 33/676, Teil 2.

anhand objektiver Gesichtspunkte begründet. Im Ergebnis erreichten die Parteien damit im persönlichen Gespräch, in dem Vertreter der Parteien dem Obmann des Schiedsgerichts die Zugrundelegung des gewünschten Streitwerts „nahelegten“[692], zwar eine diesbezügliche Änderung der Haltung der Schiedsrichter. Praktisch hatte dieses Zugeständnis jedoch nur geringe Auswirkungen. Denn in der Folge legte das Schiedsgericht der Festsetzung der eigenen Gebühren nicht die reinen Gebühren zweiter Instanz zur Verfügung, sondern eine erhöhte Grundgebühr, was zu einer rund 1,5-fachen Erhöhung des Gesamthonorars im Vergleich zu den mit der Streitwertfestsetzung angestrebten Gebühren führte.[693] In einem weiteren Fall legten die Parteien dem Schiedsgericht schriftlich die Überprüfung seiner Auffassung über den Streitwert anhand der von ihnen formulierten Stellungnahme zu den einzelnen, hierbei zu berücksichtigenden Umständen, nahe.[694] Das Schiedsgericht zeigte sich hiervon unbeeindruckt und liquidierte basierend auf seiner eigenen Streitwertfestsetzung ein Honorar rund dreimal so hoch wie das von den Parteien vorgeschlagene Pauschalhonorar.[695] Dies führte noch nach Abschluss des Schiedsverfahrens zu heftigen Diskussionen innerhalb des Syndikats, inwieweit eine nachträgliche Reduzierung des Streitwerts und damit auch des als überhöht empfundenen Schiedsrichterhonorars herbeigeführt werden könnte.[696]

---

692 Schreiben RWKS an Herrn Flad vom 14.3.1929, in: montan.dok BBA 33/676, Teil 2; Aktennotiz: Telefongespräch mit Herrn Direktor Haussmann, Deutsche Erdöl-AG Berlin, in: montan.dok BBA 33/676, Teil 2.

693 Das Schiedsgericht liquidierte Gebühren in Höhe von insgesamt 52.500 Reichsmark statt der ursprünglich vorgeschlagenen 35.000,00 Reichsmark (die Rechtsanwaltsgebühren zweiter Instanz hätten bei einem Streitwert von 1,5 Millionen Reichsmark 5076,50 Reichsmark betragen, das heißt pro Schiedsrichter eine Prozess- und Terminsgebühr = 10.153,00 Reichsmark, insgesamt für das Schiedsgericht 30.459,00 Reichsmark).

694 Schreiben Gelsenkirchener Bergwerks-Aktien-Gesellschaft an RWKS vom 19.5.1939 (enthält: Abschrift Gelsenkirchener Bergwerks-Aktien-Gesellschaft an Herrn Stuckart vom 16.5.1939), Anlage S. 1, in: montan.dok BBA 33/684.

695 Das Schiedsrichterhonorar betrug statt der vorgeschlagenen 35.000,00 Reichsmark insgesamt 108.459,00 Reichsmark, Schreiben Herr Grauert an RWKS vom 29.3.1939, S. 2, in: montan.dok BBA 33/684, Schreiben RWKS an Herrn Grauert vom 31.3.1939, in: montan.dok BBA 33/684; Schreiben Hugo Stinnes an das RWKS vom 5. Mai 1939 (enthält Kopie des Schreibens des Hugo Stinnes an das Schiedsgericht vom 5. Mai 1939), in: montan.dok BBA /3/684; Schreiben Herr Stuckart an RWKS vom 12.5.1939, in: montan.dok BBA 33/684.

696 Besprechung am 3. Juni 1939 im Geschäftsgebäude der Gelsenkirchener Bergwerks-Aktien-Gesellschaft Essen über die Stellungnahme der Mehrheitsgruppe zu dem in der Landabsatzfrage ergangenen Schiedskammerurteil, S. 7, in: montan.dok BBA 33/684.

E. Zwischenfazit

Die Frage schiedsrichterlicher und schiedsgerichtlicher Unabhängigkeit wurde unter verschiedenen Gesichtspunkten betrachtet. Zunächst wurden die Vertragsverhandlungen der Syndikatsmitglieder mit Blick auf diesen Komplex untersucht. Sodann wurden die vorhandenen Verfahren dahingehend betrachtet, ob sich eine Befangenheit des Schiedsrichters zugunsten der ihn benennenden Partei zeigt, sowie ob dem Kohlensyndikat ein Übergewicht hinsichtlich der Besetzung des Schiedsgerichts über die Auswahl der Schiedsrichter zukam, oder ob sich eine Einflussnahme über das Schiedsrichterhonorar, das heißt eine Steuerungstendenz über die Bezahlung der Schiedsrichter, nachweisen lässt.

Die Frage der „Unbeteiligtheit" der Entscheidungsträger im Rahmen syndikatsinterner Konfliktlösung war in den Vertragsverhandlungen 1903 einer der ausschlaggebenden Faktoren für die Einführung von Schiedsgerichten. Sie stand im Gegensatz zur Entscheidung streitiger Fragen durch mit Syndikatsmitgliedern besetzten Syndikatsorganen wie dem Beirat. Zwar wurde insoweit nicht ausdrücklich auf die Rechtsprechung zu dieser Frage Bezug genommen. Jedoch wurden in der Sache die Argumente der Rechtsprechung vorgetragen.

Auch in den Schiedsverfahren selbst wurden immer wieder Bedenken wegen der Unparteilichkeit beziehungsweise Befangenheit geäußert, wenn potentielle Schiedsrichter ein eigenes Interesse am Verfahrensausgang hatten, und Schiedsrichter wurden aus diesem Grunde abgelehnt.

Unabhängig von dem Phänomen des „Richters in eigener Sache" wurde in der zeitgenössischen rechtswissenschaftlichen Literatur das Risiko diskutiert, dass der Schiedsrichter sich der ihn benennenden Partei verpflichtet fühlen könnte. Hierfür lassen sich in den vorhandenen Materialien auch tatsächlich Nachweise und Indizien finden. Diese Selbstwahrnehmung des Schiedsrichters wurde jedoch kritisch, und das Verhalten als der Aufgabe des Schiedsrichters widersprechend gesehen. Im Ergebnis handelt es sich hierbei allerdings nicht um eine spezifisch das Kohlensyndikat betreffende Problematik, sondern um ein der Schiedsgerichtsbarkeit an sich inhärentes Risiko. Es ließe sich argumentieren, dass dieses Risiko dort gesteigert war, wo Schiedsrichter sich – wie bei einer Beauftragung durch das Kohlensyndikat – aufgrund einer Vielzahl anfallender Verfahren eine wiederholte Einnahmequelle erschließen könnten. Dies ändert allerdings weder etwas an der Einordnung als generelle, nicht syndikatsspezifischer Fragestellung, noch daran, dass eventuelle derartige Tendenzen wohl bekannt waren.

Hinsichtlich eines Übergewichts des Kohlensyndikats bei der Bildung des Schiedsgerichtes zeigt sich in wechselndes Bild. Als Anknüpfungspunkt für ein mögliches Übergewicht des Kohlensyndikats bei der Besetzung des Schiedsgerichts kommt die Benennung des Obmanns in Betracht. Die Entwicklung der hierzu getroffenen Regelung im Syndikatsvertrag lässt sich in drei verschiedene Zeitabschnitte einteilen. In der ersten Phase dieser Entwicklung ab 1903 wurde der Obmann von einer neutralen Stelle außerhalb des Kohlensyndikats – zunächst durch den Präsidenten des Landgerichts Essen, später durch den Berghauptmann des Königlichen Oberbergamtes zu Dortmund[697] – benannt. Gegen die Zulässigkeit einer derartigen Regelung bestanden keinerlei Bedenken. Ab 1924 erfolgte eine Änderung dahingehend, dass nunmehr der Obmann des Schiedsgerichts nicht von einer außerhalb des Syndikats stehenden Stelle, sondern von dem Geschäftsausschuss benannt wurde, wobei dieser auf eine von ihm selbst aufgestellte Liste von fünf Juristen zurückgreifen sollte. Einen dritten Abschnitt in dieser Entwicklung bringt die Vertragsänderung im Jahr 1930, die gewissermaßen eine Rückkehr zum vorherigen System – Benennung des Obmanns durch einen außenstehenden Dritten, nun durch den Präsidenten des Oberlandesgerichts Hamm – darstellt. Diese Regelung sollte jedoch nur zur Anwendung kommen, wenn sich die parteibenannten Schiedsrichter nicht auf einen Obmann einigen können sollten.

Es sprechen gewichtige Indizien dafür, dass der Hintergrund für diese Änderung syndikatsinterne Bedenken hinsichtlich der Rechtswirksamkeit der Bestimmung waren. Die Protokolle über die Vertragsverhandlungen, die Aufschluss über die Hintergründe der Änderung geben könnten, lagen nicht vor. Jedoch findet sich im Aktenbestand ein Gutachten zu einer vergleichbaren Vorschrift des rheinisch-westfälischen Steinkohlen-Syndikats, in dem massive Bedenken wegen der Unparteilichkeit des Schiedsgerichts geäußert werden. Zudem war die Frage der unparteiischen Besetzung von Verbandsschiedsgerichten spätestens seit 1926 auch immer mehr in den Blickpunkt der juristischen Öffentlichkeit gerückt. Zunächst forderte der 34. Deutsche Juristentag 1926 die Unwirksamkeit von Bestimmungen, die einem Teil größeren Einfluss auf die Besetzung des Schiedsgerichts einräumte als dem anderen. Sodann entschied unmittelbar vor der Vertragsänderung das Kammergericht Berlin, dass eine Schiedsklausel, wonach bei Wegfall des Obmanns eine Partei den neuen Obmann ernennen sollte, einer Partei einen gegen die guten Sitten verstoßenden überragenden Einfluss auf die Besetzung des Schiedsgerichts verschaffe. Es ist davon auszugehen, dass diese sich zuspitzende Entwicklung den im Kohlensyndikat tätigen Juristen nicht verborgen geblieben war.

Nicht feststellen lassen sich Steuerungstendenzen zugunsten einer der am Verfahren beteiligten Parteien unter den Gesichtspunkten Verhandlung, Bezahlung und Höhe der Schiedsrichterhonorare. In Betracht kommt hier das bereits oben thematisierte Ziel einer wiederholten Benennung als geldwerter Faktor. Im Übrigen war festzustellen, dass eine Einflussnahme im Verfahren zugunsten der jeweiligen, das Schiedsrichterhonorar bezahlenden Partei bereits deshalb ausschied, weil die Kostentragungspflicht zu diesem Zeitpunkt noch nicht

697 Ab dem Jahr 1916 – diese Änderung könnte auf die größere Sachnähe im Vergleich zu einem Richter am Landesgericht zurückzuführen sein, insbesondere, da dieser aufgrund der Schiedsklausel immer weniger mit syndikatsinternen Streitigkeiten befasst war.

feststand. Die schiedsgerichtlichen Entscheidungen enthielten grundsätzlich auch eine Kostenentscheidung. Erst nach dieser Entscheidung wurden die Schiedsrichterhonorare gezahlt.

Ein abweichendes Bild ergibt sich auch nicht bei der Betrachtung der Honorarverhandlungen. Die Parteien einigten sich mit den jeweiligen Schiedsrichtern über die Übernahme des Schiedsrichteramtes, ohne dass zu diesem Zeitpunkt die Frage des Schiedsrichterhonorars abschließend geklärt wurde. Die diesbezügliche Einigung erfolgte erst im laufenden Verfahren.

Hierbei ist eine Gruppenbildung in den Verhandlungen sowohl auf Seiten des Kohlensyndikats als auch auf Seiten der Schiedsrichter zu beobachten. Gewichtige Anzeichen sprechen dafür, dass sich Schiedsrichter und Beteiligte des Verfahrens jeweils nicht nur von außen betrachtet als Gruppe gegenüber standen, sondern Kohlensyndikat und Mitglied sich in der Frage der Schiedsrichterhonorierung als Interessengemeinschaft gegenüber den Schiedsrichtern und umgekehrt begriffen.

Konsequenterweise war eine Steuerung eines Schiedsrichters durch eine Partei schon aufgrund der Transparenz hinsichtlich der Vergütung der Schiedsrichter praktisch ausgeschlossen. Hinzu kam, dass häufig kein Schiedsrichterhonorar, sondern ein „Schiedsgerichtshonorar" vereinbart wurde, dessen Verteilung auf die einzelnen Schiedsrichter ihnen selbst überlassen blieb, auch wenn Kohlensyndikat und Mitgliedszeche bei Berechnung des Schiedsrichterhonorars von bestimmten Größen für die Schiedsrichter und den Vorsitzenden ausgingen.

Konflikte spielten sich vor allem im Verhältnis der Gruppen zueinander ab. Hier zeigten sich zudem die Risiken, die das Kohlensyndikat und seine Mitglieder mit ihrem Vorgehen auf sich nahmen. Dadurch, dass eine Einigung über das Honorar häufig erst in einem weit fortgeschrittenen Stadium des Verfahrens thematisiert wurde, waren die Parteien im Grunde zum Kompromiss verdammt, wollten sie einen schnellen Abschluss, oder überhaupt einen Abschluss des laufenden Verfahrens erreichen. Dies führte zum Beispiel zur vorläufigen Zahlung des Honorars durch das Kohlensyndikat in einem Fall, in dem es im Innenverhältnis keinesfalls zur Zahlung verpflichtet sein sollte, oder zur Zahlung eines Honorars drei Mal so hoch, wie ursprünglich von den Parteien angestrebt.

Hinsichtlich der Höhe des Honorars ergeben die Akten, dass die Parteien in der Regel ein pauschaliertes Honorar auf Basis der Gebühren eines Rechtsanwalts zweiter Instanz vorschlugen, später erfolgte eine Verschiebung in der Höhe dahin, dass für die Beisitzer eine zweifache, für den Vorsitzenden eine dreifache Gebühr vorgeschlagen wurden. Im Ergebnis handelte es sich bei der Pauschalierung auf der Grundlage der Rechtsanwaltsgebühren zweiter Instanz um ein auch außerhalb des Syndikats verbreitetes Vorgehen, also nicht etwa um eine überdurchschnittliche Entlohnung.

Allerdings offenbart das vorliegende Aktenmaterial an verschiedener Stelle Versuche des Syndikats, auf Umwegen auf die Entlohnung der Schiedsrichter Einfluss zu nehmen. Obwohl die Festsetzung des Streitwerts nach der Rechtsprechung Sache des Schiedsgerichts war, äußerten die Parteien nicht nur ihre teilweise stark von ihrem eigenen bisherigen Vortrag abweichenden Vorstellungen von der Höhe des Streitwerts, sondern versuchten offensichtlich, die Schiedsrichter in ihrem Sinne zu beeinflussen. Eine Einflussnahme hatte sowohl einen günstigen Einfluss auf das Schiedsrichterhonorar, als auch die Folgekosten des Verfahrens, namentlich in steuerlicher Hinsicht.

5. Kapitel Verfahren vor den Schiedsgerichten und Schiedskammern

Im Folgenden soll der Ablauf der Verfahren vor Schiedsgerichten und Schiedskammern betrachtet und an den relevanten gesetzlichen Vorschriften gemessen werden. Außen vor bleiben an dieser Stelle die bereits erörterten Fragen der Verfahrensdauer sowie der Konstituierung und Bezahlung des Schiedsgerichtes und hieraus resultierende Steuerungstendenzen.[698] Entsprechend des Inhalts der gesetzlichen Vorschriften zum Schiedsverfahrensrecht wird zunächst die Prüfung der allgemeinen Verfahrensvoraussetzungen durch das Schiedsgericht betrachtet. Die dann folgenden Ausführungen zu rechtlichem Gehör und schiedsgerichtlicher Ermittlungspflicht sind ebenfalls durch die relevanten gesetzlichen Regelungen des schiedsgerichtlichen Verfahrens vorbestimmt.

Die ZPO beschränkte sich seit der Einführung des schiedsgerichtlichen Verfahrens auf fragmentarische Regelungen, die sich zunächst in den Bestimmungen der §§ 1034 bis 1037 ZPO fanden.[699] Mit dem Verfahren bis zum Erlass des Schiedsspruchs beschäftigten sich also lediglich vier Paragraphen, mit dem Verfahren in erster Instanz vor den ordentlichen Gerichten das gesamte Zweite Buch der ZPO mit den §§ 253 – 510b ZPO. Ein Verweis auf Bestimmungen des Zweiten Buches findet sich in den Regelungen zum schiedsgerichtlichen Verfahren allerdings nicht, diese sind komplett eigenständig. Zentrale Bestimmung war die Regelung des § 1034 ZPO.[700] Dieser lautete zunächst:

„Die Schiedsrichter haben vor Erlassung des Schiedsspruchs die Parteien zu hören und das dem Streite zugrunde liegende Sachverhältnis zu ermitteln, soweit sie die Ermittlungen für erforderlich erachten. In Ermangelung einer Vereinbarung der Parteien über das Verfahren wird dasselbe von den Schiedsrichtern nach freiem Ermessen bestimmt."

Auch nach der Ergänzung dieser Vorschrift durch die Reform 1933[701] um das Verbot der Zurückweisung von Rechtsanwälten als Prozessbevollmächtigte blieben

698 S.o. 4. Kapitel zur Frage der Verfahrensdauer sowie zur Konstituierung des Schiedsgerichts und dem Ablauf der Honorarverhandlungen mit den Schiedsrichtern.

699 Zum 1. Juni 1924 wurde die Bestimmung des § 1044a eingeführt, die den Schiedsvergleich regelte: Verordnung über das Verfahren in bürgerlichen Rechtsstreitigkeiten vom 13. Februar 1924, Reichsgesetzblatt Teil I 1924 Nummer 15 vom 22. Februar 1924, Art. II Nr. 112, VII Abs. 1 S. 1.

700 Mit einer unwesentlichen Ausnahme, siehe dazu Fußnote Nr. 299.

701 Gesetz vom 20.7.1933, RGBl. Bd. I, S. 522.

die hier interessierenden Bestimmungen zu rechtlichem Gehör und Sachverhaltsermittlung im Wesentlichen unverändert erhalten.[702]

Aus dieser Bestimmung des § 1034 ZPO ergibt sich die Rangfolge der für das schiedsgerichtliche Verfahren potentiell möglichen Verfahrensregeln: Nur, wenn die Parteien keine andere Regelung hatten, konnte das Schiedsgericht das Verfahren nach freiem Ermessen bestimmen.

Eine Regelung des Verfahrens durch die Parteien findet sich zunächst nicht dem die Schiedsabrede enthaltenden, und den einzelnen Verfahren vorausgehendem Syndikatsvertrag. Zwar musste eine derartige Verfahrensregelung nicht im Schiedsvertrag enthalten sein, sondern konnte auch in einem beliebigen Nachtragsvertrag mit dem Schiedsgericht bindender Wirkung festgelegt werden.[703] Jedoch finden sich keine derartigen Vereinbarungen in den Akten. Es ist also mangels nachweisbarer Verfahrensregelung durch die Parteien davon auszugehen, dass die Schiedsrichter sich nach freiem Ermessen über das Verfahren geeinigt haben.

Allerdings finden sich in den Verfahrensakten auch keinerlei Mitteilungen über Verfahrensregelungen an die Parteien seitens der Schiedsrichter. Eine Pflicht der Schiedsrichter, die Parteien davon zu benachrichtigen, dass und wie sie von ihnen zustehenden Befugnissen Gebrauch machen würden, war aber nach höchstrichterlicher Rechtsprechung auch nicht erforderlich.[704] Dennoch war die Freiheit der Schiedsrichter in der Festlegung der Verfahrensregeln nicht unbegrenzt. Nach ständiger Rechtsprechung des Reichsgerichts waren die Schiedsrichter an die Vorschrift des § 1034 Abs. 1 ZPO gebunden, die allerdings weit im Sinne der Freiheit der Schiedsrichter ausgelegt wurde.[705] Weitere Einschränkungen ergaben sich aus den Vorschriften zur Aufhebung von Schiedssprüchen in § 1041

702 Mit der Reform wurde in Absatz 1 ein neuer Satz 2 eingefügt: „Rechtsanwälte dürfen als Prozessbevollmächtigte nicht zurückgewiesen werden; entgegenstehende Vereinbarungen sind unwirksam." Personen, die nach § 157 von dem mündlichen Verhandeln vor Gericht ausgeschlossen sind, dürfen zurückgewiesen werden. Der frühere Satz 2 wurde in Absatz 2 verschoben und leicht umformuliert: „Im übrigen wird das Verfahren, soweit nicht die Parteien eine Vereinbarung getroffen haben, von den Schiedsrichtern nach freiem Ermessen bestimmt." Beide Änderungen waren für die Schiedsverfahren im Kohlensyndikat soweit ersichtlich ohne Bedeutung. Weder enthielt der Syndikatsvertrag zu irgendeinem Zeitpunkt eine Regelung, wonach Rechtsanwälte als Bevollmächtigte ausgeschlossen waren, noch wurden in den untersuchten Verfahren Prozessbevollmächtigte zurückgewiesen. Bei der Regelung des Absatzes 2 [1933] handelt es sich lediglich um eine redaktionelle Änderung.

703 Zum Beispiel *Baumbach,* Das privatrechtliche Schiedsgerichtsverfahren, S. 99 f.

704 RG, Urt. v. 1.2.1901, Az. VII 328/00, RGZ 47, 424, 427.

705 Demnach hatten die Schiedsrichter „das dem Streite zugrunde liegende Sachverhältnis zu ermitteln, soweit sie die Ermittlung für erforderlich erachten."; zur weiten Auslegung insbes. RG, Urt. v. 12.6.1928, Az. VII 35/28, RGZ 121, 279, 281; s. a. 5. Kapitel C.

Nr. 2, § 1042 ZPO [1900] beziehungsweise § 1041 Nr. 2 ZPO [1930][706]. Diese Vorschriften untersagten dem Schiedsgericht, sitten- oder staatsordnungswidrige Handlungen vorzunehmen und Vorschriften zu treffen, beispielsweise einzelne Ansprüche oder Verteidigungsmittel ohne sachliche Stellungnahme endgültig zu- oder abzusprechen.[707]

A. Allgemeine Verfahrensvoraussetzungen

Das Schiedsgericht wurde von Baumbach als „Seitenstück zum Zivilprozeß" charakterisiert, in dem folglich aufgrund dieser das Schiedsgericht charakterisierenden Gleichstellung die prozessualen Grundbegriffe galten und die Prozessvoraussetzungen vorliegen mussten.[708] Auch in schiedsgerichtlichen Verfahren wurden daher – wo relevant – das Vorliegen der allgemeinen Prozessvoraussetzungen geprüft.

Insbesondere die Prüfung der Partei- und Prozessfähigkeit nach §§ 50–53 ZPO war demnach wesentlich, da ohne Vorliegen dieser Voraussetzungen das Verfahren niemals zu einem vollstreckungsfähigen Schiedsspruch führen konnte.[709] Von diesem Grundsatz ging das Schiedsgericht in einem vorliegenden Verfahren im Jahr 1929 aus. Die Klägerin führte in den rechtlichen Erwägungen in ihrer Klageschrift zur Zulässigkeit des schiedsrichterlichen Verfahrens aus, dass sie im Grunde genommen noch nicht einmal wisse, wer formell eigentlich Partei des Verfahrens sei.[710] Diesen Vortrag ergänzte sie später dahingehend, dass als verklagt das Rheinisch-Westfälische Kohlensyndikat „angesehen werden solle", dessen Mitglieder die Klägerin einzeln benannte, und dass dieses gemäß § 12 Abs. 3 Syndikatsvertrag durch die Aktiengesellschaft Rheinisch-Westfälisches Kohlensyndikat vertreten werde.[711] In einem folgenden Schriftsatz heißt es weiter, dass unabhängig davon, ob die Syndikatsmitglieder in einer Gesellschaft bürgerlichen Rechts im Sinne der

706 Nr. 2 lautete zunächst: Die Aufhebung des Schiedsspruchs kann beantragt werden, „wenn der Schiedsspruch eine Partei zu einer Handlung verurtheilt, deren Vornahme verboten ist". Durch Gesetz vom 25.7.930, RGBl. Bd. I, S. 522 wurde der Tatbestand dieser Nr. 2 und der Tatbestand des damaligen § 1042 zu einer einheitlichen, daher weiter gefassten Vorschrift zusammengefasst.

707 RG, Urt. v. 22.11.1927, Az. VI 341/27, RGZ 119, 29 (32).

708 *Baumbach*, Das privatrechtliche Schiedsgerichtsverfahren, S. 96; *Sydow/Busch*, Zivilprozeßordnung und Gerichtsverfassungsgesetz, 1925 und *Sydow/Busch*, Zivilprozeßordnung und Gerichtsverfassungsgesetz, 1941 treffen hierzu keine Aussage.

709 *Baumbach*, Das privatrechtliche Schiedsgerichtsverfahren, S. 96.

710 Schiedsgerichtsklage der Gewerkschaft König Ludwig in Recklinghausen, S. 6, in: montan.dok BBA 33/676 Teil 1.

711 Anlage zu unserem Schreiben vom 3. Mai 1929 Abteilung E Nr. 1080, S. 4, in: montan.dok BBA 33/676 Teil 1.

§§ 705 ff. BGB oder als nicht rechtsfähiger Verein nach § 54 BGB organisiert wären, nach ständiger Rechtsprechung der Vorstand trotz entgegenstehender Satzungsbestimmungen nur namens der einzelnen aufzuführenden Mitglieder im Prozess auftreten könne.[712] In demselben Schriftsatz heißt es im Rahmen der Äußerung zur Zulässigkeit der Nebenintervention und in Erwiderung auf die Klagebeantwortung allerdings: „Partei ist vielmehr die bürgerlich-rechtliche Gesellschaft, und wirtschaftlich diejenigen Zechen der bürgerlich-rechtlichen Gesellschaft, die für den Beschluß vom 14. November 1928 gestimmt haben."[713] Dennoch war für die Klägerin die offensichtlich unklare Rechtslage bezüglich der Verfahrensbeteiligung, die sich in widersprüchlichen Aussagen und einem Rückgriff auf die „wirtschaftliche" Partei des Verfahrens äußert, kein Hinderungsgrund, das Verfahren fortzusetzen. Die dogmatische Frage der Parteistellung – Partei- und Prozessfähigkeit war als notwendige Voraussetzung des Verfahrens wohl potentielles Mittel, ein Verfahren scheitern zu lassen – wurde aber auch auf Beklagtenseite nicht als Argument nutzbar gemacht. Wichtiger als Verfahren mit rein dogmatischen Erwägungen zu einem für die eigene Seite positiven, weil formal erfolgreichen Abschluss gebracht zu haben, war wohl die Lösung des dem Verfahren zu Grunde liegenden Konflikts.

Das Schiedsgericht seinerseits machte nur sehr kurze Ausführungen zu dieser Frage und prüfte Partei- und Prozessfähigkeit ohne diese Begriffe zu gebrauchen: Über die Passivlegitimation des Syndikats bestünde schon kein Streit, zudem stünden auch unproblematisch seine „Gesamtbelange" in Frage. Bezüglich der Vertretung im Prozess verweist das Schiedsgericht lediglich in einem Satz auf die Regelung des § 12 Abs. 3 Syndikatsvertrag. Ausdrücklich offen ließ das Schiedsgericht die Frage, ob es sich bei den im Rheinisch-Westfälischen Kohlensyndikat organisierten Zechenbesitzern um eine Gesellschaft bürgerlichen Rechts handelte, da die Klägerin alle Mitglieder der Vereinigung namhaft gemacht, sich also nicht auf die Vorschrift des § 50 Abs. 2, wonach der nicht-rechtsfähige Verein passiv prozessfähig war, gestützt hatte.[714] Es lässt sich vermuten, dass dem Schiedsgericht die Benennung aller Mitgliedszechen sehr gelegen kam, und es möglicherweise auch in der mündlichen Verhandlung darauf hingewirkt hat. Denn hätte die Klägerin nur das Rheinisch-Westfälische Kohlensyndikat als Beklagte benannt, hätte das Schiedsgericht sich mit der Frage der Rechtsnatur der Vereinigung auseinandersetzen müssen. Wäre es sodann – in Übereinstimmung mit den wiederholten Äußerungen der Klägerin in ihren Schriftsätzen[715] – zu dem Ergebnis gekommen,

712 III. Schriftsatz in Sachen der Gewerkschaft König Ludwig in Recklinghausen, S. 5, in: montan.dok BBA 33/676 Teil 1.

713 III. Schriftsatz in Sachen der Gewerkschaft König Ludwig in Recklinghausen, S. 20, in: montan.dok BBA 33/676 Teil 1.

714 Zur passiven Prozessfähigkeit des nicht rechtsfähigen Vereins zu dieser Zeit: *Sydow/Busch*, Zivilprozeßordnung und Gerichtsverfassungsgesetz, 1925, S. 83.

715 Zum Beispiel Schiedsgerichtsklage der Gewerkschaft König Ludwig in Recklinghausen, S. 17, in: montan.dok BBA 33/676 Teil 1; III. Schriftsatz in Sachen der Gewerkschaft „König Ludwig" in Recklinghausen, S. 5, in: montan.dok BBA 33/676, Teil 1;.

die Vereinigung wäre eine Gesellschaft bürgerlichen Rechts, hätte es den Schiedsstreit wegen fehlender Prozessvoraussetzungen nicht entscheiden dürfen.[716] Die Nennung aller Mitglieder der Vereinigung ersparte dem Schiedsgericht zudem die Auseinandersetzung mit der ergänzenden, scheinbar wirtschaftlichen Definition des Begriffs der Parteifähigkeit der Klägerin, die im Gesetzeswortlaut keine Stütze fand.

Es lässt sich also festhalten, dass das Schiedsgericht die Frage der Prozessfähigkeit des Kohlensyndikats offenließ, und mit dem Verweis auf die Einzelnennung aller Mitglieder des Syndikats den Fragen von Partei- und Prozessfähigkeit auswich.

In dem gleichen Verfahren beschäftigte sich das Schiedsgericht mit einer weiteren Frage aus dem Bereich der allgemeinen Verfahrensvoraussetzungen, nämlich der Reichweite der eigenen Zuständigkeit.

Die Klägerinnen selbst hatten vorgetragen, dass die Zuständigkeit des Schiedsgerichts im vorliegenden Fall nicht gegeben sei, der Streit vielmehr vor den ordentlichen Gerichten ausgetragen werden müsse.[717] Das Schiedsgericht bestimmte zu Beginn seiner Entscheidungsgründe zunächst die Reichweite der Schiedsklausel und gab dabei die rechtlichen Erwägungen der Klägerinnen zusammenfassend wieder. Diese orientierten sich nicht am Wortlaut der Schiedsklausel, sondern begründeten ihre Auffassung mit der generalklauselartigen Vorschrift des § 1 Abs. 2 Syndikatsvertrag. Danach verpflichteten sich die Zechenbesitzer untereinander und dem Kohlensyndikat gegenüber, sich in den vertraglich vorgesehenen Fällen den Beschlüssen und Entscheidungen der Organe der Vereinigung zu unterwerfen. Daraus folge, dass eine verbindliche Kraft, so argumentierten die Klägerinnen, der Entscheidung des Schiedsgerichts nur dann zukomme, wenn die Beschlüsse innerhalb der Zuständigkeit der Mitgliederversammlung lägen.[718]

Auffällig an dieser Argumentation ist, dass die Klägerinnen zur Bestimmung der Reichweite der Schiedsklausel nicht den Wortlaut der Schiedsklausel, also die spezielle Norm, heranzogen, sondern auf die allgemeinen Eingangsvorschriften des Syndikats zurückgriffen. Ohne den Gesichtspunkt der Spezialität ausdrücklich aufzugreifen, betrachtete das Schiedsgericht die Schiedsklausel des § 12

716 Die Rechtsfähigkeit richtete sich nach § 50 Abs. 1 ZPO: „Parteifähig ist, wer rechtsfähig ist." Rechtsfähig waren juristische Personen des privaten Rechts, die die durch das BGB als solche anerkannt waren, *Sydow/Busch*, Zivilprozeßordnung und Gerichtsverfassungsgesetz, 1925, S. 81.

717 Schiedsgerichtsklage der Gewerkschaft König Ludwig in Recklinghausen, S. 22 f, in: montan.dok BBA 33/676 Teil 1; II. Schriftsatz in Sachen der Gewerkschaft „König Ludwig" in Recklinghausen, S. 20 und Anlage 1 mit Abschrift Schriftsatz an das Landgericht Essen und Gutachten Rechtsanwalt am Kammergericht Dr. Kann, in: montan.dok BBA 33/676 Teil 1; lediglich Bezugnahme auf die bisherigen Ausführungen: IV. Schriftsatz und Gutachten Prof. Dr. Geiler in Sachen der Gewerkschaft König Ludwig in Recklinghausen, S. 10, in: montan.dok BBA 33/676 Teil 1.

718 Anlage zu unserem Schreiben vom 3. Mai 1929 Abteilung E Nr. 1080, S. 7, in: montan. dok BBA 33/676 Teil 1.

Syndikatsvertrag seinerseits im Zusammenspiel mit der Vorschrift des § 1 Abs. 2 Syndikatsvertrag. Es stellte einleitend fest, der Inhalt des Syndikatsvertrages ergebe „die grundsätzliche Schranke für die Schiedsgerichtsklausel". Dieser Rückbezug auf § 1 Abs. 2 Syndikatsvertrages und die Beschränkung der Schiedsklausel auf die „vertraglich vorgesehenen Fälle" dienten bei näherer Betrachtung der Argumentation jedoch wohl hauptsächlich der Überleitung. Denn die folgenden Ausführungen zur Auslegung der Schiedsklausel zeigen, dass diesem einleitenden Absatz und der Vorschrift des § 1 Abs. 2 Syndikatsvertrag in der Auslegung des Schiedsgerichts eine kaum über den § 13 Syndikatsvertrag hinausgehende Bedeutung lediglich dahingehend zukam, Vorkommnisse völlig außerhalb des Lebensverhältnisses „Syndikatsvertrag" aus der Schiedsvereinbarung auszuschließen.

Das Schiedsgericht wandte sich im Folgenden der Schiedsklausel in § 13 des Syndikatsvertrages zu. Nach § 13 Syndikatsvertrag konnte jedes Mitglied „gegen die Beschlüsse und Entscheidungen der Versammlung der Mitglieder" das Schiedsgericht anrufen. Es fasste diesen Inhalt kurz zusammen und stellt fest, dass sich im Wortlaut der Bestimmung keinerlei Anhaltspunkt für die einschränkende Auslegung der Klägerinnen fand. Anknüpfungspunkt der Schiedsklausel war demnach ein Beschluss der Mitgliederversammlung. Einzige – wohl aus § 1 Abs. 2 Syndikatsvertrag gewonnene – Anforderung an diesen Beschluss war, dass sein „Inhalt überhaupt in das inhaltliche Bereich der in Gestalt des Syndikatsvertrages vorliegenden Regelung gehören kann [Hervorhebung d. Verf.]." Ob hingegen der Beschluss tatsächlich in die Zuständigkeit der Mitgliederversammlung fiel und in diesem Sinne rechtmäßig war, war eine Frage des Inhalts des Syndikatsvertrags und „recht eigentliche die Frage, die das Schiedsgericht zu entscheiden berufen ist".[719]

Sodann argumentierte das Schiedsgericht kurz mit dem Zweck der Schiedsklausel und schloss aus der Tatsache, dass die Klausel offenbar auf Beschleunigung und Vermeidung des mit dem Instanzenzug verbundenen Zeitaufwands gerichtet war, auf die Bejahung seiner Zuständigkeit. Es scheint als wollte das Schiedsgericht die vorangegangene Wortlautauslegung mit einem weiteren Argument untermauern. Allerdings schließt das Schiedsgericht hier von einem allgemeinen Argument für die Schiedsgerichtsbarkeit auf eine weite Auslegung der Schiedsklausel im konkreten Fall. Dass diese Gesichtspunkte möglicherweise Hintergrund der Einführung der Schiedsklausel in ihrem vertraglich festgelegten Umfang waren, kann jedoch nicht ohne weiteres zur Begründung einer größeren Reichweite herangezogen werden, wenn diese bestritten wird. Dennoch wird man dem Schiedsgericht nicht unterstellen können, eine unzulässig weite Auslegung betrieben zu haben, um sich selbst größtmöglich Kompetenzen einzuräumen oder die Schiedsklausel über den Willen der Parteien bei Vertragsschluss hinausgehend auszulegen. Dagegen spricht schon die nachvollziehbare Wortlautauslegung, auf die das Schiedsgericht sich – zumindest dem Umfang nach – hauptsächlich stützt.

---

719 Anlage zu unserem Schreiben vom 3. Mai 1929 Abteilung E Nr. 1080, S. 7, in: montan.dok BBA 33/676 Teil 1.

Nicht thematisiert wird in den Entscheidungsgründen die Kompetenz des Schiedsgerichtes, über die Frage seiner Zuständigkeit im Falle des Bestreitens überhaupt selbst zu entscheiden. Die Zivilprozessordnung traf in § 1037 die Regelung, dass die Schiedsrichter das Verfahren fortsetzen und den Schiedsspruch erlassen konnten, auch wenn die Unzulässigkeit des schiedsrichterlichen Verfahrens behauptet wurde. Vor diesem Hintergrund erscheint es verständlich, dass das Schiedsgericht mit keinem Wort auf diese Frage einging. Angesichts des klaren Wortlauts der gesetzlichen Regelung und die Rechtsprechung des Reichsgerichts schienen wohl keinerlei Zweifel hinsichtlich der Zulässigkeit dieses Vorgehens zu besehen. Schon ein Jahr zuvor hatte das Reichsgericht nämlich entschieden, dass die endgültige Entscheidung über die Frage der Zuständigkeit durch das Staatsgericht im Aufhebungsverfahren getroffen würde, und dass das Schiedsgericht in diesem Fall bedingt und vorläufig entscheiden könne.[720]

Bereits 1913 hatte allerdings das OLG München über eine Konstellation entschieden, in der eine Partei die Zuständigkeit des Schiedsgerichts schon vor Einleitung des Schiedsverfahrens bestritten hatte.[721] Dem entsprach der zur Entscheidung anstehende Sachverhalt dahingehend, dass die Klägerin bereits in der Mitgliederversammlung, in der der streitgegenständliche Beschluss gefasst worden war, entgegen der Ansicht der für den Beschluss stimmenden Mitgliedszechen die Zuständigkeit des Schiedsgerichts bestritten und hierauf erneut bei Erhebung der Schiedsklage schriftlich hingewiesen hatte. Die Schiedsklage sei lediglich vorsorglich und zur Fristwahrung erhoben worden.[722] Nach der Rechtsprechung des OLG durfte ein Schiedsgerichtsverfahren in diesem Fall überhaupt nicht eingeleitet werden. Derartig entgegenstehende Rechtsprechung hätte eine Auseinandersetzung mit der Frage der Zulässigkeit der Einleitung des Verfahrens nahegelegt. Andererseits handelt es sich um eine isolierte Entscheidung. Zudem wurde das schiedsgerichtliche Verfahren gerade von der Partei eingeleitet, die die Unzuständigkeit des Schiedsgerichts behauptete, sodass diese insoweit nicht schutzwürdig war. Es lässt sich nicht mit Sicherheit sagen, ob es sich hierbei um ein bewusstes Auslassen gegebenenfalls problematischer Rechtsprechung handelt, oder ob die Entscheidung als nicht einschlägig eingeordnet wurde. Denkbar erscheint allerdings auch, dass dem Schiedsgericht das Urteil des OLG nicht bekannt war. Hierfür spricht, dass es sich soweit ersichtlich um die einzige Entscheidung handelt, die sich mit dieser Sonderkonstellation befasst, und die Entscheidung des Schiedsgerichts sachlich auf einer Linie mit dem Gesetzeswortlaut und der höchstrichterlichen Rechtsprechung zu der grundsätzlichen Frage der Entscheidungskompetenz der Schiedsrichter liegt.

720 RG, Urt. v. 26.6.1928, Az. 90/28 VII, JW 1928, 2136.

721 OLG München, Urt. v. 5.2.1913, Die Rechtsprechung der Oberlandesgerichte auf dem Gebiete des Zivilrechts, 30, 319.

722 Schreiben der Magdeburger Bergwerks-Aktiengesellschaft an den Vorstand des RWKS vom 15.12.1928, in: montan.dok BBA 33/676 Teil 1.

In der Mehrzahl der übrigen Entscheidungen spielten Zuständigkeit und auch die Besetzung der Schiedsgerichte keine Rolle und wurden auch mit keinem Wort erwähnt. In einem Verfahren wird zu Beginn der Entscheidungsgründe festgestellt, dass das Schiedsgericht von den Vertretern der Parteien als satzungsgemäß anerkannt worden sei.[723] Hierin könnte die ausdrückliche Anerkennung auch der Zuständigkeit des Schiedsgerichts liegen, deren Feststellung in der einschlägigen Kommentarliteratur zwar empfohlen wurde, allerdings keine Voraussetzung für einen wirksamen Schiedsspruch war.[724] In einem Schiedskammerverfahren heißt es ausdrücklich im Tatbestand, dass gegen die Zuständigkeit und ordnungsgemäße Besetzung der Schiedskammer unter den Beteiligten keine Bedenken bestünden.[725]

Hierin könnte in gewisser Weise eine erneute Parallele zu den Verfahren vor den ordentlichen Gerichten gesehen werden: Thematisiert wurden die allgemeinen Verfahrensfragen offenbar nur dann, wenn sie problematisiert, das heißt von den Parteien in Zweifel gezogen oder in Schriftsätzen diskutiert worden waren. Generell war für Urteile der ordentlichen Gerichte war anerkannt, dass nicht erörtert werde musste, was nicht problematisch bzw. für die Falllösung unerheblich war.[726] Dennoch war das Schiedsgericht auch losgelöst vom Parteivorbringen zur Prüfung der Verfahrensvoraussetzungen – und jedenfalls bei entsprechendem Parteivortrag auch zur Erörterung – verpflichtet. Insoweit überrascht zunächst, dass die Rechtsnatur der Vereinigung der Zechenbesitzer im Syndikat lediglich kurz und nur einem der vorliegenden Verfahren thematisiert wurde. Es lässt sich vermuten, dass Hintergrund dieser fehlenden Sichtbarkeit der Auseinandersetzung ein geringeres Interesse an der dogmatischen Frage der Rechtsfähigkeit des Kohlensyndikats als solches im Verhältnis zur Entscheidung der dem Schiedsverfahren zu Grunde liegenden materiellen Konfliktfrage war. Dies findet auch eine Stütze in den kurzen Ausführungen des Schiedsgerichts, die die dogmatische Frage der Rechtspersönlichkeit und damit verbunden der Prozessfähigkeit des RWKS unter

---

723 Schiedsspruch, S. 3, in: montan.dok BBA 33/680.

724 *Baumbach,* Das privatrechtliche Schiedsgerichtsverfahren, S. 104.

725 Anlage zu unserem Schreiben vom 2. Juni 1933 Abt. E Nr. 2160 S. 2, in: montan.dok BBA 33/921; in einem anderen Verfahren wird kurz die ordnungsgemäße Bildung des Schiedsgerichts festgestellt, Anlage zu unserem Schreiben vom 3. Januar 1935 Abt. E Nr. 70, S. 2, in: montan.dok BBA 33/922.

726 RG, Urt. v. 5.12.1911, Az.: 242/11, JW 1912, 249, 249: „Es ist richtig, dass er [der Berufungsrichter, d. Verf.] sich über das erwähnte Vorbringen nicht mit ausdrücklichen Worten ausgesprochen hat. Er brauchte es aber auch nicht, da er es ersichtlich für unerheblich hielt und für unerheblich halten durfte."; ähnlich *Sydow/Busch,* Zivilprozeßordnung und Gerichtsverfassungsgesetz, 1925, S. 396, für Parteianführungen, die das Gericht für unerheblich hält; deutlicher, allerdings zeitlich nach dem Großteil der Entscheidungen: *Sydow/Busch,* Zivilprozeßordnung und Gerichtsverfassungsgesetz, 1925, S. 513: „Die Entscheidungsgründe sollen war erschöpfend, aber doch kurz sein, und sich auf den Gegenstand der Entscheidung beschränken."

Verweis auf die materiellen Aspekte des Konflikts, nämlich, dass die „Gesamtbelange“ der Vereinigung in Frage ständen, offen lässt.[727]

Ebenfalls zur Gruppe der allgemeinen Verfahrensvorschriften gehört der Komplex der Unterbrechung des schiedsgerichtlichen Verfahrens. Eine Aussetzung im Sinne der ZPO kann nach damaliger Ansicht schon allein deswegen ausgeschlossen, da eine Wiederaufnahme durch förmliche Zustellung eines Schriftsatzes, wie sie die Vorschrift des § 250 ZPO für das gerichtliche Verfahren voraussetzte, im Schiedsverfahren nicht in Betracht kam. Allerdings war das Schiedsgericht befugt, in geeigneten Fällen das Verfahren mit der Wirkung einer Vertagung auf unbestimmte Zeit auszusetzen, wenn die Parteien zustimmten.[728]An diesem Erfordernis scheiterte die Aussetzung eines Verfahrens, die das beklagte Kohlensyndikat beantragte. Hintergrund war ein Schreiben des Reichswirtschaftsministers an das Kohlensyndikat, indem er diesem aufgab, in einer das Verfahren berührenden Frage ein „Einvernehmen“ mit anderen betroffenen Akteuren, nämlich dem Kohlenhandel, herbeizuführen.[729] Mit der Aussetzung erklärte sich die Klägerin jedoch nicht einverstanden und bat um Abweisung des Antrages, da die Frage, über die verhandelt werden sollte, inhaltlich von der im Verfahren zu entscheidenden Frage klar zu trennen wäre.[730] Der Antrag wurde in der mündlichen Verhandlung erörtert.[731] Das Verfahren wurde daraufhin ohne Unterbrechung fortgesetzt.

Ein Gegenbeispiel für eine erfolgreiche Aussetzung der Parteien und anschließende Wiederaufnahme liefert ein Schiedsgerichtsverfahren 1937. Die Parteien hatten offensichtlich übereinstimmend nach der mündlichen Verhandlung eine Vertagung zur Durchführung von Vergleichsverhandlungen beantragt, die aber scheiterten. Im Anschluss erließ das Schiedsgericht daraufhin den Schiedsspruch.[732]

---

727 s.o. Fußnote 714.

728 *Baumbach,* Das privatrechtliche Schiedsgerichtsverfahren, S. 106 f.

729 Schreiben Herr Schneider an Herr Leveloh vom 25.4.1939, enthält Durchschlag Schreiben an Vorsitzenden vom 25.4.1939, S. 1 f, in: montan.dok BBA 33/684.

730 Schreiben des Herrn Stinnes an das RWKS vom 28.4.1939, S. 1 f, in: montan.dok BBA 33/684.

731 Der Vorsitzende der Schiedskammer führte hierzu aus, dass in Verhandlungen über den Streitgegenstand dann eingetreten würde, wenn das Gericht zu der Auffassung kommen sollte, dass der Aussetzungsantrag unbegründet sei, Protokoll der mündlichen Verhandlung betitelt „Schiedskammer betr. Landabsatz, am 9.5.39“, S. 1 f., in: montan.dok BBA 33/684; weitere Information zur Verhandlung über den Aussetzungsantrag ist dem Protokoll nicht zu entnehmen. Da das Protokoll jedoch im Folgenden jedoch die Verhandlung über den Streitgegenstand wiedergibt, ist davon auszugehen, dass das Gericht den Antrag für unbegründet hielt.

732 Die mündliche Verhandlung fand am 5. Januar 1937 statt, der Schiedsspruch ist auf den 22. März 1937 datiert. Am Ende der Entscheidungsgründe verweist das Schiedsgericht ausdrücklich auf einen am Schluss der mündlichen Verhandlung vorgebrachten Ausgleichsvorschlag, „dessentwegen das Schiedsgericht seine Entscheidung verlegt hatte“ und der inzwischen nicht zu einer Verständigung geführt habe: Schiedsspruch, S. 8, in: montan.dok BBA 33/680.

B. Rechtliches Gehör

Gemäß § 1034 ZPO waren die Parteien vor Erlass des Schiedsspruchs zu hören. Es handelte sich hierbei offenbar um einen zentralen Grundsatz des schiedsgerichtlichen Verfahrens: nicht nur hatte er als eine von zwei Anforderungen an das Verfahren Eingang in die knappen Regelungen gefunden, sondern seine Verletzung war zudem gemäß § 1041 Nr. 4 ZPO ein Aufhebungsgrund für den Schiedsspruch. Nach der ZPO-Novelle 1927 war dieser Aufhebungsgrund für die Parteien sogar unverzichtbar.[733] Vor diesem Hintergrund erstaunt die Handhabung der Vorschrift durch das Reichsgericht, das bereits in frühen Jahren für schiedsgerichtliche Verfahren einen eigenständigen Inhalt des Prinzips mit geringeren Anforderungen festschrieb. Schon im Jahr 1905 führte das Reichsgericht aus:

"Dasselbe [das rechtliche Gehör, d. Verf.] ist in diesem Verfahren [das schiedsrichterliche Verfahren, d. Verf.], wie in der Rechtsprechung des RG. stets angenommen, nicht von der Strenge, wie das gleiche Erfordernis für das Verfahren im ordentlichen Rechtsstreit [...] Gehört sollen die Parteien auch im schiedsrichterlichen Verfahren werden und war so, daß sie Gelegenheit zu umfassenden Äußerungen erhalten, aber die Grenze ihres Rechts ist anzuerkennen, [...], und daß es vielmehr Sache der Parteien ist, in den Erklärungen, zu denen ihnen im Beginn des Verfahrens oder später Gelegenheit gegeben wird, das gesamte Sach- und Rechtsverhältnis zu berücksichtigen und auf Eventualitäten einzugehen, die ihnen vielleicht fern liegend oder nicht bedeutungsvoll erscheinen, von denen sie sich aber nicht verhehlen können, daß die Auffassung der Schiedsrichter hinsichtlich derselben vielleicht eine wesentlich andere sein kann."[734]

An dieser Auffassung hielt das Reichsgericht fest.[735] Im Vergleich zum Verfahren vor den ordentlichen Gerichten wurde der Grundsatz der Gewährung rechtlichen Gehörs hierdurch sehr stark entwertet. Während den Parteien im Verfahren vor den ordentlichen Gerichten in der Regel eine zweite Tatsacheninstanz zur Verfügung stand, in der sie zu Gesichtspunkten, die sie erst durch die Urteilsbegründung des Spruchkörpers erster Instanz als bedeutsam erkannt hatten, vortragen konnten, war – wie in der Schiedsklausel des Syndikatsvertrages – eine zweite

---

733 Zunächst enthielt § 1041 Abs. 2 ZPO die Regelung, dass die Aufhebung des Schiedsspruchs aus dem in Nr. 4 bestimmten Grund nicht stattfinde, wenn die Parteien ein anderes vereinbart hatten; diese Nummer 4 wurde jedoch mit der ZPO-Novelle 1927 gestrichen, um die innerstaatliche Regelung der zwischenstaatlichen Regelung aufgrund des Genfer Abkommens anzupassen, dazu *Zieren*, Das Schiedsverfahrensrecht der ZPO (1877–1933) unter Berücksichtigung der Genfer Übereinkommen von 1923 und 1927 sowie der Rechtssprechung des Reichsgerichts, S. 129 ff.

734 RG, Urt. v. 10.01.05, Az. 592/04 VII, JW 1905, 157, 157.

735 Siehe nur RG, Urt. v. 7.12.1909, 48/09 VII, JW 1910, 70, 70; RG Urt. v. 15.12.1911, Az. 242/11 VII, JW 1912, 249, 250; JW 25, 809; *Sydow/Busch*, Zivilprozeßordnung und Gerichtsverfassungsgesetz, 1925, S. 1076; *Sydow/Busch*, Zivilprozeßordnung und Gerichtsverfassungsgesetz, 1941, S. 1397.

Tatsacheninstanz in Schiedsverfahren in der Regel nicht vorgesehen. Doch selbst in einem Verfahren vor einer weiteren Tatsacheninstanz wurde die Anwendung der sogenannten Eventualmaxime – der Verpflichtung, alles tatsächlich oder rechtlich potentiell erhebliche sofort vorzutragen – durch die ordentlichen Gerichte als Verletzung des rechtlichen Gehörs abgelehnt.[736]

Hingegen war es nach der Rechtsprechung des Reichsgerichts in Schiedsverfahren nicht einmal erforderlich, dass die Parteien gleich oft oder bei gleicher Gelegenheit gehört wurden.[737]

Die vorliegenden syndikatlichen Schiedsverfahren zeichnen sich durch eine über die Minimalanforderungen der Rechtsprechung deutlich hinausgehende, insoweit gleichmäßige Behandlung der Parteien aus. Dies gilt sowohl hinsichtlich der Anzahl der von den Parteien eingereichten Schriftsätze als auch materiell bezüglich der gleichmäßigen Auseinandersetzung mit den von den Parteien vorgebrachten Argumenten.

In der überwiegenden Anzahl der vorliegenden Verfahren reichten die Parteien die gleiche Anzahl von Schriftsätzen ein.[738] In einem Verfahren offenbarte sich zudem, welche Wertigkeit die Parteien dieser Art der gleichmäßigen Äußerung und der Gelegenheit der Reaktion auf gegnerisches Verfahren wohl beimaßen. Nachdem beide Parteien bereits jeweils zwei Schriftsätze eingereicht hatten, äußerte sich die Klägerin erneut. Hiergegen wandte sich das beklagte Kohlensyndikat in seiner Äußerung an den Vorsitzenden mit den Worten, es sei überrascht über diese erneute Äußerung kurz vor der mündlichen Verhandlung, nachdem doch beide Parteien bisher die gleiche Anzahl an Schriftsätzen eingereicht hätten.[739] Aus dieser Kritik spricht klar der Vorwurf an die Klägerin, sich insbesondere angesichts des von ihr gewählten Zeitpunkts der schriftsätzlichen Äußerung einen unfairen Vorteil verschaffen zu wollen. Konsequenterweise ließ das Kohlensyndikat es sich nicht nehmen, auf diesen Schriftsatz zu erwidern. Es lässt sich angesichts obiger Äußerung vermuten, dass die gleichmäßige Gelegenheit zur Äußerung als zentraler Aspekt der Gleichbehandlung insgesamt eingeordnet wurde. Dies wird auch dadurch gestützt, dass das Kohlensyndikat in seinem

---

736 *Baumbach*, Das privatrechtliche Schiedsgerichtsverfahren, S. 110.

737 Siehe nur RG, Urt. v. 15.12.1911, Az. 242/11 VII:, 249, 249: „Eine ungenügende Gewährung des rechtlichen Gehörs kann deshalb nicht in der bloßen Tatsache gefunden werden, daß zwar die eine Partei der Befragung von Zeugen beigewohnt hat, die andere aber von den Schiedsrichtern nicht zugezogen worden ist."

738 Schiedskammerverfahren über die Auslegung des § 20 Syndikatsvertrag: jeweils 2 Schriftsätze, Anlage zu unserem Schreiben vom 2. Juni 1933, Abt. E Nr. 2160, S. 2, in: montan.dok BBA 33/921; Schiedsgerichtssache Carl-Alexander: Klageschrift und Klagebeantwortung, in: montan.dok BBA 33/680; Schiedsgerichtssache Eschweiler Bergwerksverein: jeweils 3 Schriftsätze und eine Stellungnahme zu den Fragen des Vorsitzenden, in: montan.dok BBA 33/686; Schiedskammerverfahren Landabsatzrichtlinie: jeweils 5 Schriftsätze der Parteien, in: montan.dok BBA 33/684.

739 Schreiben des RWKS an die Herren Volmer, Fischer, Balster vom 2.10.1939, S. 1, in: montan.dok BBA 33/686.

Schreiben an das Tribunal zwar einerseits anmerkt, den neuerlichen Ausführungen der Klägerin „keine ausschlaggebende Bedeutung“ beizumessen, es aber dennoch für erforderlich hielt, bzgl. der Anzahl der Schriftsätze gleichzuziehen und sich daher über eigenes Unbehagen aufgrund der unmittelbaren zeitlichen Nähe der eigenen Einreichung zur mündlichen Verhandlung hinwegsetzte.[740]

In einem weiteren Fall kann angesichts des wenig komplexen und unstreitigen Sachverhalts angenommen werden, dass ebenfalls beide Parteien die gleiche Anzahl von Schriftsätzen, nämlich lediglich einen Schriftsatz, eingereicht hatten. Inhaltlich ging es um die beantragte Herabsetzung einer unstreitig verwirkten Verbandsstrafe aus Billigkeitsgründen. Die Entscheidungsgründe umfassen nur rund eine Seite.[741]

Unklar bleibt die Anzahl der eingereichten Schriftsätze und ihre Verteilung in insgesamt zwei Verfahren.[742]

Offensichtlich keine Verletzung rechtlichen Gehörs nach der Rechtsprechung des Reichsgerichts, aber praktisch auch keine Ungleichbehandlung im Sinne einer abweichenden Gelegenheit zur Äußerung lag in einem weiteren Verfahren vor, in dem die Klägerin vier, die Beklagte hingegen nur drei Schriftsätze eingereicht hatte. Denn mit ihrer „Beantwortung 2“ erwiderte die Beklagte ausdrücklich auf die Schriftsätze II und III der Klägerin, sodass sie inhaltlich auf das gesamte klägerische Vorbringen eingehen konnte.[743]

Einzig in einem Verfahren vor der Oberschiedskammer reichten die Berufungsklägerinnen zwei, die Berufungsbeklagte jedoch nur einen Schriftsatz ein und bestand auf Grund des zeitlichen Ablaufs schon nicht die theoretische Möglichkeit, dass die Beklagte mit ihrem Schriftsatz auch auf das erneute klägerische Vorbringen hätte reagiert haben können.[744] Zwar fällt dieses Verfahren aus der Reihe der sonstigen Verfahren innerhalb des Kohlensyndikats, jedoch sind auch hier, da die Berufungsbeklagte überhaupt die Gelegenheit hatte, dem Schiedsgericht vorzutragen, die Anforderungen der Rechtsprechung an das rechtliche Gehör erfüllt.

Ein ähnliches Bild zeigt sich bei der Betrachtung der Auseinandersetzung der Schiedsgerichte mit dem Vortrag der Parteien in den Entscheidungsgründen. Die Tatbestände der Entscheidungen der Schiedsgerichte enthalten umfassende Darstellungen des tatsächlichen Vorbringens der Parteien und ihrer Rechtsausführungen.

---

740 Schreiben des RWKS an die Herren Volmer, Fischer, Balster vom 2.10.1939, S. 1, in: montan.dok BBA 33/686.

741 Anlage zu unserem Schreiben vom 18. Januar 1935, Abt. E Nr. 131, S. 3 f, in: montan. dok BBA 33/922.

742 Anlage zu unserem Schreiben vom 3. Januar 1935 Abt. E Nr. 70, S. 3, in: montan.dok BBA 33/922 – auf Seite 3 heißt es lediglich, die Parteien hätten nach Maßgabe ihrer Schriftsätze verhandelt; Schiedsgerichtsurteil in der Schiedsgerichtssache Langenbrahm, in: montan.dok BBA 33/922 – auf S 16 heißt es ohne weitere Angaben die Schriftsätze seien vollinhaltlich Gegentand der mündlichen Verhandlung gewesen.

743 Beantwortung 2, S. 3, in: montan.dok BBA 33/676, Teil 1.

744 Anlage zu unserem Schreiben vom 13. Juli 1934 Abt. E Nr. 2700, S. 2, in: montan. dok BBA 33/921.

Hierbei wird dem Vorbringen beider Parteien etwa der gleiche Raum gegeben.[745] Die Entscheidungsgründe greifen die dem Schiedsgericht unterbreiteten und im Tatbestand aufgeworfenen Fragen auf. Ein Auslassen relevanter Umstände oder willkürliches Übergewicht einer Position in den Entscheidungsgründen ist nicht zu erkennen.

In einem der zu entscheidenden Fälle standen lediglich Tatsachen – das Ausmaß vertragswidriger Beladung von Kähnen durch die Klägerin – in Frage. Diesbezüglich erhob das Schiedsgericht zunächst Beweis. Die Entscheidung begründete es anhand einer objektiv nachvollziehbaren Beweiswürdigung.[746] In einer weiteren Gruppe von Verfahren setzte das Schiedsgericht sich in den Entscheidungsgründen (vorwiegend) mit rechtlichen Fragen auseinander und nahm dabei vereinzelt auch ausdrücklich Bezug auf das Vorbringen der Parteien.[747]

Zweifel könnten auf den ersten Blick in einer letzten Gruppe von Verfahren auftreten, in denen die Rechtsausführungen einer Partei scheinbar überproportional gewichtet wurden. Hier scheint es zunächst, als würde sich das Schiedsgericht in den Entscheidungsgründen weit überwiegend mit den Argumenten nur einer Partei beschäftigen.[748] Allerdings erklärt sich dieses scheinbare Übergewicht aus dem Aufbau der Entscheidungen. Eingangs der Entscheidungsgründe hatte das

---

745 Anlage zu unserem Schreiben vom 3. Mai 1929 Abteilung E Nr. 1080, S. 5 in: montan.dok BBA 33/676 Teil 1: Darstellung der Positionen zur Zuständigkeit in jeweils einem Absatz; sodann Darstellung der klägerischen Position auf S 5, 7 und der Position der Nebenintervenienten auf S. 6; Anlage zu unserem Schreiben vom 13. Juli 1934, S. 2, in: montan.dok BBA .33.921: gemeinsame Darstellung; Anlage zu unserem Schreiben vom 3. Januar 1935 Abt. E Nr. 70, S 2 f, in: montan.dok BBA 33/922: gemeinsame knappe Darstellung; Schiedsgerichtsurteil in der Schiedsgerichtssache des Steinkohlenbergwerks Langenbrahm, S. 6–16, in: montan.dok BBA 33/922: ausführliche Widergabe der Position der Klägerin auf S. 6–10, der Beklagten auf S. 11–16; Schiedsspruch, S. 2 f, in: montan.dok BBA 33/680: Darstellung der Position der Klägerin auf S. 2, der Position der Beklagten auf S. 3; Schiedskammerentscheidung S. 6–9, in: montan.dok BBA 33/684: Widergabe der Position der Minderheitengruppe auf S. 6–8, der Mehrheitsgruppe auf S. 8–9.

746 Anlage zu unserem Schreiben vom 3. Januar 1935 Abt. E Nr. 70, in: montan.dok BBA 33/922: zum Beweisbeschluss S. 3, Beweiswürdigung S. 4–6.

747 Zum Beispiel: Anlage zu unserem Schreiben vom 3. Mai 1929 Abteilung E Nr. 1080, in: montan.dok BBA 33/676 Teil 1. Zur Frage der Zuständigkeit auf S. 7, zur geforderten Auslegung nach Treu und Glauben S. 10; auf S. 11 heißt es, das Eingehen auf weiteres Parteivorbringen sei nicht geboten: auch hiermit bewegte sich das Schiedsgericht aber im Rahmen des rechtlich erlaubten, da es diesen offenbar als nicht erheblich einordnete; Anlage zu unserem Schreiben vom 18.Januar 1935 Abt. E Nr. 131, in: montan.dok BBA 33/922: Das Schiedsgericht wiederholt im Rahmen der Entscheidungsbegründung auf S. 3 f. alle Argumente, die es zuvor im streitigen Parteivortrag aufgeführt hatte, S. 2 f; Schiedsgerichtsurteil in der Schiedsgerichtssache des Steinkohlenbergwerks Langenbrahm, S. 25, in: montan.dok BBA 33/922.

748 Anlage zu unserem Schreiben vom 2. Juni 1933, Abt. E Nr. 2160, in: montan.dok BBA 33/921: Erwähnung/Widergabe der Position der Klägerin ohne ausdrückliche Klarstellung auf S. 3, 17, ausdrücklich auf S. 4, 6, 8, 9, 12; Erwähnung der Position

Schiedsgericht nämlich jeweils festgestellt, dass ein Anspruch der Klägerinnen nach dem Wortlaut der zugrunde liegenden Vorschriften nicht bestünde.[749] Die folgenden Ausführungen beschäftigten sich also mit der Frage, ob das Ergebnis der Wortlautauslegung erschüttert werden könnte. Die Oberschiedskammer selbst erläuterte in einem derartigen Verfahren ihr Vorgehen ausdrücklich mit den Worten, nach der Wortlautauslegung „die Einwände der reinen Zechen" zu prüfen.[750] Zwar konnten sich in beiden Fällen die Klägerinnen mit ihrer Auffassung nicht durchsetzen. Die Länge der Ausführungen und ihre inhaltliche Tiefe sprechen aber für eine sorgfältige und unabhängige Prüfung der jeweiligen Position.[751]

Parallelen zu den Ergebnissen der Betrachtung des Grundsatzes des rechtlichen Gehörs zeigen sich beim Grundsatz der Mündlichkeit. Dieser, für Verfahren vor den ordentlichen Gerichten in § 128 ZPO normierte Grundsatz, galt ebenfalls als einer der wichtigsten Verfahrensgrundsätze vor den ordentlichen Gerichten.[752] Er kam grundsätzlich zur Anwendung, es sei denn er war ausdrücklich ausgeschlossen.[753] Hingegen hatten die Schriftsätze der Parteien ausweislich des Gesetzeswortlauts in § 129 ZPO lediglich vorbereitende Funktion. Anders stellte sich die Situation, wie für den Grundsatz des rechtlichen Gehörs, für Schiedsverfahren dar. Hier stand es generell im Ermessen der Schiedsrichter, ob diese die Parteien mündlich oder schriftlich anhören oder eine mündliche Verhandlung nach schriftlicher Vorbereitung anordnen wollten.[754] Auch hier ging die in den syndikatsinternen Schiedsverfahren geübte Praxis über die gesetzlichen Anforderungen hinaus. In allen Verfahren fand eine mündliche Verhandlung statt, an der die Parteien teilnahmen und in der sie aufbauend auf ihre vorbereitenden Schriftsätze verhandelten.[755]

---

der Beklagten lediglich auf S. 3, 13 f.; Anlage zu unserem Schreiben vom 13. Juli 1934 Abt. E Nr. 2700, in: montan.dok BBA 33/921: Erwähnung/Widergabe der Position der Berufungsklägerin auf S. 3, 5, 8, 9, 10; Schiedsspruch, in: montan.dok BBA 33/680, Erwähnung/Widergabe der Position der Klägerin S. 6 f.

749 Anlage zu unserem Schreiben vom 2. Juni 1933, Abt. E Nr. 2160, S. 3 in: montan.dok BBA 33/921; Anlage zu unserem Schreiben vom 13. Juli 1934 Abt. E Nr. 2700, S. 3, in: montan.dok BBA 33/921; Schiedsspruch, S. 5, in: montan.dok BBA 33/680.

750 Anlage zu unserem Schreiben vom 13. Juli 1934, S 3, in: montan.dok BBA .33.921.

751 Anlage zu unserem Schreiben vom 2. Juni 1933, Abt. E Nr. 2160, S. 1 in: montan.dok BBA 33/921; Anlage zu unserem Schreiben vom 13. Juli 1934 Abt. E Nr. 2700, S. 1, in: montan.dok BBA 33/921; Schiedsspruch, S. 1, in: montan.dok BBA 33/680.

752 *Sydow/Busch*, Zivilprozeßordnung und Gerichtsverfassungsgesetz, 1925, S. 253.

753 *Sydow/Busch*, Zivilprozeßordnung und Gerichtsverfassungsgesetz, 1941, S. 182.

754 *Baumbach*, Das privatrechtliche Schiedsgerichtsverfahren, S. 111, mit dem Hinweis dies sei „allgemeine Meinung"; *Sydow/Busch*, Zivilprozeßordnung und Gerichtsverfassungsgesetz, 1941, S. 1397.

755 Anlage zu unserem Schreiben vom 3. Mai 1929 Abteilung E Nr. 1080, S. 2, 4 in: montan.dok BBA 33/676 Teil 1: „Sach- und Streitstand, wie er sich auf Grundlage der mündlichen Vorträge der Parteien ergibt"; Anlage zu unserem Schreiben vom 2. Juni 1933, Abt. E Nr. 2160, S. 2 in: montan.dok BBA 33/921: „mündliche Verhandlung, in welcher eine Reihe von Mitgliedern des Kohlensyndikats, insbesondere

C. Ermittlungen des Schiedsgerichts

Die grundlegende Vorschrift für die Sachverhaltsermittlung im Schiedsverfahrend fand sich in § 1034 Abs. 1 ZPO. Hier hieß es kurz, die Schiedsrichter hätten „das dem Streite zugrunde liegende Sachverhältnis zu ermitteln, soweit sie die Ermittlung für erforderlich erachten." Gesetzliche Vorschriften für die Umsetzung dieses Gebotes gab es jedoch nicht, mit Ausnahme der Vorschrift des § 1035 ZPO, die klarstellte, dass die Schiedsrichter – anders als Staatsrichter – nicht befugt waren, Zwangsmittel anzuwenden, um das Erscheinen von Zeugen und Sachverständigen zu bewirken, und diese auch nicht vereidigen durften.[756] Das Reichsgericht führte zu diesem Aspekt des schiedsrichterlichen Verfahrens lediglich relativ kurz und quasi den Wortlaut der Norm wiedergebend aus, dass die Anstellung von Ermittlungen dem freien Ermessen des Schiedsgerichts unterlag: „Eine Ermittlungspflicht lag dem Schiedsgericht nur insoweit ob, als es Ermittlungen für erforderlich hielt".[757] Die nach dem Gesetzeswortlaut zunächst bestehende

---

Vertreter der Hüttenzechen und der Harpener Bergbau A.G. [Hüttenzechen und Harpener Bergbau A.G. waren die Verfahrensbetreibenden], ferner der Syndikatsvorstand vertreten waren und Gelegenheit hatten, sich zur Sache zu äußern."; Anlage zu unserem Schreiben vom 13. Juli 1934, S. 2, in: montan.dok BBA .33.921: „Verhandlung [...] in der die in Betracht kommenden Fragen mit den Beteiligten mündlich erörtert worden sind."; Anlage zu unserem Schreiben vom 3. Januar 1935 Abt. E Nr. 70, S 1, 3, in: montan.dok BBA 33/922: „Die Parteien haben nach Maßgabe ihrer Schriftsätze verhandelt."; Schiedsgerichtsurteil in der Schiedsgerichtssache des Steinkohlenbergwerks Langenbrahm, S. 16, in: montan.dok BBA 33/922: Verweis auf den Inhalt der unter den Parteien gewechselten Schriftsätze, „die vollinhaltlich Gegenstand der mündlichen Verhandlung waren"; Schiedsspruch, S. 3, in: montan.dok BBA 33/680: Verweis „auf den Vortrag der Parteien in der mündlichen Verhandlung"; Schiedskammerentscheidung S. 10, sowie stenographisches Protokoll der mündlichen Verhandlung: Schiedskammer betr. Landabsatz, am 9.5.39, beide in: montan.dok BBA 33/684; Schiedsvergleich, S. 1, in: montan.dok BBA 33/686: eingangs Auflistung der anwesenden Parteivertreter; einzige Ausnahme ist ein Schiedsverfahren zur Herabsetzung einer von dem Kohlensyndikat wegen Lieferung anderer als vom Syndikat aufgegebener Sorten verhängten Vertragsstrafe, Anlage zu unserem Schreiben vom 18. Januar 1935 Abt. E Nr. 131; hier ist keine Rede von einer mündlichen Verhandlung, sodass eine solche wohl auch nicht stattgefunden hat. Dieses Verfahren nimmt allerdings insoweit eine Sonderstellung ein, als weder zugrunde liegende Tatsachen, noch die Berechtigung der Verhängung der Strafe an sich bestritten wird, sondern einzig die Herabsetzung der Strafe aufgrund Billigkeitserwägungen angestrebt wird.

756 (1) Die Schiedsrichter können Zeugen und Sachverständige vernehmen, welche freiwillig vor ihnen erscheinen. (2) Zur Vereidigung eines Zeugen oder eines Sachverständigen oder einer Partei sind die Schiedsrichter nicht befugt.

757 RG, Urt. v. 9.11.1934, Az. VII 179/34, Warneyers Rechtsprechung des Reichsgerichts, 27. Jahrgang (1935), Entscheidung Nr. 12, S. 28, 30; diese Entscheidung lag zeitlich nach den Verfahren montan.dok BBA 33/676 und der Entscheidung Anlage zu

Ermittlungspflicht des Schiedsgerichts wurde also gestützt auf den Gesetzeswortlaut deutlich relativiert.

Detailreicher äußerte sich Baumbach in seinem Kommentar zur Schiedsgerichtsbarkeit zur Frage von prozessleitenden Ermittlungsmaßnahmen. Die von der Zivilprozessordnung in § 272b dem Vorsitzenden des Gerichts auferlegte Vorbereitungspflicht gelte auch im Schiedsverfahren, es sei insbesondere Sache des Obmanns oder eines Schiedsrichters, schon vor dem Termin zur mündlichen Verhandlung Urkunden einzufordern und einen Augenschein zu veranlassen. Zeugen- und Sachverständigenvernehmungen sollten hingegen vor dem vollbesetzten Schiedsgericht geschehen.[758]

Exakt diesen Regeln folgend handelte ein Schiedsgericht in dem einzig vorliegenden Verfahren, das keinerlei streitige Rechtsfragen, sondern ausschließlich streitige Tatsachen zum Gegenstand hatte.[759] Rund zwei Wochen vor der mündlichen Verhandlung erließ das Schiedsgericht einen Beweisbeschluss.[760] Angesichts der Formulierung in den Entscheidungsgründen, „das Schiedsgericht" habe einen Kahn besichtigt und sich das Prüfverfahren vorführen lassen, kann vermutet werden, dass hiermit die Anwesenheit aller Schiedsrichter, nicht etwa nur eines Vertreters, bei der Beweisaufnahme beschrieben wird. Zudem vernahm das Schiedsgericht insgesamt neun Zeugen.[761]

Auch in zwei weiteren Verfahren kamen die Schiedsrichter ihrer Vorbereitungspflicht nach, indem sie zur weiteren Aufklärung des Sachverhalts noch vor der mündlichen Verhandlung den Parteien aufgaben, dem Schiedsgericht ergänzend bestimmte Urkunden zur Verfügung zu stellen.[762] In ersterem Verfahren teilte der Vorsitzende zudem in einer der prozessleitenden Ladung vergleichbaren Weise mit, dass sich zwei Vorstandsmitglieder des Kohlensyndikats für Zeugenaussagen bereithalten sollten.[763]

---

unserem Schreiben vom 2. Juni 1933 Abt. E Nr. 2160, in: montan.dok BBA 33/921; bereit vor Erlass der letzten Entscheidung äußerte sich in diesem Sinne in seinem Kommentar *Baumbach,* Das privatrechtliche Schiedsgerichtsverfahren, S. 113 ff., allerdings ohne Nachweise aus Rechtsprechung oder Literatur.

758 *Baumbach,* Das privatrechtliche Schiedsgerichtsverfahren, S. 114.

759 Anlage zu unserem Schreiben vom 3. Januar 1935 Abt. E Nr. 70, in: montan.dok BBA 33/922.

760 Anlage zu unserem Schreiben vom 3. Januar 1935 Abt. E Nr. 70, S. 1, 3, in: montan.dok BBA 33/922.

761 Anlage zu unserem Schreiben vom 3. Januar 1935 Abt. E Nr. 70, S. 4, in: montan.dok BBA 33/922.

762 Verfahren montan.dok BBA 33/684: Schreiben Dr Stuckert [Vorsitzender des Schiedsgerichts] an die Parteien vom 22. April 1939, in: montan.dok BBA 33/684; Verfahren montan.dok BBA 33/686: Schreiben Dr. Volmer [Vorsitzender des Schiedsgerichts] an die Parteien vom 7. August 1939, in: montan.dok BBA 33/686.

763 Schreiben Dr. Stuckert [Vorsitzender des Schiedsgerichts] an die Parteien vom 22. April 1939, in: montan.dok BBA 33/684.

Eine andere prozessleitende Ermittlungsmaßnahme, nämlich das richterliche Fragerecht, ordnete das Reichsgericht hingegen unproblematisch als nach der Vorschrift des § 1034 Abs. 1 ZPO dem Schiedsgericht obliegend ein.[764] Es gibt Hinweise, wonach die Schiedsrichter von ihrem Fragerecht Gebrauch machten. Anhand der zur Verfügung stehenden Materialien kann allerdings nicht bestimmt werden, in welchem Umfang die Schiedsrichter insgesamt durch ihre Fragen zur Sachverhaltsaufklärung beitrugen. Der Ablauf der mündlichen Verhandlung wurde nur in einem Verfahren, und auch dort nur heimlich, protokolliert.[765] In dieser Verhandlung machte der Vorsitzende des Schiedsgerichts zumindest an zwei Stellen von seinem Fragerecht Gebrauch.[766] Zudem ergibt sich aus einem weiteren Schiedsspruch, dass die Klägerin zur Aufklärung eines Aspektes des schriftsätzlichen Vorbringens von dem Schiedsgericht befragt wurde.[767]

Sowohl die Vorbereitung der Verhandlung, als auch die Ausübung des richterlichen Fragerechts in der mündlichen Verhandlung durften von den Parteien nach Baumbach im Vergleich zum ordentlichen Prozess mit noch mehr Recht von dem Schiedsgericht erwartet werden. Das Schiedsgericht sollte durch Befragen der Parteien den Sachverhalt aufklären, auf den Antritt von Beweisen und die Stellung klarer Anträge hinwirken.[768] Angesichts der großen Bedeutung, die Baumbach der Prozessleitung durch das Schiedsgericht zumisst, verwundert die verhältnismäßig geringe Anzahl von Indizien hierfür. Eine Erklärung ist sicherlich der bereits angesprochene Umstand, dass für die Überprüfung der Ausübung des Fragerechts in der mündlichen Verhandlung naturgemäß keine ausreichende Grundlage in den Verfahrensakten vorhanden ist. Ein weiterer Erklärungsansatz könnte in der sorgfältigen Aufbereitung des Prozessstoffes durch die Parteien liegen. Die Schriftsätze der Parteien zeichnen sich durch eine ausführliche Darstellung sowohl der tatsächlichen als auch rechtlichen Aspekte des Streitgegenstandes bis hin zur Beifügung von Rechtsgutachten namhafter Wissenschaftler aus.[769] In diesem Sinne äußerte sich auch der Vorsitzende des Schiedsgerichts in der protokollierten mündlichen Verhandlung: Das Gericht habe keine weiteren Fragen zu stellen, da es den Sachverhalt durch die erschöpfende Behandlung in den vorbereitenden Schriftsätzen und durch die umfassenden Vorträge in der mündlichen Verhandlung hinreichend geklärt sehe.[770]

---

764 RG, Urt. v. 9.11.1934, Az. VII 179/34, Warneyers Rechtsprechung des Reichsgerichts, 27. Jahrgang (1935), Entscheidung Nr. 12, S. 28 (30).

765 Schiedskammer betr. Landabsatz, am 9.5.39, in: montan.dok BBA 33/684.

766 Schiedskammer betr. Landabsatz, am 9.5.39, S. 13, 23, in: montan.dok BBA 33/684.

767 Schiedsspruch, S. 7, in: montan.dok BBA 33/680.

768 *Baumbach,* Das privatrechtliche Schiedsgerichtsverfahren, S. 114.

769 Im Verfahren montan.dok BBA 33/676 legte die Klägerin als Anlage 1 zu ihrem III. Schriftsatz ein Rechtsgutachten von Dr. Kann, zusammen mit ihrem IV. Schriftsatz ein Rechtsgutachten von Prof. Geiler, die Beklagte mit ihrer „Beantwortung 2" ein Rechtsgutachten von Flechtheim vor, alle in: montan.dok BBA 33/676 Teil 1.

770 Schiedskammer betr. Landabsatz, am 9.5.39, S. 24, in: montan.dok BBA 33/684.

Mit Blick auf den Zeugen- und Sachverständigenbeweis beinhaltete die einzige Regelung, die die Zivilprozessordnung zur Beweiserhebung durch das Schiedsgericht traf, eine Limitierung der Kompetenzen des Schiedsgerichts im Vergleich zum Staatsgericht. Dies war im Rahmen der untersuchten schiedsgerichtlichen Verfahren aufgrund von zwei Eigenheiten jedoch weniger erheblich als vermutet werden könnte. Zum einen waren alle Zeugen, die in den Verfahren gehört wurden, entweder Vorstandsmitglieder oder Mitarbeiter des Kohlensyndikats oder Mitarbeiter der Mitgliedszechen.[771] Aufgrund der direkten Beteiligung und der Tatsache, dass diese Zeugen tatsächlich angehört wurden, kann vermutet werden, dass das Schiedsgericht trotz der fehlenden Möglichkeit Zwangsmittel einzusetzen keine Schwierigkeiten hatte, die Aussagen der Zeugen zu erlangen. Außerdem wurde lediglich in zwei der untersuchten Verfahren überhaupt der Zeugenbeweis erhoben.[772] In zwei weiteren Verfahren wurden Zeugenaussagen zum Beweis angeboten, diese wurden jedoch nicht gehört.[773] Noch weniger Bedeutung hatte der Sachverständigenbeweis. In einem einzigen Verfahren findet sich ein diesbezügliches Beweisangebot, gehört wurde der Sachverständige jedoch nicht.[774]

Betrachtet man hingegen allein die Entscheidungsgründe der Schiedssprüche, könnte auf den ersten Blick der Eindruck gewonnen werden, dass das mit Abstand am häufigsten gewählte Beweismittel der Urkundsbeweis gewesen wäre. In allen Entscheidungen der Schiedsgerichte und Schiedskammern zitieren die Schiedsrichter aus verschiedenen Dokumenten. Im Zusammenspiel mit den Schriftsätzen wird jedoch klar, dass dem nicht ein Urkundsbeweis im Sinne der §§ 415 ff. der Zivilprozessordnung zugrunde lag. Denn bei den Dokumenten handelt es sich um Niederschriften über Mitgliedsversammlungen, der Verhandlungen des Geschäftsausschusses, der Vertragsverhandlungen oder ähnliche Dokumente im Rahmen einer historischen Argumentation. Überdies wären auch die formalen Voraussetzungen des Urkundsbeweises in der Regel nicht erfüllt gewesen. Denn in der weit überwiegenden Zahl der Fälle zitierten die Parteien lediglich selbst in ihren Schriftsätzen aus den jeweiligen Dokumenten, ohne diese im Original vorzulegen.[775] Nur teilweise fügten sie ihren Schriftsätzen Abschriften der relevanten

---

771 Anlage zu unserem Schreiben vom 3. Januar 1935, Abt. E Nr. 70, S. 3 f, in: montan.dok BBA 33/922 [Mitarbeiter]; Schreiben Dr. Stuckert [Vorsitzender des Schiedsgerichts] an die Parteien vom 22. April 1939, in: montan.dok BBA 33/684, Schiedskammer betr. Landabsatz, am 9.5.39, S. 1, in: montan.dok BBA 33/684 [Vorstandsmitglieder RWKS].

772 Anlage zu unserem Schreiben vom 3. Januar 1935, Abt. E Nr. 70, S. 3 f, in: montan. dok BBA 33/922, Verfahren montan.dok BBA 33/684.

773 Anlage zu unserem Schreiben vom 13. Juli 1934 Abt. E Nr. 2700, S. 5, in: montan. dok BBA 33/921; Erwiderung der Minderheitengruppe auf den Schriftsatz der Mehrheitsgruppe vom 14.4.d.J., S. 16, 18 in: montan.dok BBA 33/684.

774 Klageschrift, S. 8, in: montan.dok BBA 33/684.

775 montan.dok BBA 33/680; montan.dok BBA 33/684; montan.dok 33/686.

Urkunden bei.[776] In der Regel wurde dieses Vorgehen akzeptiert, sodass es sich zwar zunächst lediglich um substantiierten Parteivortrag handelte, die Tatsachen wohl aber auch nicht beweisbedürftig waren. Lediglich in zwei Fällen bestritt eine Partei ausdrücklich den tatsächlichen Vortrag der anderen, wobei dies keinen Einfluss auf die Entscheidung des Schiedsgerichts hatte, welches das Verfahren allein auf der Basis von Rechtsfragen entschied.[777]

Hinsichtlich des Umfangs der Beweiserhebungspflicht hatte das Reichsgericht entschieden, dass auch in der Nichterhebung eines beantragten Beweises kein Verfahrensfehler lag, wenn das Schiedsgericht die Erhebung nicht für erforderlich gehalten hatte.[778] Dies kam in den untersuchten Verfahren mehrfach vor, und zwar sowohl in Form der ausdrücklichen Ablehnung im Schiedsspruch als auch der schlichten Unterlassung oder möglicherweise mündlichen Ablehnung.[779] Auch für den ordentlichen Prozess gab es aber keine Bestimmung des Inhalts, dass ein Beweisantrag ausdrücklich hätte abgelehnt werden müssen. Im Falle der Beweiserhebung brauchten die Schiedsrichter einen förmlichen Beweisbeschluss nicht zu erlassen, wobei in mindestens einem Verfahren die Schiedsrichter auch in dieser Frage über die Mindestanforderungen hinausgingen und einen Beweisbeschluss erließen.[780]

D. Zwischenfazit

Die Betrachtung des Ablaufs der Schiedsverfahren hinsichtlich der Prüfung der allgemeinen Verfahrensvoraussetzungen, der Verfahrensregeln, rechtlichen Gehörs und der tatsächlichen Ermittlungen des Schiedsgerichts hat gezeigt, dass die Schiedsgerichte in den vorliegenden Verfahren hinsichtlich des rechtlichen Gehörs und der Ermittlungspflicht die gesetzlichen Anforderungen übererfüllten oder mindestens erfüllten. Eine Besonderheit hat sich hingegen hinsichtlich der Prüfung der allgemeinen Verfahrensvoraussetzungen aufgrund der unklaren Rechtsnatur der Syndikatsgesellschaft gezeigt.

---

776 Schiedsverfahren Gewerkschaft „König Ludwig" in Recklinghausen betreffend Abänderung der Verrechnungspreise, montan.dok BBA 33/767.

777 So im Verfahren zur Landabsatzrichtlinie, montan.dok BBA 33/684.

778 RG, Urt. v. 9.11.1934, Az. VII 179/34, Warneyers Rechtsprechung des Reichsgerichts, 27. Jahrgang (1935), Entscheidung Nr. 12, S. 28 (30); so auch *Baumbach*, Das privatrechtliche Schiedsgerichtsverfahren, S. 115.

779 Erwiderung der Minderheitengruppe auf den Schriftsatz der Mehrheitsgruppe vom 14.4.d.J., S. 16, 18 in: montan.dok BBA 33/684; Klageschrift, S. 8, in: montan.dok BBA 33/684; ausdrückliche Ablehnung im Schiedsspruch: Anlage zu unserem Schreiben vom 13. Juli 1934 Abt. E Nr. 2700, S. 5, in: montan.dok BBA 33/921;

780 Keine Notwendigkeit für förmlichen Beweisbeschluss: *Baumbach*, Das privatrechtliche Schiedsgerichtsverfahren, S. 115; Erlass eines Beweisbeschlusses: Anlage zu unserem Schreiben vom 3. Januar 1935 Abt. E Nr. 70, S. 3, in: montan.dok BBA 33/922.

Hinsichtlich der Verfahrensregeln lässt sich festhalten, dass die Regelungen der ZPO zum schiedsgerichtlichen Verfahren seit Einführung der ZPO für den gesamten Zeitraum des Bestehens des Kohlensyndikats als fragmentarisch charakterisiert werden können. Die Bestimmung des § 1034 ZPO stellte klar, dass die zentralen Anforderungen an das schiedsgerichtliche Verfahren in tatsächlicher Hinsicht die Ermittlung des Sachverhalts, soweit das Schiedsgericht sie für erforderlich erachtete, sowie die Gewährleistung des rechtlichen Gehörs der Parteien waren. Abgesehen von diesen Mindestanforderungen waren die Parteien frei, das Verfahren vertraglich zu regeln. Nur subsidiär, für den Fall, dass die Parteien keine Regelung getroffen hatten, sollte das Schiedsgericht das Verfahren nach freiem Ermessen bestimmen. Derartige Verfahrensregelungen fanden sich allerdings weder in dem Syndikatsvertrag in seinen unterschiedlichen Fassungen, noch enthalten die Akten der schiedsrichterlichen Verfahren diesbezügliche Nachtragsvereinbarungen. Es ist davon auszugehen – obwohl die Akten auch diesbezüglich keine Nachweise enthalten – dass daher der gesetzlichen Konzeption entsprechend die Schiedsrichter das Verfahren nach freiem Ermessen bestimmten.

Diese schiedsrichterlichen Verfahren waren der gesetzlichen Konzeption der Regelungen der Zivilprozessordnung für Schiedsgerichte folgend an drei Aspekten zu messen: Prüfung und Vorliegen der allgemeinen Prozessvoraussetzungen, Grundsatz des rechtlichen Gehörs und Umfang der Ermittlungspflicht des Schiedsgerichts.

Entsprechend der auch in der zeitgenössischen Literatur vertretenen Ansicht, wonach aufgrund der Verwandtheit mit dem Zivilprozess dessen allgemeinen Verfahrensvoraussetzungen auch im Schiedsverfahren vorliegen mussten, wurden die allgemeinen Prozessvoraussetzungen teilweise auch in den syndikatlichen Schiedsverfahren zum Gegenstand schiedsgerichtlicher Entscheidung.

Innerhalb der Prüfung der Verfahrensvoraussetzungen spiegelt sich eine dogmatische Rechtsfrage der öffentlichen juristischen Debatte, nämlich die Frage, ob das Kohlensyndikat als Doppelgesellschaft als Aktiengesellschaft und Gesellschaft bürgerlichen Rechts, oder als Aktiengesellschaft und nicht rechtsfähiger Verein zu definieren war. Auffallend ist dabei, die geringe Häufigkeit und Intensität der Thematisierung dieser im Rahmen der Partei- und Prozessfähigkeit relevanten Frage, was möglicherweise auf mangelnde praktische Bedeutung der Frage für die Mitglieder zurückgeführt werden kann.

Ebenfalls thematisiert wurde in diesem Zusammenhang in mehreren Verfahren die Frage der Zuständigkeit des Schiedsgerichtes, also die Reichweite der vereinbarten Schiedsklausel, aber nicht seine Kompetenz, im Streitfall überhaupt über diese Frage zu entscheiden. In der Mehrzahl der Verfahren waren allerdings weder Zuständigkeit noch Besetzung der Schiedsgerichte relevant und wurden demnach auch in den Entscheidungsgründen nicht angesprochen. Auch insoweit zeigt sich also eine Parallele zum Vorgehen der ordentlichen Gerichte. Abweichungen ergeben sich allerdings in der verwandten Terminologie. Während die Schiedsgerichte in der Sache durchaus entsprechend den ordentlichen Gerichten prüften, wurden

Fachbegriffe wie Partei- oder Prozessfähigkeit nicht verwendet, oder Konzepte wie bspw. der Grundsatz der Spezialität nicht als solche bezeichnet.

Der Grundsatz des rechtlichen Gehörs hatte trotz seiner hervorgehobenen Stellung als nur einer von zwei zwingenden Verfahrensregelungen für das schiedsgerichtliche Verfahren in der ZPO durch die Rechtsprechung des Reichsgerichts im Vergleich zu den Verfahren vor den ordentlichen Gerichten eine Entwertung erfahren. Das Reichsgericht erklärte mehrfach ausdrücklich, das Erfordernis des rechtlichen Gehörs sei im Verhältnis zum Verfahren vor den ordentlichen Gerichten im Schiedsverfahren „nicht von der gleichen Strenge". Über die Mindestanforderungen des Reichsgerichts gingen sämtliche untersuchten innersyndikatlichen Schiedsverfahren hinaus. In der weit überwiegenden Anzahl der Verfahren reichten die Parteien die gleiche Anzahl vorbereitender Schriftsätze ein, und es zeigt sich in einem Verfahren, in dem die Schiedsklägerin kurz vor dem Termin der mündlichen Verhandlung einen weiteren Schriftsatz einreichte in der Reaktion des beklagten Kohlensyndikats, dass derartige Gleichbehandlung durchaus als zentral im Sinne eines fairen Verfahrens verstanden wurde. In einem Verfahren, in dem die Parteien nicht die gleiche Anzahl von Schriftsätzen einreichten, ist klar zu erkennen, dass dennoch die Partei mit der geringen Anzahl von Schriftsätzen inhaltlich auf alle Schriftsätze der Gegenseite erwiderte.

Auch in der inhaltlichen Auseinandersetzung des Schiedsgerichts mit den vorgebrachten Inhalten zeigt sich keine Ungleichbehandlung der Parteien. Die Tatbestände enthalten soweit nachprüfbar umfassende Darstellungen aller tatsächlichen Argumente, wobei beiden Seiten etwa gleich viel Raum gegeben wurde. Dies setzt sich in den Entscheidungsgründen fort, in denen die Schiedsgerichte sämtliche in den Tatbeständen aufgeworfenen Fragen behandeln.

Im Ergebnis ähnlich ist die Bewertung mit Blick auf den Grundsatz der Mündlichkeit. Der Grundsatz der Mündlichkeit war seit Einführung der ZPO einer der zentralen Verfahrensgrundsätze vor den ordentlichen Gerichten, wobei ihm – ähnlich der Einordnung des Grundsatzes des rechtlichen Gehörs – für den Bereich des Schiedsverfahrens von der Rechtsprechung deutlich abgeschwächte Bedeutung eingeräumt wurde. Insbesondere stand es den Schiedsrichtern frei, die Parteien nur schriftlich anzuhören und ohne mündliche Verhandlung zu entscheiden. Auch hier gingen sämtliche untersuchten Verfahren über die Anforderungen der Rechtsprechung hinaus und wurde durchweg eine mündliche Verhandlung durchgeführt.

Bezüglich der Ermittlungspflicht des Schiedsgerichtes sah die Vorschrift des § 1034 ZPO lediglich vor, dass das Schiedsgericht das dem Streit zu Grunde liegenden Sachverhältnis zu ermitteln habe, soweit die Schiedsrichter Ermittlungen für erforderlich erachteten, ohne diese Pflicht jedoch weiter zu konkretisieren. Die Ermittlungspflicht der Schiedsrichter war also bereits aufgrund des Wortlauts der Vorschrift deutlich relativiert. In den schiedsgerichtlichen Verfahren zeigt sich die Ausübung dieser Pflicht entsprechend der Konkretisierung in der zeitgenössischen Kommentarliteratur in Form der Ausübung des Fragerechts in der mündlichen Verhandlung sowie dem Erlass von Beweisbeschlüssen und der Anforderung von Dokumenten.

Häufig zitierten die Parteien im Rahmen der Darstellung der Anspruchsvoraussetzungen aus Niederschriften über Mitgliedsversammlungen, des Geschäftsausschusses, der Vertragsverhandlungen oder ähnlichen Dokumenten. Allerdings wurden diese in der weit überwiegenden Anzahl der Fälle nicht oder nur in Abschrift vorgelegt. Da es sich insoweit nicht um einen Urkundsbeweis im Sinne der §§ 415 ff. der Zivilprozessordnung handelte, war dies jedoch unproblematisch.

6. Kapitel Schiedssprüche der Schiedsgerichte und Schiedskammern

Nachdem die rechtlichen Rahmenbedingungen beleuchtet und sodann die Schiedsklausel als solche sowie die Abläufe der hierauf beruhenden Verfahren betrachtet wurden, ist die schiedsgerichtliche Entscheidung als Schlusspunkt dieser Verfahren Gegenstand der folgenden Ausführungen. Die schriftlichen Entscheidungen der Schiedsgerichte und der Schiedskammern sollen insbesondere bzgl. der Erfüllung gesetzlicher Anforderungen hinsichtlich ihrer Formalia, und im Folgenden bzgl. ihrer Rechtsgrundlagen und Begründungsmuster untersucht werden.

A. Formalia und Begründungserfordernis

Die formellen Anforderungen an Schiedssprüche zur Zeit des Bestehens des Kohlensyndikats waren nicht klar definiert. Es fanden sich diesbezügliche kaum gesetzliche Regelungen in den speziellen Vorschriften für das Schiedsverfahren. So heißt es in § 1039 ZPO[781] lediglich, der Schiedsspruch sei unter Angabe des Tages der Abfassung von den Schiedsrichtern zu unterschreiben. Im Umkehrschluss kann aus dem Aufhebungsgrund des § 1041 Nr. 5 ZPO[782] geschlossen werden, dass der Schiedsspruch zudem eine (wie auch immer geartete) Begründung enthalten musste. Ergänzende Informationen ließen sich auch nicht aus den ausführlicheren Vorschriften für die Urteile der ordentlichen Gerichte gewinnen. Diese konnten nicht übertragen werden.[783]

Der Syndikatsvertrag enthielt bzgl. der Formalitäten schiedsgerichtlicher Entscheidungen oder ihrer Begründung zu keinem Zeitpunkt über die gesetzlichen Vorschriften hinausgehende Regelungen. Einzig die Abfassung eines Schiedsspruchs in schriftlicher Form wurde, entsprechend den gesetzlichen Vorschriften, indirekt vorausgesetzt, da das Kohlensyndikat zur Übersendung dieses Schiedsspruchs an die Mitgliedszechen verpflichtet war. Im Übrigen verwies der Syndikatsvertrag ergänzend auf die Vorschriften der Zivilprozessordnung.

Allerdings setzten sich das Reichsgericht und die Kommentarliteratur mit Begründungserfordernis für Schiedssprüche auseinander. Hier offenbart die Kommentarliteratur, gestützt auf die Rechtsprechung, eine starke Kontinuität

781 § 865 CPO.

782 „Die Aufhebung des Schiedsspruchs kann beantragt werden: wenn der Schiedsspruch nicht mit Gründen versehen ist."; § 867 CPO.

783 „Ein Schiedsspruch ist kein Urteil", *Baumbach,* Das privatrechtliche Schiedsgerichtsverfahren, S. 134.

hinsichtlich geringer Anforderungen an die Begründung. Im Jahr 1936 erklärte das Reichsgericht ausdrücklich, die Begründung von Schiedssprüchen dürfe nicht an den Maßstäben gemessen werden, die für die ordentlichen Gerichte gelten würden. Diese Ansicht wurde auch in der Literatur aufgenommen und war in der Sache zudem bereits in den Jahren zuvor vertreten worden.[784]

Erforderlich, aber auch ausreichend, war demnach überhaupt irgendeine Begründung der Entscheidung, nicht, dass diese vollständig, erschöpfend oder auch nur sachgemäß war. Der Schiedsrichter musste diese Begründung nicht einmal selbst verfasst haben- auch die Billigung und Unterzeichnung andererseits verfasster Gründe genügte den Anforderungen.[785] Diese Anforderungen galten für den gesamten Zeitraum, den die vorliegenden Verfahren umspannen. Weder im Wortlaut der Norm, noch in ihrer Auslegung ist eine Zäsur feststellbar.[786] Welch verhältnismäßig geringes Gewicht der Gesetzgeber der ordnungsgemäßen Begründung des Schiedsspruchs im privatrechtlichen Verfahren beimaß zeigt schon die Regelung des § 1041 Abs. 2 ZPO[787], wonach dieser Aufhebungsgrund als einer von zwei, später als einziger Aufhebungsgrund dispositiv war.[788] Augenscheinlich wird dies im Vergleich zur parallelen Regelung für Urteile der ordentlichen Gerichte: nach § 511 Nr. 7 CPO[789] lag hingegen ein absoluter Revisionsgrund, wenn die Entscheidung nicht mit Gründen versehen war.

Wie Gesetzgebung, Rechtsprechung und Kommentarliteratur zeigt sich die äußere Form der Schiedssprüche des Kohlensyndikats über den gesamten Untersuchungszeitraum konstant. Hierbei lässt sich zudem feststellen, dass diese äußere Form über die Jahre hinweg deutlich über die von der Rechtsprechung definierten Mindestanforderungen an die Begründung schiedsgerichtlicher Entscheidungen hinausging.

Zudem lässt sich festhalten, dass sich die Entscheidungen der Schiedskammer beziehungsweise Oberschiedskammer hinsichtlich ihrer Form von den schiedsgerichtlichen Entscheidungen kaum unterscheiden. Die Entscheidungen der Schiedskammer, wie alle Entscheidungen der Schiedsgerichte, wiesen zunächst ein vergleichsweise einheitliches Rubrum auf: Alle schiedsgerichtlichen

---

784 *Sydow/Busch*, Zivilprozeßordnung und Gerichtsverfassungsgesetz, 1941, S. 1398; zu früheren Jahren sogleich.

785 *Sydow/Busch*, Zivilprozeßordnung und Gerichtsverfassungsgesetz, 1925, S. 1077.

786 Die soeben zitierten (Fußnote 785) Ausführungen finden sich, leicht ergänzt, aber im Übrigen dem Wortlaut nahezu entsprechend, in einer späteren Auflage desselben Kommentars von *Sydow/Busch* nach der Machtübernahme durch die Nationalsozialisten: *Sydow/Busch*, Zivilprozeßordnung und Gerichtsverfassungsgesetz, 1941, S. 1398.

787 § 867 CPO.

788 Die Parteien konnten zudem zunächst auf die Aufhebung aufgrund der Verletzung des rechtlichen Gehörs verzichten.

789 § 513 CPO.

Entscheidungen benannten hierbei die streitenden Parteien, und sowohl die schiedsgerichtlichen Entscheidungen als auch die Entscheidungen im Schiedskammerverfahren benennen den entscheidenden Spruchkörper und auch namentlich die jeweiligen Mitglieder des Schiedsgerichts beziehungsweise der (Ober-)schiedskammer.[790] Weiterhin enthalten mit Ausnahme einer Entscheidung, die nur einen Hauptsachetenor enthält, alle Entscheidungen einen Tenor, der sich aus den Bestandteilen Hauptsache- und Kostenentscheidung zusammensetzt.[791] Der Inhalt aller Entscheidungen ist – mit Ausnahme einer Entscheidung, die die Überschrift „Tatbestand und Gründe“ trägt[792] – in die beiden Punkte Tatbestand und (Entscheidungs-)gründe gegliedert.[793]

790 Anlage zu unserem Schreiben vom 3. Mai 1929 Abteilung E Nr. 1080, S. 1 f, in: montan.dok BBA 33/676 Teil 1; Anlage zu unserem Schreiben vom Juni 1933 Abt. E Nr. 2160, S. 1, in: montan.dok BBA 33/921 (Schiedskammerverfahren ohne Nennung von Parteien); Anlage zu unserem Schreiben vom 13. Juli 1934 Abt. E Nr. 2700, S. 1, in: montan.dok BBA 33/921 (Oberschiedskammerverfahren ohne Nennung von Parteien); Anlage zu unserem Schreiben vom 3. Januar 1935 Abt. E Nr. 70, S. 1, in: montan.dok BBA 33/922; Anlage zu unserem Schreiben vom 8. Januar 1935 Abt. E Nr. 131, S. 1, in: montan.dok BBA 33/922; Schiedsgerichtsurteil in der Schiedsgerichtssache der Gewerkschaft Langenbrahm, S. 1, in: montan.dok BBA 33/922; Schiedsspruch in Sachen der Gewerkschaft Carl Alexander, S. 1, in: montan.dok BBA 33/680; Schiedskammerentscheidung Landabsatzrichtlinie, S. 1, in: montan.dok BBA 33/684.

791 Anlage zu unserem Schreiben vom 3. Mai 1929 Abteilung E Nr. 1080, S. 2, in: montan.dok BBA 33/676 Teil 1; Anlage zu unserem Schreiben vom Juni 1933 Abt. E Nr. 2160, S. 1, in: montan.dok BBA 33/921 (Schiedskammerverfahren ohne Kostentenor); Anlage zu unserem Schreiben vom 13. Juli 1934 Abt. E Nr. 2700, S. 1, in: montan.dok BBA 33/921; Anlage zu unserem Schreiben vom 3. Januar 1935 Abt. E Nr. 70, S. 1, in: montan.dok BBA 33/922; Anlage zu unserem Schreiben vom 8. Januar 1935 Abt. E Nr. 131, S. 1, in: montan.dok BBA 33/922; Schiedsgerichtsurteil in der Schiedsgerichtssache der Gewerkschaft Langenbrahm, S. 1, in: montan.dok BBA 33/922; Schiedsspruch in Sachen der Gewerkschaft Carl Alexander, S. 1, in: montan.dok BBA 33/680; Schiedskammerentscheidung Landabsatzrichtlinie, S. 2, in: montan.dok BBA 33/684.

792 Anlage zu unserem Schreiben vom 3. Januar 1935 Abt. E Nr. 70, S. 2, in: montan.dok BBA 33/922.

793 Anlage zu unserem Schreiben vom 3. Mai 1929 Abteilung E Nr. 1080, S. 3,7, in: montan.dok BBA 33/676 Teil 1; Anlage zu unserem Schreiben vom Juni 1933 Abt. E Nr. 2160, S. 1 f, in: montan.dok BBA 33/921; Anlage zu unserem Schreiben vom 13. Juli 1934 Abt. E Nr. 2700, S. 1 f, in: montan.dok BBA 33/921; Anlage zu unserem Schreiben vom 8. Januar 1935 Abt. E Nr. 131, S. 1, 3, in: montan.dok BBA 33/922; Schiedsgerichtsurteil in der Schiedsgerichtssache der Gewerkschaft Langenbrahm, S. 1, 16, in: montan.dok BBA 33/922; Schiedsspruch in Sachen der Gewerkschaft Carl Alexander, S. 1, 3 in: montan.dok BBA 33/680; Schiedskammerentscheidung Landabsatzrichtlinie, S. 2, 10, in: montan.dok BBA 33/684.

Obwohl die Verfahren vor der Schiedskammer keine schiedsgerichtlichen Verfahren im Sinne der Zivilprozessordnung waren,[794] also nicht einmal die bereits definierten, geringen Anforderungen hätten beachtet werden müssen, fügen sich die Entscheidungen der Schieds- und Oberschiedskammer nahtlos in die Reihe der Schiedssprüche ein. Dies lässt sich mit der hohen juristischen Präsenz der Entscheidungsträger insbesondere in den Schiedskammern erklären. Bei der Abfassung der Schiedssprüche haben sich die Mitglieder der Schieds- bzw. Oberschiedskammer offensichtlich an den formalen Anforderungen für die Abfassung von Urteilen orientiert.

Die nach § 282 CPO bzw. später § 313 ZPO erforderlichen Bestandteile eines Urteils waren die Bezeichnung der Parteien (Nr. 1), des Gerichts und der Richter (Nr. 2), Tatbestand (Nr. 3), Entscheidungsgründe (Nr. 4) und eine äußerlich von Tatbestand und Entscheidungsgründen getrennte Urteilsformel (Nr. 5). Diesen Voraussetzungen genügen alle untersuchten Entscheidungen, insbesondere auch die Entscheidung, die Tatbestand und Entscheidungsgründe unter einer gemeinsamen Überschrift abhandelt. Denn eine äußerliche Trennung von Tatbestand und Entscheidungsgründen war nach der Rechtsprechung auch im ordentlichen Gerichtsverfahren nicht vorgeschrieben.[795]

Noch deutlicher wird die Anlehnung der Schiedsrichter an die ihnen vertrauten Vorschriften in der Terminologie des Tenors und der Gliederung von Tatbestand und Entscheidungsgründen.

Entsprechend der Tenorierung im ordentlichen Verfahren entschied die Oberschiedskammer auf die Berufung gegen die Entscheidung der Schiedskammer, diese werde „zurückgewiesen“[796]. Und obwohl die Sachanträge der klagenden Partei in einem Schiedsverfahren ausdrücklich auf „Nichtigkeit“ des angegriffenen Beschluss gerichtet waren, erklärte das Schiedsgericht den Beschluss „mit dem Sprachgebrauch des Bürgerlichen Gesetzbuchs im Einklang“ hiervon abweichend entsprechend der gerichtlichen Übung für unwirksam.[797] Denn nach § 308 ZPO[798] war das Gericht zwar nicht befugt, den Parteien etwas zuzusprechen, was nicht beantragt war. Jedoch war das Gericht nicht an den Wortlaut des Klageantrags gebunden, sondern durfte dessen Sinn durch Ermittlung des tatsächlichen Willens des Klägers feststellen und sodann auch eine im Wortlaut abweichende Entscheidung dieses Inhalts erlassen. Ebenfalls war es im Rahmen

794 S.o. 2. Kapitel A.

795 RG, Beschl. v. 8.10.1912, Az. 123/12 VII, JW 1913, 44; *Sydow/Busch*, Zivilprozeßordnung und Gerichtsverfassungsgesetz, 1925, S. 396; *Sydow/Busch*, Zivilprozeßordnung und Gerichtsverfassungsgesetz, 1941, S. 513.

796 Anlage zu unserem Schreiben vom 13. Juli 1934 Abt. E Nr. 2700, S. 1, in: montan.dok BBA 33/921.

797 Schiedsspruch, Anlage zu unserm Schreiben vom 3. Mai 1929, Abteilung E Nr. 1080, S. 11, in: montan.dok BBA 33/676.

798 § 279 CPO.

der Hauptsacheentscheidungen bei Schiedsverfahren für deren Vollständigkeit nicht erforderlich, wegen eines Anspruchs, der in den Gründen abgelehnt wurde, eine Teilabweisung auch zu tenorieren.[799] Dennoch geschah dies entsprechend der gerichtlichen Praxis[800] in den schiedsgerichtlichen Verfahren.[801]

Nicht nur der Hauptsachetenor, auch die Formulierung des Kostentenors genügte in allen vorliegenden Entscheidungen den Regelungen für das gerichtliche Verfahren, obwohl dies für Schiedsverfahren ebenfalls gesetzlich nicht vorausgesetzt wurde. Zwar war anerkannt, dass das Schiedsgericht über die Kosten des Verfahrens zu befinden hatte, falls ein gegenteiliger Parteiwille nicht ersichtlich war. Dies wurde mit einer tatsächlichen Vermutung dahingehend begründet, dass die Parteien, die sich vor die Durchführung eines Schiedsverfahrens entschieden hatten, über die Kosten nicht vor den ordentlichen Gerichten prozessieren wollten. Jedoch war das Schiedsgericht in seiner Kostenentscheidung nicht an die Regelungen der §§ 91 ff. ZPO gebunden.[802] Dennoch scheinen diese Regelungen Anwendung gefunden zu haben. So wurden den Nebenintervenienten ausdrücklich die ihnen erwachsenen besonderen Kosten auferlegt,[803] wie es auch der gesetzlichen Regelung der Kostentragungspflicht im Zivilprozess gemäß § 101 ZPO[804] entsprach.[805] In anderen Fällen wurden die Kosten entsprechend der Regelung des § 92 Abs. 1 S. 1 Halbsatz 2 Alt. 2 ZPO[806] verteilt, in dem eine Quote nach dem Verhältnis von Obsiegen und Unterliegen gebildet,[807] beziehungsweise die Kosten

---

799 OLG Naumburg, Urt. v. 19.9.1912, Az. 158/12 VII, JW 1912, 1062; *Sydow/Busch*, Zivilprozeßordnung und Gerichtsverfassungsgesetz, 1925, S. 1077; *Sydow/Busch*, Zivilprozeßordnung und Gerichtsverfassungsgesetz, 1941, S. 1399.

800 Obwohl auch hier gegebenenfalls der Wille des Richters, eine Klage abzuweisen, aus den Gründen entnommen werden konnte, OLG Hamm, Urt. v. 23.9.1910, Az. 526/09 VII, JW 1910, 943; *Sydow/Busch*, Zivilprozeßordnung und Gerichtsverfassungsgesetz, 1925, S. 396.

801 Anlage zu unserem Schreiben vom 3. Januar 1935 Abt. E Nr. 70, S. 1, in: montan.dok BBA 33/922; Schiedsgerichtsurteil in der Schiedsgerichtssache der Gewerkschaft Langenbrahm, S. 1, in: montan.dok BBA 33/922;

802 s. nur *Baumbach,* Das privatrechtliche Schiedsgerichtsverfahren, S. 224.

803 Anlage zu unserem Schreiben vom 3. Mai 1929 Abteilung E Nr. 1080, S. 2, in: montan. dok BBA 33/676 Teil 1.

804 Beziehungsweise zunächst § 96 CPO.

805 § 101 ZPO lautete: „Die durch eine Nebenintervention verursachten Kosten sind dem Gegner der Hauptpartei aufzuerlegen, soweit derselbe nach den Bestimmungen der §§ 91–98 die Kosten des Rechtsstreits zu tragen hat; soweit dies nicht der Fall ist, sind sie dem Nebenintervenienten aufzuerlegen. Gilt der Nebenintervenient als Streitgenosse der Hauptpartei (§ 69), so sind die Vorschriften des § 100 maßgebend."

806 § 88 CPO.

807 Anlage zu unserem Schreiben vom 3. Mai 1929 Abteilung E Nr. 1080, S. 11, in: montan.dok BBA 33/676 Teil 1: auf Seite 11 heißt es wörtlich: „Die Entscheidung über die Kosten des Verfahrens entspricht der ZPO §§ 91, 101.“; Anlage zu unserem Schreiben vom 3. Januar 1935 Abt. E Nr. 70, S 1, in: montan.

entsprechend der Regelung des § 91 Abs. 1 S. 1 ZPO der unterliegenden Partei auferlegt wurden.[808]

Das Fehlen der im gerichtlichen Verfahren von Amts wegen ergehenden Entscheidung zur vorläufigen Vollstreckbarkeit in allen Verfahren ließe sich zum mit der entgegenstehenden Bestimmung des § 1042 Abs. 1 S. 1 ZPO[809] erklären, wonach aus dem Schiedsspruch die Zwangsvollstreckung nur stattfand, wenn er durch Beschluss für vollstreckbar erklärt wurde. Jedenfalls war aber das Kohlensyndikat bzw. seine Mitglieder aufgrund der syndikatsintern stattfindenden Abrechnung nicht auf eine Vollstreckung der Schiedsurteile angewiesen.

Auch im Übrigen zeigen sich in verschiedenen Entscheidungen Übereinstimmungen mit der gerichtlichen Praxis sowohl im Tatbestand als auch in den Entscheidungsgründen der schiedsgerichtlichen Entscheidungen. Die Tatbestände wurden in ihrer Gliederung und Formulierung an die in gerichtlichen Entscheidungen übliche Struktur angelehnt, das heißt in unstreitige Tatsachen, streitiges Klägervorbringen, Prozessgeschichte, Anträge und streitiges Beklagtenvorbringen untergliedert.[810] Streitiges Vorbringen wird zum Teil mit dem Wort „behaupten" eingeleitet und in der indirekten Rede dargestellt.[811] Die Schilderung der

---

dok BBA 33/922: auf Seite 8 heißt es wörtlich: „Die Kosten des Schiedsgerichtsverfahrens sind nach § 92 der ZPO verteilt."; Schiedsgerichtsurteil in der Schiedsgerichtssache der Gewerkschaft Langenbrahm, S. 1, auf Seite 29 heißt es wörtlich: „Die Kostenentscheidung beruht auf § 92 ZPO.", in: montan.dok BBA 33/922; Kostenteilung: Vergleich, S. 2, in: montan.dok BBA 33/686; Schiedskammerentscheidung, S. 2, in: montan.dok BBA 33/684; Einzige Ausnahme bildet insoweit ein Schiedsspruch, in dem die Vereinigte Stahlwerke AG die Herabsetzung einer Vertragsstrafe von 3.500,00 Reichsmark auf 500,00 Reichsmark erreichte, aber dennoch zur Kostentragung verpflichtet wurde. Das Schiedsgericht führt in der Begründung aus, es wolle eine wesentliche Herabsetzung der Strafe vornehmen, da der Fall weit zurückliege und kein aktuelles Interesse mehr beanspruche, habe allerdings Bedenken gegen eine Herabminderung, die eine Straffestsetzung praktisch aufhebe, und halte daher eine Strafe von 500,00 Reichsmark unter gleichzeitiger Übernahme der Kosten für angemessen. Dies stellt einen Bruch mit der Kostentragungsregelung der ZPO dar, da es sich offensichtlich um eine Vermischung mit der Hauptsacheentscheidung handelt.

808 Schiedsspruch, S. 1, in: montan.dok BBA 33/680; auf Seite 8 heißt es zur Begründung der Kostenentscheidung: „sie hat auch demgemäß [nach Abweisung des Klageantrags, d. Verf.] die Kosten des Verfahrens zu tragen."

809 § 868 CPO.

810 Besonders deutlich: Schiedsgerichtsurteil in der Schiedsgerichtssache der Gewerkschaft Langenbrahm, S. 2 ff, in: montan.dok BBA 33/922.

811 Exemplarisch Anlage zu unserem Schreiben vom 3. Januar 1935 Abt. E Nr. 70, S. 3; Schiedsspruch, S. 2, in: montan.dok BBA 33/680.

Prozessgeschichte erfolgte hingegen im Perfekt.[812] Weiterhin wurden die Anträge, insoweit der Anforderung des § 313 Nr. 3 ZPO[813] für Entscheidungen der Zivilgerichte genügend, redaktionell hervorgehoben.[814] Zudem findet sich basierend auf der Regelung des § 313 S. 2 ZPO[815] ein abschließender Verweis auf die vorbereitenden Schriftsätze.[816]

Im Rahmen der Entscheidungsgründe fällt vor allem die Trennung in Begründung der Hauptsachentscheidung und abschließende Begründung der Nebenentscheidung in allen Entscheidungen auf.[817]

Rückbezüge auf Rechtsprechung und Literatur sind im allergrößten Teil der Entscheidungen nicht zu finden. In allen untersuchten Entscheidungen findet sich genau ein Literaturnachweis: in einer 22 Seiten umfassenden Schiedskammerentscheidung wird Flechtheim in einer Festschrift für Ernst Heymann mit der

---

812 Anlage zu unserem Schreiben vom 3. Januar 1935 Abt. E Nr. 70, S. 3 – hier erfolgt zudem eine den zivilprozessrechtlichen Anforderungen an Urteile entsprechende Wiedergabe (dazu *Sydow/Busch*, Zivilprozeßordnung und Gerichtsverfassungsgesetz, 1925, S. 396; *Sydow/Busch*, Zivilprozeßordnung und Gerichtsverfassungsgesetz, 1941, S. 513.) des Ergebnisses der Beweisaufnahme und Beweiswürdigung, S. 3 ff; Anlage zu unserem Schreiben vom 8. Januar 1935 Abt. E Nr. 131, S. 2; Schiedsgerichtsurteil in der Schiedsgerichtssache der Gewerkschaft Langenbrahm, S. 10, in: montan.dok BBA 33/922, siehe hier auch Darstellung der Klageänderung auf Seiten 10 f.im allgemein in Zivilurteilen üblichen Format; Schiedsspruch, S. 3, in: montan.dok BBA 33/680.

813 § 284 CPO; „Das Urteil enthält: eine gedrängte Darstellung des Sach- und Streitstandes auf Grundlage der mündlichen Vorträge der Parteien unter Hervorhebung der gestellten Anträge“ [Hervorhebung d. Verf.]

814 Anlage zu unserem Schreiben vom 3. Januar 1935 Abt. E Nr. 70, S. 2 f; Schiedsgerichtsurteil in der Schiedsgerichtssache der Gewerkschaft Langenbrahm, S. 11, in: montan.dok BBA 33/922; Schiedsspruch, S. 3, in: montan.dok BBA 33/680.

815 „Die Darstellung des Tatbestandes kann durch eine Bezugnahme auf den Inhalt der vorbereitenden Schriftsätze und auf die zum Sitzungsprotokoll erfolgten Feststellungen ersetzt werden […].“; § 284 CPO

816 Schiedsgerichtsurteil in der Schiedsgerichtssache der Gewerkschaft Langenbrahm, S. 16, in: montan.dok BBA 33/922; Schiedsspruch, S. 3, in: montan.dok BBA 33/680.

817 Anlage zu unserem Schreiben vom 3. Mai 1929 Abteilung E Nr. 1080, S. 11, in: montan.dok BBA 33/676 Teil 1; Anlage zu unserem Schreiben vom 13. Juli 1934 Abt. E Nr. 2700, S. 11, in: montan.dok BBA 33/921; Anlage zu unserem Schreiben vom 3. Januar 1935 Abt. E Nr. 70, S. 8, in: montan.dok BBA 33/922; Anlage zu unserem Schreiben vom 8. Januar 1935 Abt. E Nr. 131, S. 4, in: montan.dok BBA 33/922; Schiedsgerichtsurteil in der Schiedsgerichtssache der Gewerkschaft Langenbrahm, S. 29, in: montan.dok BBA 33/922; Schiedsspruch in Sachen der Gewerkschaft Carl Alexander, S. 8, in: montan.dok BBA 33/680; Vergleich, S 2, in: montan.dok BBA 33/686; Schiedskammerentscheidung Landabsatzrichtlinie, S. 28, in: montan.dok BBA 33/684; keinerlei Kostenentscheidung. Schiedskammerentscheidung, Anlage zu unserem Schreiben vom Juni 1933 Abt. E Nr. 2160.

Aussage zitiert, die Schiedskammer sei nur zur Auslegung des Syndikatsvertrags – im Gegensatz zur Abänderung des Vertrages aus Billigkeitsgründen – berufen.[818] Im Ergebnis lässt sich vermuten, dass es hierbei trotz Flechtheims Ruf und Fachwissens jedenfalls nicht ausschließlich um einen die Position der Schiedskammer wissenschaftlich untermauernden Beleg ging. Dieser Nachweis ist das einzige Literaturzitat in einer Entscheidung, an der Flechtheim selbst als Schiedsrichter beteiligt war.[819]

In einer weiteren schiedsgerichtlichen Entscheidung werden die Protokolle der Kommission für die zweite Lesung des Bürgerlichen Gesetzbuchs zitiert um zu begründen, dass das Prinzip von Treu und Glauben nicht nur die Abkehr von der Buchstabeninterpretation beinhalte, sondern auch eine Ergänzung des bei Vertragsschluss fehlenden Willens.[820] Einerseits scheint das Schiedsgericht also Kompetenzen, die über die bloße Auslegung des Vertragswortlautes hinausgehen, als besonders für in besonderem Maße begründungswürdig zu erachten. Dies muss insbesondere angesichts der im Übrigen spärlichen Nachweise außerhalb des Schiedsgerichts stehender Autoritäten gelten. Andererseits deutet der Umfang des Begründungsaufwands – das Schiedsgericht führt im Folgenden aus, dass dieser historische Wille des Gesetzgebers ständige Rechtsprechung geworden sei, ohne jedoch entsprechende Entscheidungen nur zu benennen – nicht auf eine tiefergehende Auseinandersetzung hin. Vor diesem Hintergrund der als eher oberflächlich einzustufenden Darstellung lässt sich vermuten, dass es dem Schiedsgericht eher um die Bestätigung der Legitimität des Vorgehens als um die tiefergehende Analyse seiner Rechtmäßigkeit ging.

Es finden sich weiter insgesamt zwei Hinweise auf Entscheidungen verschiedenen Ursprungs in den Entscheidungen. Es handelt sich zum einen um einen Verweis auf die Rechtsprechung des Reichsgerichts zur Lehre der Geschäftsgrundlage[821], zum anderen auf bereits abgeschlossene syndikatsinterne Schiedsgerichtsverfahren[822]. Auffällig ist, neben der geringen Anzahl, dass in beiden Fällen die Auseinandersetzung mit der Rechtsprechung nicht von dem Schiedsgericht

818 Anlage zu unserem Schreiben vom Juni 1933 Abt. E Nr. 2160, S. 17 f., in: montan.dok BBA 33/921.

819 Anlage zu unserem Schreiben vom Juni 1933 Abt. E Nr. 2160, S. 1, 22, in: montan.dok BBA 33/921.

820 Schiedsgerichtsurteil in der Schiedsgerichtssache der Gewerkschaft Langenbrahm, S. 18, in: montan.dok BBA 33/922.

821 Das Institut war zu diesem Zeitpunkt noch nicht gesetzlich verankert; Anlage zu unserem Schreiben vom 13 Juli 1934 Abt. E Nr. 2700, S. 10, in: montan.dok BBA 33/921/

822 Anlage zu unserem Schreiben vom 8. Januar 1935 Abt. E Nr. 131, S. 2, in: montan.dok BBA 33/922: „Sie [die Ver. Stahlwerke A.G., die Verf.] weist darauf hin, daß der Zuwiderhandlungsfall zeitlich vor den Urteilen in der Schiedsgerichtssache des Kohlensyndikats gegen die Ver. Stahlwerke A.G., Harpener Bergbau A.G. und de Wendel läge, die mit einer Herabsetzung der festgesetzten Vertragsstrafen auf RM 100,-- bezw. RM 200,-- geendet hätte, [...].“

beziehungsweise der Oberschiedskammer ausging, sondern sich die Parteien hierauf berufen hatten und somit die Spruchkörper zu einer Positionierung nötigten.[823] Aus der im Übrigen fehlenden Bezugnahme ließe sich möglicherweise schließen, dass relevante Rechtsprechung von den Schiedsgerichten als vollständig unerheblich für die eigene Entscheidung im vorliegenden Fall angesehen wurde. Eine derartige Einschätzung hätte zumindest mit Blick auf die syndikatsinternen Entscheidungen jedenfalls allerdings den erklärten Zielen des Kohlensyndikats (als Organisation, nicht unbedingt den Interessen der Mitgliedszechen im Einzelfall) widersprochen.

Zumindest hinsichtlich der fehlenden auch faktischen präjudiziellen oder auch nur Indizwirkung der Rechtsprechung der ordentlichen Gerichte für die schiedsgerichtlichen Verfahren schienen sich sowohl Parteien als auch Schiedsrichter allerdings einig zu sein. Denn das Schiedsgericht einerseits lehnte die Auseinandersetzung mit der Rechtsprechung des Reichsgerichts zwar nicht ab, sondern setzte sich inhaltlich mit ihr auseinander. Auch hätten die Parteien wohl kaum mit der Rechtsprechung des Reichsgerichts argumentiert, wenn sie dies als von vornherein aussichtslos empfunden hätten, da diese für die Entscheidung des Schiedsgerichts unerheblich sei. Andererseits hätten die Schiedsgerichte auch ohne entsprechende Parteiäußerungen von sich aus relevante Rechtsprechung zitieren können. Gleiches gilt hinsichtlich der Parteien, die ihnen günstige Rechtsprechung sicher weitaus häufiger in Bezug genommen hätten, wäre dies aus ihrer Sicht erfolgsversprechend gewesen. Stattdessen argumentierten die Parteien allerdings mit Wortlaut, Entstehungsgeschichte und wirtschaftlicher Zielsetzung sowie den Hintergründen spezieller Regelungen im Syndikatsvertrag.

B. Rechtsgrundlagen und Begründungsmuster der Entscheidungen

Im Folgenden sollen die Rechtsgrundlagen und Begründungsmuster der vorliegenden Entscheidungen einer Prüfung unterzogen werden. Ausgehend von der Darstellung der gesetzlichen und vertraglichen Grundlagen hinsichtlich einer Entscheidung nach Billigkeitserwägungen werden sodann Rechtsgrundlagen der Entscheidungen eingeordnet.

Hinsichtlich der Rechtsgrundlagen der schiedsgerichtlichen Entscheidungen wurde verbreitet die Möglichkeit einer Entscheidung nach Billigkeit im Gegensatz zu einer Entscheidung auf der Grundlage materiellen Rechts diskutiert. Ein Anknüpfungspunkt hierfür in der Zivilprozessordnung war die Vorschrift des

823 Anlage zu unserem Schreiben vom 13 Juli 1934 Abt. E Nr. 2700, S. 10, in: montan.dok BBA 33/921: die Oberschiedskammer führt aus, die reinen Zechen haben neu geltend gemacht, der Spruch der Schiedskammer würde eine Lage herbeiführen, die für sie im Sinne der Lehre von der Geschäftsgrundlage nicht zumutbar sei;

§ 1034 Abs. 2 ZPO[824], die – allerdings nur für das Verfahren – den Schiedsrichtern unter der Voraussetzung, dass die Parteien keine abweichende Vereinbarung getroffen hatten, bezüglich der Ausgestaltung des Verfahrens ein freies Ermessen einräumte.

Hintergrund der Diskussion waren die abweichenden Auffassungen, die hierzu im Entstehungsprozess der CPO vertreten worden waren. Tatsächlich war die Frage der Bindung der Schiedsgerichte an das materielle Recht bereits im Entwurfsstadium der CPO diskutiert worden. Während der preußische Entwurf eine Bindung befürwortete, lehnte der Norddeutsche Entwurf eine Bindung ab. Bei dem Entwurf der CPO herrschte zwar Einigkeit darüber, dass eine gerichtliche Überprüfung des Schiedsspruchs unter materiellen Gesichtspunkten nicht stattfinden sollte, eine Aussage zu einer Bindung an das materielle Recht liegt hierin jedoch nicht und ist auch den Entwurfsbegründungen nicht zu entnehmen.[825] Eine Ergänzung des § 1042 Abs. 2 ZPO im Jahr 1924[826], wonach das ordentliche Gericht als Voraussetzung für die Vollstreckbarerklärung den Schiedsspruch auf einen Verstoß gegen zwingendes Recht zu untersuchen hatte, wurde bereits 1930 wieder abgeschafft[827] und betrifft mangels Vollstreckbarerklärung – unabhängig von ihrer umstrittenen Reichweite – keines der hier untersuchten Schiedsverfahren. Auch in der zeitgenössischen Literatur blieb die Frage umstritten.[828] Von größerer praktischer Bedeutung war allerdings wohl eine einschlägige Entscheidung des Reichsgerichts im Jahr 1929. Hier stellte das Reichsgericht ausdrücklich klar, dass die Parteien in gewissem Umfang der „freien Rechtsfindung" ohne Anwendung des bestehenden materiellen Rechts Raum lassen könnten, für eine derartige besondere Berücksichtigung von Treu und Glauben aber eine entsprechende Einigung

824 „Im Übrigen wird das Verfahren, soweit nicht die Parteien eine Vereinbarung getroffen haben, von den Schiedsrichtern nach freiem Ermessen bestimmt."; § 860 CPO.

825 *Zieren,* Das Schiedsverfahrensrecht der ZPO (1877–1933) unter Berücksichtigung der Genfer Übereinkommen von 1923 und 1927 sowie der Rechtssprechung des Reichsgerichts, S. 205.

826 Verordnung über das Verfahren in bürgerlichen Rechtsstreitigkeiten vom 13. Februar 1924, RGBl. 1924 I, S. 135; Neubekanntmachung der ZPO vom 13. Mai 1924, RGBl 1924 I, S 437.

827 Gesetz zur Änderung einiger Vorschriften der Zivilprozeßordnung über das schiedsrichterliche Verfahren vom 25. Juli 1930, RGBl. 1930 I, S. 361.

828 Ausführlich und unter Darstellung der Entwicklung in der Literatur *Neubauer,* Schiedsvertrag und Schiedsrichter nach der neuen Fassung der ZPO vom 8. Nov. 1933, S. 20; grundlegend für eine Bindung *Oertmann*, ZZP 1918, 105 mit ausführlicher Analyse von Materialien und Schrifttum, gegen eine Bindung der Schiedsrichter *Breit*, LZ 1918, 1176; *Stein*, LZ 1920, 265; vgl. auch *Littauer*, ZZP 1930, 1; zusammenfassende Darstellung bei *Zieren,* Das Schiedsverfahrensrecht der ZPO (1877–1933) unter Berücksichtigung der Genfer Übereinkommen von 1923 und 1927 sowie der Rechtssprechung des Reichsgerichts, S. 116.

der Parteien erforderlich sei.[829] Damit ging das Reichsgericht im Umkehrschluss wohl von einer grundsätzlichen Bindung an das materielle Recht aus.

Eine derartige Ermächtigung zur Entscheidung nach Billigkeit enthielt die Schiedsklausel der Syndikatsverträge zu keinem Zeitpunkt, und auch in den Verfahrensakten und Schiedssprüchen finden sich keine Hinweise auf eine etwaige Einzelermächtigung. Nach der Rechtsprechung des Reichsgerichts war das Schiedsgericht bei seiner Entscheidung demnach zur Beachtung der materiellen Rechtsnormen verpflichtet. Ein Hinweis auf ein derartiges Verständnis findet sich auch in den Verfahrensakten. In einer syndikatsinternen Aktennotiz heißt es im Zusammenhang mit der Abgrenzung der Kompetenzen des Schiedsgerichts, das Schiedsgericht könne lediglich einen Verstoß gegen „das von uns geschaffene Gesetz"[830], den Syndikatsvertrag, prüfen. Der Syndikatsvertrag als Regelwerk, das den Inhalt der Rechtsbeziehungen zwischen den beteiligten Rechtssubjekten festschrieb, war taugliches Bezugsobjekt einer Entscheidung nach materiellem Recht im Gegensatz zu reinen Billigkeitserwägungen, die etwa auf allgemeinen Gerechtigkeitserwägungen und losgelöst von der vertraglichen Normierung angestellt worden wären. Dabei könnte angesichts der Formulierung des „geschaffenen Gesetz" zunächst der Eindruck entstehen, dass es sich nach Auffassung der Beteiligten um ein von staatlicher Rechtsetzung und Kontrolle völlig losgelöstes Parallelsystem handelte. Allerdings mussten die Gesellschaftsverträge des Kohlensyndikats und alle ihre Änderungen gemäß § 17 Ausführungsbestimmungen zum Kohlenwirtschaftsgesetz[831] von dem Reichskohlenrat, einem staatlichen Organ, genehmigt werden. Auch das Kartellgericht erkannte in einer Entscheidung die aus dieser Gesetzgebung resultierende Sonderstellung an, und grenzte die Kartelle der Kohlenwirtschaft klar von den sonst üblichen privaten Zusammenschlüssen ab.[832]

Dieses Verständnis der schiedsgerichtlichen Prüfung von Verstößen gegen das „geschaffene Gesetz" spiegelt sich in den schiedsgerichtlichen Entscheidungen. Alle schiedsgerichtlichen[833] Entscheidungen beantworten die Frage der Begründetheit der geltend gemachten Ansprüche formal anhand von Bestimmungen des Syndikatsvertrages beziehungsweise ergänzenden vertraglichen Einigungen. Auf Antrag wurde ein Beschluss der Mitgliederversammlung für unwirksam erklärt,

---

829 Urt. v. 19.11.1929, JW 1930, 1862, 1863.

830 Dr. Heinemann, Gutachten zur Frage der Ausführung des Beschlusses der Mitgliederversammlung, 15.12.1928, S. 5 in: montan.dok BBA 33/676

831 Also seit dem Jahr 1919, s. dazu 2. Kapitel.

832 *Nockemann*, Einige Streitfragen aus dem Kohlenwirtschafts-Gesetz und den dazu ergangene Ausführungsbestimmungen und ihre Beurteilung in der Praxis der ordentlichen Gerichte und der Organe der Kohlenwirtschaft, S. 37.

833 Die Schiedskammerentscheidungen werden an dieser Stelle ausgenommen, da hierin nicht über einen konkreten Streitfall entschieden, sondern eine Vertragsbestimmung ausgelegt wurde.

weil er den Bestimmungen des Syndikatsvertrages widersprach;[834] Anträge auf Herabsetzung einer Vertragsstrafe wurden an § 44 Abs. 2 und Abs. 10 des Syndikatsvertrages gemessen,[835] ein Anspruch auf Herabsetzung der Umlage anhand der Bestimmungen des Umlageabkommens 1931[836] und Ansprüche auf umlagefreie Belieferung anhand des Beitrittsvertrages und möglicher Zusatzvereinbarungen[837].

Allerdings finden sich über den Vertragstext hinaus, wenn auch nur vereinzelt, Bezugnahmen auf die gesetzlichen Vorschriften sowohl in den Entscheidungen der Schiedsgerichte als auch der Schiedskammern.[838] So werden im Rahmen der Prüfung Bestimmungen des Bürgerlichen Rechts, des Verfahrensrechts und der höchstrichterlichen Rechtsprechung zum Teil ausdrücklich, zum Teil der Sache herangezogen. In einer Entscheidung verweist das Schiedsgericht ergänzend zur Regelung des § 1 Abs. 2 Syndikatsvertrag, wonach die Zechenbesitzer sich den Mehrheitsbeschlüssen der Gesellschaft „in den vertraglich vorgesehenen Fällen" unterwarfen, zur weiteren Abgrenzung auf die Vorschriften der §§ 709, 54 BGB. Auch hier hieß es, dass, sofern nicht nach dem Gesellschaftsvertrag die Mehrheit der Gesellschafter entschied, die Führung der Geschäfte den Gesellschaftern gemeinschaftlich zustand. In den Entscheidungsgründen führt das Schiedsgericht sodann aus, dass eine derartige Ermächtigung zum Mehrheitsbeschluss in dem Syndikatsvertrag nicht vorgesehen sei, daher die Grundregel der gemeinschaftlichen Geschäftsführung Anwendung finden müsse.[839]

In einem Oberschiedskammerverfahren stellen die Schiedsrichter eingangs der Entscheidungsgründe klar, dass bei der Auslegung von Syndikatsverträgen die Regeln der §§ 133, 157 BGB zu beachten seien.[840] Später subsumiert die Schiedskammer den Sachverhalt unter das richterrechtliche Institut der Störung der Geschäftsgrundlage.[841]

Zwar ohne Nennung der gesetzlichen Vorschriften, in der Sache aber den Verfahrensregeln der Zivilprozessordnung entsprechend, entschied ein Schiedsgericht über ein von der Beklagten als unzulässig gerügte Klageänderung. Das

---

834 Anlage zu unserem Schreiben vom 3. Mai 1929 Abteilung E Nr. 1080, S. 8, in: montan.dok BBA 33/676 Teil 1.

835 Anlage zu unserem Schreiben vom 3. Januar 1935 Abt. E Nr. 70, S. 7, in: montan.dok BBA 33/922; Anlage zu unserem Schreiben vom 8. Januar 1935 Abt. E Nr. 131, S. 3, in: montan.dok BBA 33/922.

836 Schiedsgerichtsurteil in der Schiedsgerichtssache der Gewerkschaft Langenbrahm, S. 17, in: montan.dok BBA 33/922.

837 Schiedsspruch, S. 3, 5, in: montan.dok BBA 33/680.

838 s.o. Buchstabe A.

839 Anlage zu unserem Schreiben vom 3. Mai 1929 Abteilung E Nr. 1080, S. 10, in: montan.dok BBA 33/676 Teil 1.

840 Anlage zu unserem Schreiben vom 13. Juli 1934 Abt. E Nr. 2700, S. 2 f, in: montan.dok BBA 33/921.

841 Anlage zu unserem Schreiben vom 13. Juli 1934 Abt. E Nr. 2700, S. 10, in: montan.dok BBA 33/921.

Klagebegehren war auf die Feststellung gerichtet, dass das zwischen den Parteien geschlossene Umlageabkommen aus dem Jahr 1931 nach dem wahren Willen der Vertragsparteien einen anderen Inhalt hatte haben sollen, als im Wortlaut zum Ausdruck gekommen sei. Die Klägerin hatte ihren Antrag zunächst nur für den Zeitraum ab dem 1. April 1932 beantragt, später aber auf das Geschäftsjahr 1931/32 erweitert. Dem hatte die Beklagte widersprochen. Das Schiedsgericht führte dazu in den Entscheidungsgründen aus, dass in dem ursprünglichen Antrag der Klägerin eine Beschränkung des Klageantrags liege. „Die nachträgliche Hereinziehung des Geschäftsjahres 1931/1932 mit der gleichen Klagebegründung stellt sich daher als eine jederzeit zulässige Klageerhöhung und nicht als eine Klageänderung dar.“[842] Dies entsprach der Regelung in § 268 Nr. 2 ZPO, wonach es nicht als eine Änderung der Klage anzusehen war, wenn ohne Änderung des Klagegrundes der Klageantrag in der Hauptsache oder in Bezug auf Nebenforderungen erweitert oder beschränkt wurde. Dabei wurde in ständiger Rechtsprechung der Klagegrund als „die Summe derjenigen Tatsachen, die in Verbindung mit einem bestimmten Rechtssätze geeignet und erforderlich sind, den Anspruch als in der Person des Klägers entstanden und zugleich als durch den Beklagten verletzt erscheinen zu lassen“ definiert.[843]

Nachdem es sich bei den Entscheidungen formal also nicht um reine Billigkeitsentscheidungen handelt, kommt lediglich eine verstärkte Integration von Billigkeitsgesichtspunkten innerhalb der zur Entscheidungsfindung herangezogenen Rechtsgrundlagen in Betracht. Hierbei ist zwischen Regelungen des Syndikatsvertrages, die die Möglichkeit für Billigkeitserwägungen eröffneten, der Vertragsauslegung gemäß §§ 133, 157 BGB und der Korrektur des Ergebnisses eines Subsumtionsvorgangs gestützt auf Treu und Glauben über die Bestimmung des § 242 BGB zu unterscheiden.

Raum für Billigkeitserwägungen hatte das Schiedsgericht zunächst in Verfahren, in denen ein Syndikatsmitglied die Herabsetzung einer von dem Vorstand ausgesprochenen Vertragsstrafe nach gescheiterter Berufung zur Mitgliederversammlung im schiedsgerichtlichen Verfahren anstrebte. Nach § 44 Abs. 10 Syndikatsvertrag hatte das Schiedsgericht die Kompetenz, „unter besonderen Umständen“ die Strafe auch unter den vertraglich vorgesehenen Mindestbetrag zu ermäßigen.

Diese Möglichkeit nutzte das Schiedsgericht in einem der beiden vorliegenden Vertragsstrafeverfahren. Zwar wurde in beiden vorliegenden Verfahren die Vertragsstrafe ermäßigt. In einem Verfahren beruhte dies jedoch darauf, dass das beklagte Kohlensyndikat den Beweis für den Umfang der seiner Berechnung

842 Schiedsgerichtsurteil in der Schiedsgerichtssache der Gewerkschaft Langenbrahm, S. 17, in: montan.dok BBA 33/922.

843 *Sydow/Busch*, Zivilprozeßordnung und Gerichtsverfassungsgesetz, 1925, S. 317; *Sydow/Busch*, Zivilprozeßordnung und Gerichtsverfassungsgesetz, 1941, S. 420.

zugrundeliegenden vertragswidrigen Beladung von Schiffen nicht in voller Höhe führen konnte. Das Schiedsgericht minderte daher die von dem Syndikatsvorstand verhängte Strafe dahingehend, dass der Berechnung der Summe nur die zweifelsfrei feststehende Fehlbeladung als Faktor zugrunde gelegt wurde. Hierbei handelte es sich also nicht um Billigkeitserwägungen, sondern wortgetreue Anwendung der Strafvorschrift des § 44 Syndikatsvertrag auf die zur Überzeugung des Schiedsgerichts feststehenden Umstände.[844]

Möglicherweise spielte das Schiedsgericht in den Entscheidungsgründen abschließend auf die Herabsetzung der Strafe aus Billigkeitsgründen nach § 44 Abs. 10 Syndikatsvertrag an. Zwar wird diese Vorschrift in den Entscheidungsgründen nicht ausdrücklich genannt. Allerdings thematisiert das Schiedsgericht die ihm bekannte Absatznot der Zechen und das daher syndikatlich geduldete Verfahren des „Verschneidens", das heißt der untrennbaren Vermischung verschiedener Sorten. Hierbei handelt es sich um für die Klägerin positive Umstände, die jedoch im Rahmen der Prüfung der Tatbestandsvoraussetzungen für die Verhängung einer Vertragsstrafe keine Rolle spielten. Inhaltlich diskutiert das Schiedsgericht also die Frage, ob die verhängte Vertragsstrafe aus Gründen der Gleichbehandlung aller Zechen durch den Syndikatsvorstand bei der Verhängung von Vertragsstrafen – schließlich handelte es sich bei dem „Verschneiden" offenbar um eine in anderen Fällen unsanktioniert gebliebene Variante der nicht vertragsgemäßen Lieferung – zu ermäßigen war.

Dogmatisch erscheint es ebenfalls denkbar, derartige Gleichheitserwägungen im Rahmen des § 242 BGB im Sinne einer bestehenden Übung und gleichmäßigen Behandlung aller Mitgliedszechen zu diskutieren. Näher liegt allerdings eine Prüfung im Rahmen des § 44 Abs. 10 Syndikatsvertrag, da es sich hierbei um die speziellere Regelung handelte. Dem Schiedsgericht selbst erschien es allerdings von größerer Bedeutung zu sein, den Prüfungspunkt der Gleichbehandlung aller Zechen bzw. einer darauf beruhenden Minderung der Vertragsstrafe überhaupt in der Entscheidung anzusprechen, als ihn dogmatisch zu verorten. Das Schiedsgericht stellte hierzu lediglich kurz fest, dass bereits die tatsächlichen Voraussetzungen des Verschneidens, nämlich die Untrennbarkeit der verschiedenen Sorten, hier nicht vorlägen. In der Folge könnte dieser Umstand auch nicht zu einer Entlastung der Klägerin führen.[845] Im Ergebnis verneinte das Schiedsgericht eine Herabsetzung der Strafe also aus faktischen Gründen, ohne sich mit dem Anknüpfungspunkt für eine derartige Prüfung auseinanderzusetzen.

Hingegen beruhte die Herabsetzung der Vertragsstrafe in dem zweiten vorliegenden Verfahren auf reinen Billigkeitserwägungen im Sinne des § 44 Abs. 10 Syndikatsvertrag. Die Strafe, gegen die die Mitgliedszeche vorging, war exakt nach der

---

844 Anlage zu unserem Schreiben vom 3. Januar 1935 Abt. E Nr. 70, S. 7, in: montan. dok BBA 33/922.

845 Anlage zu unserem Schreiben vom 3. Januar 1935 Abt. E Nr. 70, S. 8, in: montan. dok BBA 33/922.

Vorgabe des § 44 Syndikatsvertrag berechnet worden. In den Entscheidungsgründen beruft sich das Schiedsgericht ausdrücklich auf die Vorschrift des § 44 Abs. 10 Syndikatsvertrag. Nach einer Gesamtabwägung der von dem Schiedsgericht als relevant identifizierten Umstände – Unkenntnis der verantwortlichen Stellen von der Zuwiderhandlung, Zuwiderhandlung in einer Zeit großer Absatzschwierigkeit und Verlustgeschäfte, sowie des langen Zeitablaufs seit der Zuwiderhandlung zugunsten der Zeche, allgemeine Präventionsgedanke zu ihren Lasten – kam das Schiedsgericht zu dem Ergebnis, die Strafe aus Billigkeitsgesichtspunkten um 3.000,00 Reichsmark auf 500,00 Reichsmark zu reduzieren. Zudem nahm das Schiedsgericht auch die Kosten des Verfahrens ausdrücklich in die Billigkeitsentscheidung mit auf. Die Angemessenheit der Summe von 500,00 Reichsmark bejahte es nämlich insbesondere nur inklusive der Kostentragungspflicht der Klägerin für das gesamte Verfahren.[846] Bei diesem „Gesamtpaket" handelt es sich um die einzige vorliegende Entscheidung, die die tatsächlichen Verfahrenskosten mit der Hauptsacheentscheidung vermischt und nach Billigkeitsgesichtspunkten verteilt wurden.[847]

Ein übermäßiges Gewicht von Billigkeitserwägungen unter dem Dach der Vertragsauslegung gemäß §§ 133, 157 BGB lässt sich nicht feststellen. Hierbei ist zunächst auffällig, dass sich das Schiedsgericht nur in einem Fall für die Auslegung des Syndikatsvertrages ausdrücklich auf die Bestimmungen der §§ 133, 157 BGB beruft.[848]

§ 157 BGB, so wurde aus seiner Stellung im allgemeinen Teil des BGB geschlossen, war grundsätzlich auf alle Arten von Verträgen und damit nach allgemeiner Ansicht auch auf den Syndikatsvertrag als Gesellschaftsvertrag anwendbar.[849] In engem Zusammenhang stand diese Vorschrift bereits zur Zeit des Bestehens des Kohlensyndikats mit der Regelung des § 133 BGB, wonach bei der Auslegung einer Willenserklärung der wirkliche Wille zu erforschen war. An die Stelle der „Buchstabeninterpretation" sollte die Auslegung anhand des wirklichen, mit dem Sprachgebrauch verbundenen Willens gesetzt werden, auch wenn diese sich vom Wortlaut unterschied.[850] Allerdings sollte die Regelung des § 157 BGB über die Interpretation der Willenserklärung hinausgehen, indem erst das mittels § 133 BGB gewonnene Ergebnis an Treu und Glauben unter Berücksichtigung der Verkehrssitte gemessen werden sollte.[851] Dennoch sollte es sich bei der Auslegung nach § 133, 157 BGB nicht

846 Anlage zu unserem Schreiben vom 8. Januar 1935 Abt. E Nr. 131, S. 3 f, in: montan.dok BBA 33/922.

847 Dies könnte auch auf die fehlende Repräsentation von Juristen im Tribunal zurückzuführen sein, vgl. dazu 3. Kapitel B.

848 Anlage zu unserem Schreiben vom 13. Juli 1934 Abt. E Nr. 2700, S. 3, in: montan.dok BBA 33/921.

849 *Loewenfeld,* in: Staudinger, Band 1, § 157, Rn. 5.

850 *Loewenfeld,* in: Staudinger, Band 1, § 157, Rn. 3.

851 *Hamburger,* Treu und Glauben im Verkehr, S. 7, 24; *Loewenfeld,* in: Staudinger, Band 1, § 133, Rn. 3.

um eine richterliche Billigkeitsentscheidung im Sinne der Schaffung eines billigen Resultats unter Loslösung von dem zugrundeliegenden Gesellschaftsvertrag handeln. Auf die Maxime von Treu und Glauben war nur in dem Fall, dass die Anwendung des gesetzten Rechts im Einzelfall zu Treu und Glauben widersprechenden Ergebnissen führen sollte bzw. das gesetzte Recht gar keine Lösung bereithalte, zurückzugreifen.[852]

In der Rechtsprechung der ordentlichen Gerichte sollte nach der Machtübernahme den Generalklauseln und insbesondere den Vorschriften von Treu und Glauben aus Sicht der Nationalsozialisten erheblich gesteigerte Bedeutung zukommen. Sie ermöglichten eine aktive Umgestaltung des Rechts ohne Gesetzesänderung über die Einbringung von neuen Inhalten in Abkehr von der bisherigen Praxis der Abwägung aller konkreten Umstände des Einzelfalls.[853] War der Richter vor 1933 bei der Auslegung und damit in der Anwendung der Rechtsbegriffe Treu und Glauben an das herrschende Bewusstsein der Bevölkerung gebunden, sollte die Abwägung im Einzelfall nach der Machtübernahme quasi mit dem Verweis auf das Parteiprogramm der nationalsozialistischen Partei ersetzt werden. Dessen 25 Programmpunkte sollten „Gemeingut des ganzen deutschen Volkes [...] und somit im Sinne der Auslegungsregeln der Rechtsprechung herrschendes Volksbewusstsein“[854] sein.

Die derartige Nutzung von Generalklauseln als Einfallstor für das Parteiprogramm der NSDAP lässt sich in den schiedsgerichtlichen Entscheidungen hingegen nicht feststellen. Die Auslegung der Vertragsbestimmungen des Syndikatsvertrages durch die Schiedsgerichte erfolgte in allen Entscheidungen zunächst anhand der klassischen Gesetzesauslegungsmethoden, nämlich anhand von grammatischen, systematischen, historischen und teleologischen Gesichtspunkten.[855]

Ausgangspunkt der Auslegung und gleichzeitig häufigste Auslegungsmethode bildet die Wortlautinterpretation der in Rede stehenden Bestimmung.[856] Einen Hinweis darauf, warum die Schiedsgerichte übereinstimmend der Wortlautinterpretation

852 *Schneider*, DJZ 1903 (10), 232, 237; *Hamburger*, Treu und Glauben im Verkehr, S. 11 mit weiteren Nachweisen.

853 Statt aller: *Beltz*, Treu und Glauben und die guten Sitten nach neuer Rechtsauffassung und ihre Geltung in der ZPO, S. 1; ausführlich zu dieser Funktion und der Literatur im Nationalsozialismus: *Rüthers*, Die unbegrenzte Auslegung, S. 214 ff.

854 *Beltz*, Treu und Glauben und die guten Sitten nach neuer Rechtsauffassung und ihre Geltung in der ZPO, S. 3.

855 Zu den Auslegungsmethoden: *Savigny*, System des heutigen römischen Rechts, S. 212; zur geschichtlichen Entwicklung der Auslegungsgrundsätze: *Coing*, Die juristischen Auslegungsmethoden und die Lehren der allgemeinen Hermeneutik, S. 6 ff.; ausführlich *Larenz*, Methodenlehre der Rechtswissenschaft, S. 11 ff.

856 Siehe nur: Anlage zu unserem Schreiben vom Juni 1933 Abt.E Nr. 2160, S. 3, 11, in montan.dok BBA 33/921; Anlage zu unserem Schreiben vom 13. Juli 1934 Abt. E Nr. 2700, S. 3; Schiedsgerichtsurteil in der Schiedsgerichtssache der Gewerkschaft Langenbrahm, S. 17, in: montan.dok BBA 33/922; Schiedsspruch in Sachen der Gewerkschaft Carl Alexander, S. 4, in: montan.dok BBA 33/680; Schiedskammerentscheidung Landabsatzrichtlinie, S. 10, 13, 18, in: montan.dok BBA 33/684.

große Bedeutung zumaßen, gibt eine Oberschiedskammer in einem Berufungsverfahren: Zwar würden auch für Syndikatsverträge die Vorschriften der §§ 133, 157 BGB Anwendung finden, sodass sehr wohl eine Vertragsauslegung über den Wortlaut hinaus, gegebenenfalls sogar ergänzende Auslegung geboten sein könne, um dem Parteiwillen zur Wirkung zu verhelfen. Jedoch sei für den Syndikatsvertrag zu bedenken, dass dieser eine lange Vorgeschichte habe und ganz ungewöhnlich sorgfältig gefasst sei, sodass seinem Wortlaut im Vergleich insbesondere zu mehrdeutigen Vertragstexten eine gesteigerte Bedeutung zukommen müsse.[857]

Mit der für Vertragsverhandlungen ungewöhnlich guten Datenlage lässt sich auch die ebenfalls große Bedeutung der historischen Auslegung erklären, die mit der Wendung der „langen Vorgeschichte" des Vertrages ebenfalls von der Oberschiedskammer angedeutet wird. Nicht nur standen den Schiedsgerichten und Schiedskammern eine große Anzahl vorheriger Syndikatsverträge zur Verfügung, anhand derer sie die Änderungen und Entwicklung der in Frage stehenden Bestimmungen zweifelsfrei nachvollziehen konnten[858]. Zudem konnten die Parteien ausführliches Material zu den Vertragsverhandlungen vorlegen. Der Verlauf dieser Verhandlungen war wörtlich protokolliert und wurde von den Schiedsrichtern mitunter seitenweise wiedergegebenen und zum Gegenstand der Entscheidungsfindung gemacht.[859] Ergänzend griffen die Schiedsgerichte wo es sich anbot auf systematische und teleologische Argumente zurück.

Eine Korrektur der so gewonnenen Auslegungsergebnisse über den Begriff von Treu und Glauben im Rahmen der §§ 133, 157 BGB blieb die Ausnahme. In der Mehrzahl der Verfahren wurde diese Möglichkeit nicht einmal angesprochen, in einem Verfahren lediglich kurz abgelehnt: Allein, dass die getroffene Regelung aufgrund der bestehenden wirtschaftlichen Gegebenheiten für eine Gruppe von Syndikatsmitgliedern vorteilhafter sei als für die andere rechtfertige nicht die Annahme eines Verstoßes gegen Treu und Glauben, führte das Schiedsgericht hier aus.[860]

Es findet sich in den untersuchten Verfahren nur eine Entscheidung aus der Mitte des Jahres 1935, die sich auf den Grundsatz von Treu und Glauben stützt, um den Inhalt einer syndikatsvertraglichen Bestimmung an geänderte Umstände anzupassen. Hier führt das Schiedsgericht zu Beginn seiner Entscheidungsgründe aus, das streitentscheidende Umlageabkommen sei „zunächst seinem Wortlaut und seinem Sinn nach völlig eindeutig."[861] Ausgangspunkt der rechtlichen Beurteilung

---

857 Anlage zu unserem Schreiben vom 13. Juli 1934 Abt. E Nr. 2700, S. 3.

858 Schiedskammerentscheidung Landabsatzrichtlinie, S. 18 f, in: montan.dok BBA 33/684, Anlage zu unserem Schreiben vom Juni 1933 Abt. E Nr. 2160, S. 7 ff., in: montan.dok BBA 33/921.

859 Anlage zu unserem Schreiben vom Juni 1933 Abt. E Nr. 2160, S. 16 f, in montan.dok BBA 33/921.

860 Anlage zu unserem Schreiben vom 3. Mai 1929 Abteilung E Nr. 1080, S. 10, in: montan.dok BBA 33/676 Teil 1.

861 Schiedsgerichtsurteil in der Schiedsgerichtssache der Gewerkschaft Langenbrahm, S. 17, in: montan.dok BBA 33/922.

der Klageforderung bildet also auch hier die Auslegung des das Rechtsverhältnis bestimmenden Vertragstextes. Sodann analysiert das Schiedsgericht in einem zweiten Schritt, ob die dem Abschluss des Abkommens folgenden Krisenjahre eine andere Auslegung des Abkommens „unter Anwendung der §§ 157, 242 BGB“, also aufgrund des Prinzips von Treu und Glauben verlangten.[862]

Da das Schiedsgericht die §§ 157, 242 BGB gemeinsam zitiert scheint es insoweit von einem einheitlichen Tatbestand von Treu und Glauben im Rahmen der Vertragsauslegung, nicht etwa von einer nachträglichen Korrektur des Auslegungsergebnisses anhand von Treu und Glauben auszugehen.

Dies könnte ein Hinweis darauf sein, dass für den Syndikatsvertrag aufgrund seiner besonderen Charakteristika, insbesondere der zeitlich langen Bindung der Mitglieder in eine Art Schicksalsgemeinschaft die Notwendigkeit besonderer Flexibilität und Berücksichtigung von Treu und Glauben bereits in der Auslegung der Bestimmungen als zentraler Bestandteil eingeordnet wurde. Denn grundsätzlich wurde dogmatisch zwischen den Bestimmungen der §§ 157, 242 BGB in den zeitgenössischen Kommentierungen durchaus unterschieden. Zur Abgrenzung wurde die Stellung der Vorschrift des § 242 BGB im zweiten Buch, sowie ihr grundlegender Charakter für den Inhalt alle Schuldverhältnisse im Vergleich zur reinen Auslegungsregel des § 157 BGB genannt, der zur Folge hätte, dass im Ergebnis alle sich potentiell im Hinblick auf das Schuldverhältnis ergebenden Fragen mit Rücksicht auf Treu und Glauben beantwortet werden müssten.[863] Allerdings war es auch in der Rechtsprechung verbreitet, beide Normen zusammen zu zitieren und als einheitlichen Tatbestand zu prüfen, insbesondere da der Begriff von Treu und Glauben in beiden Normen als deckungsgleich angesehen wurde.[864] Für ein Vorgehen des Schiedsgerichts in dieser Tradition spricht auch die Formulierung der Entscheidungsbegründung, in der zunächst die Vorschrift des § 157 BGB wiedergegeben wird, sodann der „in Übereinstimmung damit“ stehende Inhalt des § 242 BGB. Nach dieser Einleitung beschäftigt sich das Schiedsgericht dann allgemein mit Entwicklung und dem Inhalt dieses einheitlichen Prinzips von Treu und Glauben.[865] Im Umkehrschluss lassen sich also allein aus dieser Zitierweise keine Rückschlüsse auf eine vermeintliche Sonderstellung des Syndikatsvertrages in der Wahrnehmung der Schiedsrichter ziehen.

Mit Blick auf den konkreten Streitfall führte das Schiedsgericht schließlich aus: „Es treten nicht selten Ereignisse nachträglich ein, die das von den Parteien nach dem Wortlaut des Abkommens klar Gewollte ganz oder teilweise zur offenen

---

862 Schiedsgerichtsurteil in der Schiedsgerichtssache der Gewerkschaft Langenbrahm, S. 18, in: montan.dok BBA 33/922.

863 *Hamburger,* Treu und Glauben im Verkehr, S. 8; *Werner,* in: Staudinger, Band 2, § 242, Vor. I, II, III 1.

864 So die Ausführungen bei *Hamburger,* Treu und Glauben im Verkehr, S. 9.

865 Schiedsgerichtsurteil in der Schiedsgerichtssache der Gewerkschaft Langenbrahm, S. 18, in: montan.dok BBA 33/922.

Unbilligkeit umprägen, weil keine dieser Parteien diese Ereignisse vorausgesehen und in den Kreis ihrer Erwägungen beim Abschluß des Abkommens gezogen hat."[866] Zwar finden sich an dieser Stelle keine Rückbezüge auf Rechtsprechung oder Kommentarliteratur zur Regelung des § 242 BGB, dennoch stehen die Ausführungen der Sache nach mit dieser im Einklang. Es war anerkannt, dass jede Vertragspartei aufgrund dieser Vorschrift von ihrem Vertragspartner verlangen konnte, dass den eigenen berechtigten Interessen in Umsetzung der vertraglichen Bindungen Rechnung getragen würde, und dass dies angesichts der tatsächlichen Gegebenheiten zu einem die Begründung neuer, vertraglich nicht vereinbarter Pflichten, zum anderen den Untergang gesetzlicher oder vereinbarter Rechte zur Folge haben konnte.[867] Mehr an die dem § 157 BGB zugemessenen Inhalten scheint sich das Schiedsgericht anzulehnen, wenn es erläutert, dass Lücken in Verträgen durch eine Ergänzung des fehlenden Parteiwillens – im Gegensatz zur Abänderung des Parteiwillens nach einem abstrakten Gerechtigkeitsideal – unter Berücksichtigung der Entstehungsgeschichte des Abkommens und sorgsamer Abwägung der beiderseitigen Interessen auszufüllen seien.[868]

Das Schiedsgericht nahm sodann eine umfassende Interessenabwägung vor. Diese begann mit der Gegenüberstellung der Interessenlagen beider Parteien bei Vertragsschluss. Auch in Kenntnis der zukünftigen Veränderung der Umstände, so führte das Schiedsgericht im Ergebnis aus, wäre die Beklagte nicht zu einer Einigung des in der Klageschrift formulierten Inhalts bereit gewesen, da diese wirtschaftlich völlig unbillig gewesen wäre. Gleichzeitig wäre die Klägerin von der nicht voraussehbaren Änderung der Umstände bei wortlautgetreuer Auslegung „geradezu katastrophal" und im Vergleich zu den übrigen Syndikatsmitgliedern doppelt und weit stärker belastet.[869]

Das Schiedsgericht betrachtete zur Ermittlung von Interessenlage und Parteiwillen sodann die bisherige Handhabung des Abkommens, sowie seine prägenden Eigenschaften. Es stellte fest, dass die Beklagte bereits zuvor in der Geschichte des Abkommens zwei Mal zu einem Entgegenkommen bereit gewesen war, um eine Doppelbelastung der Klägerin abzufangen.[870] Hieraus schloss das Schiedsgericht auf eine grundsätzliche Haltung und damit durchgängigen Parteiwillen und kam somit zu dem Ergebnis der Erforderlichkeit einer nach Treu und Glauben vorzunehmenden ergänzenden Vertragsauslegung. An späterer Stelle hieß es in diesem Sinne zusammenfassend: „Dieses unzweifelhaft gewollte Entgegenkommen wäre

866 Schiedsgerichtsurteil in der Schiedsgerichtssache der Gewerkschaft Langenbrahm, S. 18, in: montan.dok BBA 33/922.

867 *Werner*, in: Staudinger, Band 2, § 242, III 1, III 2, V.

868 Schiedsgerichtsurteil in der Schiedsgerichtssache der Gewerkschaft Langenbrahm, S. 19, in: montan.dok BBA 33/922.

869 Schiedsgerichtsurteil in der Schiedsgerichtssache der Gewerkschaft Langenbrahm, S. 19, in: montan.dok BBA 33/922.

870 Schiedsgerichtsurteil in der Schiedsgerichtssache der Gewerkschaft Langenbrahm, S. 20, in: montan.dok BBA 33/922.

illusorisch, wenn man an einer starren Auslegung des Umlageabkommens auch für die Krisenjahre festhalten würde."[871]

Auf dieser Basis kam das Schiedsgericht zu dem Schluss, „daß die Beklagte billigerweise bei Kenntnis der nicht voraussehbaren Ereignisse, der Klägerin etwa die Hälfte ihrer Mindererlöse im bestrittenen Gebiet in den Krisenjahren gutgerechnet hätte." Als Grundregel ging das Schiedsgericht also davon aus, dass bei beiderseitig nicht vorhergesehener tatsächlicher Entwicklung innerhalb des Syndikats gerechterweise die Verluste, die de facto aufgrund der nicht vorhersehbaren Entwicklung nunmehr nur eine Vertragspartei zu tragen hatte, hälftig geteilt werden sollten.[872] Zur Begründung dieser Grundregel berief sich das Schiedsgericht auf das Wesen des syndikatlichen Zusammenschlusses, dessen wirtschaftliche Kampfsolidarität es auch erfordere, dass die Kosten dieses Kampfes gemeinsam gleichmäßig getragen und nicht unbillig der eine zu Lasten des anderen belastet würde.[873]

Dieses Ergebnis sicherte und rechtfertigte das Schiedsgericht sodann mit dem Charakter der zwischen den Parteien bestehenden speziellen streitgegenständlichen Vereinbarung und ihm im weiteren Verlauf des Verfahrens von den Parteien vorgelegten Zahlenmaterials.[874] Dazu berechnete das Schiedsgericht zunächst die Schlechterstellung der Klägerin im Vergleich zu den übrigen Syndikatsmitgliedern.[875] Es führte sodann aus, dass die Klägerin angesichts der Entwicklungsgeschichte mit dem Kohlensyndikat bewusst einen Kompromiss auf schwankender Berechnungsgrundlage geschlossen hatte, infolgedessen auch eine gewisse Doppelbelastung, das heißt Schlechterstellung, im Verhältnis zu den anderen Syndikatsmitgliedern eintreten konnte.[876] Als Anhaltspunkt hierfür diente der Klägern laut dem Schiedsgericht das dem Abkommen vorausgehende Geschäftsjahr: eine

---

871 Schiedsgerichtsurteil in der Schiedsgerichtssache der Gewerkschaft Langenbrahm, S. 24, in: montan.dok BBA 33/922.

872 Das Schiedsgericht selbst offenbart in seinem Schiedsspruch, den Parteien einen Vergleich diesen Inhalts vorgeschlagen zu haben, noch bevor das Zahlenmaterial vorlag, dass es zur Basis einer mathematischen Berechnung der auszugleichenden Schlechterstellung der Klägerin machte, ebenda, Schiedsgerichtsurteil in der Schiedsgerichtssache der Gewerkschaft Langenbrahm, S. 26, in: montan.dok BBA 33/922.

873 Schiedsgerichtsurteil in der Schiedsgerichtssache der Gewerkschaft Langenbrahm, S. 26, in: montan.dok BBA 33/922.

874 Das Schiedsgericht selbst schreibt hierzu: „Bei beiden Betrachtungsweisen stimmen die Ergebnisse also auffallend überein und verbürgen somit die Richtigkeit der Berechnung, die naturgemäß immer einem gewissen billigen Ermessen freien Spielraum lassen muß.", Schiedsgerichtsurteil in der Schiedsgerichtssache der Gewerkschaft Langenbrahm, S. 28, in: montan.dok BBA 33/922.

875 Schiedsgerichtsurteil in der Schiedsgerichtssache der Gewerkschaft Langenbrahm, S. 26 f, in: montan.dok BBA 33/922.

876 Schiedsgerichtsurteil in der Schiedsgerichtssache der Gewerkschaft Langenbrahm, S. 21, 24, in: montan.dok BBA 33/922.

Schlechterstellung in dieser Größenordnung war demnach der Preis, den die Klägerin bereit war, für die damit erkaufte Sonderstellung zu bezahlen und wurde von dem Schiedsgericht von der ermittelten Schlechterstellung abgezogen.[877] Das Schiedsgericht strukturierte also seine Ausführungen zur erweiternden Vertragsauslegung anhand der Grundsätze von Treu und Glauben ausgehend vom Parteiwillen bei Vertragsschluss und stützte sich für die ergänzende Vertragsauslegung auf konkrete, von den Parteien zur Verfügung gestellte Umsatzzahlen.

Schon zwei Jahre zuvor war hatte in einem syndikatsinternen Konflikt über die Auslegung des § 20 Abs. 3 Syndikatsvertrag eine Schiedskammer, und nach Berufung gegen ihre Entscheidung eine Oberschiedskammer, über das Vorbringen einer der beteiligten Parteien, die aus den gegenwärtigen Verhältnissen resultierende Besserstellung der anderen Partei unter der aktuellen Regelung stelle eine Unbilligkeit dar, zu entscheiden.[878] Es ist nicht klar, ob die reinen Zechen, die diesen Einwand im Verfahren vorgebracht hatten, sich auf die Bestimmung des § 157 BGB oder § 242 BGB berufen, und auch die Schiedskammerentscheidungen treffen hierzu keine Aussage. Während die Schiedskammer in diesem Zusammenhang nur von der Prüfung einer „Unbilligkeit" spricht, gibt die Oberschiedskammer lediglich zusammenfassend wieder, die reinen Zechen würden eine Bevorzugung der Hüttenzechen und Benachteiligung der reinen Zechen geltend machen.[879]

Die Ausführungen sind im Verhältnis zum obigen Schiedsgerichtsverfahren der Gewerkschaft Langenbrahm, in denen die Begründung der ergänzenden Vertragsauslegung anhand von Treu und Glauben den absoluten Schwerpunkt bildete, sehr kurz gehalten. Die Schiedskammer lehnt nach denkbar kurzer Interessenabwägung eine Unbilligkeit deshalb ab, da gar nicht feststehe, ob die von den reinen Zechen befürchteten Folgen tatsächlich eintreten würden, und demgegenüber Mitgliedszechen angesichts des klaren Wortlauts des Syndikatsvertrages, welcher ihnen ein Recht einräumte, schutzwürdig seien.[880] In dieselbe Richtung geht die Argumentation der Oberschiedskammer, die schon angesichts des klaren Wortlauts eine hiervon abweichende Auslegung ablehnt. Die reinen Zechen könnten angesichts der eindeutigen Regelung der Bestimmung nicht im Wege der Auslegung an ihre Stelle eine andere, ihnen nunmehr erwünschte Regelung setzen.[881]

---

877 Schiedsgerichtsurteil in der Schiedsgerichtssache der Gewerkschaft Langenbrahm, S. 27, in: montan.dok BBA 33/922.

878 Anlage zu unserem Schreiben vom Juni 1933, Abt. E Nr. 2160, S 5, in: montan.dok BBA 33/921; Anlage zu unserem Schreiben vom 13. Juli 1934 Abt. E Nr. 2700, S. 7, in: montan.dok BBA 33/921.

879 Anlage zu unserem Schreiben vom Juni 1933, Abt. E Nr. 2160, S 5, in: montan.dok BBA 33/921; Anlage zu unserem Schreiben vom 13. Juli 1934 Abt. E Nr. 2700, S. 7, in: montan.dok BBA 33/921.

880 Anlage zu unserem Schreiben vom Juni 1933, Abt. E Nr. 2160, S 6, in: montan.dok BBA 33/921.

881 Anlage zu unserem Schreiben vom 13. Juli 1934 Abt. E Nr. 2700, S. 8, in: montan.dok BBA 33/921.

C. Zwischenfazit

In Kapitel 6 erfolgte eine Untersuchung der vorliegenden Schiedssprüche selbst sowohl in formeller als auch materieller Hinsicht. Auch hier lässt sich festhalten, dass die Schiedsgerichte über die gesetzlichen Mindestanforderungen, die im Vergleich zu Urteilen der staatlichen Gerichte reduziert waren, hinausgingen, und im Ergebnis die Schiedssprüche Entscheidungen der staatlichen Gerichte in ihrer Form und hinsichtlich ihres Aufbaus nahe kamen.

Bezüglich der Formalia der schiedsgerichtlichen Entscheidungen enthielt der Syndikatsvertrag zu keiner Zeit ausdrückliche Regelungen, wobei die schriftliche Abfassung indirekt durch die Bestimmung vorausgesetzt wurde, dass die Entscheidungen an alle Mitgliedszechen zu versenden waren.

Nach der generalklauselartigen Regelung des Syndikatsvertrages sollten, soweit dieser keine Bestimmung traf, ergänzend die Regelungen der ZPO zur Anwendung kommen, die allerdings unmittelbar ebenfalls nur sehr begrenzte Anforderungen – namentlich ein Unterschriftserfordernis unter Angabe des Tages der Abfassung in § 1039 ZPO – enthielten. Im Übrigen kann aus dem Aufhebungsgrund des § 1041 ZPO auf das Erfordernis einer Begründung geschlossen werden. Auch in diesem Bereich folgte die Rechtsprechung dem bereits für die Bereiche des rechtlichen Gehörs und des Grundsatzes der Mündlichkeit angedeuteten Muster, an schiedsgerichtliche Verfahren weit geringere Anforderungen zu stellen als an Verfahren vor den ordentlichen Gerichten. So war es nach der Rechtsprechung des Reichsgerichts erforderlich, aber auch ausreichend, wenn die Entscheidung überhaupt begründet war. Die Begründung musste weder vollständig noch erschöpfend oder sachgemäß und auch nicht notwendig von einem Mitglied des Schiedsgerichts selbst verfasst worden sein.

Auch hier gingen die syndikatsinternen Verfahren allerdings über die Mindestanforderungen hinaus und erfüllten grundsätzlich die Anforderungen des § 313 ZPO an Urteile im ordentlichen Verfahren.

Die Entscheidungen der Schiedskammern sowie der Oberschiedskammern unterschieden sich hierbei kaum von den Entscheidungen der Schiedsgerichte. Alle Entscheidungen weisen ein vergleichsweise einheitliches Rubrum mit Parteibezeichnung und Mitgliedern des Spruchkörpers auf. Es folgt mit einer Ausnahme in allen Entscheidungen ein Tenor, der sich aus Hauptsacheentscheidung und Kostentenor zusammensetzt und der Text der Entscheidung ist in „Tatbestand" und „Gründe" gegliedert.

Auch innerhalb der Formulierung der einzelnen Bestandteile des Tenors ist die Orientierung an der gerichtlichen Praxis augenscheinlich. Sowohl der Hauptsachetenor als auch der Kostentenor entsprachen in ihrer Formulierung teilweise auch abweichend von den gestellten Anträgen voll der gerichtlichen Praxis.

Gleiches gilt für die Darstellung im Übrigen. Insbesondere die Formulierung der Tatbestände ist sowohl hinsichtlich der Gliederung als auch der verwandten Tempi klar an die gerichtliche Praxis angelegt und auch in den Entscheidungsgründen fällt die urteilsübliche Trennung in Begründung der Hauptsacheentscheidung und anschließende Begründung der Nebenentscheidungen auf. Auffällig ist, dass sich praktisch keine Nachweise über Literatur oder Rechtsprechung in den Entscheidungsgründen finden.

Bezüglich des materiellen Inhalts sowie der Rechtsgrundlagen der schiedsgerichtlichen Entscheidungen war die vordringlichste Diskussion in Literatur und Rechtsprechung die Frage der Bindung des Schiedsgerichtes an das materielle Recht im Gegensatz zur reinen Billigkeitsentscheidung. 1929 stellte das Reichsgericht ausdrücklich klar, dass für eine Billigkeitsentscheidung losgelöst vom geltenden materiellen Recht nur Raum sei, wenn eine diesbezügliche Einigung der Parteien vorliege. Eine Ermächtigung zur Entscheidung nach Billigkeit enthielt der Syndikatsvertrag jedoch zu keinem Zeitpunkt, sodass nach der Rechtsprechung des Reichsgerichts – eindeutig zumindest nach 1929 – das Schiedsgericht nach dem geltenden materiellen Recht entscheiden musste. Dem entsprach, soweit dies aus den Verfahrensakten beurteilt werden kann, die Einschätzung der Mitgliedszechen und auch die Praxis der Schiedsgerichte, die allesamt zumindest formal nicht eine Entscheidung rein nach Billigkeit trafen, sondern sich auf Bestimmungen des Syndikatsvertrages stützten. Vereinzelt finden sich über dieses „von den Syndikatsmitgliedern gesetzte Recht" auch Rückbezüge auf die allgemeinen Gesetze. Im Rahmen der Prüfung werden die Bestimmungen des Bürgerlichen Rechts, des Verfahrensrechts und teilweise auch höchstrichterliche Rechtsprechung ausdrücklich oder zumindest der Sache nach herangezogen.

Auch eine auffällige Berücksichtigung von Billigkeitsgesichtspunkten innerhalb der Rechtsgrundlagen, zum Beispiel mittels Regelungen des Syndikatsvertrages, die die Möglichkeit für Billigkeitserwägungen eröffnen und der Vertragsauslegung gemäß §§ 133, 157 BGB oder eine abschließende Ergebniskorrektur über die Bestimmung des § 242 BGB ist nicht festzustellen.

7. Kapitel Funktionen schiedsgerichtlicher Verfahren im Syndikat

Im Folgenden sollen die die schiedsgerichtlichen Verfahren auf Anhaltpunkte dafür untersucht werden, ob den Konfliktlösungsmechanismen des Syndikatsvertrags für das Gesamtgefüge und die vertraglichen Beziehungen der Parteien eine Bedeutung zukam, die über die offensichtliche Funktion der Entscheidung streitiger Sachverhalte hinausging. Zunächst werden die Verfahren dahingehend betrachtet, ob eine Verfahrenseinleitung durch ein Syndikatsmitglied insbesondere unter dem Gesichtspunkt der Destabilisierung des Syndikatsverbands als Druckmittel der Mitgliedszechen genutzt wurde. Sodann wird untersucht, ob die Schiedssprüche lediglich Ergebnisse eines rein kontradiktorischen Verfahrens waren, oder ob den Verfahren eine hierüber hinausgehende Funktion als Mittel zum insoweit schonenderen Interessenausgleich zukam. Zuletzt wird der Umfang der Wirkungskraft des einzelnen Schiedsspruchs über das einzelne streitige Verfahren hinaus in Form einer Präjudizwirkung bzw. Rechtsfortbildung betrachtet.

A. Druckmittel der Mitgliedszechen

Das große Interesse der Mitgliedszechen an der Einführung einer Schiedsklausel zur Sicherstellung einer objektiven, unparteiischen Rechtskontrolle der sie betreffenden Entscheidungen der nach Mehrheitsverhältnissen besetzten Syndikatsorgane wurde bereits im Rahmen der Hintergründe der Einführung der Schiedsklausel dargestellt.[882] Gleiches gilt hinsichtlich der teilweisen Bedenken des Kohlensyndikats gegenüber der Einführung einer Schiedsklausel für die sog. materiellen Fragen.[883] Diese Konstellation rechtfertigt Überlegungen, ob die Mitgliedszechen die Möglichkeit der Durchführung eines Schiedsverfahrens über die Sicherung ihrer Rechte im Falle der (vermeintlichen) Rechtsverletzung hinaus im Verhältnis zu dem Kohlensyndikat auch strategisch einsetzten.

Die Betrachtung der Entwicklungsgeschichte der Schiedsklausel hat ergeben, dass das Kohlensyndikat auf der Skala der grundsätzlich bestehenden Optionen zur Konfliktlösung – Konfliktlösung durch bestehende Syndikatsorgane, Konfliktlösung durch nicht-öffentliche, mit unabhängigen Persönlichkeiten besetzte Schiedsgerichte, Austragung der Konflikte vor den staatlichen Gerichten – den vollständig syndikatsinternen Varianten den Vorzug einräumte und versuchte, den Anwendungsbereich der Schiedsgerichtsbarkeit zu Gunsten der bestehenden Syndikatsorgane zu verkleinern. Hintergrund dessen war wohl eine von dem

882 S.o. 3. Kapitel A.
883 S.o. 3. Kapitel A.

Kohlensyndikat befürchtete von diesen Verfahren ausgehende Destabilisierung des Syndikatsgefüges und damit das Syndikat gefährdende Wirkung derartig ausgetragener Konflikte.[884]

Damit kam der Drohung mit schiedsgerichtlichen Verfahren in der Konsequenz potentiell eine ähnliche, wenn auch abgeschwächte Bedeutung wie der durch die Gesetzgebung seit 1915 ausgeschlossenen „Exit-Option", dem Austritt aus dem Syndikat, zu. Hierbei handelte es sich bis 1915 um eine bei Interessendivergenzen für taktische Zwecke wertvolle Handlungsmöglichkeit.[885] Zwar eröffneten die Schiedsgerichtsverfahren keine Möglichkeit für derartig drastische Konsequenzen, bot dem einzelnen Mitglied aber dennoch potentiell die Möglichkeit, grundlegende Syndikatsstrukturen durch die Entscheidung außenstehender Sachverständiger zu erschüttern.

Insbesondere das Schiedskammerverfahren Landabsatzrichtlinie illustriert, dass die Mitglieder sich der taktischen Möglichkeiten, die schon die Drohung mit der Einleitung eines Schiedsverfahrens oder gar seine Durchführung mit sich brachten, bewusst waren. Ausgangspunkt dieses Verfahrens war der Beschluss einer Richtlinie zur Auslegung des „Rahmen des üblichen Platzgeschäfts", der den Umfang definierte, in dem die Mitgliedszechen nach § 12 Abs. 3 des Syndikatsvertrages ihre Produkte im Landabsatz, d.h. Absatz, der nicht auf dem Bahn- oder Wasserwege erfolgte, unabhängig von dem Kohlensyndikat verkaufen durften. Diese Richtlinie wurde aus Sicht des Syndikats erforderlich, da der Landabsatz aufgrund des technischen Fortschritts immer größere Kreise zog. Das Kohlensyndikat fürchtete eine Entwertung des Syndikatsverkaufs sowie die Entstehung einer parallelen Handelsorganisation, mithin um Grundlagen seiner Existenz.[886] Gegen die Richtlinie wehrte sich insbesondere Hugo Stinnes, der argumentierte, dass die Richtlinie ein nach dem Syndikatsvertrag bestehendes Absatzrecht der Mitglieder zu Gunsten einer Ausweitung der Rechte des Syndikats zurückdrängen sollte.[887] Dennoch wurde die Auslegungsrichtlinie, die den Radius des Landabsatzes begrenzte, mit den Stimmen der Mehrheit der Mitglieder beschlossen, wogegen die unterlegenen Zechen, später bezeichnet als die „Minderheitengruppe", ein Schiedskammerverfahren einleitete.

In dieser Situation des Konflikts machte sich insbesondere Hugo Stinnes, federführend für die Minderheitengruppe, die Möglichkeit schiedsgerichtlicher Verfahren auf zunutze, um Druck auf das Kohlensyndikat aufzubauen. In einer syndikatsinternen Besprechung heißt es hierzu, die opponierende „Stinnesgruppe" werde „auf jede irgend mögliche Weise, möglichst gleichzeitig auf mehreren Wegen"

884 S.o. 3. Kapitel A.

885 *Roelevink,* Organisierte Intransparenz, S. 49.

886 Niederschrift über die Verhandlungen des Geschäftsausschusses am 2. Februar 1939, 9 Uhr, S. 5, in: montan.dok BBA 33/684.

887 Niederschrift über die Verhandlungen des Geschäftsausschusses am 2. Februar 1939, 9 Uhr, S. 5, in: montan.dok BBA 33/684.

vorgehen, das heißt alle syndikatsinternen Mechanismen ausnutzen und gegebenenfalls sogar ein Verfahren vor dem Kartellgericht anstrengen.[888] Allen Beteiligten waren demnach die taktischen Möglichkeiten, die die Einleitung auch mehrerer Schiedsverfahren boten, bewusst, Tatsächlich riefen die Zechen der Minderheitengruppe gegen den gefassten Beschluss im Folgenden sowohl die Schiedskammer nach § 36 Abs. 16 Syndikatsvertrag, als auch vorsorglich ein Schiedsgericht nach § 40 Syndikatsvertrag an.[889] Im Gespräch mit Vertretern des Kohlensyndikats legte zudem ein weiterer Vertreter der Minderheitengruppe offen, dass seine Firma in Erwägung ziehe, die Schiedskammer vorsorglich zusätzlich unter der Bestimmung des § 45 Syndikatsvertrag anzurufen um feststellen zu lassen, dass der Beschluss nicht nur unwirksam sei, sondern in dieser Form auch lebenswichtige Belange eines Mitglieds betreffe und ihm wohlerworbene Rechte nehme.[890]

Zudem drohten die Stinnes-Zechen mit der Einleitung weiterer zahlreicher Schiedsverfahren, um die Verhängung von Vertragsstrafen durch das Kohlensyndikat bis zur endgültigen Entscheidung des Schiedskammerverfahrens abzuwenden. Hintergrund war die syndikatliche Haltung, dass die Landabsatzrichtlinie rechtsverbindlich sei und beachtet werden müsse. Tatsächlich findet sich im Syndikatsvertrag auch keine Bestimmung des Inhalts, dass die Einleitung eines Schiedskammerverfahrens die Wirksamkeit eines Syndikatsbeschlusses hemmen würde. Eine derartige aufschiebende Wirkung des Schiedskammerverfahrens erreichten die Stinnes-Zechen faktisch mit der Drohung der Einleitung schiedsgerichtlicher Verfahren. Hinsichtlich der weiteren Durchführung von gegen die Landabsatzrichtlinie verstoßenden Geschäfte und die entsprechenden Vorhaltungen des Kohlensyndikats erklärten die Stinnes-Zechen: „Wenn das Syndikat anderer Ansicht sei [bezüglich der Berechtigung der Geschäfte, solange keine Entscheidung der Schiedskammer vorliegt, d. Verf.] könne es die Stinnes-Zechen

888 Aktenvermerk Betr.: Durchführung der in der Mitgliederversammlung vom 2. Februar 1939 beschlossenen Richtlinien für das Landabsatzgeschäft, Besprechung am 9. Februar 1939 im Syndikat, S. 1, in: montan.dok BBA 33/684.

889 Schreiben Klöckner-Werke AG an RWKS vom 28.2.1939; Schreiben Gewerkschaft des Steinkohlenbergwerks Langenbrahm an RWKS vom 28.2.1939; Schreiben Niederrheinische Bergwerks-Aktien-Gesellschaft an RWKS vom 28.2.1939; Schreiben Steinkohlenbergwerk Gewerkschaft Rheinpreußen an RWKS vom 28.2.1939; Schreiben Gewerkschaft Neumühl an RWKS vom 28.2.1939; Schreiben Gewerkschaft Viktoria Mathias an RWKS vom 28.2.1939; Schreiben Gewerkschaft Friedrich Ernestine an RWKS vom 28.2.1939; Schreiben Gewerkschaft Mathias Stinnes an RWKS vom 28.2.1939; Schreiben Gewerkschaft Carolus Magnus an RWKS vom 28.2.1939; Schreiben Gewerkschaft Westfalen an RWKS vom 28.2.1939; Schreiben Mühlheimer Bergwerks-Verein AG an RWKS vom 28.2.1939; Schreiben Gewerkschaften Diergardt-Mevissen I, II, III an RWKS vom 28.2.1939; alle in: montan.dok BBA 33/684.

890 Aktenvermerk Betr.: Durchführung der in der Mitgliederversammlung vom 2. Februar 1939 beschlossenen Richtlinien für das Landabsatzgeschäft, Besprechung am 9. Februar 1939 im Syndikat, S. 1, in: montan.dok BBA 33/684.

ruhig bestrafen, die hiergegen selbstverständlich in jedem einzelnen Falle ein Schiedsgericht anrufen und vielleicht sogar das eine oder andere Schiedsgericht durchführen lassen würden."

Damit gelang es den Stinnes-Zechen, das Kohlensyndikat – obwohl es seinen Standpunkt für rechtlich zutreffend hielt – von einer dann notwendig auszusprechenden Bestrafung aufgrund der angedrohten „Schiedsklagenwelle" abzusehen. Mit der Formulierung, das Schiedsgericht „in jedem einzelnen Fall" der Verhängung einer Vertragsstrafe anzurufen wird die Zahl der zu erwartenden Verfahren in die Hände des Kohlensyndikats und seines Strafausspruches gelegt, gleichzeitig für das Syndikat aber auch die Möglichkeit der Vermeidung aller Schiedsgerichtsverfahren geschaffen.

Diese Möglichkeit ergriff das Syndikat, das trotz der eigentlich überlegenen Stellung als potentiell Strafzahlungen verhängender Vertragspartner mit dieser Drohung in eine passive Haltung gedrängt wurde. Die Drohung mit einer größeren Anzahl von Verfahren war, die die Stinnes-Zechen es antizipiert hatten, ausreichend um das Kohlensyndikat zum Verzicht auf die Verhängung der Verbandsstrafen zu bewegen. Das Kohlensyndikat empfand es als „nicht zweckmäßig", „jetzt neben der Schiedskammer noch eine Unmenge von Schiedsgerichtsverfahren heraufzubeschwören."[891] Gleichzeitig wollte das Kohlensyndikat wohl vermeiden, den tatsächlichen Beweggrund seines Handelns offenzulegen, weil damit die Wirksamkeit einer Drohung mit der Durchführung einer Vielzahl von Schiedsverfahren bestätigt worden wäre. Dies wäre nach Einschätzung des Kohlensyndikats dann geschehen, wenn auf die Verhängung von Verbandsstrafen unter Vorbehalt verzichtet worden wäre. Dann wäre nämlich einziger Hintergrund des Verzichts offensichtlich die Drohung mit der Durchführung der Schiedsverfahren gewesen. So entschied sich das Kohlensyndikat, „da dies als Schwäche ausgelegt werden könnte"[892], nach entsprechender Diskussion gegen einen Vorbehalt.

Eine weitere Variante der Nutzung schiedsgerichtlicher Verfahren zur offenbart ein Schiedsverfahren zwischen der Gewerkschaft des Steinkohlenbergbaus Ewald und dem Kohlensyndikat. Hier offenbart sich die Instrumentalisierung von Schiedsverfahren durch Mitgliedszechen über die am konkreten Verfahren beteiligten Parteien hinaus. Das konkrete Schiedsverfahren bildete den Höhepunkt eines Konflikts zwischen der Zeche Ewald und dem Syndikat. Schon vor dem ersten Weltkrieg hatte die Zeche Ewald zunächst versucht, über eine Kombination von Maßnahmen, namentlich der Ausweitung der Produktion, Rationalisierung und dem Ausbau eigener Transportkapazitäten, die eigene Position im Gefüge des Kohlensyndikats zu verbessern, und sich 1924 mit der Weigerung, den neuen Syndikatsvertrag zu unterzeichnen, offen gegen das Syndikat gestellt. Zwar wurde die

891 Besprechung am 31.3.1939 im Geschäftsgebäude des RWKS betreffend Schiedskammer in Sachen Landabsatz, S. 2, in: montan.dok BBA 33/684.

892 Besprechung am 31.3.1939 im Geschäftsgebäude des RWKS betreffend Schiedskammer in Sachen Landabsatz, S. 3, in: montan.dok BBA 33/684.

Zeche Ewald im folgenden zwangsbeigeschlossen, hatte zu diesem Zeitpunkt aber bereits zur Sicherung ihrer auf Syndikatsunabhängigkeit ausgerichteten Strategie mehrere Vorverträge zum Absatz ihrer Produkte geschlossen.[893] In einer grundsätzlich vergleichbaren Situation befand sich die Zeche Concordia BAG.[894]

Anlass des Schiedsverfahrens war die Verhängung einer Vertragsstrafe wegen des nicht genehmigten Verkaufs von Nussgruss durch die Zeche Ewald an ihre Handelsgesellschaft[895]. Dass dieser Verkauf eine Verletzung der Pflichten aus dem Syndikatsvertrag darstellte, war der Zeche Ewald bewusst, wurde aber in Kauf genommen, um der Handelsgesellschaft über einen streikbedingten Lieferengpass hinwegzuhelfen.[896] Hiergegen verteidigte sich die Zeche Ewald mit einer Widerklage, in der sie die ungerechte Verteilung von Aufträgen durch das Kohlensyndikat rügte.

Entworfen und formuliert wurde dieser Schriftsatz allerdings nicht durch die Zeche Ewald, sondern durch die am Verfahren nicht beteiligte Zeche Concordia BAG. Bereits zuvor hatte der Generaldirektor der Zeche Concordia BAG die Zeche Ewald als die einzige Zeche mit gleichgelagerten Interessen in einem Konflikt identifiziert, der eng mit den Gründen verwoben war, die zur vertragswidrigen Belieferung, Verhängung der Vertragsstrafe und damit letztlich zur Durchführung des Schiedsverfahrens führten: die Verhinderung des in einer Gesellschaft zentralisierten Absatzes in die Niederlande.[897]

Dechamps versuchte mittels seines Schriftsatzes dem Schiedsverfahren der Zeche Ewald grundsätzliche Bedeutung zu verleihen und nutzte die von ihm erarbeitete Widerklage, um das Schiedsverfahren von einem Konflikt über eine Vertragsstrafe mittels Gerechtigkeits- und Gleichheitseinwände zu einer Grundsatzfrage des Syndikatsrechts zu stilisieren, worauf die Syndikatsleitung sich jedoch nicht einließ.[898]

Auch wenn diese Bemühungen also nicht zum Erfolg führten bleibt festzuhalten, dass Dechamps für die Zeche Concordia BAG versuchte, deren Interessen in einem Schiedsverfahren gegen das Syndikat, an dem sie selbst nicht einmal beteiligt war, und das einen völlig anderen Streitgegenstand betraf, zur Geltung zu bringen. Hierbei handelte es sich nicht um einen Einzelfall, Dechamps unterstützte die Zeche Ewald auch in anderen Schiedsverfahren.[899] Dabei ist davon auszugehen, dass es ihm auch in diesen Verfahren nicht um altruistische Motive ging, sondern

---

893 *Roelevink,* Organisierte Intransparenz, S. 275 f.

894 Dazu sogleich.

895 *Roelevink,* Organisierte Intransparenz, S. 275 f.; das Verfahren findet sich in montan. dok BBA 8/436.

896 *Roelevink,* Organisierte Intransparenz, S. 277.

897 *Roelevink,* Organisierte Intransparenz, S. 260, 277 f.; Aktennotiz [Dechmaps] betr. Hollandgeschäft, 19.06.1925, Bl.2, in montan.dok BBA 8/421: „Der einzige, dessen Interessen mit den unserigen gleichgelagert sind, ist Zeche Ewald."

898 *Roelevink,* Organisierte Intransparenz, S. 278.

899 *Roelevink,* Organisierte Intransparenz, S. 277, Fußnote 393: „Auch in anderen Schiedsangelegenheiten unterstützte Dechamps die Belange von Ewald, etwa den

er eine Möglichkeit sah, den Interessen seiner Zeche in den Schiedsgerichtsverfahren einer Zeche mit gleichgelagerten Interessen zur Durchsetzung zu verhelfen.

B. Mittel zum Interessenausgleich

Im Folgenden soll nach einer kurzen Darstellung der zeitgenössischen Einordnung des Schiedsverfahrens als kontradiktorisch die Überprüfung dieser Einschätzung anhand der syndikatlichen Verfahren erfolgen, die auf Anhaltspunkte für eine abweichende Charakteristik untersucht werden. Hierbei soll insbesondere auch der Frage nachgegangen werden, ob das Institut des Schiedsgerichts, obwohl von einer derartigen Funktion bei den Vertragsverhandlungen nicht die Rede war, faktisch auch als Mittel zum Interessenausgleich genutzt wurde.

Die Einordnung der schiedsgerichtlichen Verfahren in der zeitgenössischen Kommentarliteratur als kontradiktorisch ergibt sich vor allem aus der Gleichstellung mit dem Verfahren vor den ordentlichen Gerichten. Die grundlegende Bestimmung des § 1025 Abs. 1 ZPO, insoweit unverändert, definiert als Schiedsvertrag die Vereinbarung, dass die Entscheidung einer Rechtsstreitigkeit durch einen oder mehrere Schiedsrichter erfolgen solle. Wesen des schiedsgerichtlichen Verfahrens war damit also die abschließende Entscheidung streitiger Lebenssachverhalts durch unabhängige Dritte. Dass diese ebenfalls in ihrer Gesamtheit, nicht etwa bloß hinsichtlich einzelner für die Rechtsentscheidung erheblicher Tatsachen, entschieden werden musste, wurde bereits 1925 unproblematisch festgestellt.[900] Nach Auffassung von Kommentatoren entschieden die Schiedsrichter einen Rechtsstreit wie durch Richterspruch.[901] Entsprechende Ausführungen finden sich in dem Systematischen Kommentar für das privatrechtliche Schiedsgerichtswesen wenige Jahre später wieder. Das Schiedsgericht wird hier definiert als ein privates Gericht, dass von den Parteien zur Entscheidung einer Rechtsstreitigkeit inklusive Tatfragen bestellt wird, und konnte damit über „jede Rechtsverfolgung aus einem Anspruch im Zivilprozeß" entscheiden.[902] Prägnant heißt es an anderer Stelle einige Jahre später, das Schiedsgericht entscheide eine bürgerliche Rechtsstreitigkeit lediglich „an Stelle des ordentlichen Gerichts".[903]

Ausführungen bezüglich einer darüber hinausgehenden Zwecksetzung, etwa der Herbeiführung einer einvernehmlichen Lösung, oder zum Interessenausgleich finden sich nicht. Zwar wird konstatiert, dass die Vergleichsquote, zumindest aber die Vergleichsbereitschaft vor Schiedsgerichten deutlich höher sei als vor den ordentlichen Gerichten. Dies wird jedoch nicht als Folge eines gezielten

---

Antrag auf Erhöhung der Koksbeteiligung, dazu: Dechamps an Ewald, 27.03.1928, in: F 26/488, Bl. 2 ff.".

900 *Sydow/Busch*, Zivilprozeßordnung und Gerichtsverfassungsgesetz, 1925, S. 1058.

901 *Sydow/Busch*, Zivilprozeßordnung und Gerichtsverfassungsgesetz, 1941, S. 1053.

902 *Baumbach*, Das privatrechtliche Schiedsgerichtsverfahren, S. 32, 34, 38.

903 *Sydow/Busch*, Zivilprozeßordnung und Gerichtsverfassungsgesetz, 1941, S. 1362.

Hinwirkens auf den Abschluss eines Vergleichs beschrieben, sondern als von der schiedsgerichtlichen Verhandlungsführung unabhängiges Phänomen lediglich festgestellt.[904]

Hingegen gibt es Anhaltspunkte dafür, dass aus der Sicht des Kohlensyndikats innerhalb seines Gefüges dem Schiedsgericht Funktionen zukamen, die über die Rolle des entscheidenden Spruchkörpers im kontradiktorischen Verfahren hinausgingen.

Zu dem Ergebnis, dass schon die dem Schiedsgericht durch den Syndikatsvertrag zugewiesenen Kompetenzen über die des ordentlichen Gerichts hinausgingen kam ein syndikatsinternes Rechtsgutachten, das durch den Vorstand des Kohlensyndikats in Auftrag gegeben worden war. Hier hießt es: „Seine [des Schiedsgerichts, d. Verf.] Befugnisse gehen wesentlich weiter, als die Befugnisse des ordentlichen Gerichts gehen würden, wenn etwa die Schiedsgerichtsklausel im Syndikatsvertrag nicht enthalten wäre."[905] Der wesentliche Unterschied zwischen der Kompetenz des ordentlichen Gerichts und der dem Schiedsgericht vertraglich zugewiesenen Kompetenz bestand demnach darin, dass das Schiedsgericht über die Prüfung hinaus, ob ein Beschluss ordnungsgemäß gefasst und innerhalb des durch den Syndikatsvertrag geltenden Rahmens lag, den Beschluss inhaltlich überprüfen konnte. So sollte das Schiedsgericht zum Schutze eines Mitglieds formell ordnungsmäßige Beschlüsse, die sich innerhalb des von dem Syndikatsvertrag gesteckten Rahmens bewegen, beseitigen können.[906] Noch deutlicher wird dies in einem weiteren Rechtsgutachten als „doppelte Kompetenz" des Schiedsgerichts beschrieben.[907]

Demnach standen zwei unterschiedliche Kompetenzen des Schiedsgerichts in unterschiedlicher Funktion nebeneinander: Das Schiedsgericht musste Beschlüsse der Mitgliederversammlung, die nicht ordnungsgemäß zustande gekommen waren, aufheben, und ersetzte insoweit das ordentliche Gericht. Das Schiedsgericht konnte demnach aber darüber hinaus rechtmäßige Beschlüsse der Mitgliederversammlung als eine übergeordnete Instanz abändern. Das Schiedsgericht war insoweit also nicht allein rechtsprechendes Organ, sondern näherte sich einem gestaltenden Organ an, dies allerdings nicht aufgrund seines Charakters als Schiedsgericht, sondern aufgrund einer eingeräumten doppelten Kompetenz.

Diese doppelte Kompetenz zeigt sich in der syndikatsvertraglich eingeräumten Befugnis zur Herabsetzung oder sogar vollständigen Aussetzung der vom Syndikatsvorstand ausgesprochenen Vertragsstrafen einzuordnen. Die

904 *Baumbach,* Das privatrechtliche Schiedsgerichtsverfahren, S. 38.
905 Dr. Heinemann, Gutachten zur Frage der Ausführung des Beschlusses der Mitgliederversammlung, 15.12.1928, S. 5 in: montan.dok BBA 33/676.
906 Dr. Heinemann, Gutachten zur Frage der Ausführung des Beschlusses der Mitgliederversammlung, 15.12.1928, S. 5 in: montan.dok BBA 33/676.
907 Notizen Dr. Heinemann zum Verfahren, Schreiben vom 26.3.1929, S. 4, in: montan.dok BBA 33/676, Teil 2.

Strafbestimmungen waren bereits im Syndikatsvertrag von 1893 enthalten und blieben im Grundsatz bestehen, wurden aber immer wieder den sich ändernden Verhältnissen angepasst.[908] Die gestaltende Kompetenz des Schiedsgerichts zeigte sich ab 1925 im Syndikatsvertrag. Hier wurde erstmals eine Verpflichtung des Vorstands zur Verhängung der Vertragsstrafe ausgesprochen. Gleichzeitig wurde allerdings festgelegt, dass für die Berufung gegen die Straffestsetzung nicht mehr die Mitgliederversammlung, sondern ein Schiedsgericht zuständig sein sollte.[909] Zunächst erscheint es verwunderlich, dass die potentiell von der Verhängung von Vertragsstrafen betroffenen Mitgliedszechen mehrheitlich eine Verschärfung dieser Regelungen anstreben sollten. In der Frage der Vertragsstrafe spiegelt sich hier jedoch ein Konflikt, der bereits bei der Verhandlung der Schiedsklausel 1903 zu Tage getreten war. Eine Reihe von Zechen hatte die Verschärfung verlangt, da sie dem vorherigen, auf Ermessen gestützten und innerhalb von Ausschüssen verhandelten System misstrauten. Bührmann schreibt hierzu, die Zechen hätten erklärt „außerhalb der Kulissen zu stehen und nicht zu sehen, was in den Ausschüssen gemacht werde."[910] Auch hier ging es diesen Mitgliedszechen offenbar um Transparenz und die Sicherung ihrer Rechte im Sinne einer Gleichbehandlung aller Zechen, sowie einer im Vergleich neutralen Berufungsinstanz. Über die Zuständigkeit für die Berufung gegen die Vertragsstrafe hinaus enthielt der Syndikatsvertrag fortan die Bestimmung, dass dem Schiedsgericht das Recht zustehe, unter besonderen Umständen die Strafe auch unter den vorgesehen Mindestbetrag zu ermäßigen. Im Ergebnis wurde also die Kompetenz für eine gestaltende Entscheidung nach Billigkeitsgesichtspunkten dem Syndikatsorgan Mitgliederversammlung beziehungsweise dessen Ausschüssen entzogen und auf das neutrale Schiedsgericht übertragen.

In den beiden hierauf gestützten vorliegenden Schiedsverfahren wegen Herabsetzung einer von dem Syndikatsvorstand verhängten Vertragsstrafe erfolgte eine erhebliche Minderung, von 17.250,00 Reichsmark auf 5.875,00 Reichsmark[911] und von 3.500,00 Reichsmark auf 500,00 Reichsmark[912]. Es kann vermutet werden, dass es sich bei der Anrufung des Schiedsgerichts zur Herabsetzung von Vertragsstrafen zumindest in der Mehrzahl der Fälle um ein erfolgsversprechendes Verfahren handelte. Zumindest seitens des Syndikatsvorstandes wurde mit einer „Unzahl von

908 Siehe dazu den Überblick bei *Bührmann*, Syndikatsrecht im Rheinisch-Westfälischen Kohlen-Syndikat, 1893–1943, S. 319.

909 Sitzung des Vertragsausschusses vom 13.3.1925, Anlage Blatt 12, in: montan.dok BBA 33/247.

910 *Bührmann*, Syndikatsrecht im Rheinisch-Westfälischen Kohlen-Syndikat, 1893–1943, S. 319.

911 Anlage zu unserem Schreiben vom 3. Januar 1935, Abt. E Nr. 70, S. 1 f., in: montan.dok BBA 33/922.

912 Anlage zu unserem Schreiben vom 8. Januar 1935, Abt. E Nr. 131, S. 1f., in: montan.dok BBA 33/922.

Schiedsgerichten“ gerechnet.[913] Diese Kompetenz wurde allerdings im Vertrag von 1939/1940 – vorgeblich aufgrund hoher Kosten, und weil sich die Arbeit im Ausschuss bewährt hatte[914] wieder auf einen „Sechserausschuss“ rückübertragen.

Darüber hinaus zeigt sich verschiedentlich, dass Schiedsgerichte auch zur Konfliktvermeidung in nicht vertraglich vorgesehen Fällen herangezogen wurden.

Als in Vertragsverhandlungen in zentralen Fragen keine Einigung erzielt werden konnte, schlug der Vorsitzende als Ausweg aus dieser Sackgasse den Mitgliedszechen vor, zu einer Lösung auf „außervertraglichem Wege“ zu kommen, und mit der Lösung dieser Fragen ein mit Zustimmung aller Mitgliedszechen zu bildendes Schiedsgericht zu betrauen.[915] Der Spruch des Schiedsgerichts sollte dann für alle Zechen verbindlich sein. Auf diese Weise sollte „im Interesse einer ersprießlichen Zusammenarbeit im Syndikat die Möglichkeit eines langwierigen und für alle Teile unerquicklichen Prozesses von vornherein ausgeschaltet werden“.[916] Dem drohenden Scheitern der Vertragsverhandlungen wurde also durch die Einbindung einer neutralen Instanz begegnet. Auch hier stand das Schiedsgericht an einer Schnittstelle zwischen Gestaltung (Entscheidung über Fragen im Rahmen der Vertragsverhandlung) und Streitentscheidung.

Das Schiedsgericht sollte eine verbindliche Entscheidung, losgelöst von einem konkret streitigen Sachverhalt, treffen, und damit langwierige Einzelstreitigkeiten vor ihrer konkreten Entstehung verhindern. Diese Beschreibung entspricht der späteren Zielsetzung des Schiedskammerverfahrens. Dass im vorliegenden Fall die Versammlung der Mitglieder hierüber in der genannten Form zu beschließen hatte erklärt sich damit, dass die in Rede stehende Mitgliederversammlung der Einführung des Schiedskammerverfahrens zeitlich vorgelagert war. Bereits rund fünf Jahre vor dessen Einführung bestand also ein Bedürfnis nach einem Verfahren zur Vertragsauslegung, wie es schließlich 1930 mit der Bestimmung über die Schiedskammer in § 39 eingefügt wurde. Es zeigt sich hieran zum einen die flexible Handhabung der bereits verankerten Systeme, aber auch eine Weiterentwicklung des vertraglichen Systems der Konfliktlösung, welches mit der Aufnahme der Bestimmungen zur Schiedskammer von der konkreten auf die abstrakte Frage ausgedehnt und in seiner Bindungswirkung erweitert wurde.[917]

---

913 *Bührmann*, Syndikatsrecht im Rheinisch-Westfälischen Kohlen-Syndikat, 1893–1943, S. 323.

914 *Bührmann*, Syndikatsrecht im Rheinisch-Westfälischen Kohlen-Syndikat, 1893–1943, S. 323.

915 Niederschrift über die Verhandlungen der Versammlung der Mitglieder am 29.Juli 1925, S. 10, in: montan.dok BBA 33/402.

916 Niederschrift über die Verhandlungen der Versammlung der Mitglieder am 29.Juli 1925, S. 10, in: montan.dok BBA 33/402.

917 s. zur Entwicklung im Einzelnen: 2. Kapitel, sowie zur Frage der Wirkung schiedsgerichtlicher Entscheidungen im Sinne eines Präjudiz und zur Fortbildung des Syndikatsrechts sogleich unter Buchstabe C.

Dass die Schiedsverfahren auch für unbeteiligte Mitgliedszechen die potentielle Möglichkeit eröffneten, ihre Interessen wahrzunehmen, wurde bereits thematisiert.[918] Die gleiche Möglichkeit bot das schiedsgerichtliche Verfahren jedoch auch den Syndikatsorganen. Mit dem Schiedsverfahren wurde ein Forum eröffnet, dass es dem Syndikat ermöglichte, auf andere Weise zu kommunizieren und Kompromisse zu erreichen, ohne dass offensichtlich Bestimmungen des Syndikatsvertrages aufgeweicht würden. Denn zwar wurden die Schiedssprüche allen Mitgliedszechen übersandt, der genaue Ablauf der Schiedsverfahren blieb der Mehrheit der Mitglieder jedoch unbekannt, und die dem Schiedsspruch vorausgehenden Schriftsätze wurden lediglich im Kreise der Beteiligten ausgetauscht. Die nicht beteiligten Mitgliedszechen wurden in der Mitgliederversammlung nur kurz über Verfahrenseinleitung und wichtige Verfahrensschritte wie die Konstituierung des Schiedsgerichts informiert.

So heißt es in einem internen Schreiben über abgeschlossene Vergleichsverhandlungen, in denen das Kohlensyndikat einer gütlichen Einigung und Entschädigungszahlung zustimmte, obwohl sowohl parteibenannter Schiedsrichter als auch Vorsitzender den Standpunkt des Kohlensyndikats in allen wesentlichen Fragen teilten, dies sei unter „dem größeren Gesichtspunkt der Aachener Frage" geschehen.[919] Die klagende Mitgliedszeche habe immer wieder geäußert, Syndikatsmitglied 2. Klasse zu sein, und hier nun einmal eine erstklassige Behandlung durch das Syndikat erfahren. Das Nachgeben des Kohlensyndikats in den Verhandlungen entsprach also weder seiner rechtlichen Einschätzung der streitgegenständlichen Frage, noch diktierten taktische Erwägungen hinsichtlich des Verfahrensausgangs den Vergleichsabschluss, da das Kohlensyndikat offenbar den Vorsitzenden von der Berechtigung seines Standpunkts bereits überzeugt hatte. Vielmehr wird als ein Hauptgrund des Vergleichs ein „Entgegenkommen" genannt, um einem verärgerten Syndikatsmitglied Wertschätzung zu demonstrieren. Ein weiteres Indiz dafür, dass es sich hierbei um das dominierende Motiv zum Abschluss des Vergleichs handelte, liefert dasselbe Schreiben, in dem es abschließend heißt, der Verhandlungsverlauf sei auch deshalb so ausführlich geschildert worden, um „einen gewissen Aktenvermerk über die Beweggründe des Vergleichs und seine Entwicklungsgeschichte festzuhalten", und werde daher bis zu dieser Stelle auch in die Akten des Kohlensyndikats aufgenommen.[920]

Die Schiedsverfahren und die damit verbundenen Möglichkeiten von Kommunikation und Kompromiss wurden zudem wohl auch gezielt mit Blick auf eine

---

918 s. oben Buchstabe A.

919 Durchdruck Schreiben an Herrn Schneider vom 3.10.1939, S. 2 [Urheber unklar, Brief ging nur zum Teil zu den Akten des RWKS; entweder Herr Holle oder Herr Geropp, da sie bei den Verhandlungen anwesend waren] in: montan.dok BBA 33/686.

920 Durchdruck Schreiben an Herrn Schneider vom 3.10.1939, S. 3 [Urheber unklar, Brief ging nur zum Teil zu den Akten des RWKS; entweder Herr Holle oder Herr Geropp, da sie bei den Verhandlungen anwesend waren] in: montan.dok BBA 33/686.

Verbesserung zukünftiger Zusammenarbeit eingesetzt und wirkten insoweit teilweise über die verfahrensgegenständlichen Streitfragen hinaus.[921] So erklärt sich die in den Akten formulierte Einschätzung, dass es im gleichen Komplex auch hinsichtlich der Fragen, die im Verfahren nicht abschließend geklärt wurden, nicht zu weiteren Verfahren kommen würde: Man sei sich „einig gewesen", dass bei beiderseits vernünftiger Aussprache nunmehr kaum mehr Meinungsverschiedenheiten auftreten könnten.[922] Dies scheint auf den ersten Blick die zeitgenössische Einschätzung, dass Schiedsverfahren im Gegensatz zu Verfahren vor den ordentlichen Gerichten aufgrund der im Sinne einer gedeihlichen zukünftigen Zusammenarbeit erhöhten Vergleichsbereitschaft nicht den „Stachel der Prozesserbitterung" zurückließen, zu bestätigen.[923] Andererseits kann hieraus nicht zwingend geschlossen werden, dass Schiedsverfahren an sich die Vergleichs- und Kooperationsbereitschaft erhöhten. Es ist ebenfalls denkbar, dass die (notgedrungene) Bereitschaft zum gegenseitigen Nachgeben in einer auch hinsichtlich der gesetzlichen Gegebenheiten auf Kontinuität angelegten Vertragsbeziehung der Durchführung der Schiedsverfahren vorgelagert war. Jedenfalls aber lässt sich festhalten, dass die Schiedsverfahren von den Beteiligten in diesem Sinne eingesetzt wurden.

C. Präjudiz und Fortbildung des Syndikatsrechts

Im Folgenden soll der Umfang der Wirkung der schiedsgerichtlichen Entscheidungen untersucht werden. Die schiedsgerichtlichen Verfahren des Rheinisch-Westfälischen Kohlensyndikats werden durch einen abschließend bestimmten Kreis von potentiellen Parteien, deren Konflikte aus einem einheitlichen Vertragsverhältnis resultierten, charakterisiert. Insoweit erscheint es trotz wechselnder Besetzung der Schiedsgerichte selbst denkbar, dass ihre Entscheidungen nicht ohne Konsequenzen für künftige Konflikte oder das Verhältnis der Parteien untereinander blieben. Hierbei kommt sowohl eine präjudizielle Wirkung der schiedsgerichtlichen Entscheidungen im Sinne einer Bindung der Schiedsrichter an bisherige Entscheidungen als auch eine Fortschreibung des Syndikatsrechts durch die Entscheidungen aus Sicht der Mitglieder, die sich an die schiedsgerichtliche Rechtsprechung, gegebenenfalls auch wenn sie selbst formal nicht an dem jeweiligen schiedsgerichtlichen Verfahren beteiligt waren, für die Zukunft gebunden sehen könnten, in Betracht. Auch das Schiedskammerverfahren soll unter diesen Gesichtspunkten betrachtet werden.

921 S. zur Frage der Fortwirkung schiedsgerichtlicher Entscheidungen über den Einzelfall hinaus im Übrigen sogleich unter C.

922 Durchdruck Schreiben an Herrn Schneider vom 3.10.1939, S. 3 [Urheber unklar, Brief ging nur zum Teil zu den Akten des RWKS; entweder Herr Holle oder Herr Geropp, da sie bei den Verhandlungen anwesend waren] in: montan.dok BBA 33/686.

923 S. dazu auch oben 3. Kapitel unter A.

Die Schiedsrichter selbst sahen sich offensichtlich nicht an materielle Entscheidungen zeitlich vorgelagerter Schiedsverfahren gebunden. So wurde bei Wiedereinführung der Schiedsklausel in den Syndikatsvertrag 1924 auf die Problematik abweichender Entscheidung in gleich gelagerten Fällen durch Schiedsgerichte hingewiesen, die letztlich dazu geführt hatte, dass vorübergehend auf die Implementierung eines Schiedsgerichts im Syndikatsvertrag verzichtet wurde.[924] Dies entsprach, sowohl vor als auch nach der Machtübernahme durch die Nationalsozialisten, der herrschenden Ansicht in der Rechtswissenschaft. Grundlage für die Beurteilung der Frage war die Regelung des § 1040 ZPO[925], wonach der Schiedsspruch unter den Parteien die Wirkung eines rechtskräftigen Urteils hatte. Unabhängig von dem schon damals bestehenden Theorienstreit über die Rechtskraft schiedsgerichtlicher Entscheidungen sollte jedenfalls eine Bindung von Schiedsgerichten in späteren Prozessen lediglich für Prozesse derselben Parteien über denselben Streitgegenstand eintreten.[926]

Im Gegensatz hierzu schienen Syndikat und Mitgliedszechen eine Einheitlichkeit schiedsgerichtlicher Rechtsprechung dahingehend anzustreben, dass gleichgelagerte Fälle gleich entschieden werden sollten. So wurden bei Wiedereinführung der Schiedsklausel 1924 Maßnahmen ergriffen, die die einheitliche Entscheidung gleichgelagerter Fälle sicherstellen sollten. Allerdings wurde nicht etwa eine diesbezügliche Bestimmung in den Vertrag aufgenommen – die ja im Übrigen auch eine Abweichung von einer auf dem Grundsatz der Gleichstellung der schiedsgerichtlichen Verfahren mit den Verfahren vor den ordentlichen Gerichten basierten Argumentation bedeutet hätte – sondern eine faktische Lösung über die personelle Besetzung der Schiedsgerichte angestrebt. Diese wurde durch eine syndikatsseitige Bestimmung des Kreises der Juristen, aus denen der Obmann der schiedsgerichtlichen Verfahren, dessen Wahl zuvor völlig frei war, vereinheitlicht.[927]

Der Wunsch nach Kontinuität und Einheitlichkeit der Entscheidung von Konflikten führte nach mehrjähriger Erfahrung mit der soeben dargestellten praktischen Herangehensweise zur Einführung einer Bestimmung, die sowohl in ihrer Bindungswirkung als auch in ihrer Reichweite über die bis dato bestehenden Vereinheitlichungspotentiale hinausging. Die Einführung des Schiedskammerverfahrens 1930 erfolgte in direkter Reaktion auf die Unsicherheit, die dadurch entstanden war, dass Schiedsgerichte nur den einzelnen Fall entschieden, nicht aber Zweifelsfragen des Syndikatsrechts für alle Mitglieder verbindlich lösen konnten.[928]

---

924 s.o. und *Bührmann,* Syndikatsrecht im Rheinisch-Westfälischen Kohlen-Syndikat, 1893–1943, S. 307.

925 § 866 CPO

926 Siehe nur *Bührmann,* Syndikatsrecht im Rheinisch-Westfälischen Kohlen-Syndikat, 1893–1943, S. 136 f.; *Sydow/Busch,* Zivilprozeßordnung und Gerichtsverfassungsgesetz, 1941, S. 1391.

927 S. dazu 2. Kapitel A.III.3.

928 So heißt es in den Erneuerungsverhandlungen 1930: „Wenn jetzt die Mitgliederversammlung der Ansicht ist, daß in irgend einer Hinsicht die aufgetretene

Aufgabe der Schiedskammer war ausweislich der Regelung in § 39 Abs. 1 des Syndikatsvertrages 1930/1942 die verbindliche Entscheidung von Vertragsbestimmungen, über deren Auslegung Zweifel bestanden, für alle Mitglieder. Es handelt sich um eine Bestimmung, die bereits ihrem Wortlaut nach der Fortentwicklung des Syndikatsrechts diente, in dem Unklarheiten überwunden und einerseits personell für alle Parteien der Verträge bindend ausgeräumt wurde. Zum anderen geht die Bestimmung auch dahingehend über die Schiedsklausel hinaus, dass abstrakte Rechtsfragen ohne behauptete konkrete Rechtsverletzung einer Klärung zugeführt werden konnten.

Diese „Ausgliederung" syndikatsrechtlicher Zweifelsfragen trifft allerdings keine Aussage darüber, ob den schiedsgerichtlichen Verfahren vor der Einführung des Schiedskammerverfahrens derartige Funktion zugekommen war.

Grundvoraussetzung für eine Wirkung der schiedsgerichtlichen Verfahren über die beteiligten Parteien hinaus wäre zunächst die Kenntnis auch der nicht am Verfahren beteiligten Zechenbesitzer von dem Ausgang des Verfahrens. Diese war jederzeit durch die Übersendung der Schiedssprüche, zumindest hinsichtlich des Verfahrensergebnisses für alle Syndikatsmitglieder gewährleistet. Schon die Übersendung der Schiedssprüche, die das Ergebnis von Einzelrechtsstreitigkeiten mit dem jeweiligen Mitglied darstellten, und also als solche für die anderen Mitglieder eigentlich ohne Belang waren, ist möglicherweise ein Hinweis darauf, dass hiermit die Erwartung einer gewissen Verhaltensanpassung – von abschreckender Wirkung bei Verhängung von Vertragsstrafen bis Beachtung bestimmter Regeln – verknüpft war. Andererseits hatte sich eine Reihe von Zechenbesitzern im Bereich der Vertragsstrafen für eine größere Transparenz bezüglich der Verhängung und des Verfahrensablaufs eingesetzt, sodass die Übersendung der Schiedssprüche zumindest auch hierin begründet liegen könnte.[929]

Nur bedingt aussagekräftig sind in diesem Zusammenhang die bereits thematisierten Bestrebungen, Fragen, die in den Vertragsverhandlungen zu keinem Ergebnis geführt hatten, durch ein Schiedsgericht abschließend klären zu lassen.[930] Hierbei handelte es sich zwar um Bestrebungen, das Syndikatsrecht fortzuentwickeln, in dem über die materiell-rechtlichen Fragen der Definition einzelner Begriffe und der Gültigkeit einer Absatzrechnung eine für alle Mitglieder bindende Entscheidung getroffen werden sollte.[931] Dies war allerdings zeitlich der

---

Rechtsunsicherheit unerträglich ist, so kann die Klärung mit Wirkung für alle auf die vorgesehene Weise erfolgen.", wörtlich zitiert bei *Bührmann,* Syndikatsrecht im Rheinisch-Westfälischen Kohlen-Syndikat, 1893–1943, S. 311.

929 S. dazu auch oben unter B.

930 S. dazu auch oben unter B.

931 „Es handele sich um die Klärung folgender Fragen: 1. Was ist „Entwicklungszeche"? 2. Was ist „Zeche im Sinne der oberbergamtlichen Verfügungen"? 3. Gültigkeit oder Ungültigkeit der Absatzabrechnung vom 16. Januar bis 30.September 1924", Niederschrift über die Versammlung der Mitglieder am 29. Juli 1925, S. 10, in: montan.dok BBA 33/402.

Einführung des Schiedskammerverfahrens vorgelagert und ist insofern nur für die Frage der Funktion der Fortentwicklung des Syndikatsrechts durch Schiedsverfahren vor Einführung des Schiedskammerverfahrens aussagekräftig.

Gleiches gilt hinsichtlich nachgewiesener Erklärungen des Syndikatsvorstandes, im Schiedsverfahren generelle Äußerung des Schiedsgerichts zu nicht entscheidungserheblichen Rechtsfragen herbeiführen zu wollen. So äußerte der Syndikatsvorstand in einer Besprechung mit den Parteien im Rahmen eines Schiedsverfahrens, er werde vor dem Schiedsgericht die Tendenz verfolgen, dass der Schiedsspruch sich auch darüber erklären soll, ob die vom Vorstand angewandte Methode der Festsetzung der Verrechnungspreise richtig sei.[932] Diese Frage zielte allein auf die zukünftige unstreitige Anwendung der Methode. In die gleiche Richtung weisen auch die Ausführung des Vorstandes in einer Zechenbesitzerversammlung, vor Durchführung eines weiteren Verfahrens die schiedsgerichtliche Entscheidung in einem gleich gelagerten Verfahren abzuwarten und diese Entscheidung im Ergebnis statt der Durchführung weiterer Verfahren für die vorliegende Konstellation anzuerkennen.[933]

In den ersten beiden Fällen handelt es sich um exakt die Konstellation, die später der Entscheidung durch die Schiedskammer übertragen wurde, nämlich der Auslegung bestimmter im Syndikatsvertrag verwandter Begriffe, über deren Definition keine Einigung erzielt werden konnte, und ohne dass bereits ein streitiger Sachverhalt existierte. Es handelte sich also um die Klärung einer abstrakten Rechtsfrage. Es lässt sich also vermuten, dass derartige Streitigkeiten im Jahr 1930 nicht mehr vor dem Schiedsgericht, sondern vielmehr vor der Schiedskammer ausgetragen worden wäre. Dennoch lässt sich festhalten, dass den Schiedsgerichtsverfahren jedenfalls vor der Einführung des Schiedskammerverfahrens nach dem Willen der Mitgliederversammlung eine das Syndikatsrecht mit Blick auf die Zukunft fortentwickelnde Funktion zukommen sollte.

Auch in einem weiteren Schiedsverfahren ging der Syndikatsvorstand davon aus, dass die dortige Entscheidung auch für am Verfahren nicht beteiligte Mitgliedszechen von Bedeutung war. Im Gegensatz zu den eben zitierten Verfahren ging es hier nicht um die Entscheidung abstrakter Rechtsfragen. Der Syndikatsvorstand selbst ordnete die Klärung der streitigen Frage allerdings als „im Interesse aller Zechen“ ein. Hiermit begründete der Syndikatsvorstand sodann auch die (wenn auch indirekte) Pflicht zur Tragung der Verfahrenskosten aller, auch der formal an dem Verfahren nicht beteiligten Mitgliedszechen. Die verfahrensbeendende Ausgleichszahlung wurde zu Lasten der Umlage, an der alle Syndikatsmitglieder beteiligt waren, geschrieben.[934] Zwar könnte die Begründung des gemeinsamen

932 Abschrift Aktennotiz über eine Besprechung am Donnerstag, den 17. Januar 1929, mittags 12 Uhr im Gebäude der Ver. Stahlwerke in Essen, unter 6., S. 2, in: montan.dok BBA 33/676 Teil 1.

933 S. dazu oben 3. Kapitel A, B.

934 „Dieses auf solche Weise erreichte Anerkenntnis liegt nicht im alleinigen Interesse der zufällig im Jahre 1937/38 überbeschäftigt gewesenen Zechen, sondern im

Interesses auch erst zur Rechtfertigung des Entschlusses, den Betrag zulasten der Umlage zu rechnen, erdacht worden sein. Andererseits wäre dies zumindest Beleg dafür, dass der Syndikatsvorstand die Argumentation als den Mitgliedszechen vermittelbar einstufte.

Dafür könnte sprechen, dass nicht nur der Syndikatsvorstand, auch die Mitgliedszechen selbst in den schiedsgerichtlichen Verfahren grundsätzlich Kontinuität anstrebten. So heißt es eingangs der Entscheidungsgründe eines Schiedsspruchs, die Klägerin habe auf die Behandlung der bereits mehrfach erörterten Streitfrage, ob der Vorstand des Syndikats eine Strafe gemäß § 44 Abs. 2 des Syndikatsvertrages festsetzen dürfe, wenn es sich bei dem Syndikatsmitglied lediglich um einen Verstoß gegen Versandanordnungen handle, ausdrücklich verzichtet.[935] Hieraus kann geschlossen werden, dass die Klägerin eine vorherige schiedsgerichtliche Entscheidung, dass die Verhängung zulässig sei, als bindend anerkannt hatte. Denn hätte sie die Kompetenz zur Verhängung der Strafe nicht akzeptieren wollen, hätte sie ihre Schiedsklage nicht auf die Überprüfung der Strafhöhe beschränkt, sondern versucht, eine Aufhebung der Strafe zu ihren Lasten insgesamt aufgrund der Unzuständigkeit des Vorstands erreichen.

D. Zwischenfazit

In Kapitel 7 wurden die Funktionen schiedsgerichtlicher Verfahren im Syndikatsgefüge über die offensichtliche Aufgabe der Entscheidung streitiger Einzelfragen hinaus betrachtet. Schiedsgerichtliche Verfahren wurden demnach von den Mitgliedszechen gezielt als Druckmittel zur Durchsetzung ihrer Interessen eingesetzt, insbesondere seitens des Syndikatsvorstandes aber nicht nur als Druckmittel der Mitgliedszechen sondern auch als Instrument zum Interessenausgleich außerhalb des festeren vertraglichen Regelungsgefüges begriffen.

Die Mitgliedszechen setzten seit Einführung der Schiedsklausel die Möglichkeit der Initiierung schiedsgerichtlicher Verfahren strategisch ein. Dies war möglich, da aller Wahrscheinlichkeit nach insbesondere eine Häufung schiedsgerichtlicher Verfahren in der internen Wahrnehmung einen destabilisierenden Effekt gehabt hätte. Insbesondere, nachdem den Mitgliedszechen durch die Änderungen in der Gesetzgebung 1915 die Drohung mit einem Austritt aus dem Syndikat als letztes Mittel zur Interessendurchsetzung genommen worden war, war die Durchführung schiedsgerichtlicher Verfahren eine wertvolle taktische Handlungsmöglichkeit und erlaubte außerdem die Überprüfung interner Strukturen durch Außenstehende ohne Eigeninteresse. Mittel der Interessenwahrnehmung waren die schiedsgerichtlichen Verfahren zudem auch nicht nur für die am Verfahren selbst beteiligten

Interesse aller Zechen und die Verbuchung des Betrages zu Lasten der Umlage ist daher berechtigt.", Aktenvermerk RWKS vom 5.10.193, unter 3., in: montan.dok BBA 33/686.

935 Anlage zu unserem Schreiben vom 8. Januar 1935 Abt. E Nr. 131, S. 3, in: BBA 33/922.

Parteien. Teilweise versuchten nicht verfahrensbeteiligte Mitgliedszechen, ihren gleichgelagerten Interessen in Verfahren anderer Geltung zu verschaffen.

Das schiedsgerichtliche Verfahren schuf allerdings nicht nur Handlungsoptionen für die Mitgliedszechen. Es bot auch dem Vorstand des Syndikats die Möglichkeit, ohne Gesichtsverlust und ohne Bestimmungen des Syndikatsvertrages offen außer Kraft zu setzen, Kompromisse außerhalb des vertraglich gesteckten Rahmens zu schließen.

Dennoch waren die schiedsgerichtlichen Verfahren keine rein kontradiktorischen Verfahren. Vielmehr wurden sie innerhalb des Kohlensyndikats auch als Mittel zur Herbeiführung einer einvernehmlichen Lösung und des Interessenausgleichs mit beiderseitigem Nachgeben eingeordnet. So kamen dem Schiedsgericht diesbezüglich nach allgemeinem syndikatsinternem Verständnis größere Befugnisse zu als den ordentlichen Gerichten. Dies ging so weit, dass die Schiedsgerichte teilweise auch in nicht ausdrücklich vorgesehenen Fällen zur „außervertraglichen" Lösung von Problemen beziehungsweise Klärung allgemeiner Rechtsfragen vorgeschlagen bzw. genutzt wurden. Sie nahmen insoweit vor dessen Einführung Funktionen ein, die später auf das Schiedskammerverfahren ausgelagert wurden.

Die Wirkung einzelner schiedsgerichtlicher Entscheidungen ging über den Einzelfall hinaus. Zwar sahen sich die Schiedsrichter selbst nicht im Sinne eines Präjudiz an zuvor ergangene Entscheidungen gebunden. Syndikat und Mitgliedszechen hingegen schienen eine Einheitlichkeit der schiedsgerichtlichen Rechtsprechung gezielt anzustreben und zu fördern, was schließlich in der Einführung des Schiedskammerverfahrens resultierte. Insofern lässt sich zudem feststellen, dass die Vertragsparteien die Fortentwicklung des Syndikatsrechts auch als eine Aufgabe der syndikatlichen Konfliktlösungsmechanismen begriffen. Diese Funktion kam vor Einführung des Schiedskammerverfahrens zunächst den eigentlich auf die Entscheidung von Einzelfällen gerichteten Schiedsverfahren zu und wurde durch die Einführung dieses Verfahrens ausgegliedert und formalisiert.

Zusammenfassung

Die sich in der rechtswissenschaftlichen und allgemeinen Debatte seit mehr als hundert Jahren wiederholenden Argumente für und gegen die Schiedsgerichtsbarkeit wurden mit dieser Arbeit am Beispiel des Rheinisch-Westfälischen Kohlensyndikats einer Überprüfung unterzogen.

Dabei wurde grundlegend das Rheinisch-Westfälische Kohlensyndikat als Objekt der Forschung und seine Entstehung und Entwicklung dargestellt. Im Anschluss erfolgte die Darstellung von Entwicklung und Inhalt der relevanten Vorschriften der Zivilprozessordnung und der Konfliktlösungsmechanismen des Syndikatsrechts. Im Hauptteil der Arbeit wurde ein Bogen von den Einführungsverhandlungen zu den einzelnen Vertragsverhandlungen und hiermit in der wissenschaftlichen Debatte verknüpften Befürchtungen über die hierauf gestützten Abläufe der Verfahren und die Form und Begründung der Entscheidungen.

Es zeigte sich, dass das Rheinisch-Westfälische Kohlensyndikat bereits in der zeitgenössischen Literatur Gegenstand wissenschaftlichen Interesses war, wobei die Untersuchungen weitestgehend anhand öffentlich verfügbarer Materialien und nicht syndikatsinternen Aktenmaterials erfolgten.

Seine Gründung war die Folge eines Konzentrationsprozesses, der durch die Liberalisierung des Kohlenmarktes, hierauf folgende Überproduktion und Absatzkrisen in Gang gesetzt wurde. Nachdem die bisherigen Versuche, den Wettbewerb über eine Regelung der Produktion der des Preises einzuschränken gescheitert waren, wurde das 1893 gegründete Kohlensyndikat in Form einer Doppelgesellschaft organisiert. Diese Rechtsform war speziell für die die Absatzstätigkeit zentralisierenden Kartelle entwickelt worden. Die Aktiengesellschaft Rheinisch-Westfälisches Kohlensyndikat wurde mit einer Gesellschaft bürgerlichen Rechts verknüpft, indem sich die Parteien des der Gesellschaft bürgerlichen Rechts zu Grunde liegenden Kartellvertrags verpflichteten, eine dem Verhältnis ihrer Produktion zur Gesamtproduktion aller Vertragsmitglieder entsprechende Anzahl von Aktien der Aktiengesellschaft Rheinisch-Westfälisches Kohlensyndikat zu erwerben. Die für die Zusammenarbeit maßgeblichen inhaltlichen Regelungen finden sich vor allem im Kartellvertrag, in dem sich die Zechenbesitzer insbesondere zum gemeinsamen Verkauf ihrer Gesamtproduktion verpflichtete, Mechanismen zur Produktionsmenge und –beteiligung der Einzelnen an der Gesamtproduktion und Festsetzungen von Preisen, Lieferbedingungen sowie Tragung der Geschäftskosten regelten. Die Aktiengesellschaft diente insbesondere dem Gewinn einer Rechtspersönlichkeit und dem Verkauf der Produktion an Dritte.

Bis zum Jahr 1914 prägten die Syndikatsgeschichte vor allem interne Konflikte um Produktionsbeteiligungsziffern, Vertragsänderungen und Revision sowie das Verhältnis zu Außenseitern und Kohlenhandel. Von Einwirkungen durch Gesetzgeber und Rechtsprechung blieb das Kohlensyndikat in diesem Zeitabschnitt weitgehend frei. Dies änderte sich in Folge des Ausbruchs des Ersten Weltkrieges mit der Eingliederung in die staatliche Kriegswirtschaft. Nun wurde dem Syndikat die Regelung seines Absatzes zu Gunsten der Verteilung auf staatliche Anweisung entzogen. Erstmals wurden angesichts sich verschärfender innersyndikatlicher Konflikte, die bis zur Kündigung des Syndikatsvertrages 1914 führten, die Landeszentralbehörden ermächtigt, Kohlebergwerke zwangsweise zu Vertriebsgesellschaften zusammenzuschließen. Die staatlichen Eingriffe in die Kohlenwirtschaft intensivierten sich im weiteren Verlauf des Ersten Weltkrieges, und führten schließlich zur Verordnung über die Regelung des Verkehrs mit Kohle, die den Reichskanzler ermächtigte, über die gesamte vorhandene Förderung zu verfügen, aber jegliche private Entscheidungsbefugnis ausschloss. Auch das Ende des Ersten Weltkrieges und der Beginn der Weimarer Republik brachten keine Rückkehr zu den liberalen Wirtschaftsauffassungen, die den ersten Abschnitt der Syndikatsgeschichte prägten, mit sich. Vielmehr kam es 1919 zur Sozialisierung der Kohlenwirtschaft, und das Kohlenwirtschaftsgesetz unterstellte das Kohlensyndikat formal umfassender behördlicher Kontrolle. Dieses System blieb auch nach der Machtübernahme 1933 bestehen und wurde nun von der nationalsozialistischen Partei mit dem Ziel genutzt, hinsichtlich des kriegsrelevanten Rohstoffs Kohle das Syndikat zur Aufrüstung und Erfüllung der nationalsozialistischen Interessen heranzuziehen. Im Jahr 1945 stellte das Kohlensyndikat alle Aufgaben ein.

Die folgende Gegenüberstellung der allgemeinen Entwicklung des Rechts der Schiedsgerichtsbarkeit und insbesondere der Kartellschiedsgerichtsbarkeit mit den syndikatsvertraglichen Konfliktlösungsmechanismen hat die Unabhängigkeit der syndikatsvertraglichen Entwicklung von den Novellierungen durch den Gesetzgeber offenbart. Sowohl die Zeitpunkte der Gesetzesänderungen beziehungsweise vertraglicher Neugestaltung, als auch die Themen, die hierfür jeweils den Ausschlag gaben korrespondieren nicht.

Während den Novellierungen der Zivilprozessordnung und den jeweiligen Gesetzesbegründungen zunächst ein Bemühen um Fortentwicklung der Schiedsgerichtsbarkeit zu entnehmen ist, zeigte sich im Verlauf ein Paradigmenwandel hin zu einer gewünschten Eindämmung bzw. vollständigen Abschaffung der Schiedsgerichtsbarkeit. Das syndikatsvertragliche Schiedsrecht machte eine im Wesentlichen gegenläufige Entwicklung, in der das Schiedsverfahrensrecht nach vorübergehender Abschaffung weiter entwickelt und ausdifferenziert wurde.

Nach der frühen Aufnahme von Bestimmungen zur Lösung von Konflikten zwischen dem Syndikat und den Zechenbesitzern in den Syndikatsvertrag zeigten sich trotz der häufigen Vertragsänderungen und Erneuerungen insgesamt immer wieder Phasen, in denen die früheren Regelungen bezüglich syndikatsinterner Konflikte übernommen oder lediglich um einzelne Bestimmungen ergänzt wurden. Die Entwicklung der syndikatvertraglichen Konfliktlösungsmechanismen wurde in vier Phasen eingeteilt. Die erste Phase (1903 bis 1915) war von dem vollständigen Ausschluss des ordentlichen Rechtswegs für alle Streitigkeiten über die Auslegung des Vertrages und die Grundlagen der Gewinnberechnung der Zechenbesitzer gekennzeichnet. Die zweite Phase (1916 bis 1919) zeigte eine starke Limitierung des Anwendungsbereichs der Schiedsklausel, bis hin zur vollständigen Streichung der Schiedsklausel im Jahr 1920. Die vierte Phase der Entwicklung beginnt mit der Wiedereinführung der Schiedsklausel im Jahr 1924 und ist geprägt durch eine hinsichtlich ihres Anwendungsbereichs umfassende Schiedsklausel sowie die Einführung eines zusätzlichen Schiedskammersystems mit zwei Instanzen, welches nicht Einzelfälle, sondern Differenzen bei der Vertragsauslegung einer abschließenden Entscheidung zuführen sollte. Ergänzt wurden die Schiedsklauseln jeweils durch die allgemeinen Vorschriften des Zehnten Buchs der Zivilprozessordnung.

Die vielbefürchtete Abkehr von gesetzlichen Regelungen zu Gunsten eines sog. Wirtschaftssonderrechts zeigt sich hingegen nicht. Insbesondere verwies die Schiedsklausel, die lediglich Regelungen zu ihrem sachlichen Anwendungsbereich, Schiedsrichterbenennung und zur Beschreitung des ordentlichen Rechtsweges im Falle der Verfahrensverzögerung durch die Schiedsrichter enthielt, im Übrigen (namentlich Ernennung, Ablehnung und Wegfalls bereits benannter Schiedsrichter; rechtliches Gehör und Sachverhaltsermittlung; Formalia und Bindungswirkung des Schiedsspruchs) auf die gesetzlichen Regelungen. Im Gegensatz zu den Regelungen zum Schiedsverfahren war das Schiedskammerverfahren – welches allerdings die abweichende Funktion der verbindlichen Auslegung des Syndikatsrechts zum Gegenstand hatte – sehr ausdifferenziert und bzgl. Anwendungsbereich, Schiedsrichtern, Verfahren und Formalia vertraglich abschließend geregelt.

Die Frage der Bindung des Schiedsgerichts an materielles Recht sowie der Aufhebbarkeit schiedsgerichtlicher Entscheidungen aufgrund materiell-rechtlicher Fehlerhaftigkeit blieb in der Zivilprozessordnung unbeantwortet. Die Rechtsprechung ging von der grundsätzlichen Anwendbarkeit des materiellen Rechts aus, es sei denn, die Parteien hatten sich vertraglich auf eine Billigkeitsentscheidung geeinigt. Das Kohlensyndikat war aus dem Anwendungsbereich der Kartellverordnung ausgenommen, sodass insoweit vor allem die Vorschriften des Kohlenwirtschaftsgesetz und als Einfallstor für Billigkeitserwägungen mangels vertraglicher Einigung die Vorschriften von Treu und Glauben nach §§ 157, 242 BGB sowie die speziellen, aus der Treupflicht der Kartellmitglieder resultierenden Bindungen und Pflicht zur gegenseitigen gesteigerten Rücksichtnahme relevant waren.

Auf dieser Grundlage erfolgte die Betrachtung der Einführung der Schiedsklausel, der Verfahrensabläufe und Entscheidungen der Schiedsgerichte und Schiedskammern. Dabei wurden zunächst die Verhandlungen, die der Einführung der Schiedsklausel vorangingen, betrachtet. Im Gegensatz zur weit verbreiteten Ansicht, die sowohl in der zeitgenössischen Literatur als auch prominent in den Diskussionen im Rahmen des 34. Deutschen Juristentages 1926 hervortrat, barg die Vereinbarung von Schiedsklauseln innerhalb bestimmter wirtschaftlicher Organisationsformen wie Kartellen das Risiko mangelnder effektiver Durchsetzung von Individual- und staatlichen Interessen. Befürchtet wurde der Missbrauch des Instituts der Schiedsgerichtsbarkeit im Machtgefüge von Verband und Mitglied zur Perpetuierung der Position des wirtschaftlich überlegenen Vertragspartners sowie, dass dem Staat das ganze Rechtsgebiet des Kartellrechts sowohl hinsichtlich der Durchsetzung mit der Kartellgesetzgebung verfolgter Interessen, als auch hinsichtlich richterlicher Rechtsfortbildung entzogen würden.

Die Betrachtung der Hintergründe für die Einführung der Schiedsklausel ergab allerdings, dass diese nicht auf Druck von Syndikatsorganen eingefügt wurde, sondern ihre Einführung hinsichtlich der Verletzung des Syndikatsvertrages weitgehend unstreitig war und zudem zumindest in Teilen auf die Initiative von Mitgliedszechen zurückging. Es lässt sich sogar vermuten, dass die Einführung auf die insoweit wirtschaftlich unterlegenen kleineren Mitgliedszechen und Mitgliedszechen, die ihre Produktionsziffer erhöhen wollten zurückging, da die zur Folge hatte, ein neutral besetztes Schiedsgericht und nicht ein nach Produktionsbeteiligung besetztes Gremium über Streitfragen entschied. Immer wieder zeigte sich, dass die Schiedsklausel beziehungsweise die Möglichkeit der Durchführung schiedsgerichtlicher Verfahren von den Mitgliedszechen zur Durchsetzung ihrer Interessen genutzt wurde, und eine korrespondierende Skepsis insbesondere des Syndikatsvorstands gegenüber der Institution des Schiedsgerichts. Diese bezog sich allerdings nicht gegen die Schiedsgerichtsbarkeit im Vergleich zur Entscheidung vor den ordentlichen Gerichten, sondern lediglich im Vergleich zur Konfliktlösung in mit Angehörigen der Mitgliedszechen besetzten Ausschüssen.

Die Vermutung, Hintergrund der Entscheidung für eine Schiedsklausel sei die Attraktivität einer schnelleren Entscheidung durch Sachverständige gewesen, hat sich nur bedingt bestätigen lassen. Zwar wiesen die analysierten Verfahren mit höchstens sieben Monaten eine kurze Verfahrensdauer auf, allerdings spielten diese Erwägungen in den Vertragsverhandlungen keine Rolle (waren aber natürlich auch kein Anknüpfungspunkt für Meinungsverschiedenheiten). Es ließ sich jedoch zeigen, dass die Sachkunde der Schiedsrichter – vor allem im Sinne einer Kenntnis der tatsächlichen Verhältnisse innerhalb des Syndikats – bei der Einführung der Schiedsklausel von Bedeutung war. Es kam vor allem dem Vorstand des Kohlensyndikats maßgeblich darauf an, Außenstehende nicht mit Entscheidungsgewalt über syndikatsrechtliche Fragen auszustatten, da Kenntnis der tatsächlichen Verhältnisse wahrscheinlich zu anderen materiellen Ergebnissen führen würde. Hinsichtlich der Schiedskammerverfahren war die Besetzung mit Juristen im Syndikatsvertrag vorgeschrieben, wobei die hochkarätige Besetzung der Tribunale auf, die wohl die Legitimität einer Entscheidung, die häufig den Schlusspunkt eines die große Mehrzahl der Mitgliedszechen spaltenden Konflikts bildete, gewährleisten sollte. Doch auch in den übrigen Verfahren, die (auch) rechtliche Fragen zum Gegenstand hatten, wurden weit überwiegend Juristen als Schiedsrichter benannt. In denjenigen Verfahren, die lediglich die Reduzierung einer Vertragsstrafe aufgrund wirtschaftlicher Billigkeitserwägungen zum Gegenstand hatten, waren die Schiedsgerichte hingegen überwiegend mit Nicht-Juristen besetzt.

Wenig überraschend war, wie auch in der zeitgenössischen rechtswissenschaftlichen Literatur vermutet, die Nichtöffentlichkeit der Verfahren einer der maßgeblichen Gründe für die Einführung der Schiedsklausel, und auch innerhalb der laufenden Verfahren beziehungsweise nach ihrem Abschluss wurde diesem Gedanken Rechnung getragen.

Für die ebenfalls vermutete Zielsetzung der Freiheit von staatlicher Interessendurchsetzung und dem vermuteten tatsächlichen Effekt einer Entziehung und

Verhinderung der Rechtsfortbildung des Kartellrechts durch die Schiedsklausel konnten teilweise Anhaltspunkte gefunden werden. Hierfür spricht mit Blick auf die Freiheit von staatlicher Interessendurchsetzung insbesondere, dass das Kohlensyndikat in den Verfahren Information nutzte, und diese auch vorlegte, die es zuvor mit Blick auf potentielle Nachteile durch gesetzgeberische Aktivität zurückgehalten hatte. Trotz der Sonderstellung des Kohlensyndikats als hochreglementierten Wirtschaftskörpers lässt sich nach Untersuchung der vorliegenden Quellen vermuten, dass die Verfahren in der Sache weitgehend unbeobachtet abliefen. So erbat das zuständige Reichwirtschaftsministerium die Übersendung eines Schiedsurteils, nachdem es aus der Presse – und nicht etwa aufgrund eigener Teilnahme oder Information – vom Abschluss des Verfahrens Kenntnis erlangt hatte. Weitere Belege für eine Teilnahme an den Verfahren, oder auch nur für die Information staatlicher Stellen finden sich nicht.

Hinsichtlich Entziehung und Verhinderung einer Fortentwicklung des Kartellrechts durch staatliche Gerichte ließen sich lediglich vereinzelte Hinweise finden. Praktisch beschäftigte sich die Mehrzahl der Entscheidungen mit Rechtsfragen, die im allgemeinen Teil des Bürgerlichen Gesetzbuchs zu verorten waren, wobei eine kleine Anzahl von Verfahren mit kartellrechtlichen Fragenstellungen, die in der Rechtsprechung nicht abschließend geklärt waren, insoweit einer Klärung entzogen wurden.

Die Untersuchung von Einfluss- und Steuerungstendenzen im Rahmen des Schiedsverfahrens wurde sodann mit Blick auf die schiedsrichterliche Unabhängigkeit in den vorliegenden syndikatsinternen Verfahren fortgesetzt. Diese wurde unter verschiedenen Gesichtspunkten betrachtet. Die Frage der „Unbeteiligtheit" der Schiedsrichter war bei der Einführung der Schiedsklausel ein ausschlaggebender Faktor, was sich auch in Befangenheitsanträgen in den späteren Schiedsverfahren fortsetzte. Hinsichtlich eines im Verhältnis zu den Parteien größeren Einfluss des Kohlensyndikats auf die Besetzung des Schiedsgerichts zeigt sich ein wechselndes Bild. So lassen sich die vertraglichen Regelungen für die Bestimmung des Obmanns in drei Phasen einteilen.

In der ersten Phase dieser Entwicklung ab 1903 wurde der Obmann von einer neutralen Stelle außerhalb des Kohlensyndikats benannt, wogegen keinerlei Bedenken bestanden. Ab dem Jahr 1924 wurde der Obmann hingegen von dem Geschäftsausschuss benannt, wobei dieser auf eine von ihm selbst aufgestellte Liste von fünf Juristen zurückgreifen sollte. Im Jahr 1930 erfolgte die Rückkehr zum vorherigen System – Benennung des Obmanns durch einen außenstehenden Dritten, wenn sich die parteibenannten Schiedsrichter nicht auf einen Obmann einigen können sollten, wobei gewichtige Indizien dafür sprechen, dass der Hintergrund für diese Änderung syndikatsinterne Bedenken hinsichtlich der Rechtswirksamkeit unter dem Gesichtspunkt der erforderlichen unparteilichen Besetzung der vorherigen Bestimmung war.

Weiter wurde in der zeitgenössischen Literatur vor allem das Risiko diskutiert, dass der Schiedsrichter sich der ihn benennenden Partei verpflichtet fühlen könnte. Hierfür lassen sich in den vorhandenen Materialien auch tatsächlich Nachweise und Indizien finden, wobei insoweit aufgrund der Vielzahl der anfallenden Verfahren und der Möglichkeit, sich eine wiederholte Einnahmequelle zu schließen, speziell für den Fall des Kohlensyndikats ein erhöhtes Risiko denkbar ist, aber auch bekannt war.

Nicht feststellen lassen sich hingegen darüber hinausgehende Steuerungstendenzen zugunsten einer der am Verfahren beteiligten Parteien unter den Gesichtspunkten Verhandlung, Bezahlung und Höhe der Schiedsrichterhonorare. Diese schied bereits deshalb aus, weil die Kostentragungspflicht zum Zeitpunkt der Schiedsrichterbenennung noch nicht feststand. Erst nach der schiedsgerichtlichen Entscheidung wurde das Schiedsrichterhonorar bezahlt.

Ein abweichendes Bild ergab sich auch nicht bei der Betrachtung der Honorarverhandlungen. Die Parteien einigten sich mit den jeweiligen Schiedsrichtern über die Übernahme des Schiedsrichteramtes, ohne dass zu diesem Zeitpunkt die Frage des Schiedsrichterhonorars abschließend geklärt wurde. Die diesbezügliche Einigung erfolgte erst im laufenden Verfahren, wobei Indizien dafür sprechen, dass sich Kohlensyndikat und Mitgliedszechen in der Frage der Schiedsrichterhonorierung als Interessengemeinschaft gegenüber den Schiedsrichtern und umgekehrt begriffen. Konflikte spielten sich vor allem im Verhältnis dieser Gruppen zueinander ab. Auch aufgrund der hieraus resultierenden Transparenz hinsichtlich der Vergütung der Schiedsrichter war eine Einflussnahme einer Partei praktisch ausgeschlossen. Hinzu kam, dass häufig kein Schiedsrichterhonorar, sondern ein „Schiedsgerichtshonorar" vereinbart wurde, dessen Verteilung auf die einzelnen Schiedsrichter ihnen selbst überlassen blieb, und das, entsprechend einer verbreiteten Praxis, in der Regel auf den Gebühren eines Rechtsanwalts zweiter Instanz basierte.

Die Betrachtung des Ablaufs der Schiedsverfahren anhand der zeitgenössischen gesetzlichen Vorschriften, die sich auf die Prüfung der allgemeinen Verfahrensvoraussetzungen, rechtliches Gehör und Sachverhaltsermittlungspflicht beschränkten, hat ergeben, dass die Schiedsgerichte in den vorliegenden Verfahren hinsichtlich des rechtlichen Gehörs und der Ermittlungspflicht die gesetzlichen Anforderungen übererfüllten oder mindestens erfüllten.

Im Übrigen ergab sich aus der Bestimmung des § 1034 ZPO, dass nur soweit die Parteien keine abweichenden Regelungen getroffen hatten, das Schiedsgericht das Verfahren nach freiem Ermessen bestimmen durfte. Davon ist für die vorliegenden Verfahren mangels entsprechender Regelung auszugehen. Dennoch war die Freiheit der Schiedsrichter in der Festlegung der Verfahrensregeln nicht unbegrenzt. Nach ständiger Rechtsprechung des Reichsgerichts waren die Schiedsrichter allerdings insoweit gebunden, als sie keine sitten- oder staatsordnungswidrigen Handlungen vornehmen oder Vorschriften treffen durften, beispielsweise einzelne Ansprüche oder Verteidigungsmittel ohne sachliche Stellungnahme endgültig zu- oder abzusprechen.

Innerhalb der erforderlichen Prüfung der Verfahrensvoraussetzungen spiegelt sich teilweise eine dogmatische Rechtsfrage der öffentlichen juristischen Debatte, nämlich die Frage, ob das Kohlensyndikat als Doppelgesellschaft als

Aktiengesellschaft und Gesellschaft bürgerlichen Rechts, oder als Aktiengesellschaft und nicht rechtsfähiger Verein zu definieren war, wenn auch in geringer Häufigkeit und Intensität. Die Zuständigkeit des Schiedsgerichts wurde hinsichtlich der Reichweite der vereinbarten Schiedsklausel thematisiert, nicht aber hinsichtlich der Kompetenz, im Streitfall überhaupt über die eigene Zuständigkeit zu entscheiden. In der Mehrzahl der Verfahren waren allerdings weder Zuständigkeit noch Besetzung der Schiedsgerichte relevant und wurden demnach auch in den Entscheidungsgründen nicht angesprochen.

Über die Mindestanforderungen des Grundsatzes des rechtlichen Gehörs, die nach der Rechtsprechung Reichsgerichts im Vergleich zum Verfahren vor den ordentlichen Gerichten im geringer waren, gingen sämtliche untersuchten innersyndikatlichen Schiedsverfahren hinaus. In der weit überwiegenden Anzahl der Verfahren reichten die Parteien die gleiche Anzahl vorbereitender Schriftsätze ein bzw. konnten inhaltlich auf alle Schriftsätze der Gegenseite erwidern. Auch in der inhaltlichen Auseinandersetzung des Schiedsgerichts mit den vorgebrachten Inhalten zeigt sich keine Ungleichbehandlung der Parteien. Soweit nachprüfbar enthielten die Tatbestände umfassende Darstellungen des tatsächlichen Vorbringens, was sich in den Entscheidungsgründen mit einer Auseinandersetzung mit sämtlichen aufgeworfenen Fragen fortsetzt.

Im Ergebnis ähnlich ist die Bewertung mit Blick auf den Grundsatz der Mündlichkeit, dem als zentralem Verfahrensgrundsatz für das gerichtliche Verfahren von dem Reichsgericht für das schiedsgerichtliche Verfahren lediglich eingeschränkte Bedeutung zugestanden wurde. Auch hier gingen sämtliche untersuchten Verfahren über die Anforderungen der Rechtsprechung hinaus und wurde insbesondere durchweg eine mündliche Verhandlung durchgeführt.

Zur Wahrung seiner Ermittlungspflicht war das Schiedsgericht lediglich verpflichtet, dass dem Streit zu Grunde liegenden Sachverhältnis zu ermitteln habe, soweit es die Schiedsrichter für erforderlich erachteten, was ausweislich der Konkretisierung durch die zeitgenössische Kommentarliteratur in Form der Ausübung des Fragerechts in der mündlichen Verhandlung sowie dem Erlass von Beweisbeschlüssen und der Anforderung von Dokumenten geschehen sollte.

Die Betrachtung der schiedsgerichtlichen Entscheidung als Schlusspunkt der Verfahren zeigt erneut, dass die Schiedsgerichte über die gesetzlichen Mindestanforderungen, die im Vergleich zu Urteilen der staatlichen Gerichte reduziert waren, hinausgingen, und im Ergebnis die Schiedssprüche Entscheidungen der staatlichen Gerichte in ihrer Form und hinsichtlich ihres Aufbaus nahe kamen. Der Syndikatsvertrag enthielt diesbezüglich keine ausdrücklichen Regelungen, wobei die die schriftliche Abfassung des Schiedsspruchs indirekt durch die Bestimmung vorausgesetzt wurde, dass die Entscheidungen an alle Mitgliedszechen zu versenden waren. Die ergänzend heranzuziehenden Vorschriften der ZPO stellten ebenfalls nur sehr begrenzte Anforderungen, namentlich ein Unterschriftserfordernis unter Angabe des Tages der Abfassung in § 1039 ZPO. Im Übrigen konnte aus dem Aufhebungsgrund des § 1041 ZPO auf das Erfordernis einer Begründung geschlossen werden, wobei die Rechtsprechung auch hier die Anforderungen an die Begründung im Vergleich zu Urteilen der ordentlichen Gerichte deutlich herabsetzte. Diese musste weder vollständig noch erschöpfend oder sachgemäß und auch nicht notwendig von einem Mitglied des Schiedsgerichts selbst verfasst worden sein.

In ihrer Form sind die Entscheidung der Schiedsgerichte sowie der Schiedskammern und Oberschiedskammern kaum zu unterscheiden. Alle Entscheidungen weisen ein vergleichsweise einheitliches Rubrum mit Parteibezeichnung und Mitgliedern des Spruchkörpers auf. Es folgt mit einer Ausnahme in allen Entscheidungen ein Tenor, der sich aus Hauptsacheentscheidung und Kostentenor zusammensetzt und der Text der Entscheidung ist in „Tatbestand" und „Gründe" gegliedert. Die Darstellung, insbesondere von Hauptsache- und Kostentenor, aber auch des Aufbaus der Tatbestände und Entscheidungsgründe (Haupt- und Nebenentscheidungen) entsprachen in ihrer Formulierung (teilweise abweichend von den gestellten Anträgen) der gerichtlichen Praxis. Auffällig ist, dass sich praktisch keine Nachweise über Literatur oder Rechtsprechung in den Entscheidungsgründen finden.

Bezüglich der Rechtsgrundlagen der schiedsgerichtlichen Entscheidungen war jedenfalls mit der diesbezüglichen Entscheidung des Reichsgerichts im Jahr 1929 geklärt, dass die Schiedsgerichte mangels abweichender Einigung der Parteien im Syndikatsvertrag und den Verfahrensakten nach dem geltenden materiellen Recht entscheiden mussten. Dem entsprach die Praxis der Schiedsgerichte, die allesamt zumindest formal nicht eine Entscheidung rein nach Billigkeit trafen sondern sich auf Bestimmungen des Syndikatsvertrages stützten, vereinzelt unter Rückbezug auf Vorschriften des Bürgerlichen Rechts, des Zivilverfahrensrechts und teilweise auch höchstrichterlicher Rechtsprechung, ausdrücklich oder zumindest der Sache nach. Eine auffällige Berücksichtigung von Billigkeitsgesichtspunkten innerhalb der Rechtsgrundlagen, zum Beispiel mittels Regelungen des Syndikatsvertrages, die die Möglichkeit für Billigkeitserwägungen eröffneten, der Vertragsauslegung gemäß §§ 133, 157 BGB oder einer abschließende Ergebniskorrektur über die Bestimmung des § 242 BGB ist nicht festzustellen.

Abschließend wurden die Funktionen schiedsgerichtlicher Verfahren im Syndikatsgefüge über die offensichtliche Aufgabe der Entscheidung streitiger Einzelfragen hinaus betrachtet. Diese stellten sich als wertvolle Handlungsoption sowohl für die Mitgliedszechen als auch für das Kohlensyndikat dar, und wurden von den Beteiligten auch als Instrument zum Interessenausgleich genutzt.

So setzten die Mitgliedszechen seit Einführung der Schiedsklausel die Drohung mit Schiedsverfahren wohl aufgrund deren potentieller destabilisierender Wirkung insbesondere, nachdem durch die Gesetzesänderung 1915 die Drohung mit einem Austritt aus dem Syndikat als letztes Mittel zur Interessendurchsetzung ausgeschlossen worden war, strategisch ein. Zudem nutzten nicht verfahrensbeteiligte Mitgliedszechen die Schiedsverfahren anderer Syndikatsmitglieder zur Stärkung ihrer eigenen gleichgelagerter Interessen.

Auf der anderen Seite schufen Schiedserfahren aber auch Handlungsoptionen für das Kohlensyndikat, indem dem Vorstand die Möglichkeit geboten wurde, sich ohne Gesichtsverlust und ohne Bestimmungen des Syndikatsvertrages offen außer Kraft zu setzen, Kompromisse außerhalb des vertraglich gesteckten Rahmens zu schließen.

Auch als Forum zur Herbeiführung einer insgesamt einvernehmlichen Lösung wurde das Mittel des Schiedsverfahrens zuweilen eingesetzt, und gingen insofern über rein kontradiktorische Verfahren hinaus. Denn dem Schiedsgericht kamen diesbezüglich nach dem syndikatsinternen Verständnis größere Befugnisse zu als den ordentlichen Gerichten. Dies ging so weit, dass bereits vor Einführung des Schiedskammerverfahrens Schiedsgerichte mit der Klärung abstrakter Rechtsfragen zwecks konstruktiver Fortsetzung von Vertragsverhandlungen beauftrag wurden.

Zudem ging die Wirkung einzelner schiedsgerichtlicher Entscheidungen, insbesondere vor der Einführung des Schiedskammerverfahrens, hinsichtlich ihres Inhalts über den Einzelfall hinaus. Zwar sahen sich die Schiedsrichter selbst nicht im Sinne eines Präjudizes an zuvor ergangene Entscheidungen gebunden. Syndikat und Mitgliedszechen hingegen schienen eine Einheitlichkeit der schiedsgerichtlichen Rechtsprechung gezielt anzustreben und zu fördern, was schließlich in der Einführung des Schiedskammerverfahrens resultierte. Es kann daher festgehalten werden, dass die Vertragsparteien als eine Aufgabe der syndikatlichen Konfliktlösungsmechanismen auch die Fortentwicklung des Syndikatsrechts begriffen.

Literaturverzeichnis

Bähr, Johannes: „Recht der staatlich organisierten Wirtschaft, Ordnungsvorstellungen und Wandel der deutschen Wirtschaftslehre im „Dritten Reich““, in: Johannes Bähr und Ralf Banken: „Wirtschaftssteuerung durch Recht im Nationalsozialismus, Studien zur Entwicklung des Wirtschaftsrechts im Interventionsstaat des „Dritten Reichs““, 2006, Frankfurt am Main, S. 445–468.

Bähr, Johannes/*Banken*, Ralf (Hrsg.): „Wirtschaftssteuerung durch Recht im Nationalsozialismus, Studien zur Entwicklung des Wirtschaftsrechts im Interventionsstaat des „Dritten Reichs““, 2006, Frankfurt am Main, Klostermann.

Baumbach, Adolf: „Das privatrechtliche Schiedsgerichtsverfahren, Systematischer Kommentar zu den einschlägigen Vorschriften der ZPO, der Staatsverträge, des ArbGG, der Kostengesetze“, 1931, Berlin.

Baumbach, Adolf: „Zivilprozeßordnung, mit Gerichtsverfassungsgesetz, Lohnpfändungsverordnung, Kriegs- und Nebengesetzen nach 4. VereinfachungsVO v. 12. 1. 1943“, 17. Auflage, 1943, München, Berlin.

Beltz, Wilhelm: „Treu und Glauben und die guten Sitten nach neuer Rechtsauffassung und ihre Geltung in der ZPO“, Dissertation, 1937, Köln.

Berghoff, Hartmut/*Kocka*, Jürgen/*Ziegler*, Dieter/*Feldman*, Gerald D. (Hrsg.): „Wirtschaft im Zeitalter der Extreme, Beiträge zur Unternehmensgeschichte Deutschlands und Österreichs: im Gedenken an Gerald D. Feldman/hrsg. von Hartmut Berghoff, Jürgen Kocka und Dieter Ziegler“, 2010, München, C. H. Beck.

Born, Gary: „International commercial arbitration“, 2009, Austin [Tex], Alphen aan den Rijn, Frederick, MD.

Born, Gary: „International arbitration, Cases and materials“, 2011, Austin.

Bornhak, Conrad: „Schiedsvertrag und Schiedsgericht nach geschichtlicher Entwicklung und geltendem Rechte“, in: Zeitschrift für deutschen Zivilprozeß, ZZP, 1902, S. 1–46.

Breit, James: „Schiedsrichter und staatliches Recht“, in: Leipziger Zeitschrift für Deutsches Recht, LZ, 1918, S. 1176–1188.

Bremer, Klaus J.: „Die Kartellverordnung von 1923: Entstehung, Inhalt und praktische Anwendung“, in: Hans Pohl: „Kartelle und Kartellgesetzgebung in Praxis und Rechtsprechung vom 19. Jahrhundert bis zur Gegenwart (Nassauer Gespräche der Freiherr vom Stein-Gesellschaft)“, 1985, Stuttgart, S. 111–128.

Bruch, Arnold: „Die Neuordnung der Deutschen Kohlenwirtschaft seit 1933“, 1936, Emsdetten (Westf.).

Bührmann, Alfred: „Syndikatsrecht im Rheinisch-Westfälischen Kohlen-Syndikat, 1893–1943“, 1953.

Büsch, Otto/*Neugebauer*, Wolfgang: „Moderne preußische Geschichte: 1649–1947", 1981.

Buschmann, Hans: „Bergbau-Syndikate oder freie Wirtschaft?, Untersuchung der Zweckmäßigkeit der Syndizierung des Kohlenbergbaus auf Grund der geschichtlichen Entwicklung des Rheinisch-Westfälischen Kohlen-Syndikats", 1926, Berlin.

Callmann, Rudolf (Hrsg.): „Das deutsche Kartellrecht, Kommentar", Berlin, 1934 (zit: Callmann – KartR).

Coing, Helmut: „Die juristischen Auslegungsmethoden und die Lehren der allgemeinen Hermeneutik", 1959, Köln u.a.

Dannreuther, Dieter: „Der Zivilprozess als Gegenstand der Rechtspolitik im Deutschen Reich 1871–1945, Ein Beitrag zur Geschichte des Zivilprozessrechts in Deutschland", 1987, Frankfurt am Main u.a.

Deutsches Reich: „Denkschrift über das Kartellwesen", 1907, Berlin.

Erdtmann, Lothar: „Der Deutsche Kohlen-Verkauf in Vergangenheit, Gegenwart und Zukunft, Ein wirtschaftswissenschaftlicher Beitrag zur Neuordnung des Kohlenabsatzes an der Ruhr", Dissertation, 1953.

Fezer, Karl-Heinz: „Die Haltung der Rechtswissenschaften zu den Kartellen bis 1914", in: Hans Pohl: „Kartelle und Kartellgesetzgebung in Praxis und Rechtsprechung vom 19. Jahrhundert bis zur Gegenwart (Nassauer Gespräche der Freiherr vom Stein-Gesellschaft)", 1985, Stuttgart.

Flechtheim, Julius: „Die rechtliche Organisation der Kartelle", 1912, Mannheim.

Frank, Ernst: „Wandlungen in der syndekatlichen Organisation des Ruhrkohlenbergbaus in der Zeit von 1919–1925, Marburg, Univ., Diss., 1926", 1926, Wattenscheid i. W.

Freudenthal, Hugo, Zivilprozeßordnung nebst dem Einführungsgesetz und den zugehörigen Nebengesetzen, Handausgabe mit Erläuterungen, 4. Auflage, 1926, München.

Friedländer, Heinrich: „Die Rechtspraxis der Kartelle und Konzerne in Europa", 1938, Zürich.

Fuchs, Victor: „Ausbau des Schiedsverfahrens", in: Deutsche Juristenzeitung, DJZ, 1919, S. 423–425.

Fuld: „Das Schiedsgerichtsverfahren und die Kartelle", in: Kartell-Rundschau: Monatsschrift für Recht u. Wirtschaft im Kartell- und Konzernwesen, KartR, 1910, S. 945–952.

Garbe-Emden, Joachim: „Nachteile von Schiedsverfahren", in: Zeitschrift für das gesamte öffentliche und private Baurecht/in Verbindung mit der ARGE Baurecht im Deutschen Anwaltverein, BauR, 2012, S. 1035–1039.

Goetzke, Wilhelm: „Das Rheinisch-Westfälische Kohlen-Syndikat und seine wirtschaftliche Bedeutung", 1905, Essen.

Gruntzel, Josef: „Über Kartelle", 1. Aufl., 1902, Berlin.

Hamburger, Max: „Treu und Glauben im Verkehr, Ein Handbuch", 1930, Mannheim u.a.

Hardt, Hans-Joachim: „Betrachtungen über das rheinisch-westfälische Kohlensyndikat als Absatzorgan der Ruhrzechen", Dissertation, 1933, Mannheim.

Heinemann, Gustav W.: „Schiedsgerichte kraft Satzung", in: Beiträge zur Erläuterung des deutschen Rechts, Beiträge zur Erläuterung des deutschen Rechts, 1933, S. 316–332.

Heinrichsbauer, August: „Kohlenkontor Weyhenmeyer & Co. und Süddeutsche Kohlenwirtschaft", 1938.

Henrich, Anke/*Kroker*, Michael/*Härder*, Max/*Hielscher*, Henryk: „Schattenjustiz im Nobelhotel", in: WirtschaftsWoche, WirtschaftsWoche, 2013, S. 46–51.

Isay, Rudolf: „Die Geschichte der Kartellgesetzgebungen", 1955, Berlin.

Kastel, Ludwig (Hrsg.): „Kartelle in der Wirklichkeit, Festschrift für Max Metzner zu seinem fünfundsiebzigsten Geburtstag", 1963, Köln, Berlin, Bonn, Carl Heymanns Verlag KG.

Katz, Edwin: „Schiedsvertrag und Schiedsrichter", in: Deutsche Juristenzeitung, DJZ, 1926, S. 1133–1137.

Kauffmann, Werner: „Der Schiedsrichtervertrag (receptum arbitri) nach geltendem Recht", Dissertation, 1915, Erlangen.

Kerscht, Wilhelm: „Das Rheinisch-Westfälische Kohlen-Syndikat in seiner geschichtlichen Entwicklung von 1910 bis 1920", Dissertation, 1922, Freiburg i. B.

Kestner, Fritz/*Lehnich*, Oswald: „Der Organisationszwang", 2. Auflage, 1927.

Kisch, Wilhelm: „Probleme des Schiedsgerichtswesens", in: Deutsche Juristenzeitung, DJZ, 1934, S. 6–10.

Klug, Oskar: „Die Problematik der amtlichen deutschen Kartellpolitik", in: Ludwig Kastel: „Kartelle in der Wirklichkeit, Festschrift für Max Metzner zu seinem fünfundsiebzigsten Geburtstag", 1963, Köln, Berlin, Bonn, S. 153–174.

Kollmann, Julius: „Die Schiedsgerichte in Industrie, Gewerbe und Handel, Ein Handbuch f. Industrielle, Ingenieure und Kaufleute sowie für Studierende aller Fachrichtungen der technischen Hochschulen und der Handelshochschulen auf Grund langjähriger eigener Erfahrung", 1914, München.

Kornblum, Udo: „Probleme der schiedsrichterlichen Unabhängigkeit, Zugl.: Frankfurt a.M., Univ., Hab.-Schr., 1966/67", 1986, München.

Körting, Ehrhart: „Schiedsabreden in Kartellverträgen", in: Kartell-Rundschau: Monatsschrift für Recht u. Wirtschaft im Kartell- und Konzernwesen, KartR,, 1935, S. 441–447.

Körting, Ehrhart: „Zur Frage der Rechtsgültigkeit von Bestimmungen in Verbandssatzungen über die Bildung des Schiedsgerichts.“, in: Kartell-Rundschau: Monatsschrift für Recht u. Wirtschaft im Kartell- und Konzernwesen, KartR, 1936, S. 377–386.

Köster, Anette: „Die Beschleunigung der Zivilprozesse und die Entlastung der Zivilgerichte in der Gesetzgebung von 1879 bis 1993, Teil 1“, 1995, Frankfurt am Main u.a.

Krause, Hermann: „Die geschichtliche Entwicklung des Schiedsgerichtswesens in Deutschland“, 1930, Berlin.

Krause, Hermann: „Entwicklungslinien des deutschen Schiedsgerichtswesens“, in: Internationales Jahrbuch für Schiedsgerichtswesen in Zivil- und Handelssachen, Internationales Jahrbuch für Schiedsgerichtswesen in Zivil- und Handelssachen, 1931, S. 220–240.

Kroker, Evelyn: „Das Rheinisch-Westfälische Kohlen-Syndikat, Gründung, Organisation, Strukturprobleme“, in: Der Anschnitt, Der Anschnitt, 1980, S. 165–176.

Krüger, Wolfgang/*Rauscher*, Thomas (Hrsg.): „Münchener Kommentar zur Zivilprozessordnung, Band 3, §§ 946–1117, EGZPO, GVG, EGGVG, UKlaG, Internationales und Europäisches Zivilprozessrecht“, 5. Auflage, München, 2017 (zit: *Bearbeiter*, in: Münchener Kommentar zur ZPO).

Kubisch: „Anmerkung zu LG Frankfurt, Urt. v. 11. Sept. 1935, 2/5 S 199/35“, in: Juristische Wochenschrift, JW, 1935, S. 3493–3498.

Larenz, Karl: „Methodenlehre der Rechtswissenschaft“, 6., neu bearbeitete Aufl., 1991, Berlin, New York.

Liefering, Max: „Das Rheinisch-Westfälische Kohlensyndikat und sein Einfluß auf die Kohlenpreise und die Lage der Bergarbeiter“, 1910, Tübingen.

Lindenau: „Schiedsrichterliche Erfahrungen“, in: Deutsche Juristenzeitung, DJZ, S. 354–356.

Lindheim, Alfred von: „Das Schiedsgericht im modernen Civilprocesse“, 1891, Wien.

Littauer, Rudolf: „Schiedsgerichtsbarkeit und materielles Recht“, in: Zeitschrift für deutschen Zivilprozeß, ZZP, 1930, S. 1–38.

Loewenheim, Ulrich/*Meessen*, Karl Matthias/*Riesenkampff*, Alexander/*Meyer-Lindemann*, Hans Jürgen/*Kersting*, Christian/*Ablasser-Neuhuber*, Astrid (Hrsg.): „Kartellrecht, Kommentar“, 3. Auflage, 2016, München.

Lohmann, Robert: „Die Handelsfrage im Rheinisch-Westfälischen Kohlensyndikat von der Gründung bis zur Gegenwart“, 1930, Bochum.

Lüters, Wilhelm: „Die Konjunkturpolitik des Rheinisch-Westfälischen Kohlensyndikats vor dem Kriege“, Berlin.

Lüthgen, Helmut: „Das Rheinisch-Westfälische Kohlensyndikat in der Vorkriegs-, Kriegs- und Nachkriegszeit und seine Hauptprobleme“, 1926, Leipzig.

Lüttig, Oswig: „Kohlenwirtschaftsorganisationen“, 1937, Berlin.

Lutz: „Die Arbeitsgemeinschaft preußischer Richter“, in: Juristische Wochenschrift, JW, 1925, S. 717–718.

Meckenstock, Fritz: „Die Geschichte der Planung im Steinkohlenbergbau des Ruhrgebietes“, Dissertation, 1951, Köln.

Meifert, Walter: „Die organisatorische Entwicklung der rheinisch-westfälischen Kohlenwirtschaft“, Dissertation, 1923, Münster.

Metzner, Max: „Die deutsche Kartellpolitik von 1933–1945“, in: Wirtschaft und Wettbewerb, WuW, 1954, S. 227–232.

Moser, Friedrich: „Das Rheinisch-Westfälische Kohlen-Syndikat und das Kohlenwirtschaftsgesetz, Erlangen, Univ., Diss., 1930“, 1930, Bochum.

Müllensiefen, Heinz/*Dörinkel,* Wolfram (Hrsg.): „Kartellrecht, Einschließlich neuer Kartellaufsicht, -Preisbildung, -Schiedsgerichtsbarkeit und -Steuerrecht“, 3. Auflage, Berlin, 1938 (zit: Müllensiefen/Dörinkel – KartR).

Muthesius, Volkmar: „Ruhrkohle 1893–1943, Aus der Geschichte des Rheinisch-Westfälischen Kohlen-Syndikats“, 1943, Essen.

Neubauer: „Das schiedsrichterliche Verfahren der Civilprozessordnung, Zehntes Buch §§ 851 bis 872“, in: Zeitschrift für deutschen Zivilprozeß, ZZP, 1893, S. 506–515.

Neubauer: „Das schiedsrichterliche Verfahren der Civilprozessordnung, Nachtrag zu der Abhandlung Bd. 18 S. 506 ff. dieser Zeitschrift“, in: Zeitschrift für deutschen Zivilprozeß, ZZP, 1895, S. 322–331.

Neubauer, Georg: „Schiedsvertrag und Schiedsrichter nach der neuen Fassung der ZPO vom 8. Nov. 1933“, 1936, Hamburg.

Neukirch, Carl: „Angliederung des schiedsrichterlichen Verfahrens an die ordentlichen Gerichte“, in: Juristische Wochenschrift, JW, 1923, S. 680–681.

Nockemann, Hans: „Einige Streitfragen aus dem Kohlenwirtschafts-Gesetz und den dazu ergangene Ausführungsbestimmungen und ihre Beurteilung in der Praxis der ordentlichen Gerichte und der Organe der Kohlenwirtschaft“, 1930, Köln

Nordemann, Jan Bernd: „GWB § 1 Verbot wettbewerbsbeschränkender Vereinbarungen“, in: Ulrich Loewenheim, Karl Matthias Meessen, Alexander Riesenkampff, Hans Jürgen Meyer-Lindemann, Christian Kersting und Astrid Ablasser-Neuhuber: „Kartellrecht, Kommentar“, 2016, München.

Nörr, Knut Wolfgang: „Die Leiden des Privatrechts, Kartelle in Deutschland von der Holzstoffkartellentscheidung zum Gesetz gegen Wettbewerbsbeschränkungen“, 1994, Tübingen.

Nußbaum, Arthur: „Neuere Entwickelung und Ausbau des Schiedsgerichtswesens“, in: Zeitschrift für deutschen Zivilprozeß, ZZP, 1912, S. 254–306.

Nußbaum, Arthur: „Schiedsgerichte und Rechtsordnung“, in: Juristische Wochenschrift, JW, 1926, S. 13–18.

Oertmann, Paul: „Schiedsrichter und staatliches Recht“, in: Zeitschrift für deutschen Zivilprozeß, ZZP, 1918, S. 105–149.

Pinzler, Petra: „Der Unfreihandel, Die heimliche Herrschaft von Konzernen und Kanzleien“, Originalausgabe, 2015, Reinbek bei Hamburg.

Pohl, Hans (Hrsg.): „Kartelle und Kartellgesetzgebung in Praxis und Rechtsprechung vom 19. Jahrhundert bis zur Gegenwart (Nassauer Gespräche der Freiherr vom Stein-Gesellschaft)“, 1985, Stuttgart.

Reinhard: „Vom schiedsrichterlichen Verfahren und seinen Mängeln“, in: Das Recht, Das Recht, 1905, S. 406–411.

Richter, Klaus: „Die Wirkungsgeschichte des deutschen Kartellrechts vor 1914, Eine rechtshistorisch-analytische Untersuchung“, 2007, Tübingen.

Risse, Jörg: „Wehrt Euch endlich! Wider das Arbitration-Bashing“, in: Zeitschrift für Schiedsverfahren, SchiedsVZ, 2014, S. 265–274.

Roelevink, Eva-Maria: „Organisierte Intransparenz, Das Kohlensyndikat und der niederländische Markt, 1915–1932“, 2015, München.

Rotthege, Georg: „Die Beurteilung von Kartellen und Genossenschaften durch die Rechtswissenschaft, Eine rechtshistorische Analyse von Hypothesen über Kooperationswirkungen und deren Bewertung“, 1982, Tübingen.

Rüthers, Bernd: „Die unbegrenzte Auslegung, Zum Wandel der Privatrechtsordnung im Nationalsozialismus“, Achte, unveränderte, um ein neues Nachwort erweiterte Auflage, 2017, Tübingen.

Sauermann, Heinz (Hrsg.): „Wirtschaftsordnung und Staatsverfassung, Festschrift für Franz Böhm zum 80. Geburtstag“, 1975, Tübingen, Mohr.

Savigny, Friedrich Carl von: „System des heutigen römischen Rechts“, 2. Neudr. d. Ausg. Berlin 1840, 1981, Aalen.

Schmid, Ernst: „Ersatz für Kartellsolawechsel“, in: Kartell-Rundschau: Monatsschrift für Recht u. Wirtschaft im Kartell- und Konzernwesen, KartR, 1910, S. 178–186.

Schneider, K.: „Treu und Glauben im Sinne des Bürgerlichen Gesetzbuches“, in: Deutsche Juristenzeitung, DJZ, 1903, S. 232–237.

Spethmann, Hans: „Bausteine zur Geschichte des Rheinisch-Westfälischen Kohlen-Syndikats“, 1943, Berlin.

Staff, Adolph von: „Das Schiedsgerichtsverfahren nach dem heutigen deutschen Recht, Ein Handbuch für Schiedsrichter und Schiedsparteien“, 1926, Berlin.

Staff, Adolph von: „Neues vom Schiedsgerichte, Ein Rück- und Ausblick“, in: Deutsche Juristenzeitung, DJZ, 1927, S. 33–38.

Staudinger, J. v. (Hrsg.): „J. v. Staudingers Kommentar zum Bürgerlichen Gesetzbuch und dem Einführungsgesetze, Band 1: Allgemeiner Teil“, München (zit: *Bearbeiter*, in: Staudinger, Band 1).

Staudinger, J. v. (Hrsg.): „J. v. Staudingers Kommentar zum Bürgerlichen Gesetzbuch und dem Einführungsgesetze, Band 2: Recht der Schuldverhältnisse, Allgemeiner Teil: Einleitung; §§ 241–432“, München, 1926 (zit: *Bearbeiter*, in: Staudinger, Band 2).

Stein, Friedrich: „Nochmals: Schiedsrichter und staatliches Recht“, in: Leipziger Zeitschrift für Deutsches Recht, LZ, 1920, S. 265–274.

Stein, W.: „Der gegenwärtige Stand der Schiedsgerichtsbewegung“, in: Juristische Wochenschrift, JW, 1914, S. 605–607.

Strauß, Walter: „Gewerbefreiheit und Vertragsfreiheit, Eine rechtsgeschichtliche Erinnerung“, in: Heinz Sauermann: „Wirtschaftsordnung und Staatsverfassung, Festschrift für Franz Böhm zum 80. Geburtstag“, 1975, Tübingen, S. 603–614.

Sydow, Reinhold von/Busch, Louis/Krantz, Walter: „Zivilprozeßordnung und Gerichtsverfassungsgesetz, 1925“, 18. Auflage, 1925, Berlin (zit: *Sydow/Busch*, Zivilprozeßordnung und Gerichtsverfassungsgesetz, 1925)

Sydow, Reinhold von/Busch, Louis/Krantz, Walter: „Zivilprozeßordnung und Gerichtsverfassungsgesetz, 1941“, 22. Auflage, 1941, Berlin (zit: *Sydow/Busch*, Zivilprozeßordnung und Gerichtsverfassungsgesetz, 1941)

Tschierschky, Siegfried: „Kartell-Organisation“, 1928, Berlin u.a.

Uth: „Schiedsgerichtsklauseln in Kartellverträgen bezüglich der Zulässigkeit vorzeitiger Kündigung aus wichtigem Grunde“, in: Kartell-Rundschau: Monatsschrift für Recht u. Wirtschaft im Kartell- und Konzernwesen, KartR, 1908, S. 578–581.

Volkmar, Erich: „Der 34. Deutsche Juristentag. Das prozeßrechtliche Thema, (Neuregelung des schiedsgerichtlichen Verfahrens.)“, in: Juristische Wochenschrift, JW, 1926, S. 2402–2404.

Vossen, Leo: „Juristische Rundschau, Landtag und Kohlenpreise sowie die Kartelldenkschrift überhaupt“, in: Kartell-Rundschau: Monatsschrift für Recht u. Wirtschaft im Kartell- und Konzernwesen, KartR, 1907, S. 361–365.

Wegenroth, Ulrich: „Die Entwicklung der Kartellbewegung bis 1914“, in: Hans Pohl: „Kartelle und Kartellgesetzgebung in Praxis und Rechtsprechung vom 19. Jahrhundert bis zur Gegenwart (Nassauer Gespräche der Freiherr vom Stein-Gesellschaft)“, 1985, Stuttgart.

Wehrle, Alois: „Die Grubenwetter, Uebersicht aller in den Gruben vorkommenden schädlichen Gasarten, der Ursachen ihrer Bildung, der Mittel, diese zu verhindern, die gebildeten Gasarten zu entfernen oder zu zerstören, und die in denselben Verunglückten zu retten“, 1835.

Weis, W.: „Kartellschiedsgerichte“, in: Kartell-Rundschau: Monatsschrift für Recht u. Wirtschaft im Kartell- und Konzernwesen, KartR, 1911, S. 171–174.

Werneburg: „Zur Frage der Rechtwirksamkeit von Schiedsverträgen mit Geldbußevereinbarungen zur Durchsetzung kartellmäßiger Bindungen", in: Kartell-Rundschau: Monatsschrift für Recht u. Wirtschaft im Kartell- und Konzernwesen, KartR, S. 254–259.

Wilhelm, Dieter: „Das Rheinisch-Westfälische Kohlensyndikat und die Oberschlesische Kohlenkonvention bis zum Jahre 1933", 1966.

Zehme, Eugen: „Schiedsgerichte für Rechtsstreitigkeiten im Gebiet von Handel und Gewerbe", Dissertation, 1912, Leipzig.

Ziegler, Dieter: „Wider die „verhängnisvolle Planwirtschaft", Nationionalsozialistische Neuordnungspläne für die Kohlewirtschaft 1933 bis 1937", in: Hartmut Berghoff, Jürgen Kocka, Dieter Ziegler und Gerald D. Feldman: „Wirtschaft im Zeitalter der Extreme, Beiträge zur Unternehmensgeschichte Deutschlands und Österreichs: im Gedenken an Gerald D. Feldman/hrsg. von Hartmut Berghoff, Jürgen Kocka und Dieter Ziegler", 2010, München, S. 253–274.

Zieren, York: „Das Schiedsverfahrensrecht der ZPO (1877–1933) unter Berücksichtigung der Genfer Übereinkommen von 1923 und 1927 sowie der Rechtsprechung des Reichsgerichts", 2013, Frankfurt am Main u.a.

www.ingramcontent.com/pod-product-compliance
Ingram Content Group UK Ltd.
Pitfield, Milton Keynes, MK11 3LW, UK
UKHW021847290926
8980IPUK00005B/702

9 783631 836514